Informatik-Fachberichte 243

Herausgeber: W. Brauer
im Auftrag der Gesellschaft für Informatik (GI)

Subreihe Künstliche Intelligenz

Mitherausgeber: C. Freksa
in Zusammenarbeit mit dem Fachbereich 1
„Künstliche Intelligenz" der GI

Udo Hahn

Lexikalisch verteiltes Text-Parsing

Eine objektorientierte Spezifikation eines Wortexpertensystems auf der Grundlage des Aktorenmodells

Springer-Verlag
Berlin Heidelberg New York London
Paris Tokyo Hong Kong Barcelona

Autor
Udo Hahn
Universität Passau
Fakultät für Mathematik und Informatik
Postfach 2540, W-8390 Passau

CR Subject Classification (1987): I.2.7, I.2.4, H.3.1

CIP-Titelaufnahme der Deutschen Bibliothek.
Hahn, Udo:
Lexikalisch verteiltes Text-Parsing: eine objektorientierte Spezifikation eines Wortexpertensystems auf der Grundlage des Aktorenmodells / Udo Hahn. – Berlin; Heidelberg; New York; London; Paris; Tokyo; Hong Kong; Barcelona: Springer, 1990
(Informatik-Fachberichte; 243: Subreihe künstliche Intelligenz)
Zugl.: Konstanz, Univ., Diss., 1987

ISBN-13: 978-3-540-53230-9 e-ISBN-13: 978-3-642-76132-4
DOI: 10.1007/978-3-642-76132-4

NE: GT

2145/3140-543210 – Gedruckt auf säurefreiem Papier

Vorwort

Bei der vorliegenden Arbeit handelt es sich um eine überarbeitete und aktualisierte Version meiner Dissertation, die im Februar 1987 von der Sozialwissenschaftlichen Fakultät der Universität Konstanz angenommen wurde. Zusammen mit der ebenfalls in den Informatik-Fachberichten (Bd. 198) veröffentlichten Dissertation von Ulrich Reimer dokumentiert die Arbeit den methodischen Entwicklungsstand der an Textverstehensproblemen orientierten informatischen Komponente des Faches Informationswissenschaft, in dessen institutionellem Rahmen beide Monographien entstanden sind. Der engere Projektkontext wurde durch das vom BMFT von 1981 bis 1986 geförderte Textkondensierungssystem TOPIC definiert, ein System zur flexiblen Zusammenfassung (Abstracting) deutschsprachiger Fachtexte aus dem Bereich der Informationstechnik.

Ausgangspunkt dieser Arbeit war das Problem, ein authentischen Fachtexten angemessenes linguistisches Beschreibungssystem für sprachliche Phänomene und ein Verfahren für ihre inhaltliche Analyse zu entwickeln. Zur Lösung dieses Problems ist eine Textgrammatik und ein entsprechender Text-Parser erarbeitet worden, die auf einem semantischen Beschreibungsansatz beruhen.

Eine Betrachtung der grundlegenden Merkmale semantischer Grammatiken zeigt, daß sie im wesentlichen Lexikon-Grammatiken sind; d.h. das gesamte für das Parsing relevante Wissen ist den lexikalischen Einheiten der Sprache zugeordnet. Zugleich sind semantische Grammatiken/Parser durch eine stark auf Kommunikation ausgerichtete Architektur gekennzeichnet - damit ist einerseits der parallele Zugriff auf unterschiedliche Wissensquellen beim Textverstehen gemeint, andererseits die aus der lexikalischen Verteilung erwachsende Notwendigkeit zu intensiven Interaktionen zwischen lokalen Parse-Prozessen bei der Interpretation zusammenhängender Strukturen auf der Phrasen-, Satz- und Textebene.

Im Bereich semantischer Grammatiken/Parser stellt das Wortexperten-Modell den konzeptionell innovativsten Versuch dar, die oben angesprochenen Merkmale in ein Sprachverstehensmodell zu integrieren. Gravierende methodische Mängel und nicht haltbare linguistische Hypothesen verlangten jedoch eine Reformulierung der ursprünglichen Wortexperten-Konzeption. Die wesentlichen in dieser Arbeit entwickelten Vorschläge können wie folgt zusammengefaßt werden:

Das hier vorgestellte Konzept eines lexikalisch verteilten Text-Parsers ist vollständig in einer objektorientierten Spezifikationssprache auf der Grundlage des Aktorenmodells beschrieben. Darauf aufbauend

a) werden die deklarative Struktur der Textgrammatik und das prozedurale Verhalten des Text-Parsers einheitlich und auf einem gleichen Abstraktionsniveau behandelt,
b) sind die Sprachprimitive der Aktoren-Spezifikationssprache im Sinne des Konzepts abstrakter Datentypen formalisiert,
c) ist insbesondere die linguistische Spezifikation der semantischen Grammatik von der Spezifikation der Repräsentationsstrukturen des Welt- und Domänenwissens logisch strikt getrennt.

Im Mittelpunkt der linguistischen Spezifikationen stehen Beschreibungen generalisierbaren Verhaltens lexikalischer Objekte:

a) Für das Verhalten lexikalischer Klassen repräsentative Wortexperten-Prototypen werden nach funktionalen Gesichtspunkten formuliert und lösen das alte Wortexperten-Paradigma von der Beschreibung des idiosynkratischen Verhaltens individueller Wörter ab (funktionale Wortexperten-Prototypen kann man sich etwa als hochgradig reguläre Anaphora-, Ellipsen- oder Koordinationsgrammatiken vorstellen).
b) Prototypen setzen sich ihrerseits aus Subexperten zusammen. Ihre Spezifikation trägt zur Faktorisierung gemeinsamen Wissens in lexikalisch verteilten Grammatiken bei und reduziert erheblich die Beschreibungsredundanz in und das Wachstum von Wortexperten-Kollektionen.

Zur Bewältigung des grammatikalischen Komplexitätsproblems, dem sich alle Entwickler von natürlichsprachlichen Grammatiken mit dem Anspruch möglichst breiter linguistischer und konzeptueller Abdeckung gegenüber sehen, sind an die Körnung der Grammatikspezifikation bewußt solche Anforderungen gestellt worden, die auf einen partiellen semantischen Text-Parser für das Deutsche zielten. Das Beschreibungsproblem konnte somit darauf reduziert werden, die textuellen Bezüge von durch Nomen denotierten Konzepten auf einem "flachen" Verstehensniveau zu erfassen, wie es für die Erfüllung der Funktion des Textverstehenssystems TOPIC (Bereitstellung indikativer, d.h. themenbezogener Textzusammenfassungen), in das der Parser integriert ist, hinreichend ist.

Auf der Grundlage dieser methodisch motivierten Fortschritte läßt sich die hier gegebene Beschreibung als ein Beitrag zu einer formalisierten Theorie des semantischen Text-Parsing charakterisieren. Art und Konzeption der Beschreibungssprache garantieren zudem einen hohen Grad an Transportabilität in andere Domänen, was für semantische Grammatiken (wegen fehlender Abstraktionsmechanismen) bislang eher ungewöhnlich ist. Insgesamt stehen im Rahmen des hier entwickelten Beschreibungsansatzes konzeptuell hohe Mechanismen zur Verfügung, mit denen der Entwurf und die Wartung semantischer Grammatiken/Parser unter strenger planerischer Kontrolle bleibt.

Die Gültigkeit der textlinguistischen Beschreibungen beruht auf den Erfahrungen, die mit der implementierten Version dieser Textgrammatik im Rahmen einer insgesamt fünfjährigen Phase von Textkondensierungsexperimenten mit dem Textverstehenssystem TOPIC gesammelt wurden. Neben der Formalisierung der Textbezüge ist die hier beschriebene Textgrammatik also - wenn auch nicht unter Zugrundelegung strenger experimenteller Maßstäbe - in ihren Grundzügen validiert.

Wie immer bei längerfristigen Entwicklungsarbeiten in größeren Teams gibt es eine Reihe von Personen und sachlichen Umständen, die auf individuelle Arbeiten bestimmend einwirken. In meinem Fall gilt dies zu allererst für Prof. R. Kuhlen, der den institutionellen Rahmen für informationswissenschaftlich definierte Forschung aufgebaut und die wesentlichen Forschungsfragen thematisiert hat, die durch das TOPIC-Projekt konstruktiv ausgearbeitet wurden. Mit ausschlaggebend für die dabei erzielten Fortschritte war die Gewährung und Absicherung wissenschaftlicher Freiräume, in denen die TOPIC-Gruppe im Rahmen der Projektdefinition auf eine auch heute noch eher unüblich selbstbestimmte Weise forschen konnte. Nicht zuletzt diesen Rahmenbedingungen verdanken die beteiligten Wissenschaftler das durch eigene Publikationen erreichte Ausmaß an individueller Profilierung. Eine naturgemäß andere Form der Kooperation entwickelte sich bei der Zusammenarbeit mit meinem unmittelbaren Projektpartner Ulrich Reimer. Wir haben gemeinsam die konzeptionellen und technischen Rahmenbedingungen des TOPIC-Systems entwickelt und waren folglich auch die "ersten" Diskussionspartner für fachliche Probleme im Zusammenhang mit unseren Dissertationen. Ulrich Thiel, Mitarbeiter in der TOPOGRAPHIC-Gruppe am Lehrstuhl, hat mich besonders in der Schlußphase der Fertigstellung dieser Arbeit durch viele ins Detail gehende Gespräche nachhaltig unterstützt. Prof. E. Pause, dem Korreferenten der Dissertation, verdanke ich wertvolle Hinweise auf die linguistische Signifikanz der hier berichteten Ergebnisse. Prof. M. Jarke ermöglichte mir schließlich die Fertigstellung der jetzt vorliegenden Version meiner ursprünglichen Dissertation in der neuen Passauer Arbeitsumgebung. Bei allen möchte ich mich aufrichtig für ihre Unterstützung bedanken. Dies gilt auch für die wissenschaftlichen Gesprächspartner auf Kongressen und Arbeitstreffen, die mein Verständnis des Wortexperten-Konzepts durch ihre Kritik und Anregungen herausgefordert und damit auch fortlaufend verschärft haben.

Passau, im Februar 1990 Udo Hahn

Inhaltsverzeichnis

1 Einführung

Die vorliegende Arbeit enthält Beiträge sowohl zu empirischen als auch methodischen Aspekten der Beschreibung und automatischen Analyse natürlicher Sprachen. Im empirischen Teil (Kap.4) wird ein Fragment einer *Textgrammatik* des Deutschen beschrieben, das im Rahmen des Textverstehenssystems TOPIC[1] mit einem entsprechenden Text-Parser experimentell überprüft wurde. Der methodische Beitrag der Arbeit (Kap.2 und 3) liegt in der Entwicklung eines *Beschreibungsformalismus für verteilte semantische Grammatiken und Parser*, der die deklarativen Teile der Textgrammatik und die prozedurale Beschreibung des Text-Parsers auf der Grundlage einer am Aktorenmodell orientierten Spezifikationssprache formal vereinheitlicht.

Entsprechend dieser zweiseitigen Aufgabenstellung wird im folgenden Abschnitt (Kap.1.1) zunächst die Beschreibung von Texten durch Textgrammatiken motiviert. Die dabei entwickelten Anforderungen an grammatikalische Systeme machen die Abkehr von syntax- und satzbezogenen linguistischen Beschreibungskonzeptionen plausibel und führen zur Postulierung einer verteilten, semantisch orientierten Textgrammatik (Kap.1.2). Im darauf folgenden Abschnitt (Kap.1.3) werden die Prinzipien des lexikalisch verteilten Parsing formuliert und die Beiträge dieser Arbeit zu seiner Methodik und Empirie umrissen (Kap.1.4). Zum Schluß des Einführungskapitels (Kap.1.5) wird aus den Funktionalitätsvorgaben des TOPIC-Systems die Strategie des partiellen Parsing von Texten begründet.

1.1 Beschreibung von Volltexten durch Textgrammatiken

Das für diese Arbeit zentrale Problem des Text-Parsing ergab sich aus den Rahmenbedingungen, denen die Entwicklung eines experimentellen Informationssystems für die automatische Zusammenfassung von Fachtexten (TOPIC[1]) unterlag. Denn in Abkehr zu der im Information Retrieval bis dahin vorherrschenden maschinellen Analyse intellektuell erstellter Zusammenfassungen (Abstracts) von Originaltexten[2], mußte die Textbasis eines Abstracting-Systems notwendigerweise aus sog. *Volltexten*[3] bestehen. Die für TOPIC ausgewählten und später analysierten Texte sind deutschsprachige Zeitschriftenartikel aus dem Bereich der Informationstechnik[4]. Ihr quantitativer Umfang beläuft sich in den Originalpublikationen auf durchschnittlich 2-5 Seiten, was ca. 50-200 Sätzen bzw. 1000-4000 Wörtern pro Text entspricht. Über die zunächst nur für die Umgebung des Information Retrieval bemerkenswerte Umstellung der Dokumentart auf Volltexte hinaus lassen sich jedoch zwei Charakteristiken ausmachen, die für die Rahmenbedingungen der Analyse von Texten einen allgemeineren Stellenwert besitzen:

---

1 HAHN/REIMER 1985, HAHN/REIMER 1986, REIMER/HAHN 1989.

2 Ziel dieser Analysen sind inhaltliche Beschreibungen einzelner Dokumente durch Deskriptoren (automatisches Indexing) bzw. die Gruppierung von Teilen der Dokumentenkollektion in inhaltlich homogene Subpopulationen (automatische Klassifikation). Einen Überblick über entsprechende (statistische) Methoden der Inhaltserschließung von Abstracts gibt SALTON 1975, Kap.3 (automatisches Indexing) und Kap.8 (automatische Klassifikation).

3 Mit dieser Bezeichnung werden im Information Retrieval Originaltexte (wie Zeitschriftenartikel, technische Berichte oder Bücher) gegenüber bereits komprimierten Texten (wie Abstracts) ausgegrenzt.

4 Appendix-3 enthält ein typisches Fragment dieser Textsorte.

1) Typologisch handelt es sich bei diesen Texten um *Fachtexte*. Einerseits folgt aus dieser Zuordnung, daß in die Spezifikation einer entsprechenden Grammatik textsorten- und domänenspezifische Restriktionen auf der Ebene der Lexik (Fachterminologie), Syntax (Nominalisierung, Passivierung) und Textstruktur (Textprogressionsmuster, stereotype Makrostrukturformeln) einfließen können[5]. Andererseits sind damit methodische Vorarbeiten, besonders aus dem Bereich der Narrativtexte (Kindergeschichten, Märchen, Kriminalromane), bei denen die Modellierung personenbezogener, d.h. emotionaler und affektiver Konstrukte im Vordergrund steht, oder Sachtexte (Kochrezepte, Manuals, Wetter- oder Arbeitsmarktberichte) mit Betonung der Repräsentation prozessualer Abläufe und kausaler Beziehungen nur bedingt übertragbar.

2) Aus den Rahmenbedingung des Information Retrieval ergibt sich schließlich auch die Notwendigkeit, lediglich *authentische Texte* zu betrachten. Trotz der oben bereits angesprochenen Fokusierung von Fachsprachen auf sie charakterisierende Sprachmuster unterscheidet sich die zu berücksichtigende Breite der in diesen "realistischen" Textkollektionen[6] auftretenden inhaltlichen und sprachlichen Varianz gravierend von der Forschungspraxis verwandter Wissenschaftsbereiche. Dies gilt sowohl für die sprachorientierte Künstliche Intelligenz, die zur Simulation einzelner Determinanten des Textverstehens (Plan/Zielkongruenzen, Interesse, Aufmerksamkeit usf.) neigt, als auch für die Linguistik, die in ihren Beschreibungen zur analytischen Reduzierung der sprachstrukturellen Vielfalt und Konzentration auf spezielle Ausprägungen einzelner Textualitätsmuster (wie (pro)nominale Anaphora, temporale oder lokale Deixis, Elliptifizierung usf.) tendiert.

Umso mehr gebieten diese Anforderungen an die Analyse von Volltexten, daß eine dem linguistischen Objekt "schriftsprachlicher Volltext" angemessene Beschreibungsform zugrunde gelegt wird. So wie etwa Beschreibungen von Phrasenstrukturen nicht phonemorientiert sind, sondern auf syntaktischen Konstrukten beruhen, muß den Elementen einer textbezogenen Beschreibung eine solche Abstraktion inhärent sein, daß für die *Beschreibung von Textphänomenen* auch eine genuin textuelle Beschreibungsebene verfügbar ist. Die Vielfalt der dabei zu berücksichtigenden Faktoren - sie reichen von typographischen Indikatoren auf der graphematischen Ebene über Defaultannahmen im enzyklopädischen Hintergrundwissen bis hin zu rhetorischen Grundmustern auf der pragmatischen Ebene der Diskursanalyse - macht plausibel, warum es für sie (im Unterschied zu Satzgrammatiken) bislang kein annähernd konventionalisiertes Beschreibungssystem im Sinne von *Textgrammatiken* gibt[7].

---

5 Zu solchen für Fachsprachen (*sublanguages*) charakteristischen Prägungen der sprachlichen Variabilität vgl. die Beiträge in KITTREDGE/LEHRBERGER 1982 und GRISHMAN/KITTREDGE 1986.

6 Die gleiche Problematik beschreibt RIESBECK 1982 für den Bereich der Analyse von Zeitungsartikeln.

7 Konzeptionelle Vorschläge für die formale Organisation von Textgrammatiken reichen von der direkten Übertragung der Prinzipien der generativen Transformationsgrammatik (PETÖFI 1971) über logische (DIJK 1973, KAMP 1981) bis hin zu kognitiv-pragmatisch motivierten Beschreibungssystemen (DIJK 1980). Neben diesen formalisierten Ansätzen existiert in der textlinguistischen Literatur eine nahezu unüberschaubare Fülle ausschließlich phänomenologischer Beschreibungen, die einer auf Algorithmisierung zielenden operationalen Reformulierung meist kaum zugänglich sind.

Die Betrachtung der Faktoren, die zur Textualität[8] eines Texts beitragen, wird gemeinhin auf zwei Ebenen geführt - der eher lokalen Verkettung einzelner Aussagen (Textkohäsion) und der globalen Organisation größerer Aussagenkomplexe nach i.a. pragmatisch ausgerichteten Wohlgeformtheitserwägungen (Textkohärenz):[9]

* Die Ebene der *Textkohäsion* ist primär sprachstrukturell, d.h. durch syntaktische Konstruktionen und deren Interaktion mit semantischen Repräsentationsstrukturen bestimmt und umfaßt innerhalb und oberhalb der formalen Satzebene verwendete Verkettungsmechanismen mit lokaler Reichweite, wie

  - (pro)nominale und verbale Anaphora
  - lokale, temporale, kausale u.a. funktionale Formen der (Ko-)Referenz (Deixis)
  - explizite Verkettung durch Konnektoren
  - Ellipsis
  - lexikalische Korrespondenz (lexikalische Kohäsion, semantische Kontiguität etc.)
  - Bildung "inferentieller Hüllen"

* Dagegen unterliegt die Ebene der *Textkohärenz* eher semantischen und pragmatischen Kriterien im Sinne von Wohlgeformtheitsbedingungen für die Organisation von größeren, kohäsiven Aussagenkomplexen in Texten, etwa

  - Thema/Rhema-Abfolgen (thematische Progressionsmuster)
  - Kohärenzrelationen (wie Ursache-Wirkung u.ä.)
  - Argumentationsmuster, rhetorische Muster
  - prozessuale Stimmigkeit von Handlungsabläufen
  - Zeitordnungen
  - Makroordnungen für den meist textsortenspezifischen Aufbau von Texten (Superstrukturen)

Daraus folgt als Anforderungen an eine Textgrammatik zweierlei:

1. Textgrammatiken müssen natürliche Mechanismen bereitstellen, um eine *satzübergreifende* Analyse zu gewährleisten.
2. Textgrammatiken müssen (neben syntaktischen) insbesondere *semantische und pragmatische* Wohlgeformtheitsbedingungen von Texten durch geeignete Abstraktion ihrer Konstrukte, m.a.W. der Textebene angemessene Konzeptualisierungen der Beschreibungssprache explizierbar machen.

---

8 "Textualität" wird hier nicht in einem intuitiv-impressionistischen Sinne verstanden, sondern (in Übereinstimmung mit HOBBS 1983, S.33) als *terminus technicus* zur formalen Charakterisierung von Texten gegenüber anderen linguistischen Beschreibungsebenen oder -objekten, etwa der "Grammatikalität" von Sätzen im Kontext generativer Grammatiken.

9 Die folgende Auflistung ist als Forschungskatalog zu verstehen, der die Breite von aufzuarbeitenden Forschungsproblemen thematisiert. Die vorliegende Arbeit ist als ein Beitrag zur Lösung folgender Probleme zu sehen: Im Bereich der Textkohäsion (Kap.4.2.2) werden nominale Anaphora, lexikalische Korrespondenz, die implizite Verkettung durch Reihung von Aussagen und Textellipse behandelt, im Bereich der Textkohärenz (Kap.4.2.3) konzentriert sich die Arbeit auf grundlegende Muster thematischer Progression.

1.2 Adäquatheitsbetrachtungen zur Wahl eines geeigneten Parsing-Ansatzes für die Analyse von Volltexten

Zwei wesentliche Aspekte der oben geführten Diskussion bestimmen den folgenden Abschnitt:

* die Textebene der Sprachbetrachtung verlangt geeignete *Abstraktionen* der linguistischen Beschreibungssprache für Texte,
* die Beschreibung der Texte und der für sie spezifischen Phänomene erfolgt im Format von *Textgrammatiken*[10].

Die Diskussion in Kap.1.2.1 geht auf die Probleme des Standardinstrumentariums der formalen linguistischen Sprachbeschreibung - das sind Produktionsregel- bzw. Transitionsnetzsysteme - bei der Beschreibung natürlichsprachlicher Äußerungen ein und leitet daraus die Notwendigkeit der Entwicklung "semantischer" Grammatiken und Parser[11] ab. Solchen semantischen Grammatiken ist einerseits die weitgehende Lexikalisierung der linguistischen Beschreibungen, andererseits der Übergang vom Beschreibungsparadigma regelbasierter Systeme zu dem verteilter, parallel kommunizierender Systeme inhärent. Die zentrale Rolle semantischer Argumente für die Auswahl des Grammatik- bzw. Parsing-Formalismus ergibt sich aus den spezifischen Anforderungen der Textanalyse, die nicht nur formal die Satzebene überwinden muß, sondern gezielt Konstrukte für semantische und pragmatische Textualitätskriterien benötigt, die aus der direkten Interaktion aller am Textverstehen beteiligten Wissensquellen resultieren. Zusammengefaßt charakterisieren diese Eigenschaften einen dezidiert semantischen Typ einer lexikalisch verteilten Textgrammatik (Kap.1.2.2).

1.2.1 Von syntaktischen zu semantischen Grammatiken für die Beschreibung natürlicher Sprachen

In der Weise, wie die Entwicklung syntaktischer Parser in der Computerlinguistik die paradigmatische Bindung der linguistischen Methodologie an die Theorie formaler Grammatiken und Automatentheorie reflektiert, spiegelt das Aufkommen semantischer Parser den zunehmenden Einfluß der Künstlichen Intelligenz und Kognitionswissenschaft auf die Formulierung von Theorien des automatischen Sprachverstehens wider. Eines, wenn nicht das Hauptmerkmal dieses Ansatzes ist, phänomenologisch so unterschiedliche Vorgänge, wie das Problemlösen, Inferieren von Zusammenhängen, Vergessen bzw. Erinnern, Lernen und natürlich auch das Verstehen sprachlicher Äusserungen als einen integrierten Prozeß zu verstehen, der zwar analytisch getrennt, aber unter Berücksichtigung der wechselseitigen Abhängigkeiten kohärent modelliert werden muß. Damit wird

---

10 Grammatiken werden im Hinblick auf die folgende Darstellung nicht in der ausschließlichen Zuordnung zu regelbasierten Systemen verstanden, sondern eher im Sinne formaler Systeme, die mittels einer endlichen Konstruktmenge eine bestimmte, u.U. aufzählbar unendliche Menge von Strukturen (Sätze bzw. Texte einer Sprache) charakterisieren.

11 Zu dieser Gruppe werden hier (abweichend etwa von der in WAHLSTER 1982, S.233 vorgeschlagenen Typologie) nicht die regelbasierten Systeme gezählt, die lediglich durch eine semantische Interpretation des (non)terminalen Vokabulars der Grammatiken gekennzeichnet sind (charakteristisch dafür ist z.B. die LIFER-Grammatik (HENDRIX 1977) oder der in BURTON 1976 beschriebene semantische ATN) bzw. durch Kasusrahmen gesteuert werden, sondern primär die sog. *lexikon*-basierten Parser (WAHLSTER 1982, S.247).

der unter dem Paradigma des syntaktischen Parsing festgelegte Aufgabenbereich der *Sprachanalyse*, der die *strukturelle* Beschreibung grammatikalischer (d.h. häufig nur syntaktischer) Bezüge zwischen den sprachlichen Einheiten umfaßt, ausgeweitet auf den *Prozeß* des *Sprachverstehens*, in dem die Analyse der Bedeutung und Handlungsimplikationen natürlichsprachlicher Äußerungen im Mittelpunkt steht[12]. Die Verknüpfung dieses Anspruchs mit dem Postulat, sie in einem integrierten Modell (statt - wie bis dahin üblich - syntaktisch zentrierten Phasen- bzw. hierarchischen Modellen[13]) zu realisieren, schließt konventionelle (syntaxorientierte) linguistische Beschreibungsmodelle, die auf dem Konzept von Produktionssystemen[14] oder äquivalenten Transitionsmodellen[15] beruhen, jedoch aus.

Dies ergibt sich aus dem für das Sprachverstehen zentralen Problem der Bedeutungsselektion[16], für das regelbasierte Systeme (und notationelle Varianten) prinzipiell ungeeignet erscheinen[17]. Die dazu verfügbaren Repräsentationsmittel - es sind im wesentlichen Regeln zur Symbolersetzung bzw. Baumtransformation - unterstützen primär (und das war/ist im Sinne der herrschenden linguistischen Paradigmen durchaus erwünscht) die *syntaktische* Konstruktion (bzw. Analyse) von Zeichenketten. Semantische Berechnungen beruhen - ungeachtet fundamentaler repräsentationstheoretischer Unterschiede, etwa zwischen der merkmalssemantischen[18] und modelltheoretischen[19] Interpretation natürlicher Sprachen - auf den durch syntaktische Regeln erzeugten Phrasenstrukturen. Das Lexikon stellt als ein *statisches* Reservoir von Wortbedeutungen lexikalische Einheiten mit semantischen Basisinformationen bereit, die entsprechend der syntaktischen Strukturumgebung, in die sie eingebettet werden, nach dem Kompositionalitätsprinzip interpretiert werden: Projektions- (in der Interpretativen Semantik) bzw. Übersetzungsregeln (in der Montague-Grammatik) berechnen die Bedeutung komplexer Konstituenten aus der Bedeutung der sie konstituierenden lexikalischen Elemente und Teilkonstituenten abhängig von ihrer syntakti-

---

12 Eine detaillierte Kritik des Paradigmas der generativen Linguistik aus der Warte einer kognitiv motivierten "Prozeßlinguistik" formuliert ADRIAENS 1986b, Kap.1-3.

13 Eine Darstellung verbreiteter Systemarchitekturen natürlichsprachlicher Systeme gibt WAHLSTER 1982, S.226-228. CHRISTALLER 1985, (S.167-175) diskutiert die Architekturproblematik aus der Perspektive der Einbettung von Parsern in natürlichsprachliche Systeme.

14 Wie die in CHOMSKY 1965a [1956] eingeführten Phrasenstruktur- und Transformationsgrammatiken.

15 Wie die in WOODS 1970 beschriebenen Erweiterten Übergangsnetze (ATNs). Diese Einschätzung gilt auch für die flexibler konfigurierbaren kaskadierten ATNs (WOODS 1980), weil sie auf jeder Kaskadenebene die Verwendung des ATN-Formalismus verlangen (vgl. CHRISTALLER 1985, S.174).

16 Bedeutungsselektion meint die Auswahl aus der Vielzahl isolierter Einzelbedeutungen eines sprachlichen Elements und Repräsentation der unter den geg. Kontextbedingungen der sprachlichen Äußerung korrekten Bedeutung(en).

17 Die Argumentation folgt im wesentlichen der in SMALL 1980, S.43-44.

18 Im Sinne der auf semantischen Merkmalen und Projektionsregeln aufbauenden Interpretativen Semantik von KATZ/FODOR 1963.

19 Im Sinne der Montague-Grammatik (MONTAGUE 1974a, 1974b), in der zu jeder syntaktischen Regel, die eine zusammengesetzte Konstituente erzeugt, eine Übersetzungsregel existiert, die eine Beziehung zwischen dieser syntaktischen und einer semantischen Regel herstellt, d.h. dem von dieser syntaktischen Regel erzeugten Ausdruck eine Bedeutungsbeschreibung zuordnet.

schen Struktur. Für die Analyse der Bedeutung natürlichsprachlicher Äußerungen unter den umfassenderen Annahmen der Modellierung des Sprachverstehens erscheint jedoch die strukturelle Vielfalt der in die Bedeutungsinterpretation simultan einfließenden Daten und Prozesse (Diskurskontext, Hintergrundwissen, Pläne, Defaultannahmen, Non-Standard-Inferenzen usf.) unvereinbar mit der in diesen ausschließlich regelbasierten linguistischen Systemen geforderten *Uniformität* (Homogenität) der grundlegenden Beschreibungsobjekte (Kategoriensymbole und syntaktische bzw. semantische Merkmale oder mengentheoretische Konstrukte). Bei nicht-uniformen Daten ergibt sich jedoch unmittelbar das Problem einer wesentlich komplexeren Regelinterpretation (unter welchen Bedingungen ist eine Regel anwendbar) und Regelauswahl (welche von mehreren anwendbaren Regeln wird zu einem bestimmten Zeitpunkt angewandt)[20].

Als denkbare Lösung dafür bietet sich die Steigerung der Ausdrucksfähigkeit der Beschreibungssprache zur Formulierung der linken und rechten Seiten in Regeln und/oder die fortwährende Erweiterung des Regel-Interpreters durch heuristisches und Meta-Wissen zur Lösung der dabei auftretenden Interpretations- und Auswahlprobleme[21] an. Dann würden aber wegen der Inhomogenität der zugrunde liegenden Daten immer komplexere Prozeduren für die Regelbewertung und die Konfliktresolution zum (formal kaum kontrollierbaren) Kern der linguistischen Modellierung. Dazu kommt, daß die in regelbasierten Systemen nahezu durchgängig festgeschriebene *zentrale* Kontrolle durch den Regel-Interpreter und *Sequentialisierung* aller Prozesse[22] der wechselseitigen simultanen Beeinflußung der oben skizzierten Verstehensprozesse, die das hohe Maß der Abhängigkeit der unterschiedlichen Wissensquellen im Verstehensprozeß widerspiegelt, nicht gerecht wird.

Genau an diesem Punkt setzt eine Generation von Parsern an, die den formalen und architektonischen Ballast regelbasierter Systeme zur Analyse natürlichsprachlicher Äußerungen abwirft. Im Zentrum dieser Entwicklung steht die enge Verzahnung der Sprachanalyse mit Wissensrepräsentationskonzepten der Künstlichen Intelligenz im Sinne "integrierter" *semantischer Parser*. Statt an syntaktischen Kategorien und Konstituentenstrukturen orientieren sich die Vertreter dieses Ansatzes am Primat der Wissensrepräsentation, d.h. der semantischen Steuerung von Sprachverstehensprozessen. Als exemplarisch für diese methodische Linie können die Arbeiten auf der Grundlage der *Conceptual Dependency*-Theorie[23] gelten - einer Bedeutungstheorie, deren semantische Repräsentationssprache sich aus einem begrenzten Satz abstrakter, einzelsprachunabhängi-

---

20 Das Problem der Regelauswahl tritt natürlich auch in konventionellen regelbasierten Systemen auf (vgl. DAVIS/KING 1977), verschärft sich aber bei nicht-uniformen Daten durch die Komplexität der zu prüfenden Muster in den Regeln.

21 Dieser Weg wird bevorzugt im Bereich der Produktionsregelsysteme für Expertensysteme begangen (vgl. DAVIS/BUCHANAN/SHORTLIFFE 1977, insbes. S.30-34).

22 Will man nicht enorm komplexe Kontrollstrukturen (z.B. eigene Kontrollvariablen zur Kommunikation zwischen und Synchronisation von Regeln) in die Datenbasis eines Produktionssystems einführen, müssen bei *parallel* operierenden Produktionssystemen explizite Steuerungsinformationen entweder direkt auf der Ebene der Regeln (etwa durch die Strukturierung der Regelkomponente in Form von Regelhierarchien und ihre Steuerung durch Petrinetze; vgl. ZISMAN 1978) oder durch eine weitgehende Modifikation des Regelinterpreters (wie etwa in der von GUPTA 1987 vorgeschlagenen Parallelversion des Rete-Algorithmus und dessen Implementierung auf spezialisierter Mehrprozessor-Hardware) formuliert werden. In beiden Fällen müßten also in erheblichem Ausmaß global wirksame Kontrollflußspezifikationen (prozedurales Wissen) beim Entwurf lokaler linguistischer Regeln antizipiert werden.

23 SCHANK 1973.

ger und kognitiv motivierter semantischer Primitive zusammensetzt[24]. Durch die Vorgabe von aus diesen Bedeutungsatomen zusammengesetzten komplexeren semantischen Strukturen und ihre direkte Kopplung an "grammatische" Beschreibungen sprachlicher (d.h. vor allem lexikalischer) Elemente wird der Parsing-Prozeß stark an konzeptuelle Erwartungsmuster gebunden, die den Typus der *erwartungsbezogenen* semantischen Parser[25] charakterisieren. Die dominierende Rolle der Bedeutungsrepräsentation wird noch dadurch unterstrichen, daß semantische Parser keinerlei syntaktische (phrasenstrukturelle) Zwischenstrukturen generieren bzw. interpretieren[26].

Diese grundlegende Analysekonzeption ist in einer Fülle von Folgearbeiten seither verfeinert worden. Sie zielen vor allem auf die Bereitstellung komplexerer, aus diesen atomaren Bedeutungsprimitiven aufgebauter Repräsentationsstrukturen und daran gebundener Steuerungskonstrukte, wie prototypische *Scripts*[27], frame-artige *Memory Organization Packages* (MOPs)[28] oder textverstehensspezifische *Thematic Abstraction Units* (TAUs)[29]. Eng verbunden damit sind Untersuchungen zur optimalen Balancierung der auf konzeptuelle Erwartungen ausgerichteten Top-down- und auf strukturelle sprachliche (syntaxbezogene) Indikatoren hin orientierten Bottom-up-Parsing-Strategien in semantischen Parsern[30].

Ein wesentliches gemeinsames Merkmal dieser Arbeiten ist die enge Kopplung bzw. Übereinstimmung der Architektur semantischer Parser mit kognitiven Modellen des Sprachverstehens. Dieser Anspruch gilt in besonderem Maße für aktuelle Prototypen, die verstärkt mit Parallelitätskonstrukten im Kontext von neuronal begründeten *spreading activation*-Architekturen operieren - beispielsweise in konnektionistischen semantischen Netzen[31] oder innerhalb des *marker passing*-Paradigmas, wo das Konzept des semantischen Parsing in Richtung auf ein *direct memory access parsing (DMAP)*[32] weiterentwickelt wird und dabei mehr einem durch sprachliche Indikatoren

---

24 Im theoretischen Status dieser semantischen Primitive liegt ein wesentliches Unterscheidungsmerkmal zum Modell der Präferenzsemantik (WILKS 1975, 1978). Bei Wilks sind sie einer beliebigen natürlichen Sprache entnommen, bei Schank sind sie abstrakte Entitäten einer kognitiven Metasprache. Eine ausführliche Betrachtung methodologischer Unterschiede zwischen der Präferenzsemantik und der konzeptuellen Analyse enthält WILKS 1983.

25 Variationen dieses ursprünglichen Konzepts wurden exemplarisch in zwei Parsern realisiert: CA (RIESBECK 1975) und ELI (RIESBECK/SCHANK 1978).

26 Diese starke Hypothese wird in aktuellen Arbeiten innerhalb dieses Paradigmas relativiert. So beschreibt LYTINEN 1987 den MOPTRANS-Parser mit einem größeren autonomen Satz syntaktischer Regeln und den Aufbau syntaktischer Repräsentationen, um einige Fälle struktureller Ambiguität aufzulösen. Dezidiert syntaktische Steuerungsinformationen (Aufbau syntaktischer Erwartungsrahmen, Prozeduralisierung syntaktischer Kategorien) enthält auch der lexikalisch orientierte WEDNESDAY-Parser, den STOCK *et al.* 1983 beschreiben.

27 Exemplarisch stehen für diesen Ansatz die Systeme SAM (CULLINGFORD 1979) und FRUMP (DeJONG 1979, 1982).

28 Beschrieben im System IPP (LEBOWITZ 1983).

29 Sie wurden im Kontext des Systems BORIS (DYER 1983) entwickelt.

30 Betrachtungen dieser Art stehen im Mittelpunkt der Architektur des SCISOR-Systems und seines Parsers TRUMP (RAU/JACOBS 1988).

31 BERG 1987.

32 Den Übergang vom klassischen Konzept der konzeptuellen Analyse zum *DMAP*-Konzept beschreibt RIESBECK 1986, einen *DMAP*-Prototypen stellen RIESBECK/MARTIN 1986 vor.

gesteuerten Suchprozeß in episodisch organisierten Gedächtnisstrukturen als einem konstruktiven Interpretationsprozeß zum Aufbau von Bedeutungsstrukturen entspricht. Damit werden erneut auch *Kontrollaspekte* des semantischen Parsing thematisiert, die ursprünglich im Mittelpunkt des *Wortexpertenmodells*[33] standen. Statt eines globalen Monitors zur *zentralen* Steuerung des Parsers, der im Fall nicht eingelöster konzeptueller Erwartungen (ähnlich wie syntaktisch orientierte ATN-Parser) ein Backtracking zum nächstgeeigneten CD-Template ausführt[34], oder indirekter, aber schon flexiblerer Kontrollstrukturen (wie *demons*[35]), üben im Wortexpertenmodell direkt miteinander kommunizierende und deterministisch parsende lexikalische Prozesse eine unmittelbare, d.h. *dezentrale* Kontrolle auf den Parsing-Prozeß aus. Unberührt von den eben betrachteten Unterschieden im Kontrollbereich bleibt die Gemeinsamkeit dieser Ansätze, daß der primäre Träger des parsing-relevanten Wissens die *lexikalische Einheit*[36] ist, eine Konzeption, die mit dem Wortexperten-Modell am weitesten exponiert wird.

Der grundlegende, vor allem linguistisch bedeutsame Wandel, der mit semantischen Parsern aber vollzogen wird, besteht in der Uminterpretation der Rolle des Lexikons. Im Unterschied zur gesamten linguistischen Beschreibungstradition, in der das Lexikon eine *statische* Zulieferrolle für die regelgestützten Ableitungsprozesse innehat und Parsing als eine serieller, zentral gesteuerter monolithischer Regelinterpretationsprozeß betrachtet wird, besitzt es im Kontext semantischer Parser nicht nur den Status einer eigenständigen Wissensquelle (wie schon in der Linguistik), sondern bekommt *dynamischen* Charakter[37]. Dieser drückt sich nicht durch ein globales Kontrollregime für die Lexikon-Komponente aus, sondern wird lokal in den lexikalischen Einträgen des Lexikons kodiert, die auch das gesamte für den Parsing-Prozeß relevante linguistische Wissen enthalten. Damit wird Sprachverstehen über *lexikalisch verteilte Prozesse* modelliert, die autonom und direkt miteinander kommunizieren[38]. Die Steuerung von lexikalisch organisierten Parsern geht nun primär vom *semantischen* Wissen aus, das mit lexikalischen Objekten assoziiert ist. Andere Wissensquellen (Syntax, Pragmatik) werden bei Bedarf aktiviert.[39]

---

33 RIEGER 1978a, RIEGER/SMALL 1979, SMALL 1980, SMALL/RIEGER 1982, SMALL 1987.

34 Wie im CA-Parser, s. RIESBECK 1975, S.115-118.

35 Wie im DYPAR-Parser des BORIS-Systems, vgl. DYER 1983.

36 Ein Ansatz, der durch kognitionswissenschaftliche Untersuchungen zu lexikalisch organisierten Lese- und Verstehensstrategien (THIBADEAU/JUST/CARPENTER 1982) auch experimentell bestätigt werden konnte und in die Architektur entsprechender Simulationssysteme eingegangen ist.

37 Genau an diesem Punkt setzt die Kritik an dem interessanten Versuch eines konzeptionellen Vergleichs zwischen der *Conceptual Dependency*-Theorie mit der Montague-Grammatik, den JONES/WARREN 1982 unternehmen, an. Es genügt nicht, CD-Strukturen in prädikatenlogische Formeln umzuschreiben (wie dies ähnlich schon HAYES 1979 für die logische Reformulierung der Frame-Repräsentationssprache KRL-0 oder BARTSCH 1987 bei der wahrheitsfunktionalen Rekonstruktion von Frames und Scripts im Rahmen der Diskursrepräsentationstheorie (KAMP 1981) unternommen haben). Vielmehr müssen auch die stark ausgeprägten Steuerungskonstrukte semantischer Parser bei einer solchen (Re-)Modellierung mit berücksichtigt werden. Für solch prozedurales Wissen stellen logische Beschreibungssysteme jedoch keine adäquaten Konstrukte bereit, weshalb entsprechende logische Rekonstruktionen an einem entscheidenden Punkt unvollständig und damit inadäquat bleiben.

38 Vgl. zu dieser Argumentationslinie auch SACERDOTI 1978, RIESBECK 1979 oder EISELT/GRANGER 1990. Daß diese Konzeption nicht notwendigerweise auf einen semantischen Ansatz zur Sprachanalyse begrenzt werden muß, zeigt der PARSIFAL-Parser (MARCUS 1980), in dem syntaktische Konstrukte als aktive Einheiten im Sprachanalyseprozeß modelliert sind.

In diesen Entwicklungslinien semantischer Parsing-Konzeptionen werden zwei Tendenzen offenkundig:

1. ein Wechsel des Beschreibungssystems weg von zentral gesteuerten, regelbasierten Systemen hin zur *verteilten* Organisation linguistischen Wissens (mit noch unklarer formaler Charakteristik) und *parallel* ablaufender Interaktionen zwischen den einzelnen Wissensquellen,
2. die *Lexikalisierung* der linguistischen Beschreibungen und ihre *prozedurale* Interpretation.[40]

Daß beide Entwicklungen zwar gängige Orthodoxie in Frage stellen, aber keine nur kurzfristigen konzeptionellen Umorientierungen für die (automatische) Analyse natürlicher Sprache sind, zeigt sich

a) im großen theoretischen Interesse, das *parallele Modelle des Sprachverstehens*[41] in jüngster Zeit im Bereich der Computerlinguistik gewinnen;
b) in neueren Entwicklungen der theoretischen Linguistik, wo sich eine systematische Tendenz zur *Lexikalisierung von Grammatiken*[42] (auch bei satzsyntaktisch ausgerichteten Modellen) beobachten läßt.

1.2.1.1 Parallele Modelle des Sprachverstehens

Bei parallelen Ansätzen zur Sprachanalyse können im wesentlichen drei technische Strategien[43]

---

39 Es gehört zu den grundlegenden und stark verbreiteten Mißverständnissen des Konzepts semantischer Parser, daß sie syntax-frei konzipiert seien. Richtig ist vielmehr, daß semantische Erwartungen zwar wesentlichen Einfluß auf die *Kontrolle* des Parsing-Prozesses haben, aber durch gegenteilige Evidenzen diese Voreinstellungen korrigiert und in diese Revisionsprozesse auch syntaktische, morphologische etc. Indikatoren verstärkt eingehen (zur Disambiguierung durch syntaktische Kriterien vgl. etwa RIESBECK/SCHANK 1978, S.252).

40 Diese Aussagen werden auch durch eine Vielzahl experimenteller kognitionspsychologischer Studien zum *Unmittelbarkeitsprinzip* des Sprachverstehens gestützt (vgl. etwa MARSLEN-WILSON 1975, THIBADEAU/JUST/CARPENTER 1982). Zentrale Hypothese ist dabei, daß Sprachverstehensprozesse *lexikalisch* initialisiert und unter simultaner Einbindung aller Ebenen der Sprachbeschreibung (d.h. der Einbeziehung phonologischen, morphologischen, syntaktischen, semantischen und pragmatischen Wissens) *parallel* prozessiert werden. Ein Projekt, in dem die Entwicklung einer an solchen kognitiven Evidenzen ausgerichteten, mental plausiblen Parser-Architektur für ein automatisches Textverstehenssystem eine zentrale Rolle spielt und im Rahmen kognitionswissenschaftlicher Simulationsexperimente auch validiert werden soll, beschreiben AULICH et al. 1988.

41 Zu einem Überblick vgl. HAHN/ADRIAENS/SELMAN 1990. Der historisch früheste Vorschlag zur Verteilung und Parallelisierung linguistischer Analysen stammt von KAPLAN 1973, in dem er die Verteilung von Subgrammatiken auf mehrere Prozessoren und die Koordination der Analyse im Rahmen einer Chart vorschlägt. Im Kontext natürlichsprachlicher Systeme wurden Parallelverarbeitungskonzepte erstmals im Rahmen des HEARSAY-II-Systems am Beispiel eines verteilten Produktionssystems eingeführt (FENNELL/LESSER 1977).

42 Diese Beobachtung macht auch ADRIAENS 1986b, S.110-112 bei den meisten der in Kap. 1.2.1.2 betrachteten Grammatikmodelle.

43 Als vierte Entwicklungsschiene könnte man *Parser-Hardware*, wie die in KITANO 1988 beschriebene VLSI-Chip-Implementation eines *DMAP*-artigen Parsers anführen (zur *DMAP*-Theorie vgl. RIESBECK 1986, RIESBECK/MARTIN 1986). Jedoch sind die Arbeiten auf diesem Gebiet noch in einem sehr frühen Experimentstadium.

unterschieden werden: Das "*klassische*" Konzept des parallelen Parsing[44] beruht auf der Parallelisierung konventioneller serieller Parsing-Schemata (wie etwa dem Earley- oder Cocke-Younger-Kasami-Parsing[45]) durch funktionale Dekomposition und Verteilung des Parsing-Prozesses auf mehrere Parser/Prozessoren (z.B. abhängig von der Länge der zu parsenden Eingabe, dem Umfang der Grammatik oder der Anzahl unterschiedlicher Prozesse bei nicht-deterministischen Auswahlen). Dem stehen seit neuerer Zeit zwei alternative methodische Ansätze gegenüber: das *objektorientierte* parallele Parsing[46] (dessen Konzepte sich eng an das in Kap.2 beschriebene Aktorenmodell anlehnen) und diverse Varianten des *konnektionistischen* Parsing[47]. Unter Implementierungsgesichtspunkten wird die Parallelität entsprechender Parser entweder auf der Ebene von Betriebssystemen (Multitasking) oder darauf aufbauender programmiersprachlicher Konstrukte in Ein-Prozessorsystemen softwaretechnisch simuliert oder durch Mehr-Prozessorsysteme direkt hardwareseitig realisiert.

- Im Rahmen des *klassischen* Ansatzes zum parallelen Parsing wird mit konventionellen *regelbasierten* linguistischen Beschreibungssystemen unterschiedlichen Formats vor allem unter syntaktischen Aspekten experimentiert. Der Bogen spannt sich dabei von überwiegend mit *Charts* operierenden rein syntaktischen bzw. durch prozedurale syntaktische und semantische *Constraints* erweiterten Phrasenstrukturgrammatiken[48] über eine restringierte Klasse von Unifikationsgrammatiken[49] und deren lexikalisch orientierter Variante in Form einer *Lexical Functional Grammar*[50] bis hin zu syntaktischen oder semantischen Spezifikationen der *Definite Clause Grammar*[51]. Neben dieser stark informatisch geprägten Forschungslinie kommen gleichartige Impulse aus psycholinguistischen Untersuchungen, etwa zur Architektur von parallelisierten ATNs[52] oder zur Prozeduralisierung syntaktischer Kategorien (und ihrer parallelen Interaktion als "Syntaxexperten" beim inkrementellen Aufbau syntaktischer Konstituentenstrukturen von (Teil-)Sätzen) im Rahmen prozeduraler Grammatiken[53].

---

44 Vgl. etwa die Übersicht von NIJHOLT 1990.

45 Vgl. AHO/ULLMAN 1972, S.314-330.

46 YONEZAWA/OHSAWA 1988.

47 Dieser Ansatz ist durch eine breite Methodenpalette charakterisiert, die Konzepte der dynamischen Programmierung (FANTY 1990, SCHNELLE/DOUST 1988), stochastischer Energieminimierungsmodelle, wie etwa Boltzmann-Maschinen (SELMAN/HIRST 1987), oder Techniken zur *constraint satisfaction* (CHARNIAK/SANTOS 1987, HOWELLS 1988) umfaßt.

48 Vgl. HIRAKAWA 1983 und LOZINSKII/NIRENBURG 1986 zu rein syntaktischen Ansätzen und GRISHMAN/CHITRAO 1988 sowie HIRSCHMAN/HOPKINS/SMITH 1988 zu semantischen Erweiterungen des PSG-Formats.

49 HAAS 1987.

50 SLACK 1984.

51 Eine rein syntaktisch spezifizierte DCG verwendet MATSUMOTO 1986, während HUANG/GUTHRIE 1986 eine durch Selektionsrestriktionen (im Sinne von KATZ/FODOR 1963) um semantische Kriterien erweiterte DCG-Variante benutzen.

52 WANNER 1987.

53 KEMPEN/HOENKAMP 1987. Ein Konzept zur lokalen Parallelisierung bei der Verarbeitung von Teilkonstituenten im Rahmen eines Sprach*generierungs*systems beschreibt De SMEDT 1990.

- Ansätze zum *objektorientierten* parallelen Parsing bauen auf den Prinzipien des objektorientierten Programmierens auf[54]. Neben den schon betrachteten konzeptuellen Parsern und dem Wortexperten-Parser zählt auch die *conceptual grammar*[55] zu den objektorientierten linguistischen Grammatikspezifikationen. Sie bezieht starke Einflüsse aus der funktionalen Beschreibungstradition der Linguistik[56] (Sprache als zielorientierter Kommunikationsprozeß) und setzt sich aus perspektivisch unterschiedlichen Repräsentationen einzelner sprachlicher Formen zusammen. Die daraus resultierende Verteilung grammatikalischen Wissens wird durch Experten realisiert, die aus Gründen der Vererbung von Eigenschaften in hierarchischen Gesellschaften organisiert sind und für die Zwecke der Sprachanalyse, -generierung oder -akquisition parallel miteinander kommunizieren. Konzeptionell ist dieser Ansatz einer Variante der systemischen Grammatik, die durch ein System direkt miteinander interagierender *choice experts*[57] gegeben ist, sehr ähnlich. Aufbauend auf der für die systemische Linguistik charakteristischen Beschreibung von Grammatiken als Systeme zur Auswahl zwischen Alternativen (Numerus: Singular oder Plural, Genus: feminin, maskulin, neutrum usw.) ist die Spezifikation der *choice experts* stärker als die *conceptual grammar* linguistisch motiviert. Gleichzeitig ist deren Analogie zu Wortexperten (Kodierung linguistischen Wissens in Entscheidungsnetzen, (nicht zwangsläufig lexikalische) Verteilung grammatischen Wissens, wechselseitiger Austausch von Botschaften (Fragen, Antworten) zur direkten Kommunikation zwischen Experten) offenkundig.

- Eine radikale Abwendung von den Interpretationsprinzipien klassischer und objektorientierter Parsing-Verfahren liegt parallelen Sprachverstehensmodellen zugrunde, die sich auf *spreading activation* (im engeren Sinne *konnektionistische) Berechnungsmodelle*[58] beziehen. Diese beruhen auf Netzwerken einfacher, Neuronen vergleichbarer Berechnungseinheiten. Jede der elementaren Einheiten repräsentiert einen bestimmten Wert eines Parameters (z.B. eine bestimmte Lesart eines ambigen lexikalischen Elements, ein Kategoriensymbol einer Grammatik o.ä.). Abhängig vom Empfang von Aktivierungsströmen anderer Berechnungseinheiten bilden sich im Verlauf zyklischer Aktivierungs-Updates im Netz positive bzw. negative Evidenzen für den von einer Einheit jeweils repräsentierten Wert. Das auf diesem *spreading activation*-Modell beruhende *konnektionistische Parsing*[59] modelliert Sprachverstehen im Rahmen eines Drei-Ebenenmodells: Die sprachliche Eingabe in das Netz vollzieht sich auf der lexikalischen Ebene, die als Lexikon fungiert und die einzelnen Wörter (besser: Morpheme)

---

54 Die in diesem Abschnitt gegebene Darstellung wird in Kap.2 wieder aufgenommen und dort weiter vertieft (vgl. besonders die Bemerkungen in Fußnote 137 zu aktoriellen Parsern).

55 STEELS 1978. *Conceptual* besitzt hier nicht die Lesart "begrifflich", sondern "ein theoretisches Konzept (Konstrukt) betreffend". Konstrukte der Grammatik modellieren dann sowohl akustische (etwa Intonation) wie grammatische Phänomene (z.B. Pluralität oder Modus) oder prototypische linguistische Situationen (Kasusrahmen, Sprechaktkonstellationen o.ä.).

56 Zwei typische Vertreter dieses linguistischen Ansatzes sind DIK 1978 und HALLIDAY 1985.

57 MANN 1982.

58 FELDMAN/BALLARD 1982. Aktuelle Übersichten zum Konnektionismus und dessen Anwendung auf natürlichsprachliche Problemstellungen geben KEMKE 1988, SELMAN 1989 und DIEDERICH 1989.

59 SMALL/COTTRELL/SHASTRI 1982, COTTRELL/SMALL 1984.

einer Sprache enthält. Alle Morpheme sind mit ihrer(n) Bedeutungsrepräsentation(en) auf der lexikalischen Bedeutungsebene verbunden - ambige Wörter mit allen ihren Bedeutungsvarianten, die durch wechselseitige "Hemm"-Konnektionen (negative Evidenzen) abgeschottet sind. Das lexikalische Bedeutungsnetz ist in drei größere Subnetze partitioniert: das nominale (Objekt-)Netz, das prädikative (Aktions- und Ereignis-)Netz und das Funktionswortnetz. Die Kasusebene drückt Bezüge (Bindungen, also strikt positive Evidenzen) zwischen Prädikaten und Objekten aus. Zur Beschränkung möglicher Bindungen zwischen lexikalischen Bedeutungen und Kasusrollen wird schließlich noch eine syntaktische Komponente eingeführt (ein typischer Fall, der von dieser Komponente abgedeckt wird, ist, beim Auftreten von Passiv-Indikatoren die Konversion der Evidenzen für die Bindungen des Agens- bzw. Objekt-Kasus herbeizuführen). Die prozedurale Interpretation eines entsprechenden Netzes geschieht durch - je nach Evidenzen - unterschiedlich intensive positive/negative Aktivierungsströme zwischen den durch die jeweilige sprachliche Äußerung aktualisierten Elementen des Netzes, die zu entsprechenden Neubewertungen der elementaren Berechnungseinheiten führen. Im Sinne des Parsing ist das Ergebnis mehrerer solcher Berechnungszyklen diejenige Koalition von elementaren Berechnungseinheiten, die zusammengenommen den höchsten positiven Evidenzfaktor besitzen, d.h. die "richtigen" Kasusrollen mit der "richtigen" Bedeutung der Wörter aus der sprachlichen Eingabe identifiziert sind[60].

Neben dieser konnektionistischen Entwicklungsschiene etablieren sich gleichzeitig auch sog. *marker passing*-Systeme[61]. Technisch unterscheiden sich beide *spreading activation*-Modelle vor allem dadurch, daß im *marker passing*-Ansatz Pfade (statt Aktivierungszustände einzelner Knoten) evaluiert werden und in *marker passing*-Systemen "strukturierte" (oder "gefärbte") Marker zirkulieren, die über eine elaborierte Binnenstruktur oder andere Zusatzinformationen (wie Pointer zur Marker-Quelle u.ä.) verfügen können[62].

Die Parallelisierung linguistischer Regelsysteme leistet keinen wesentlichen Beitrag zur Behebung der schon diskutierten repräsentationsinhärenten Schwächen regelbasierter (syntaktischer) Ansätze für die semantisch orientierte Sprachanalyse. Ernstzunehmende Komplexitätsprobleme des auf Aktivierungsintensitäten einzelner Knoten oder Wegelängencharakteristiken der Netze[63] beruhenden *spreading activation*-Modell des parallelen Parsing rühren aus immanenten Problemen des Netzformalismus her. Dazu zählen zum einen das *overkill*-Syndrom, bei dem zu vielen letztlich uninteressanten Hinweisen (*false positives*) nachgegangen werden muß, zum anderen der "Hitzetod", bei dem das gesamte Netzwerk auf hohem Energieniveau aktiviert ist und keine Diskriminierung zwischen einzelnen Varianten mehr möglich ist. Ein Teil dieses Dilemmas ist sicher

---

60 COTTRELL/SMALL 1984, S.95-98, 101-105. Ähnliche Ansätze zum konnektionistischen Parsing beschreiben GIGLEY 1982, WALTZ/POLLACK 1985, McCLELLAND/KAWAMOTO 1986 (hier werden besonders Aspekte der Kasusrahmen-Instanziierung und des (Verb-)Lernens betont), JONES 1987 (unter besonderer Beachtung von *feature constraints* regelbasierter linguistischer Grammatiken) und NAKAGAWA/MORI 1988 (für ein reines PSG-Format). Konnektionistische Ansätze zur *Sprachgenerierung* beschreiben KUKICH 1987 und GASSER/DYER 1988.

61 Vgl. etwa die in CHARNIAK 1983 und 1986, RIESBECK/MARTIN 1986, NORVIG 1987 und TOMABECHI/TOMITA 1988 beschriebenen Parser. Ein *marker passing*-System zur Sprachgenerierung wird in KALITA/SHASTRI 1990 vorgestellt.

62 Vgl. zu solchen Marker-Typen etwa TOMABECHI/TOMITA 1988.

63 Heuristiken für diese Variante des parallelen Parsing beschreibt CHARNIAK 1983.

auch dadurch zu erklären, daß es in nahezu allen Fällen noch an einer präzisen Formulierung des Wissensrepräsentationsmodells, auf das sich der Parser bezieht, fehlt[64]. Dies verlagert das Problem der Bedeutungsdiskriminierung (unter Berücksichtigung einfacher morphologisch-syntaktischer Bindungsindikatoren) auf letztlich konventionell organisierte Kasusrahmen und Bündel von Selektionsmerkmalen mit *a priori* gesetzten Evidenzgewichten und -schwellwerten. Zweifel erscheinen beim momentanen Stand des empirischen Wissens zu neurophysiologischen, -linguistischen und kognitionswissenschaftlichen Regularitäten[65] angebracht, ob dieses Repertoire an Konstrukten für die Repräsentation sprachlichen Wissens ausreicht, um strukturell so komplexe Prozesse, wie die Diskriminierung von Aktivierungszonen und -intensitäten in bestimmten Teilabschnitten von netzartig strukturierten Gedächtnissen auch linguistisch hinreichend plausibel begründen zu können[66]. Die noch wenig reflektierte Korrespondenz zwischen hypothetisch angenommenen einfachsten Gehirnstrukturen und der Fähigkeit des menschlichen Sprachverstehens verwechselt denn auch offensichtlich Prinzipien der *Implementation* kognitiver Systeme mit denen ihrer *Architektur* und *Modellierung* sowie darin eingehender empirisch gehaltvoller Hypothesen zur *Erklärung sprachlichen Verhaltens*[67]. Unter diesen Umständen erscheint der objektorientierte Ansatz zum Parsing natürlicher Sprachen unter den oben entwickelten Prämissen (Lexikalisierung grammatikalischen Wissens, simultane Interaktion der Wissensquellen beim Parsing) als natürlichste Repräsentationsform für die Spezifikation einer semantisch orientierten Text-Grammatik und des entsprechenden Parsers (vgl. zur Vertiefung dieser Argumentation Kap.2).

1.2.1.2 Lexikalisierung von Grammatiken

Im engeren Kontext der Arbeiten, die als Weiterentwicklungen des Modells der klassischen generativen Transformationsgrammatik[68] betrachtet werden können, tritt das Phänomen der Verlagerung grammatikalischen Wissens in lexikalische Spezifikationen in vielfältiger Gestalt auf:

---

64 Dieses Problem hat seine Entsprechung in der Vielzahl ambiger Strukturbeschreibungen, die (auch serielle) primär mit syntaktischen Regeln operierende Parser produzieren. Lediglich bei WALTZ/POLLACK 1985, S.65-69 und McCLELLAND/KAWAMOTO 1986 wird das Konzept semantischer Primitive in Form eines mit Aktivierungsgewichten voreingestellten Merkmalsvektors in das Parallelverarbeitungsmodell ansatzweise integriert.

65 In wesentlichen Zügen in COTTRELL/SMALL 1984, S.92-94 skizziert.

66 Eine vergleichbare Skepsis artikuliert ADRIAENS 1986b, S.215-218. Sie zielt letztlich auf eine unzureichende Staffelung von Abstraktionsebenen zwischen streng subsymbolischen (im engeren Sinn konnektionistischen) und kompositionellen Prozessen auf der Symbolebene.

67 Diese Kritik äußern auch FODOR/PYLYSHYN 1988 bei der Konfrontation konnektionistischer Ansätze mit den methodologischen Prinzipien "klassischer" (d.h. symbolmanipulierender) kognitiver Modelle. Letztere haben in dieser Diskussion den Status abstrakter Maschinen, für die konnektionistische Konzepte eine mögliche Implementierungsstrategie beschreiben, aber selbst nicht dem umfassenden Anspruch eines eigenständigen Erklärungsansatzes gerecht werden. Diesen Einwand gegen die Erklärungskapazität konnektionistischer Systeme nimmt SLACK 1990 auf und entwickelt ein stratifiziertes, symbolische und konnektionistische Strukturebenen integrierendes Sprachverarbeitungsmodell. Dabei gelingt ihm der Nachweis, daß eine ausschließlich konnektionistische Strukturebene mit eigenem Alphabet und eigenen Operatoren Darstellungsprobleme von (symbolorientierten) LFG-Formalismen (Prozessierung von komplexen Kontrollgleichungen, Behandlung von *long-distance dependencies*) durch konnektionistische Strukturen beseitigt.

68 CHOMSKY 1965b.

- In der aktuellsten Revision der generativen Transformationsgrammatik - der *government-and-binding*-Theorie[69] - spiegelt sich die gewachsene Relevanz des Lexikons im "Projektionsprinzip" wider: auf allen Ebenen der linguistischen Beschreibung müssen linguistische Repräsentationen den Subkategorisierungsbedingungen der lexikalischen Elemente entsprechen.
- Im Kontext der *Head-driven Phrase Structure Grammar*[70], einer Verfeinerung der *Generalized Phrase Structure Grammar*[71], tritt eine massive Verlagerung linguistischer Informationen zur Subkategorisierung lexikalischer Elemente von der Phrasenstrukturregel- zur Lexikonkomponente der Grammatik ein.
- Eine analoge Verlagerung linguistischen Wissens von der Transformationsregelkomponente zum Lexikon und der semantischen Komponente vollzieht sich bei der *Lexical Functional Grammar*[72], so daß lexikalische und interpretative semantische Regeln an Gewicht zunehmen; auch die Zuweisung funktionaler syntaktischer Strukturen - ein zentrales Anliegen der Theorie - wird in hohem Maße von der Spezifikation der Lexikoneinträge beeinflußt.
- Im Rahmen einer *Tree Adjoining Grammar* und eines erweiterten Earley-Typ-Parsers für TAGs[73] wird die Lexikalisierung von Restriktionsbedingungen kontextfreier Grammatiken durch mit lexikalischen Einheiten assoziierten äquivalenten Lokalitäts-*Constraints* für strukturelle Komposition formalisiert.
- Am weitgehendsten in bezug auf Erweiterungen der Standardtheorie ist die Bewertung der Rolle des Lexikons in der *Lexical-Generative Grammar*[74]: Eine generative Grammatik besteht darin nur noch aus einem Lexikon mit vollständigen Informationen darüber, welche Kombinationen mit anderen lexikalischen Elementen zulässig sind, und diversen Redundanzregeln für lexikalische Einträge.
- Die vollständige Lexikalisierung einer generativen Grammatik liegt auch der Entwicklung einer *kategorialen Unifikationsgrammatik*[75] zugrunde, bei der der gesamte syntaktische und komponentialsemantische Regelapparat sowie die im engeren Sinne lexikalischen Informationen in einem hierarchisch strukturierten Lexikon kodiert werden. Damit wird das Lexikon nicht länger als eine strukturlose Menge von Einträgen verstanden, sondern mit einem hohen Grad an Binnenstruktur versehen, die linguistisch motivierte Zugriffsmechanismen (für das Parsing andere als für die Generierung) geeignet interpretieren.
- Im historisch ältesten Alternativentwurf zur Standardtheorie, der *Kasusgrammatik*[76], wird nicht nur dem Verb der zentrale Stellenwert in der Satzanalyse zuerkannt, sondern ihm auch eine wesentliche semantische Selektionsfunktion in bezug auf obligatorische und fakultative

---

69 CHOMSKY 1981, 1982.

70 PROUDIAN/POLLARD 1985.

71 GAZDAR *et al.* 1985.

72 KAPLAN/BRESNAN 1982. Eine Zusammenfassung der Entwicklungslinien, die zur Formulierung eines ausgeprägt lexikalistischen Ansatzes im Rahmen der Theorie der generativen Transformationsgrammatik führen, beschreiben HOEKSTRA/v. d. HULST/MOORTGAT 1980.

73 SCHABES/ABEILLE/JOSHI 1988.

74 DIEHL 1981, zit. nach ADRIAENS 1986b, S.110.

75 USZKOREIT 1986.

76 Zum ursprünglichen Konzept vgl. FILLMORE 1968. Eine Übersicht über die daraus erwachsene Vielzahl kasusgrammatischer Ansätze gibt BRUCE 1975.

"Ergänzungen" (Kasus, wie Agens, Patiens, Lokativ, Temporal usf.) zugewiesen, die semantischen Ko-Okkurrenzbeschränkungen nicht unähnlich sind. Die Satzanalyse nimmt die Funktion der Verteilung von Phrasen auf die einzelnen Kasusrollen an - ein Prozeß, der von den durch die Kasus und zusätzlichen sprachlichen Oberflächenindikatoren (z.B. Präpositionen) gesetzten Restriktionen geleitet wird.

- In der Nachfolge der von Beginn an stark (verb-)lexikalisch geprägten Kasusgrammatik und der *Lexical-Generative Grammar* stark verwandt ist die Entwicklung der *Lexicase Grammar*[77], deren Spezifikationsschwerpunkt ebenfalls ein vollständig ausdifferenziertes Lexikon mit der kompletten Charakterisierung der distributionellen Eigenschaften der lexikalischen Einheiten ist. Sie werden in Form lexikalischer Regeln spezifiziert, die (Kasus-)Bezüge zwischen lexikalischen Elementen durch Subkategorisierungsregeln und zwischen Merkmalen innerhalb lexikalischer Einträge durch Redundanzregeln ausdrücken.

Doch auch in Entwicklungen von Grammatiktypen, die sich alternativ zum Ansatz der klassischen Transformationsgrammatik herausgebildet haben, wird dem Lexikon - zum Teil noch wesentlich prononcierter als in den oben skizzierten Theorievarianten - eine herausragende Rolle in der grammatischen Spezifikation zugewiesen:

- Das Prinzip "Lexikon als Grammatik" wird in der *Lexicon Grammar*[78] ausschließlich unter syntaktisch-distributionellen Aspekten umgesetzt. Das Lexikon besteht statt aus lexikalischen Einheiten aus primitiven Satzmustern (Strukturformeln in der Nachfolge des taxonomischen Strukturalismus[79]), die für einzelne lexikalische Elemente charakteristische idiosynkratische Distributions- und Transformationsinformationen enthalten.
- Näher an der Sprachoberfläche angesiedelt und klar zum gängigen generativen Paradigma der formalen Linguistik in Opposition ist die Konzeption des *Phrasen-Lexikons*[80], das ein Repertoire von (idiomatischen) Phrasen-Pattern enthält, die beim Sprechvorgang der Kommunikationsintention entsprechend komponiert, d.h. konkateniert werden und an ihren variablen Teilen situationsgerecht instanziiert werden[81].
- *Word Grammar*[82] und *Cognitive Grammar*[83] sind sich in der Zurückweisung des Beschreibungsparadigmas der formalen Linguistik und seines inhärenten Ebenenmodells (autonome Syntax, interpretative Semantik usf.) sehr ähnlich und begründen die zentrale Rolle des Lexikons in ihren Beschreibungssystemen vor allem mit kognitiven Hypothesen. Besonders in der *Cognitive Grammar* werden kognitive Basiskategorien (Raum, Zeit, Farb- oder Temperaturwahrnehmung usw.), ihre Kombinierung zu komplexen kognitiven Objekten und deren grammatische Signifikanz der Sprachmodellierung explizit zugrunde gelegt.

---

77 STAROSTA/NOMURA 1986.

78 GROSS 1984.

79 HARRIS 1970.

80 BECKER 1975.

81 Eine Implementation dieses Ansatzes auf der Basis entwickelter *Pattern Matching*-Verfahren beschreiben WILENSKY/ARENS 1980.

82 HUDSON 1984.

83 LANGACKER 1986.

- Einen Ansatz zur direkten Modellierung von Konzepten und Prozeduren der durch die *Text-Struktur-Welt-Struktur-Theorie* (TeSWeST)[84] beschriebenen Interpretation von Texten stellt das Konzept des *Experten-Parsing* dar[85]. Obwohl enge Bezüge zum Wortexperten-Parsing durch die überwiegend lexikalische Organisation des Parsing und den Austausch von Nachrichten zur Steuerung des Kontroll- und Datenflusses im Parser bestehen, unterscheidet sich das Experten-Parsing vom klassischen Modell des Wortexperten-Parsing durch die Einführung prototypischer Expertenbeschreibungen (und deren textspezifische Instanziierung) sowie zusätzliche Datenstrukturen (Stack) zur Parsersteuerung, über die Experten kommunizieren.

Wie auch immer das Gewicht des Lexikons in jeder dieser lexikalisch orientierten Konzeptionen wächst, so ist doch festzuhalten[86], daß es (bis auf die zuletzt betrachtete Variante des lexikalisch gesteuerten Experten-Parsers) eine lediglich *statische* Rolle im Sprachanalyse- bzw. -generierungsprozeß einnimmt und eine externe Interpretationsinstanz benötigt wird, die das lexikalische Wissen im gewünschten Ausmaß aus dem Lexikon akquiriert und dem Parsing-Prozeß zuliefert. Diese Sicht ist diametral der Konzeption entgegengesetzt, die der hier beschriebenen lexikalisch verteilten Grammatik (s. Kap.1.3) zugrunde liegt und in der das Lexikon (besser: der jeweilige Repräsentant eines lexikalischen Elements) ein eigener selbständiger *Prozeß* ist.[87]

1.2.2 Von Satzgrammatiken zu Textgrammatiken

Außer Frage steht bei jeder Form der Textanalyse, daß die für die theoretische Linguistik nahezu durchgängige Fixierung auf die Beschreibungsebene des Einzelsatzes aufgehoben werden muß. Denn wesentliche Formen der Textkonstitution treten vorwiegend (etwa anaphorische, elliptische Phänomene) oder gar ausschließlich (hierzu zählen alle Varianten der Textkohärenz) *oberhalb der formalen Satzgrenze* auf.

Textanalyse kann nun aber auch nicht als Verlagerung der auf der Satzebene bewährten linguistischen Beschreibungstechniken begriffen werden[88], da syntaktische Bezüge ungleich an Stellenwert für die Textrepräsentation verlieren und dafür semantische und pragmatische Phänomene in den Vordergrund rücken. In der in Kap.4 beschriebenen Textgrammatik wird diese Sicht auf einen semantischen Aspekt der Textanalyse eingeengt und an solche Textphänomene gebunden, die mehr oder weniger direkt durch den Bezug auf konzeptuelle Strukturen der zugrunde liegenden Diskursdomäne (Spezialisierungshierarchien, Assoziationsrelationen u.ä.) erklärt werden können. Der hier vorgestellte Ansatz beruht also auf der Hypothese, daß wesentliche sprachliche Realisierungsformen von Textualität in Fachtexten des hier betrachteten Typs sich weitgehend auf Regularitäten

---

84 PETÖFI 1977.

85 KINDERMANN 1987.

86 Vgl.a. ADRIAENS 1986b, S.111-112.

87 Hier scheint auch das grundlegende Mißverständnis zu liegen, dem BERWICK 1983 bei seinem Versuch, lexikon-basierte Parser (wie Wortexpertensysteme oder Ansätze des konnektionistischen Parsing) als ausdrucksschwächere Notationsvarianten der "modernen" Transformationsgrammatik darzustellen (ebd., insbes. S. 409-414), aufsitzt.

88 Dieser Ansatz ist etwa von PETÖFI 1971 im Kontext der generativen Transformationsgrammatik verfolgt worden.

der für den jeweiligen Diskursbereich geltenden semantischen Strukturvorgaben beziehen. Die von ihnen (im Sinne von Interpretations-*Constraints*) ausgehenden strukturellen Beschränkungen beim Aufbau von Textrepräsentationen charakterisieren dann auch die geeignetste Beschreibungsebene für textorientierte Analysemodelle. Das bedeutet, daß auf der Textebene die Annahme einer Priorität syntaktischer Spezifikationen nicht länger gehalten werden kann und durch ein Sprachmodell ersetzt werden muß, das die Bedeutung von Texten in den Mittelpunkt der Betrachtung stellt und zu deren Analyse unterschiedlichste Wissensquellen (syntaktisches, lexikalisch-semantisches, enzyklopädisches, textstrukturelles und pragmatisches Wissen) ohne festliegende Priorisierung beim Parsing[89] einbezieht. Folglich ist die Aufgabe eines *semantischen Text-Parsers*, Textinhalte nicht in Form von Phrasenstrukturanalysen, sondern als konzeptuelle Strukturen in die Wissensbasis eines natürlichsprachlichen Systems korrekt und (abhängig von einem festzulegenden Maß an Verstehenstiefe, s. Kap. 1.5) vollständig zu überführen.

Damit scheiden aus der Betrachtung konventionelle, von der Satzebene her ausgebaute Textgrammatiken nicht nur wegen ihrer charakteristischen *syntaktischen Überspezifikation* (und einem entsprechenden Analyse-Overhead der Parser), sondern vor allem wegen *systematischer Funktionalitätsdefizite* aus, da sie nur unzureichend den gezielten Aufbau von semantischen Textwissensstrukturen unterstützen[90]. Dabei sind zwei Aspekte der Textualität entscheidend:

1) ***Validität von Wissensbasen: Textkohäsion***

Die aus dem Text-Parsing unmittelbar resultierenden Strukturen sind als Folge eines semantischen Parsing-Ansatzes Wissensrepräsentationsstrukturen. Deren *formale* Legalität, Konsistenz und gültige *empirische* Korrespondenz zur modellierten Domäne müssen durch die dem semantischen Parsing zugrunde liegende Wissensrepräsentationssprache gesichert sein. Die *adäquate* Überführung sprachlicher Äußerungen in die Wissensrepräsentationsstrukturen muß hingegen durch die dem Parsing zugrunde liegende Textgrammmatik gewährleistet werden. Die Mißachtung von Verkettungsmechanismen für einzelne Aussagen in Texten (Anaphora, Ellipsen, Koordination usf.) führt unmittelbar zu empirisch *invaliden* Wissensbasen. Die dem *Textkohäsionskern* einer Textgrammatik zuzurechnenden Spezifikationen (s. Kap. 4.2.2) sorgen dementsprechend für die adäquate Abbildung sprachlicher Äußerungen in Texten auf die Wissensrepräsentationsstrukturen, und zwar vor allem durch den Bezug auf die dort vorgegebenen *semantischen* Relationen und Integritätsbedingungen.

2) ***Informationelle Anreicherung von Wissensbasen: Textkohärenz***

Durch die rein kohäsionsorientierte Analyse von Texten werden Wissensbasen aufgebaut, die - außer den inhärenten semantischen Bezügen und ihrer Aktualisierung durch den Text - keinerlei zusätzliche Struktur aufweisen. Texte sind aber nicht nur durch eine lokale Bindung

---

89 SMALL 1983, S.247-248 bzw. S.253-264.

90 Eine entgegengesetzte Position nehmen POLANYI/SCHA 1984 ein, deren Diskursgrammatik durchgängig aus ATNs besteht und Textkohäsions- und -kohärenzstrukturen auf der Grundlage von Repräsentationsstrukturen berechnet, die aus Satzanalysen resultieren. Am auf die Textebene übertragenen Kompositionalitätsprinzip, Textbezüge aus Konstituentenstrukturdaten und assoziierten semantischen Merkmalsbündeln vorangegangener Satzanalysen zu berechnen, wird auch im Kontext einer aktuelleren Reformulierung im Format einer erweiterten kontextfreien Grammatik festgehalten (vgl. SCHA/POLANYI 1988).

aufeinanderfolgender Aussagen gekennzeichnet, sondern verfügen über eine reichhaltige makrostrukturelle Organisation, die mit einer ausschließlich kohäsionsbezogenen Textanalyse nicht erfaßt werden. Folglich führt die Mißachtung entsprechender globaler Wohlgeformtheitsbedingungen von Aussagenkomplexen (Thema/Rhema, Makro- und Superstrukturen) bei der Analyse von Texten zu *unterstrukturierten* Wissensbasen. Die dem *Textkohärenzkern* einer Textgrammatik zugerechneten Spezifikationen (s. Kap.4.2.3) sorgen für eine konstruktive Überformung von Textwissensbasen im Sinne dieser globalen *textuellen* Relationen.

Darüberhinaus wird das Architekturprinzip *verteilter Systeme* von Grammatiken den Besonderheiten der Textanalyse[91] wesentlich gerechter als die *zentral* organisierten PSG-Grammatiken. Zum einen läßt es sich theoretisch durch die prozedurale Interpretation der lexikalischen Elemente begründen, die Textverstehen als *interaktiven Disambiguierungsprozeß* der Wörter, aus denen ein Text zusammengesetzt ist, begreift. Die Ausgrenzung der kontextuellen Bedeutung der lexikalischen Elemente (auf der Grundlage der vollständigen Spezifikation aller ihrer Bedeutungsvarianten und -nuancen in eigenen Prozessen) unter Einbeziehung aller verfügbarer Wissensquellen ist dann gleichbedeutend mit dem Verstehen eines Textes[92]. Zum anderen sind es pragmatische Überlegungen, denn die Verteilung von Wissen unterstützt ganz wesentlich den Grad an *Robustheit*, der von Text-Parsern verlangt wird. Im Unterschied zu Frage-Antwort-Systemen ist die Eingabe von Textanalysesystemen vollständig determiniert. Damit gibt es keine interaktive Möglichkeit, Teile von Texten, die vom Parser nicht erkannt werden können, zurückzuweisen und ggf. vom Benutzer textuelle Paraphrasen anzufordern, die dann neuerlich dem Parsing unterworfen werden. Andererseits sind vollständige Textgrammatiken bislang selbst für intensiv untersuchte natürliche Sprache nicht verfügbar, so daß mit mehr oder weniger schweren Spezifikationslücken während des Parsing gerechnet werden muß.[93] Daher sind geeignete *Recovery*-Strategien für das Auftreten von Fällen dieser Unterspezifikation bereitzustellen. Hier zeigt sich eine besondere Stärke des Ansatzes, linguistisches Wissen über einzelne lexikalische Einheiten zu verteilen: diejenigen Experten, die ausführbar sind, werden aktiviert, wohingegen diejenigen, denen notwendige Informationen fehlen, nicht anlaufen bzw. deaktiviert werden (Prinzip der *graceful degradation*).

1.3 Prinzipien des lexikalisch verteilten Parsing

Ein konsequent semantischer Ansatz für die Analyse von Texten verlangt demnach eine weitreichende Neuorientierung linguistischer Beschreibungen. Seine Radikalität drückt sich sowohl im Wechsel des grundlegenden *Beschreibungsobjekts* (lexikalische Elemente statt Einzelsatz), des *Explanandums* der Sprachtheorie (semantisch und pragmatisch interpretierte Textualität statt syntaktisch definierte Grammatikalität) als auch der *Repräsentationssprache* (verteilte und kommu-

---

91 Dies wird in den frühen Arbeiten von RIESBECK 1979 und CULLINGFORD 1981 mit der Vielfalt zu berücksichtigender Wissensquellen und deren Interdependenz eingehend motiviert (gleiche Argumente gelten auch für das Verstehen gesprochender Sprache; vgl. LESSER 1975 und FENNELL/LESSER 1977). Aktuelle Aktivitäten sind in einem auf dem *spreading activation*-Modell (*marker passing*) beruhenden parallelen Parsing-Ansatz für das Textverstehen bei GRANGER/EISELT/HOLBROOK 1986 beschrieben.

92 SMALL 1983, S.248.

93 Faktisch bedeutet dies wohl, daß jede Form von Text-Parsing mit authentischen Texten noch auf absehbare Zeit prinzipiell *partiell* sein wird (s.a. Kap.1.5).

nizierende Prozesse (Objekte) gegenüber zentral gesteuerten monolithischen Systemen von Ersetzungsregeln) aus. Im einzelnen können folgende *Prinzipien des lexikalisch verteilten Parsing*[94] formuliert werden:

1. Die grundlegende Einheit für die Organisation sprachlichen Wissens sind die *lexikalischen Elemente* natürlicher Sprachen[95]. In ihnen ist die Fülle von Einzelbedeutungen akkumuliert, aus denen die Bedeutung höherer sprachlicher Aggregate (Phrasen, Sätze, Texte) durch Diskriminierung von miteinander unverträglichen Bedeutungsvarianten berechnet werden kann[96].

2. Lexikalische Elemente werden durch aktive Prozesse, die *Wortexperten*, repräsentiert, die durch Kommunikation mit den übrigen Wissensquellen eines natürlichsprachlichen Systems und anderen Wortexperten die kontextbezogene Bedeutung des Elements, das sie repräsentieren, bestimmen. Dem Modell liegt somit eine *prozedurale* Interpretation des lexikalischen Inventars natürlicher Sprachen zugrunde[97], bei dem Sprachverstehen als interaktiver Prozeß betrachtet wird, in dessen Verlauf aus der Vielfalt isolierter (lexikalischer) Einzelbedeutungen eine insgesamt verträgliche zusammengesetzte Satz- bzw. Textbedeutung aggregiert wird.

---

94 Die hier beschriebene Konzeption des lexikalisch verteilten Parsing umreißt ein Modell der Sprachanalyse, dessen konzeptioneller Kern eindeutig in der Entwicklung des "Wortexperten-Parsing" aufgehoben ist. Aufbauend auf der Darstellung des Ursprungsmodells in RIEGER 1978a, die deutlich macht, daß die lexikalisch organisierte Bedeutungsselektion der Wortexperten als grundlegendes Konstrukt einer Theorie des Sprachverstehens analog zu *commonsense*-Problemlösungsstrategien modelliert wird (RIEGER 1976, RIEGER 1978a, S.98-101), und seiner Konsolidierung in RIEGER/SMALL 1979, fixiert SMALL 1980 (und das Extrakt dieser Arbeit in SMALL/RIEGER 1982) bzw. SMALL 1983 und 1987 einen Entwicklungsstand, auf den im folgenden als "Standardmodell" des Wortexperten-Parsing referenziert wird. Kognitionswissenschaftliche Evidenzen lassen Small besonders von den grundlegenden Kontrollmustern des Standardmodells abrücken (COTTRELL/SMALL 1984, S.99) und führen hin zur Entwicklung eines massiv parallelen *konnektionistischen* Parsing (SMALL/COTTRELL/SHASTRI 1982). Die hier beschriebene Form des lexikalisch verteilten Parsing ist eine eigenständige Modellvariante, die sich durch die Umorientierung der linguistischen Beschreibungsphilosophie und die formalen und empirischen Erweiterungen (s. Kap. 1.4 (1)-(8)) vom Standardmodell des Wortexperten-Parsing unterscheidet. Diese sprachmethodischen Bemühungen stimmen in einigen Teilbereichen mit den in EIMERMACHER 1983a und 1983b beschriebenen Fortschreibungen des Wortexperten-Konzepts überein.

95 Zu den lexikalischen Elementen zählen hier auch grammatische Morpheme (z.B.: "*-ing*", "*-ed*" im Englischen, "*-den*", "*-ten*" im Deutschen) und Interpunktionszeichen.

96 Die große lexikalische Bedeutungsvarianz (Ambiguität), die ein einzelnes lexikalisches Element isoliert betrachtet i.a. kennzeichnet, wird durch die Kombination mit anderen lexikalischen Einheiten in sprachlichen Äußerungskontexten weitgehend reduziert, da sich viele dieser Varianten wechselseitig ausschließen. Die Modellierung dieses lexikalisch organisierten Diskriminierungsprozesses steht im Mittelpunkt des Konzepts lexikalisch verteilter Grammatiken. Jedes lexikalische Objekt der Sprache wird als ein solcher Diskriminierungsprozeß modelliert, der die Verträglichkeit seiner individuellen Bedeutungspalette im Kontext seiner jeweiligen lexikalischen Umgebung im Text sondiert und daraufhin zu einer Entscheidung über seine funktionale Rolle in der zugrunde liegenden sprachlichen Äußerung gelangt (vgl. zu strategischen Varianten der lexikalischen Disambiguierung im Textkontext GRANGER/HOLBROOK/EISELT 1984). Im Kontext der hier entwickelten Lösung spielt jedoch weniger die Diskriminierung von Bedeutungsvarianten, sondern die Bestimmung von plausiblen konzeptuellen Relationen zwischen im Text ko-okkurrierenden lexikalischen Einheiten die Hauptrolle.

97 Eine Theorie der Syntax natürlicher Sprachen modelliert unter dieser Perspektive lediglich einige der stereotypen Grundmuster lexikalischer Interaktionen, die der kontextbezogenen Bedeutungsvielfalt einzelner lexikalischer Elemente nicht gerecht wird und Anlaß für die kontinuierliche Nachbesserung konventioneller grammatischer Beschreibungen ist; vgl. SMALL 1980, S.2.

3. Die zentrale Kontrollstruktur lexikalisch verteilter Parser leitet sich aus dem *Botschaftsaustausch* (*message passing, inter-expert handshaking*) der einzelnen aktiven Prozesse im System ab.

4. Lexikalisch verteiltes Parsing beruht auf (lexikalischen, konzeptuellen, enzyklopädischen, pragmatischen u.a.) *Erwartungen*[98], die - im Unterschied etwa zu früheren Modellierungen semantischer Parser[99] - die semantische Hypothesenbildung leiten, aber nicht vollständig determinieren.

5. Beim Parsen stehen den Wortexperten *alle Wissensquellen* des Systems ohne Zugriffsrestriktionen oder -ordnungen *offen*.

6. In bezug auf die zugrunde liegende Parsing-Methodik kann lexikalisch verteiltes Parsing als *deterministischer Prozeß*[100] charakterisiert werden, der *von links nach rechts* (falls Wortexperten diese Direktion nicht kurzzeitig außer Kraft setzen) *ohne Backtracking* verläuft und insbesondere kurzzeitige Verzögerungen lokaler Analysen zuläßt (*wait-and-see*-Strategie[101]).

Diese Prinzipien gehören zum paradigmatischen Kern des lexikalisch verteilten Parsing[102]. Umstrittener sind die folgenden Postulate des "Standardmodells" des Wortexperten-Parsing, die insbesondere von den in dieser Arbeit verfolgten Beschreibungsidealen abweichen:

---

98 Das in Kap.4 beschriebene textgrammatische System bezieht seine (konzeptuellen) Erwartungen aus den Strukturen der zugrunde liegenden (Frame-)Wissensbasis, interpretiert also vorab spezifizierte Weltwissenstrukturen im Sinne von semantischen Ko-Okkurrenzrestriktionen zwischen im Text gemeinsam auftretenden lexikalischen Einheiten. Damit reduziert sich die Komplexität der semantischen Grammatik ganz erheblich, da die strukturellen Details der Wissensrepräsentation für die konzeptuelle Modellierung der jeweiligen Diskursdomäne in einer analytisch von der Modellierung des Sprachwissens abgetrennten Komponente betrieben werden. Sie sind somit von der Formulierung grammatischer Regularitäten weitgehend entkoppelt, so daß auf relativ hoher Konzeptualisierungsstufe angesiedelte Konstrukte (vgl. Kap. 3.1) für die semantische Grammatik bereitgestellt werden können (dieser Zusammenhang ist für die Modellierung semantischer Parser bereits früh erkannt (etwa HAWKINSON 1975, S.109), aber selten genug realisiert worden). Die Annahme interpretationsleitenden und -erleichternden Hintergrundwissens für das *Text*verstehen in Form komplexer konzeptueller Schemata (wie *Frames, Scripts* oder *thematic abstraction units*) wird im übrigen durch eine Fülle kognitionswissenschaftlicher Experimente gestützt (vgl. etwa den UYL/van OOSTENDORP 1980, HABERLANDT/BINGHAM 1982, SEIFERT/DYER/BLACK 1986).

99 Vgl. etwa den strikt auf die Erfüllung seiner konzeptuellen Erwartungen ausgelegten ELI-Parser (RIESBECK/SCHANK 1978), der bei Nichterfüllung eines semantischen Erwartungsrahmens das gesamte Muster, aus dem die Erwartung abgeleitet wurde, verwirft und nach einem Backtracking ein neues Muster mit neuen bindenden Erwartungen instanziiert.

100 Die in Kap.4 gegebene Beschreibung enthält non-deterministische Elemente durch inhärente Eigenschaften des Aktorenmodells (bedingt durch den Non-Determinismus der Ankunftsordnung, s. die Definition AS 3-3 in Kap. 2.3), das als Grundlage der Spezifikation dient. Alle linguistisch relevanten Operationen des Parsers sind jedoch streng deterministisch formuliert.

101 MARCUS 1980, S. 14-25, Kap.3 (S.39-54).

102 Vgl. SMALL 1980, S.3-4, 12, 42-45, 207-211; HAHN/REIMER 1983, S.64-65.

7. Eindeutiger Modellierungsschwerpunkt des Wortexperten-Parsing ist die *Individualisierung* der Sprachbeschreibung (jedes lexikalische Element einer Sprache wird durch einen für dieses Element charakteristischen Wortexperten beschrieben) und die darauf aufbauende Konzentration auf die *Ausnahmeerscheinungen* sprachlicher (lexikalischer) Phänomene: Idiomatizität, ja sogar gruppen- und personenspezifische sprachliche Idiosynkrasien zählen zu den zentralen Beschreibungsanliegen[103].

In der vorliegenden Arbeit wird die gegenteilige Position eingenommen und eine verteilte Grammatik formuliert, die sich an der Beschreibung von *Regularitäten* ganzer Klassen von lexikalischen Einheiten ausrichtet. Diese Sicht orientiert sich an der Beschreibungstradition formaler Grammatiken der Linguistik, die auf die Generalisierung und Abstraktion rekurrenter sprachlicher Muster abgestellt ist, und letztlich an der plausiblen Erkenntnis, daß Sprache ein durch soziale Konventionen über zulässige Strukturen und Bedeutungszuweisungen überwiegend regulär definiertes Kommunikationsmedium ist, das nur in Randbereichen, nicht aber im Kern seiner Beschreibung durch Ausnahmeerscheinungen und individuelle Idiosynkrasien einzelner Sprachbenutzer charakterisiert sein kann. Daraus folgt aber keineswegs zwangsläufig, daß Sprache durch regelbasierte Systeme beschrieben werden muß.[104]

8. Wortexperten-Parsing erfüllt den Anspruch *kognitiver Adäquatheit*, d.h. steht für eine direkte Simulation menschlicher Sprachverarbeitungsprozesse[105].

Obwohl auch hier als leitendes Forschungsprinzip anerkannt wird, daß Komponenten von Sprachverstehenssystemen nicht gegen gesicherte kognitionswissenschaftliche Erkenntnisse konzipiert werden sollten, steht andererseits die bloße Reklamierung kognitiver Adäquatheit eines Sprachverstehensmodells (oder von Modellen, die andere intelligente Akte, wie Sehen oder Bewegen im Raum beschreiben) meist auf tönernen empirischen Füßen[106]. Sie ist in solchen Fällen eher eine uneingelöste Absichtserklärung, die so Introspektion und Spekulation in den Begründungszusammenhang des betroffenen Modells einführt. Ein Verzicht auf den oben formulierten Anspruch bleibt daher für das Modell des lexikalisch verteilten Parsing zunächst folgenlos.

---

103 RIEGER 1978a, S.103; RIEGER/SMALL 1979, S.728; SMALL 1980, S.27-35; SMALL/RIEGER 1982, S.90-91.

104 Auch Small verkennt nicht, daß linguistische Generalisierungen durchführbar seien und ggf. sogar in das Wortexpertenkonzept integriert werden sollten (SMALL 1980, S. 198-199, 201-202). Offenbar folgt er sogar einem taktischen Kalkül und bezieht einen möglichst provozierenden Standpunkt, um die Unterschiede zum regelbasierten Ansatz um so deutlicher hervortreten zu lassen (SMALL 1980, S.199).

105 RIEGER/SMALL 1979, S.728; SMALL 1980, S.3-4; insbesondere aber SMALL/LUCAS 1983, S.9-10 und S.48-57 sowie ADRIAENS 1986b, S.191-218 mit einer intensiven Diskussion kognitionswissenschaftlicher Evidenzen für die wesentlichen Analysestrategien des Wortexperten-Parsers.

106 Dies gesteht auch Small ein (SMALL 1980, S.6). Bei der Entwicklung massiv paralleler Sprachverstehensmodelle trifft dieser Vorwurf nicht länger zu, da sie explizit neurophysiologische, -linguistische und kognitionspsychologische Befunde in die Modellierung mit einfließen lassen (vgl. etwa COTTRELL/SMALL 1984, S.92-94).

1.4 Beiträge dieser Arbeit zur Methodik und Empirie des lexikalisch verteilten Parsing

Semantische Grammatiken besitzen nach dem momentanen Stand ihrer Modellierung *schwere Generalisierungsdefizite* in bezug auf methodische (betreffend die Primitive der grammatischen Spezifikationssprachen und das generelle Format des formalen Beschreibungssystems) und empirisch-linguistische Beschreibungsstandards (Repräsentation sprachlicher Regularitäten im Sinne der Generalisierung gleichartiger sprachlicher Muster). Konsequenterweise erweisen sie sich gegenüber Erweiterungen sowie Domänenwechseln als extrem problematisch. Dieses methodische Manko scheint nur dann behebbar, wenn das Vokabular semantischer Grammatiken präzise definiert wird und allgemeine Schnittstellen zu den für das semantische Parsing benötigten Wissensquellen (Weltwissen, Textwissen u.a.) spezifiziert werden, die das Verhalten und die Beschreibungsoptionen des semantischen Parsers im Rahmen einer formalen Spezifikation reglementieren.

Der insbesondere durch das Standardmodell des Wortexperten-Parsing beschriebene Entwicklungsstand des Modells des lexikalisch verteilten Parsing besitzt offenkundige Defizite, die unter formalen (1-4) und empirischen (5-8) Gesichtspunkten thematisiert und aus denen Kriterien für die Weiterentwicklung der ursprünglichen Konzeption abgeleitet werden[107]:

1) Die Konstrukte, mit denen Wortexperten-Parser bislang operieren, besitzen eine nur *geringe Abstraktion*, da wesentliche Passagen der Beschreibung parsing-relevanten Wissens direkt auf Datenstrukturen der Programmiersprachen, in denen das jeweilige Wortexpertensystem implementiert ist (*restart demons, time counters, time-out conditions, run-me queues* u.ä. in der LISP-Implementation von Small[108] bzw. diverse Listentypen, wie *modlists* und *holdlists* in der PROLOG-Implementation von Eimermacher[109]), rekurrieren. Die Beschreibung der linguistischen Ergebnisse wird dadurch mit den formalen und prozeduralen Idiosynkrasien einzelner Programmiersprachen vermischt und in ihrer Allgemeinheit nicht unwesentlich eingeschränkt (s.a. Kap. 2.1.).

2) Obwohl die von Small vorgelegte Version bereits einen signifikanten Fortschritt in Richtung einer *Spezifikationssprache* für Wortexperten-Beschreibungen darstellt[110], ist ihr wesentliches Manko die lediglich verbale Fixierung ihrer Primitive.

3) Für einen semantischen Parser eher noch fataler ist die nicht realisierte Spezifikation einer klaren *Schnittstelle zum* zugrunde liegenden *Wissensrepräsentationssystem*; zusammen mit

---

107 Vgl.a. HAHN 1987.

108 Vgl. SMALL 1980, Kap. 3 zur Organisation des Wortexperten-Modells.

109 Vgl. EIMERMACHER 1983a.

110 Die Verbesserung gegenüber dem ursprünglichen Modellzustand wird am Unterschied zwischen dem Spezifikationsfragment der Experten für das lexikalische Element "*deep*" vor (SMALL 1980, S. 48) und nach (dto., S. 102) Einführung der Spezifikationssprache deutlich. Der wesentliche Fortschritt ist darin begründet, daß ursprünglich beliebige Kanten- und Knotenbeschriftungen der Entscheidungsnetze von Wortexperten vorgenommen werden konnten, sie in der von Small eingeführten Form jedoch in die Beschreibungsdisziplin einer zumindest syntaktisch definierten Spezifikationssprache eingebunden werden (s.a. SMALL 1980, S. 143).

den Auswirkungen der (unter formalen Gesichtspunkten) semantischen Unterspezifikation der Spezifikationssprache (s.o.) treten mißliebige Effekte in einer solchen Form zutage, daß sie direkt auf die Funktionalität des Parsers zurückschlagen[111]: manuelle Eingriffe in den Ablauf des Wortexperten-Parsing werden nötig, in der Spezifikation von Wortexperten tauchen direkt Teilhierarchien des Weltwissens auf bzw. werden bei deren Aktivierung teilweise in entsprechende Datenbereiche kopiert (und damit unsinnigerweise dupliziert) usf.[112]

In der vorliegenden Arbeit wird in Kap. 3 eine strikt *formale* Definition *aller* Primitive der Spezifikationssprache gegeben, die durch die Abstraktion von internen Details der jeweiligen Wissensquelle die Sicht *abstrakter Datentypen* realisiert. Dies schließt insbesondere eine präzise Beschreibung der Anfrage- und Änderungsoperationen des lexikalisch verteilten Text-Parsers in bezug auf die Weltwissensbasis (und natürlich auch der übrigen Wissensquellen) ein. Durch die klare Trennung semantischer und syntaktischer linguistischer Spezifikationsprimitive und deren Kombinierbarkeit zu komplexen grammatischen Spezifikationsausdrücken wird die Darstellung von *Regularitäten des Weltwissens* von den *grammatischen Spezifikationen* der semantischen Grammatik entkoppelt[113].

4) Für die Betrachtung des Interaktionsverhaltens der Wortexperten bietet das Standardmodell des Wortexperten-Parsing zwar eine eigene Interaktionssprache[114] an, jedoch ist ihr gravierender Nachteil - und diese Eigenschaft teilt sie mit der überwältigenden Zahl linguistischer Grammatikbeschreibungen -, daß damit keine explizite *Spezifikation des Verhaltens des Parsers* gegeben wird[115]. Dieser Aspekt ist jedoch - mehr noch als bei regelbasierten Systemen - essentiell für verteilte Grammatiken, da die von Wortexperten dezentral gesteuerte Prozeßkoordination die für diesen Parsertyp charakteristische Kontrollstruktur ist.

Ziel der Beschreibung in Kap. 4 ist daher auch die *kohärente formale Beschreibung* einer lexikalisch verteilten Grammatik und eines entsprechenden Parsers in einem einheitlichen Format. Die Grundlage dafür bildet die in Kap. 2.3 eingeführte *objektorientierte Spezifikationssprache* auf der Basis des *Aktorenmodells*. Die Wahl dieses Beschreibungsmodells hat den zusätzlichen Effekt, daß der implizite Parallelismus des Standardmodells (Verwendung von Ko-Routinen, pseudo-paralleler Zugriff auf die Einstiegsknoten der Wortexperten-Subnetze u.ä.) nun explizit in die Formulierung eines *parallelen Sprachmodells* [116] durch die lexikalisch verteilte Grammatik eingeht.

---

111 Diesen Mangel erkennt auch Small (SMALL 1980, S. 192-193).

112 SMALL 1980, S. 199.

113 Einen ähnlichen Ansatz verfolgt auch EIMERMACHER 1983a, S. 9-15, der durch die Anbindung seines Wortexperten-Parsers an die logische Repräsentationssprache (M)SRL (HABEL/REDDIG/ROLLINGER 1981) als Zielsprache des semantischen Parsing ebenfalls eine modellseitige Abgrenzung zwischen der Repräsentation des Welt- und Sprachwissens erzielt.

114 SMALL 1980, S. 103-115.

115 Die Interaktionssprache LIL ermöglicht, das Verhalten eines Wortexperten, nicht jedoch das *interagierender* Experten zu beschreiben; vgl. a. SMALL 1980, S. 51-52.

116 Einen Vorschlag zur Parallelisierung des klassischen Wortexpertenmodells durch *programmiersprachliche* Konstrukte (Flat Concurrent Prolog) machen DEVOS/ADRIAENS 1990.

5) Eine wesentliche Akzeptanzschwelle für das klassische Wortexperten-Konzept liegt sicherlich in der Betonung der Beschreibung *lexikalischer Partikularitäten* und Ausnahmeerscheinungen. Die Fortsetzung dieser Beschreibungsphilosophie würde das gesamte Modell für jede Form von Grammatikentwurf, der einigermaßen realistische Domänen und Textmengen zum Gegenstand hätte, unattraktiv machen. Hinzu käme bei der mangelhaften formalen Fixierung der Wortexperten-Spezifikationssprache und geringen empirischen Grundlage für ihre Festlegung ein Wildwuchs an Konstrukten, der durch das ambitiöse Ziel der Beschreibung von Ausnahmen zusätzliche Dynamik erhielte. Dagegen vermag der Zwang, lexikalische Regularitäten zu beschreiben (deren Existenz nicht geleugnet wird), eher eine Konvergenz des Repertoires notwendiger Beschreibungsprimitive herbeiführen.

6) Die explizite Zuweisung *individueller* Wortexperten zu jedem Wort der Sprache führt zu einem enormen *Größenwachstum* der Wortexperten-Kollektion und einer beträchtlichen *Redundanz* der Beschreibungen, da für viele ähnlich strukturierte Wortexperten gleichartige Spezifikationsteile zur Verfügung gestellt werden müssen. Daher wiegt das (als Implementationskriterium für die linguistische Diskussion sowieso untaugliche) Argument der Speicherplatzökonomie, daß statt großkalibriger Regelsysteme lediglich die für die Analyse notwendigen einzelnen Wortexperten in das Sprachverstehenssystem "geladen" werden müssen[117], weitaus geringer als die aus der Redundanz resultierende mangelnde Überschaubarkeit des kodifizierten linguistischen Wissens und die Gefahr der Inkonsistenz bei Änderungen ähnlicher oder gar identischer Strukturen.

Dem wird in der vorliegenden Arbeit in Kap. 4 ein Beschreibungskonzept gegenübergestellt, das den Schwerpunkt auf die Formulierung *genereller linguistischer Beschreibungen* setzt. Daraus resultieren markante *Abstraktionen* des Beschreibungsapparats (Reduzierung der Wortexpertenkollektion durch Bildung von Prototypen, Faktorisierung gemeinsamer Wissensstrukturen in Wortexperten-Moduln usf.)[118], die zu wesentlichen Vereinfachungen und damit zu größerer Überschaubarkeit und *Kompaktheit* der verteilten Grammatik führen.

7) Logisch abhängig von der möglichst exhaustiven Beschreibung lexikalischer Ausnahmen ist der geringe *linguistische Abdeckungsgrad* des Wortexperten-Parsers mit ca. 30 beschriebenen Wörtern[119], deren Verhalten lediglich in bezug auf einfache deklarative Sätze modelliert ist.

---

117 RIEGER/SMALL 1979, S. 728; SMALL 1980, S. 198.

118 Ein vergleichbares Anliegen verfolgt auch Eimermacher, der strukturelle semantische (durch standardisierte "Metaeinträge" in EIMERMACHER 1983a, S.28-32) und syntaktische (u.a. durch Wortstammexperten und auf Wortartenverbände rekurrierende Wortartexperten in EIMERMACHER 1983b, S.11-22) Gemeinsamkeiten im Sinne von Erwartungen der Wortexperten generalisiert. In die gleiche Richtung zielt auch der Vorschlag zur Spezifikation von Experten-Prototypen bei KINDERMANN 1987. Eine gesteigerte Abstraktion von Wortexpertenbeschreibungen streben auch DEVOS/ADRIAENS 1990 an. Jedem Experten ist eine eigene Datenstruktur (*expert frame*) zugeordnet, in der funktionale, konzeptuelle und lexikalische Attribute auf unterschiedlichen Aggregationsstufen (entsprechend dem Stand und den Ebenen der linguistischen Analyse, etwa morphologische Abhängigkeiten, syntaktische Konstituenz u.ä.) zusammengefaßt sind und damit auch die flache, ausschließlich lexikalisch orientierte Beschreibung des Standardmodells aufgegeben wird.

119 Eine Liste verfügbarer Wortexperten für das Englische enthält Appendix B in SMALL 1980, S. 219-241. Vergleichbaren Umfang hat die Wortexpertenkollektion für das Holländische in ADRIAENS 1986b, Appendix 2 (S. 231-263).

8) Der klassische Wortexperten-Parser ist ein *Satz-Parser*[120]. Gerade die adäquate Analyse von schriftsprachlichen Texten oder Diskursen könnte jedoch die Überlegenheit eines lexikalisch verteilten Grammatikansatzes gegenüber regelbasierten Systemen zeigen, da diese beiden linguistischen Objekte primär semantisch charakterisiert sind und anspruchsvolle Kontrollstrukturen verlangen.

Bedingt durch die Notwendigkeit der Analyse authentischer Texte wird ein möglichst *robuster Parser* angestrebt, der grundlegende Textualitätsmuster analysieren und folglich die *linguistische Abdeckung* (*coverage*) *maximieren* muß. Die Ausweitung des Parsers auf die Erfassung von *Textphänomenen*[121] (s. Kap. 4.2) wird als ein zusätzliches Motiv für die Wahl eines semantischen Ansatzes der Analyse natürlicher Sprache aufgefaßt.

1.5 Anpassung der linguistischen Beschreibung an die Erfordernisse informationeller Sprachanalyse: partielles Text-Parsing für indikative Textzusammenfassungen

Grammatiken in der Linguistik und Parser in der sprachorientierten KI zielten bislang vorwiegend auf eine im Rahmen ausgewählter sprachlicher Phänomene auf Vollständigkeit der linguistischen Deskription ausgelegte Beschreibungstiefe und geben somit einer konstant maximalen Analyseschärfe entsprechender Parser Priorität.[122] Bei der Sprachanalyse im Kontext von Informationssystemen (Information Retrieval) stellt sich angesichts der Notwendigkeit, authentische Texte analysieren zu müssen (s. Kap. 1.1), das Problem, einen operationellen Parser zu konstruieren, der - abhängig von der anvisierten *Transformationsklasse* für die aus dem Parsing resultierenden Textrepräsentationsstrukturen (in TOPIC: Textzusammenfassung) und ihrer *Komplexitätsstufe* (hier: indikatives Abstracting[123]) - Textanalysen für beliebige Texte mit äußerster *Robustheit* durchführt[124]. Angepaßt an diese funktionalen Rahmenbedingungen ist gezielt eine Absenkung der Analysetiefe angestrebt worden, die sich in weniger differenzierten grammatischen Spezifikationen niederschlägt. Dieser *systemabhängige* (pragmatische) Teil der Fragestellung der Arbeit,

---

120 Obwohl seine Einbettung in das Textverstehenssystem GRIND (RIEGER 1978b) in mehreren Arbeiten (SMALL 1978, S. 13, RIEGER/SMALL 1979, S. 725, 726) angesprochen wird, sind alle veröffentlichten Parse-Beispiele und Spezifikationen von Wortexperten (s. etwa SMALL 1980, S. 10, 242 und Appendix C, SMALL /RIEGER 1982, S. 113-146) eindeutig satzorientiert. Die fehlende Beachtung textueller Phänomene (wie Fokus) spricht SMALL 1980, S. 94-97 sogar explizit an.

121 Das empirische Problem der Textanalyse (s.a. Kap. 1.1) gab den entscheidenden Impuls für die hier zusammenfaßten konzeptionellen Arbeiten zur lexikalisch verteilten Grammatik; s. HAHN/REIMER 1983 und HAHN 1984.

122 Ausgenommen davon sind Parser, die bewußt auf die Simulation menschlicher Verarbeitungsstrategien, wie etwa dem am "Querlesen" von Texten orientierten *skimming* (DeJONG 1979) ausgelegt sind.

123 *Indikative* Abstracts beschreiben die thematische Struktur eines Dokuments. Sie referenzieren damit primär auf den Originaltext im Unterschied zu *informativen* Referaten, die so präzise Textzusammenfassungen enthalten, daß sie das Original ggf. sogar ersetzen. *Kritische* Referate evaluieren das Bezugsdokument unter Vorgabe von bestimmten Einschätzungsparametern, wobei die Grenzen zur Synopse naturgemäß fließend sind. Zur Typologie von Abstracts vgl. BORKO/BERNIER 1975, S.13-20.

124 Dabei zur Anwendung kommende Methoden sind in HAHN 1986 beschrieben.

mit geringstmöglichem Analyseaufwand eine vorgegebene Stufe der Systemfunktionalität zu erreichen, spiegelt sich konsequenterweise direkt in der Art der in Kap. 4 gegebenen linguistischen Spezifikation wider. Deren Konzentration auf wenige, aber für die Textsorte zentrale Muster der Textkonstitution reflektiert den methodischen Beitrag zur informationellen Textanalyse, das Konzept des *partiellen* semantischen Text-Parsing[125], d.h. die Konzentration der Analyse auf *nominale* Ausdrücke (Nominalphrasen) und deren konzeptuelle und textuelle Bezüge[126].

Bei der Umsetzung des Konzepts eines partiellen semantischen Parsing ergibt sich, daß

- sich solche heuristischen Parsing-Strategien auf bestimmte sprachliche Ausdrucksmittel konzentrieren:

  * besondere *Reizwörter/-phrasen* (sog. *clue words*), die starke Steuerungsfunktion auf das Verstehen von Textpassagen haben[127],
  * *nominale* Strukturen bei referenzorientierten Transformationen von Textinhalten[128],
  * ausgewählte *domänenspezifische Prädikate* (Verben, Adjektive usf.) mit enger fachsprachlicher Interpretation,

  aus denen sich dann zusätzlich ein *lexikalischer* Fokus einer auf partielles Textverstehen ausgerichteten Textgrammatik ableiten läßt;

- sich die formale Organisation einer Textgrammatik in natürlicher Weise auf solche lexikalischen Indikatoren beziehen kann und somit ein System *kommunizierender, lexikalisch verteilter* Prozesse nahelegt.

---

125 Vorschläge zur partiellen Analyse von Texten sind in vielen Anwendungsumgebungen der informationellen Sprachanalyse ausgearbeitet worden. Im Information Retrieval sind nach der Phase der rein lexikalischen *Keyword*-Analyse besonders Parser für Nominalgruppen entwikkelt worden. Eines der frühen Beispiele ist im LEADER-System für Volltext-Retrieval beschrieben (HILLMAN/KASARDA 1969), einen für die Zwecke des Indexing entworfenen syntaktischen Parser für Nominalphrasen beschreibt ROSTEK 1979, eine "flache" syntaktische Konstituentenstrukturanalyse mit gezielt verarmten Dependenzstrukturen für die Übersetzung einer eingegrenzten Klasse von Sachtexten (Stellenanzeigen) stellen BUCHMANN/WARWICK/SHANN 1984 vor. Für das semantische Parsing verallgemeinern SCHANK/LEBOWITZ/BIRNBAUM 1980 das im FRUMP-System (DeJONG 1982) experimentell erprobte *skimming* zum Konzept des "integrierten Parsing", das auf der Spezifikation strukturell ausgedünnter (*sketchy*) *Scripts* beruht. Eine methodische Variante dazu, die auf gewichteten Produktionsregeln beruht, beschreiben KAYSER/COULON 1981.

126 Damit steht diese Arbeit im Kontext anderer konzeptueller Ansätze zur semantischen Analyse von Nominalstrukturen, wie etwa von GERSHMAN 1982, BIRNBAUM/SELFRIDGE 1981, LEBOWITZ 1983 und FININ 1986.

127 Das wurde bereits in frühen Entwürfen zu Abstracting-Systemen erkannt. RUSH/SALVADOR/ZAMORA 1971 verwenden eine vergleichsweise stabile Wortliste, die als Berechnungsgrundlage für die Zurückweisung bzw. den Einschluß von solchen Sätzen in ein Extrakt dient, die einen entsprechenden Hinweischarakter auf inhaltlich (in)signifikante Textpassagen haben. Ihre kommunikative und organisationale Funktion für die Kohärenz von Argumentationsdialogen beschreibt COHEN 1984, in bezug auf Kohärenzrelationen in schriftsprachlichen Texten WINTER 1978.

128 Linguistische Evidenzen für die Denotierung von Diskurs*themen* durch nominale Ausdrücke entwickelt BAYER 1980, die mit experimentellen Untersuchungen zu Produktionsstrategien beim manuell-intellektuellen Abstracting (SMETACEK/KÖNIGOVA 1977) übereinstimmen. Ähnliche Argumente für das Indexing und Retrieval entwickeln HILLMAN/KASARDA 1969.

Diese Merkmale und daraus abgeleiteten Anforderungen werden in einem hohen Maß von der bereits skizzierten Organisation eines textanalytischen Beschreibungsmodells unterstützt, das auf dem Konzept der *Wortexperten* aufbaut. Verteiltes lexikalisches Wissen scheint dabei - faßt man die bislang entwickelten Argumente nochmals zusammen - dem Organisationskontext einer semantischen Textgrammatik aus zwei Gründen besonders angepaßt:

- Die Flexibilität bei der Erfassung text-, satz- und phrasenorientierter linguistischer Regularitäten und die Interaktion kooperierender Wissensquellen (Welt- und Textwissen usw.) werden vom Prinzip einer *verteilten* Textgrammatik direkt unterstützt.

- Beschreibungsmethodisch werden theoretische Tendenzen der Zurückverlagerung grammatikalischen Wissens in die Spezifikation eines hier *prozedural* interpretierten Lexikons aufgenommen und beschreibungstechnisch die lexikalischen Elemente der Sprache als sprachliche Indikatoren semantisch besonders relevanter Information und damit als strategische Ansatzpunkte des partiellen Text-Parsing gezielt adressiert, was ein *lexikalisch* orientiertes Grammatikkonzept zusätzlich begründet.

Die Entwicklung des Wortexpertensystems von TOPIC wurde folglich zwar in bezug auf die Analysetiefe aus *funktionstaktischen* Gründen (der Realisierung eines auf (indikative) Textzusammenfassungen ausgerichteten Informationssystems) auf das flache Verstehen von Volltexten beschränkt. Die Modellierung in Kap.3 und Kap.4 erbringt jedoch mit der Bereitstellung hinreichend abstrakter Konstrukte die methodischen Voraussetzungen, um die These, daß Wortexperten ein *generelles grammatiktheoretisches* Konzept sind, das auch für differenzierte propositionale Textanalysen tauglich ist, experimentell weiter überprüfbar zu machen.

2 Grundlagen der Spezifikation eines lexikalisch verteilten Text-Parsers mit einer Aktorensprache

In diesem Kapitel wird die Spezifikationssprache für verteilte Systeme, auf der die Beschreibung des Text-Parsers in Kap.4 beruht, motiviert und eingeführt. Dazu werden in Kap.2.1 zunächst Anforderungen betrachtet, die bei der Beschreibung verteilter Systeme zu beachten sind, und entsprechend dazu die Wahl des Aktorenmodells als Repräsentationsformat für lexikalisch verteilte Grammatiken begründet. Die Charakteristiken des Aktorenmodells als einer der auch formal am weitesten ausformulierten Entwürfe zur Beschreibung verteilter und durch Botschaftsaustausch kommunizierender Systeme werden in Kap.2.2 ausgeführt. Schließlich enthält Kap.2.3 die wesentlichen Konstrukte einer objektorientierten Spezifikationssprache auf der Basis des Aktorenmodells, die die Grundlage der Spezifikation des lexikalisch verteilten Text-Parsers in Kap.4 bildet.

2.1 Methodologische Gesichtspunkte bei der Auswahl des Beschreibungsmodells für lexikalisch verteilte Grammatiken

Neben der fundamentalen Umorientierung des Beschreibungsparadigmas (vgl. Kap. 1.3) besteht ein wesentliches Akzeptanzproblem, das semantische Grammatiken (und damit auch den Wortexperten-Parser) als Gegenstand der linguistischen Theoriediskussion blockiert, im hohen Maß ihrer *formalen Unterbestimmtheit*. Viele semantische Grammatiken existieren in der Tat nur als Implementationen (Parser), ohne daß die zugrunde liegende linguistische Konzeption grammatiktheoretisch aufgearbeitet ist[129]. Wenn überhaupt, werden lediglich vage Analogien zu etablierten formalen Systemen hergestellt, die aber kaum über den Charakter von Metaphern hinaus vertieft werden[130]. Die vorliegende Arbeit verfolgt als ein wesentliches Ziel, dieses formale Modellierungsdefizit zu reduzieren. Die Auswahl eines geeigneten Ansatzes für die Formalisierung der lexikalisch verteilten Textgrammatik wird sich an den dazu abgeleiteten *deskriptiven* Merkmalen für verteilte semantische Grammatiken orientieren, und das sind die

- lexikalische Verteilung grammatikalischer Information,
- Interaktion lexikalischer Prozesse durch den Austausch von Botschaften,
- dezentrale Kontrolle durch wechselseitige Aktivierung der verteilten Prozesse,
- Parallelität der Berechnungen.

Abstrahiert man von diesen Rahmenbedingungen *methodologische* Anforderungen an ein entsprechend geprägtes Sprachbeschreibungsmodell, so muß ein geeignetes formales System folgenden Bedingungen genügen:

1. Sicherung der Modularität und Einheitlichkeit des Formats der Beschreibungen,
2. direkte Unterstützung der Interaktionsprozesse durch elaborierte Kommunikationsmechanismen,

---

129 Charakteristisch dafür sind die Darstellungen in RIESBECK/SCHANK 1978 (für den ELI-Parser) oder SMALL/RIEGER 1982 (für den Wortexperten-Parser WEP).

130 Etwa in RIESBECK/SCHANK 1978, S.264 (über die besonderen Kontrollstrukturaspekte des Produktionssystems ELI) oder SMALL 1980, S.21 bzw. S.56 (über die Analogien von Wortexperten zu Aktoren).

3. Über- bzw. Durchschaubarkeit der Struktur der lokalen Beschreibungsobjekte (Prozesse) sowie des aus ihren Interaktionen zusammengesetzten Gesamtverhaltens des Systems,
4. Existenz einer soliden formalen Grundlage.

Es stellt sich mit anderen Worten das Problem, einen geeigneten *Wissensrepräsentationsformalismus* zu bestimmen, wie er vergleichsweise in der Linguistik für die formale Beschreibung von Konstituentenstrukturen in Form von Produktionssystemen[131] oder Transitionsnetzen[132] bzw. der Bedeutung von Sätzen in Form von Logikkalkülen[133] etabliert ist. Keiner dieser Formalismen verfügt jedoch in einem für den hier vorgeschlagenen Ansatz hinreichenden Maße über *Kommunikationsprimitive*, mit denen zum einen die lokale Verteilung des Wissens und damit verbundene Notwendigkeit zu kooperativen Formen der Berechnung von Sprachverstehensproblemen bewältigt, zum anderen die *Parallelität* der Berechnungen modellmäßig kontrolliert werden kann[134]. Dagegen erlaubt das hier betrachtete Aktorenmodell[135] eine diesen Kommunikations- und Synchronisierungsanforderungen entsprechende und formal präzise Spezifikation einer Sprachtheorie, in deren Mittelpunkt die lexikalische Verteilung und konkurrente Verwendung grammatikalischen Wissens in Form von Wortexperten steht. Den oben aufgestellten Anforderungen entsprechen nämlich folgende Eigenschaften des Aktorenmodells:

1*. Es existieren lediglich Beschreibungsobjekte eines uniformen Typs - die Aktoren, in denen Wissen lokal spezifiziert ist; Aktoren repräsentieren sowohl prozedurales als auch deklaratives Wissen in <u>einem</u> Format, so daß die übliche Trennung von Prozeduren und Daten aufgehoben ist.
2*. Der Austausch von Botschaften zwischen Aktoren (*message passing*) ist der einzige Interaktionsmodus, um in Aktorensystemen Informationen auszutauschen und den Kontrollfluß zu steuern.
3*. Das Aktorenmodell ist ein lokales Berechnungsmodell, in dem nur diejenigen Ereignisse betrachtet werden, die für eine bestimmte Abfolge von Aktorenberechnungen auch relevant sind - es gibt <u>keine</u> globalen Systemzustände.
4*. Das Aktorenmodell beruht auf der denotationalen Beschreibung von Aktorensprachen.

---

131 CHOMSKY 1965a [1956].

132 WOODS 1970. Das Repräsentationsformat von ATNs ist nichtsdestoweniger formal weitaus unterbestimmter als etwa das von Produktionssystemen. Einen vielversprechenden Ansatz für eine auch formal hochstehende algebraische Beschreibung von ATNs bieten etwa Graph-Grammatiken (vgl. EHRIG 1979).

133 MONTAGUE 1974a, 1974b.

134 ADRIAENS 1986b, S.217-218 weist zurecht darauf hin, daß empirische Restriktionen (etwa die Linearität der Sprache) eine ausgeprägte theoretische Kontrolle des Wechsels sequentieller und paralleler Verarbeitungsschritte beim Sprachverstehen nahelegen und inhärente Abhängigkeiten zwischen einzelnen morphologischen, syntaktischen und semantischen Teilprozessen bestehen. Gleichartige Überlegungen stellt De SMEDT 1990 für die unterschiedlichen Formierungsphasen der Spachgenerierung an. Diese Aspekte schlagen sich im übrigen auch in der in Kap.4 beschriebenen Grammatik nieder.

135 HEWITT 1977, YONEZAWA/HEWITT 1976 und 1977, HEWITT/BAKER 1978, HEWITT/ATTARDI/LIEBERMAN 1979, AGHA 1985. Eine aktuelle (jedoch sehr komprimierte) Zusammenfassung der wesentlichen Merkmale der Aktorentheorie gibt AGHA 1986.

Darüberhinaus unterstützt das Aktorenmodell direkt einen *evolutionären* Spezifikationsstil, der besonders großen, komplexen und offenen[136] Systemen, wie etwa natürlichen Sprachen[137], angemessen ist und durch folgende Merkmale[138] charakterisiert werden kann:

* *partielle* Beschreibung von Objekten unter Einbeziehung aller bekannten Eigenschaften des Objekts (auch wenn sie nur unvollständig sind), weil vollständige Spezifikationen von Softwaresystemen für komplexe empirische Domänen, wie etwa natürliche Sprachen, nicht in einem Zug (vielleicht sogar prinzipiell nicht erschöpfend) erstellt werden können;
* *inkrementelle* Modifikation (Änderung und Ergänzung) der Spezifikationen, in denen sich Wissenszuwächse über die nur partiell beschriebenen Domänen widerspiegeln;
* *multiple* und dabei miteinander verträgliche Beschreibungen, mit denen einem Objekt mehrere, möglicherweise überlappende Beschreibungen (unterschiedlichen Anwendungszwecken und Sichten entsprechend) zugeordnet werden können.

Die Eigenschaft von Aktorenspezifikationen, durch die den jeweiligen Explizierungsbedürfnissen angepaßte Wahl der *Körnung* der Repräsentationsstrukturen dynamisch ein adäquates Abstraktionsniveau festlegen zu können, ist ein zusätzliches Element der Begründung für die Wahl dieses Beschreibungsansatzes[139].

---

136 HEWITT/de JONG 1983.

137 Besonders im Bereich der Textverstehenssysteme gibt es eine Reihe von Anwendungen des Aktorenkonzepts: Eine mit einem Frame-Repräsentationsmodell verknüpfte Form der Textrepräsentation in einem Verstehenssystem für einfache Geschichten beschreiben OGAWA/NISHI/TANAKA 1980, den Schwerpunkt auf die Modellierung der Kontrollstruktur eines Information-Retrieval-Systems zur Analyse von Patenttexten mit einem objektorientiert spezifizierten syntaktischen Parser (PHILLIPS 1984) legen PHILLIPS/HENDLER 1982. Die *message passing*-Metapher liegt auch dem von MARINO 1988 beschriebenen SAIL-System für die Kommunikation komplexer Merkmalsbündel zur Analyse von *long-distance dependencies* zugrunde, während McCALLA 1983 für ein Dialogsystem eine Aktorenimplementierung der Wissensrepräsentationsebene (Frames) vorstellt. Ein mit "Wortaktoren" bei der linguistischen Analyse operierendes Frage-Antwort-System wird von FUJITA/INOUE/IMURA 1981 beschrieben. Weniger auf *message passing*-Kommunikationskonzepten als auf dem verteilten Problemlösungsansatz der *functionally accurate, cooperative (FA/C) systems* (LESSER/CORKILL 1981) beruht der verteilte Parser eines von COSTANTINI et al. 1987 beschriebenen Textverstehenssystems für technische Texte. Neben der mehr konzeptionellen Studie von STEELS 1978 zu einem aktorenbasierten Parser dokumentieren UEHARA et al. 1984 die weitestgehende Umsetzung des Aktorenkonzepts in einen Parserkern anhand eines auf einer *Lexical Functional Grammar* beruhenden "integrierten" Parsers (s. Kap. 1.2.1). Die Darstellung des in MIYOSHI/FURUKAWA 1985 beschriebenen objektorientierten Parsers orientiert sich weniger an der Kontrollstruktur des *message passing* als an den Klassenabstraktions- und Vererbungsmechanismen des objektorientierten Paradigmas. Ein auf objektorientierten Programmierprinzipien beruhendes paralleles Sprachgenerierungssystem beschreiben FINKLER/NEUMANN 1989 im Rahmen einer im PATR-II-Formalismus spezifizierten Dependenzgrammatik.

138 HEWITT/ATTARDI/LIEBERMAN 1979, S.317-318.

139 HEWITT 1977, S. 340-347, 350; YONEZAWA 1977, S.49-50. Diese Bemerkung bezieht sich auf die Metaebene der Beschreibungssprachen, <u>nicht</u> auf die Objektebene, also etwa die empirischen und funktionalen Rahmenbedingungen, die in die Spezifikation einer partiellen, statt vollständigen Textgrammatik (vgl. Kap. 1.5) eingehen.

Die bislang betrachteten Argumente orientieren sich primär noch an Aspekten der formalen Darstellung des Sprachmodells, die mit seiner strikt lexikalischen Organisation zusammenhängen. Die eigentliche Stärke des hier vorgeschlagenen Ansatzes wird aber erst deutlich, wenn man die Probleme betrachtet, die sich bei der Beschreibung des *Verhaltens* von Parsern für rein deklarativ spezifizierte Grammatiken ergeben. Parser stellen effiziente Verfahren bereit, mit denen - statt theoretisch alle Wörter der von einer Grammatik erzeugten Sprache aufzuzählen - geprüft werden kann, ob ein Wort (in natürlichsprachlichen Umgebungen: Satz oder Text) zu einer gegebenen Grammatik gehört. Obwohl durch bestimmte Formalismen (wie etwa die *Definite Clause Grammar* (DCG)[140]) die Unterscheidung zwischen Grammatik und Parser für einige Grammatikformate (scheinbar) weniger relevant geworden ist[141], ergänzen Parser gemeinhin Grammatiken durch *prozedurales Wissen* zur Abarbeitung eines in der Grammatik spezifizierten Regelsystems. Die formale Repräsentation prozeduralen Wissens ist jedoch ein eher noch lückenhaft abgedecktes und in diesem Sinne auch unterstrukturiertes Gebiet, so daß selbst in der theoretischen Informatik formale verhaltensorientierte Beschreibungen von Parsern mit befriedigender mathematischer Präzision selten sind.[142] Dafür werden dann diverse Hilfskonstrukte auf unterschiedlichen methodischen Abstraktionsstufen[143] verwandt, die sich so auch in der Spezifikation von Parsern für natürliche Sprachen wiederfinden.

Im wesentlichen können vier Ansätze unterschieden werden: *Verbale* Beschreibungen vermitteln zwar im günstigsten Fall die zugrunde liegende Parsing-"Philosophie", sind aber prinzipiell mit den bekannten Problemen jeder natürlichsprachlichen Beschreibung (Vagheit, Ambiguität) verhaftet und appellieren daher stets auch an die Intuition der Adressaten. Das andere Extrem ist die Diskussion von reinem *Programm-Code*. Sie eröffnet einen scheinbar sehr exakten Weg zur Kommunikation, verlangt aber vom Leser nicht nur die Kenntnis der jeweiligen Programmiersprache oder gar eines -Dialekts, sondern ist in den häufigsten Fällen mit Implementationsdetails und den syntaktischen Idiosynkrasien der jeweiligen Sprache überfrachtet, die mit der grundlegenden Konzeption kaum/nichts zu tun haben. Letztlich wird damit sogar die logische Organisation des Parsers verdeckt, und der Modellaspekt hinter der Konzeption - so es ihn gibt - geht vollständig verloren. In diesem Spektrum gibt es dann noch zwei Zwischenlösungen, die sich je nach Präzisionsgrad dem einen oder anderen dieser beiden Extreme nähern. *Graphische* Darstellungen der Parser-Organisation (Systemdiagramme für Kontroll- und/oder Datenfluß) können durch geeignete Wahl von graphischen und verbalen Konstrukten durchaus die grundlegenden logischen Abhängigkeiten verdeutlichen, werden mit steigender Präzision aber zusehends unübersichtlicher, mit sinkender Präzision hingegen vager. Werden die verbalen Konstrukte verstärkt mit pseudo-formalen Konstrukten (logischen, arithmetischen und Zuweisungs-Operatoren, Datenstrukturen usf.) vermischt und schließlich noch die graphischen Beschreibungselemente durch gängige Sprachkonstrukte ap-

---

140 PEREIRA/WARREN 1980.

141 Parser ist dann z.B. ein entsprechendes PROLOG-Programm, in dem die Grammatik implementiert ist (vgl. etwa GUST 1983).

142 Gängiger Standard sind Pseudo-Code-Beschreibungen (s.u.) zusammen mit funktionalen Spezifikationselementen (vgl. etwa AHO/ULLMAN 1972).

143 Die folgende Gliederung entspricht noch einem eher konservativen Verständnis, da auch im Programmiersprachenbereich eine starke Tendenz zur Abstraktion (etwa in PROLOG oder in objektorientierten Sprachen, wie SMALLTALK) besteht.

plikativer Programmiersprachen (DO, WHILE, FOR u.ä.) ersetzt, ist ein gradueller Übergang zum *Pseudo-Code* vollzogen. Es gelten hier die Vorteile der graphischen Darstellung auf einem relativ hohen Kommunikationsniveau für grundlegende logische Strukturen und operationelle Abläufe, aber - wenn keine Pseudo-Programmiersprache mit den schon oben erwähnten inhärenten Nachteilen mangelnder syntaktischer Abstraktion definiert wird - mit sehr hohen, formal i.a. nicht beschriebenen (verbalen) Konstrukten. Allein die *formale Spezifikation*, der ein mathematisches Modell der Beschreibung des Parsers zugrunde liegt[144], leistet eine theoretisch befriedigende Beschreibung und vereinheitlicht sie im günstigsten Fall auch mit einer verhaltensorientierten Charakterisierung des Parsing.

In dieser Arbeit wird versucht, diesem zuletzt genannten Anspruch gerecht zu werden. Dazu wurden in Kap. 1.3 die wesentlichen Merkmale des lexikalisch verteilten Parsing unter linguistischen Gesichtspunkten eingeführt. Der folgende Abschnitt (Kap.2.2) behandelt das Aktorenmodell als allgemeinen objektorientierten Wissensrepräsentationsformalismus. Aufbauend auf dieser Darstellung wird schließlich in Kap.2.3 eine abstrakte Spezifikationssprache zur Modellierung verteilter Systeme eingeführt, die den oben aufgestellten Anforderungen (1^*-4^*) entspricht und Grundlage der Modellierung der verteilten Textgrammatik in Kap.4 sein wird[145]. Ihr besonderes Merkmal ist die Integration von *Beschreibungs- und Handlungsaspekten*[146]. Die *Bedeutung* einer Botschaft ergibt sich im Rahmen der Aktorensemantik aus den Effekten, die sie auf das nachfolgende Verhalten eines Systems hat. Dieses interaktionsorientierte Semantikkonzept ist ausschließlich wahrheitsfunktionalen Ansätzen für eine semantische Modellierung (wie sie etwa Logiken erster Ordnung oder dem Lambda-Kalkül zugrunde liegen, in denen sich die Bedeutung eines Satzes durch die Modelle, in denen er wahr ist, bestimmt) deswegen überlegen, weil es über epistemologisch und heuristisch adäquate Beschreibungen hinaus Handeln (Operationen) auf Beschreibungsobjekten modelliert. Umgekehrt können verteilte Systeme durch reine Beschreibungssysteme genau deswegen nicht modelliert werden, weil ihnen entsprechende Kommunikationskonstrukte fehlen, um die Spezifikation von Handlungen gezielt zu unterstützen[147].

2.2 Grundlagen des Aktorenmodells

Ähnlich wie aus der Erweiterung des Objektbereichs von linguistischen Grammatiken auf die Beschreibung von Texten Adäquatheitsprobleme für die auf der Satzebene gebräuchlichen Beschreibungssysteme erwachsen sind, hat der zunehmende Stellenwert von verteilten Systemen für die

---

144 Etwa auf der Basis einer denotationalen Beschreibung, wie sie SHIEBER 1984 für den PATR-II-*Grammatik*-Formalismus entwickelt hat.

145 Small selbst hat die Aktoren-Metapher für Wortexpertensysteme und ihre Interaktionsmuster gebraucht (SMALL 1980, S.21, 56), ohne sie aber formal umzusetzen. Ein ähnlich organisiertes verteiltes System zum Sprachverstehen beschreibt STEELS 1978 in groben konzeptionellen Umrissen.

146 Damit wird *ein uniformer Formalismus* für das Sprachmodell (die Textgrammatik) und die Spezifikation des Text-Parsers verwendet (vgl. STEELS 1978, S.3-4 zur Begründung dieser Anforderung an die Modellierung natürlicher Sprache im Kontext des automatischen Sprachverstehens).

147 HEWITT/de JONG 1983, S.164-65.

Architektur von Rechnersystemen sowie die Beschreibung und Realisierung von Programmiersprachen, mit denen parallele Berechnungsvorgänge direkt unterstützt werden sollen, zu methodologischen Problemen geführt. Ausgangspunkt hierfür sind die beträchtlichen Fortschritte im Bereich der VLSI-Technologie, als deren Folge sich eine doppelte Abkehr von der klassischen "von-Neumann"-Architektur von Rechnersystemen - *ein* Prozessor, der mit *einem* zentralen Speicherbereich kommuniziert und seine Berechnungen *seriell* ausführt - abzeichnet. Diese zentralisierte Organisationsform tritt mehr und mehr in Konkurrenz zu verteilten Architekturen, die durch *mehrere* Prozessoren, denen *jeweils eigene* Speicherbereiche zugeordnet sind und die *parallel* Berechnungen ausführen, charakterisiert sind[148]. Der anfänglichen Konzentration auf konstruktive Lösungen im Hardwarebereich ist erst mit einiger Verzögerung die Beschäftigung mit theoretischen Problemen gefolgt, die sich aus dem praktischen Umgang mit verteilten Systemen ableiteten - am augenscheinlichsten waren diese konzeptionellen Defizite im Bereich der Programmiermethodologie und der Semantik von Programmiersprachen[149], die letztlich sogar die Ausnutzung der genuinen Vorteile massiv parallel arbeitender Rechner behinderten[150]. In diesem Kontext steht das Aktorenmodell[151] mit seinem Anspruch, sowohl einen konstruktiven Beitrag zu einer Programmiermethodologie für verteilte Systeme als auch zur formalen Semantik paralleler Programmiersprachen[152] zu leisten. Aus beiden Linien wird für die Zwecke dieser Arbeit ein Spezifikationskonzept abgeleitet, das die Modellierung eines lexikalisch verteilten Systems grammatikalischen Wissens möglich macht.

Die Grundzüge des Aktorenmodells können wie folgt zusammengefaßt werden: Die elementaren Objekte eines Aktorensystems sind Aktoren, die ausschließlich über den Austausch (Empfang und Aussenden) von Botschaften miteinander kommunizieren. Die Kontrollstruktur eines Aktorensystems leitet sich somit vollständig aus dem Muster des Botschaftsverkehrs zwischen den Aktoren ab. Darauf baut die Spezifikation des Verhaltens von Aktoren in Form von partiellen Präzedenz- und totalen Inzidenzrelationen zwischen so aktivierten Aktoren auf, die die Abfolge und Gleichzeitigkeit von Berechnungen repräsentieren.

---

148 Diese Beschreibung umfaßt ein Spektrum, das sowohl geographisch verteilte Rechnersysteme als auch lokale Multiprozessorsysteme umfaßt.

149 Neben der häufig nur ad hoc ausgeführten (syntaktischen) Erweiterung konventioneller Programmiersprachen durch Parallelverarbeitungskonstrukte erscheinen zwei theoretische Entwicklungen besonders problematisch, den methodologischen Problemen bei der Modellierung verteilter Systeme gerecht zu werden: die Abbildung paralleler Berechnungen auf nicht-deterministische serielle (und damit verknüpfte Anbindung an die gut entwickelte formale Semantik serieller Programmiersprachen) sowie die Betrachtung globaler Systemzustände (und folglich globaler Auswirkungen jeder lokalen Zustandsänderung) in parallelen Systemen (zur Diskussion der Problematik dieser Ansätze, s. HEWITT/BAKER 1977, S.987-988).

150 YONEZAWA/HEWITT 1977, S.370.

151 Eine Diskussion alternativer Ansätze zur formalen Beschreibung der Semantik paralleler Prozesse (der axiomatische Ansatz von Floyd und Hoare, Milners LCF-Modell auf der Basis der denotationalen Semantikkonzeption von Scott und Strachey, das auf Transitionsnetzen beruhende Konzept der Petrinetze) und Spezifikation entsprechender Systeme führt GREIF 1975, S.8-16. Eine insbesondere um die Auseinandersetzung mit Milners *Calculus of Communicating Systems* (CCS) aktualisierte Darstellung gibt AGHA 1985, Kap.2 und Appendix-A.

152 Vgl. etwa die in HEWITT 1977 beschriebene Realisierung des Aktorenmodells in PLASMA.

Eine auf dem Aktorenmodell beruhende Programmiermethodologie für verteilte Systeme ist also durch folgende Entscheidungen gekennzeichnet[153]:

1. Bestimmung der Typen von *Aktoren*,
2. Bestimmung der Typen von *Botschaften* für jeden Aktorentyp,
3. Festlegung des *Verhaltens* jedes Aktorentyps beim Empfang eines Botschaftstyps.

Für das Aktorenmodell sind eine Reihe von verschiedenen Darstellungsebenen entwickelt worden, die unterschiedlichen Anforderungen (formaler Präzision, graphischer Abstraktion und Übersichtlichkeit, Implementation und Verhaltensspezifikation) Rechnung tragen[154]. Daher orientiert sich die Auswahl der jeweils bevorzugten Darstellungsvariante stets am jeweiligen Anwendungszweck:

1) Die formal höchste Ebene des Aktorenmodells bildet eine allgemeine *mathematische Theorie* konkurrenter Berechnungen, die insbesondere den gewöhnlichen Fall der sequentiellen Berechnung als Spezialfall enthält[155]. Sie beruht auf einer Reihe von Axiomen und empirisch plausiblen Gesetzen, denen jedes Aktorensystem unterliegt[156].

2) Die verbreitetste graphische Darstellungsweise für Aktorensysteme bilden *Ereignisdiagramme*, in denen strukturelle Bezüge zwischen Ereignissen in Aktorenberechnungen auf einem relativ hohen Abstraktionsniveau (und mit entsprechend geringerem Explizitheitsgrad) gezeigt werden können[157].

3) Eine auf der Grundlage von PLANNER ausgeführte *Implementation* des Aktorenmodells, deren Modellierungsschwerpunkt die semantischen Aspekte des Botschaftsaustausches zwischen Aktoren sind, ist in dem System PLASMA[158] realisiert; die zweite Generation von mo-

---

153 HEWITT 1977, S.325.

154 HEWITT 1977, S.327-329.

155 Eine (bis auf wenige Details, wie die Kreierung von Aktoren, umfassende) vereinheitlichte Darstellung des aktuellen Standes dieser Theorie gibt CLINGER 1981, der eine Fixpunkt-Semantik für Aktoren auf der Grundlage einer speziellen Form von Verbänden (*power domains*) beschreibt. Deren Elemente sind Mengen von erweiterten Ereignis-Diagrammen (Beschreibungen des Ablaufs von Berechnungen in Aktorensystemen), die zuerst von GREIF 1975 entwickelt wurden. Gegen diese Form der denotationalen Beschreibung, die bewußt von operationellen Details abstrahiert, argumentiert AGHA 1985 (S.104-105) damit, daß sie die für parallele Systeme charakteristische Evolution einzelner Prozesse nicht erfasse und setzt ihr eine mehr auf operationale Aspekte ausgelegte denotationale Beschreibung der Aktorensemantik (ebd., Kap.5) entgegen, die das Verhalten von Aktoren durch Übergangsrelationen zwischen einzelnen Zuständen von Aktorensystemen charakterisiert.

156 Vgl. etwa zur Axiomatisierung des Lese/Schreibzugriffs auf Zellen oder zur Synchronisierung konkurrenter Ereignisse GREIF 1975, Kap.3+4 bzw. in einer komprimierteren Darstellung GREIF/HEWITT 1975, S.69-72. Eine Zusammenstellung von Aktorengesetzen geben HEWITT/ BAKER 1978 (aktualisiert und erweitert in BAKER 1978, Kap.2).

157 Bezüge zwischen Ereignisdiagrammen und PLASMA-Implementationen (s.u.) für einfache Kontrollstrukturmuster, wie Rekursion und Iteration, werden ausführlich in HEWITT 1977 diskutiert.

158 Eine Einführung in Syntax und Semantik von PLASMA enthält HEWITT 1977, S.351-361.

dellseitig konsolidierten *Aktor-Programmiersprachen* repräsentieren etwa unterschiedliche Versionen von ACT*n*[159] oder ABCL[160].

4) Schließlich verfügt das Aktorenmodell über eine Ebene von *Spezifikationssprachen* zur Charakterisierung des Verhaltens von Aktorensystemen[161]. Ihr besonderes Merkmal ist die Flexibilität des Spezifikationsniveaus, die es erlaubt, Spezifikationen nach funktionalen Gesichtspunkten auf unterschiedlichen Abstraktionsstufen auszulegen. Diese Ebene ist in bezug auf formale Kriterien keineswegs schwächer als die mathematische Spezifikation des Aktorenmodells[162], nur unterstützen die verfügbaren Konstrukte eher eine Verhaltensspezifikation für konkrete Aktorensysteme als Ableitungen formaler Eigenschaften des Aktorenmodells. Andererseits ist die Spezifikationsebene der Implementationsebene von Aktor-Programmiersprachen für die hier verfolgten Zwecke dadurch überlegen, daß eine Menge (auch syntaktischer) Details, die für die globale Charakterisierung des Verhaltens eines Aktorensystems weitgehend irrelevant sind, vernachlässigt werden können, ohne die Gültigkeit und Funktionalität der Spezifikation einzuschränken[163]. Faktisch bedeutet dies, daß die in Kap.4 gegebenen Spezifikationen sowohl in den Rahmen der mathematischen Berechnungstheorie für Aktoren als auch auf die Ebene (etwa) einer (PLASMA-)Implementation transformiert werden könnten. Damit besitzt die in Kap.4 gegebene Spezifikation des lexikalisch verteilten Text-Parsers alle Attribute, die der mathematischen Beschreibung des Aktorenmodells zugeordnet werden können, und erfüllt zugleich die Standards formal reifer grammatikalischer Beschreibungssprachen[164] - Aktorenbeschreibungen sind:

---

159 Eine Überblicksdarstellung über die Philosophie dieser Sprache (Version ACT1) enthält LIEBERMAN 1981b, detaillierter ist die Beschreibung zweier grundlegender Sprachkonstrukte (*futures* und *serializers*), auf denen die Parallelität der Berechnungen in ACT1 beruht, in LIEBERMAN 1981a (beide Arbeiten sind - mit geringen Auslassungen - in LIEBERMAN 1987 zusammengefaßt). Den momentanen Schlußpunkt einer Folge von Implementationen bildet ACT3 (AGHA/HEWITT 1985), die die wesentlichen Vorteile objektorientierter Programmiersprachen mit denen funktionaler und applikativer Sprachen zu verbinden sucht.

160 Der Schwerpunkt dieser Implementation liegt in der Erweiterung des *message passing*-Typenrepertoires; vgl. YONEZAWA et al. 1987.

161 Spezifikationssprachen für Aktorensysteme sind sowohl anhand von theoretischen Problemstellungen (Axiomatisierung von Zeitordnungen in kommunizierenden parallelen Prozessen (GREIF 1975)) als auch einer Reihe von praktischen Anwendungsproblemen, etwa der Modellierung abstrakter Operationen (Einfügen, Löschen) auf dem Datentyp Schlange (HEWITT/SMITH 1975), eines Flugbuchungssystems (YONEZAWA/HEWITT 1977), der Handlungsabläufe in einem Postamt (YONEZAWA 1977, Kap.8) oder eines Hardcopy-Servers (HEWITT/ATTARDI/LIEBERMAN 1979) exemplifiziert worden.

162 Ihre auf Ereignisdiagrammen beruhende verhaltensorientierte Semantik ist - wie CLINGER 1981 (insbesondere in Kap.4) zeigt - kompatibel mit der von ihm gegebenen denotationalen semantischen Spezifikation der mathematischen Aktorentheorie.

163 Denn Spezifikation und Implementation sind im gleichen Formalismus beschrieben, so daß keine eigene Spezifikationssprache mit anderer Semantik als die der Implementationssprache entworfen werden muß (HEWITT/SMITH 1975, S.43).

164 Wie sie für den PATR-II-Formalismus in SHIEBER 1984 explizit und in PEREIRA/SHIEBER 1984 am Beispiel einer denotationalen semantischen Spezifikation von PATR-II formuliert sind.

* *modular*: die grundlegenden Objekte sind Aktoren,
* *einfach*: der grundlegende Kommunikationsmodus ist das *message passing*,
* *mächtig*: Aktorensysteme können beliebig komplexe rekursive Funktionen berechnen und sind damit Turing-äquivalent,
* *mathematisch wohlgeformt*: formal durch eine denotationale Semantik charakterisiert,
* *flexibel*: inkrementell erweiterbare, partielle und multiple Beschreibungen,
* *implementierbar*: es existieren mehrere Realisierungen von Aktor-Programmiersprachen bzw. Aktorsystemen,
* *prozedural*[165]: beschreiben das Verhalten verteilter Systeme.

Das Aktorenmodell zählt in der Typologie der Wissensrepäsentationsverfahren zu den objektorientierten Darstellungsformen. Durch die folgende Festlegung einer Reihe von Beschreibungskonstrukten für Aktorensysteme wird folglich eine auf dem Aktorenkonzept beruhende objektorientierte Wissensrepräsentationssprache skizziert, die allgemein für die Modellierung verteilter Systeme und damit insbesondere auch für die Beschreibung der lexikalisch verteilten Textgrammatik als Spezifikationssprache verwendet werden kann[166]. Bei der Definition dieser objektorientierten Spezifikationssprache werden die Verhaltensaxiome und andere Gesetzmäßigkeiten weitgehend informal eingeführt, da im Rahmen dieser Arbeit weiter keine Aussagen zu formalen Charakteristiken von Aktorensystemen bewiesen werden.

2.3 Eine objektorientierte Spezifikationssprache zur Modellierung verteilter Systeme

Die für die Beschreibung von realen Aktorensystemen entwickelten Varianten von Spezifikationssprachen[167] unterscheiden sich nicht in ihrer Ausdrucksmächtigkeit, sondern in der

---

165 In diesem Punkt weicht die Aufzählung der Eigenschaften grammatikalischer Beschreibungssprachen von der in SHIEBER 1984 scheinbar ab - die dort geforderte Eigenschaft der *Deklarativität* entspricht aber der Spezifikation von Grammatiken und wird auch durch den textgrammatischen Kern der Spezifikation in Kap.4 abgedeckt. Sie ergänzt diesen aber noch durch eine formal saubere Beschreibung der prozeduralen Charakteristiken des verteilten Text-Parsers.

166 Dieser aktorensprachliche Ansatz ist zu unterscheiden von Aktoren*implementationen* objektorientierter Wissensrepräsentationssprachen, wie etwa der von OGAWA/NANBA/TANAKA 1979 oder McCALLA 1983 beschriebenen Framesprachen oder der hybriden Wissensrepräsentationssprache OMEGA (ATTARDI 1987).

167 Die bislang vorgestellten Spezifikationssprachen für Aktorensysteme sind nicht einheitlich formalisiert. Einen stark an die PLASMA-Syntax angelehnten Entwurf formulieren HEWITT/SMITH 1975 und HEWITT 1977. Einen höheren Abstraktionsgrad besitzt eine in HEWITT/ATTARDI/LIEBERMAN 1979 auf informalem Niveau eingeführte "*aktoren*"orientierte (s. u.) Spezifikationssprache. Die formal präzisesten Beschreibungen dieses Sprachtyps sind die Definitionen der Sprachkerne von SAL (auf der Basis einer Algol-ähnlichen Notation) und *Act* (unter Verwendung einer LISP-ähnlichen Syntax) in AGHA 1985, Kap.3.3 bzw. nur für SAL in AGHA 1984, Kap.4 (insbes. Kap.4.1). Beide Sprachen besitzen jedoch ein zu niedriges Abstraktionsniveau, um mit ihnen ein so komplexes verteiltes System, wie den in Kap.4 beschriebenen Text-Parser zu spezifizieren und scheiden aus diesem Grunde aus der Betrachtung als Spezifikationsmedium aus. Die hier gewählte Form einer "*ereignis*"orientierten Spezifikationssprache beruht auf der Beschreibung in YONEZAWA 1977 und den Vorarbeiten bzw. Auskopplungen in YONEZAWA/HEWITT 1976 bzw. 1977.

* Sicht auf das Beschreibungsobjekt,
* Detaillierung der formalen Beschreibung (Körnung).

Für den "Sicht"aspekt gibt es zwei grundlegende, aber in bezug auf das Aktorenmodell äquivalente Varianten: zum einen die *aktoren*orientierte Beschreibung[168], die den Aspekt der objektorientierten Wissensrepräsentation und die Vielfalt der Verhaltensoptionen eines *einzelnen Aktors* (abhängig von den verschiedenen Botschaftstypen, die er empfangen kann) in den Vordergrund rückt, zum anderen die *ereignis*orientierte Beschreibung[169], die die Beschreibung des *Botschaftsaustausches* und die mit ihm verbundenen Kontrollflußdirektionen in verteilten Systemen von der Modellierungsseite her akzentuiert. Diese direkt auf das *Verhalten* von Aktorensystemen abgestellte Beschreibungsform unterstützt mit entsprechenden Konstrukten die Wahrung der Übersichtlichkeit bei der Beschreibung der Interaktionen der einzelnen Prozesse des Text-Parsers. Folglich liegt bei dieser hier gewählten spezifikationssprachlichen Variante des Aktorenmodells der Schwerpunkt der Modellierung auf der Beschreibung der Aktorenübertragungen (d.h. der Verhaltensspezifikation von Aktorensystemen) und nicht der einzelner Aktoren[170].

Bezüglich der Detaillierung der Beschreibungen ist ein Modus gewählt worden, der einen relativ hohen Abstraktionsgrad sichert und (Implementierungs-)Details verbirgt. Dies unterstützt die Funktion der hier vorgeschlagenen Spezifikation, die als ein möglichst präzises und formal kontrolliertes Kommunikationsmittel dienen soll[171]. Dem entspricht die in Kap.4 vorherrschende Beschreibung des Systems in Form von *primitiven Ereignissen*[172], d.h. jede Anfrage aktiviert genau eine Antwort ohne intervenierende Ereignisse. Diese grobe Körnung der Spezifikation kann nun beliebig differenziert werden, um Details der Aktorenberechnung näher zu betrachten[173]. Beschriebe man jedoch ein großes verteiltes System, wie den hier betrachteten Text-Parser, auf einem gleichmäßig tiefen Spezifikationsniveau, gingen die wesentlichen Modellierungsideen angesichts einer Fülle von Details verloren. Dies mag die hier getroffene Wahl der Abstraktionsebene hinreichend begründen.

---

168 Vgl. etwa die relativ detaillierte Spezifikation eines Hardcopy-Servers in HEWITT/ATTARDI/LIEBERMAN 1979.

169 Vgl. etwa die stark abstrahierte Beschreibung eines Flugbuchungssystems in YONEZAWA/HEWITT 1977 sowie die Modellierung der Verhaltensformen in einem Postamt in YONEZAWA 1977, Kap.8.

170 Appendix-1 verdeutlicht den Unterschied zwischen beiden Ansätzen. Dort werden alle für einen bestimmten Aktor relevanten Ereignisse in Form eines Aktoren-Kontrakts (s. AS 2-4) zusammengefaßt und damit die ereignis- (Kap.4) mit einer aktorenorientierten Spezifikation (Appendix-1) noch einmal technisch kontrastiert.

171 HEWITT/SMITH 1975 führen für diese abstrakte Form der Spezifikation den Begriff des *Kontrakts* ein, der als eine Form von Schnittstelle zwischen den Anforderungen an das Programm (hier: Spezifikation - "was" zu tun ist) aus der Sicht des Programmierers (hier: Grammatik-Designers) und der eigentlichen Implementation ("wie" etwas zu tun ist) fungiert (ebd., S.27-28, 43). YONEZAWA 1977 (S.70-72) konkretisiert dieses Konzept in der Weise, in der es auch in Appendix-1 dieser Arbeit benutzt wird.

172 HEWITT/BAKER 1977, S.991.

173 Exemplarisch ist die Verschärfung einer Spezifikation am Beispiel der Fakultätsberechnung in HEWITT 1977, S.332-333, 336-337 dargestellt.

Im folgenden werden die grundlegenden Konstrukte der Spezifikationssprache[174] vorgestellt. Jedes Aktorensystem verfügt über einen universellen Kommunikationsmechanismus - den der Aktorenübertragung (*actor transmission*).

AS 1 **Ereignis: Botschafts- und Zielaktoren, Bekanntschaften**

AS 1-0 Jedes Aktorensystem besteht aus einer Menge einheitlicher Objekte - den **Aktoren**. Aktoren kommunizieren durch den Austausch von Botschaften, die ebenfalls Aktoren sind[175].

AS 1-1 Jede Aktorenübertragung definiert mit der Ankunft eines Botschaftsaktors M (*message*) bei einem Zielaktor T (*target*) ein **Ereignis** E (*event*):

$$< E: [[\, T \Leftarrow\!= M \,]] >$$ [176]

Ereignisse entsprechen einzelnen Berechnungsschritten im Aktorenmodell, d.h. die interne Struktur von Aktoren und dort laufenden lokalen Neuberechnungen bleiben verdeckt und damit ihre Integrität gesichert. Jeder Aktor ist in seinem Verhalten, d.i. die Reaktion auf eine Botschaft, autonom. Somit fehlt jede Form einer übergeordneten Instanz, die das Verhalten eines Aktors nach dem Empfang einer Botschaft beeinflussen kann. Alle Aktorenübertragungen verlaufen *asynchron*, d.h. das Aussenden von Botschaften zur Aktivierung anderer Aktoren geschieht unabhängig vom (Empfangs-)Zustand des Zielaktors. Dieser ist entweder unmittelbar bereit, eine Botschaft zu verarbeiten, oder nicht - in diesem Fall führt der Aktor gerade Berechnungen durch[177]. Für den Fall, daß der aktuelle Zielaktor eine Botschaft nicht sofort verarbeiten kann, müssen modellseitig (etwa im Sinne einer Botschaftsschlange) Vorkehrungen getroffen werden, daß die an ihn adressierten Botschaften auch tatsächlich im Sinne eines Ereignisses empfangen, d.h. verarbeitet werden.

---

174 Vgl. zur Festlegung der Spezifikationssprache YONEZAWA 1977, S.66-88 (für serielle Berechnungen) und S.131-145 (für parallele Berechnungen). Die Darstellung der Datenstrukturen beruht auf dem Beschreibungskonstrukt der *conceptual representation*, S.17-35.

175 Diese Setzung ist ein Stück Systemphilosophie, die z.B. bei LIEBERMAN 1981b, Kap.1.4 methodologisch motiviert wird. Auf die damit verbundene Gefahr der Zirkularität von Aktorenspezifikationen weist RAULEFS 1980, S.17 hin. Eine Möglichkeit, ihr zu entgehen, besteht in der Postulierung "primitiver" Aktoren (vgl. etwa AGHA 1985, Kap.4.4), die selbst nicht mehr einen Botschaftsaustausch benötigen, um zu einem Berechnungsergebnis zu kommen. Beispiele für solche primitiven Aktoren sind die ganzen Zahlen **Z** und primitive Operationen (Addition usw.) auf ihnen.

176 Ereignisse werden in allen folgenden Beschreibungen durch Winkelklammern (i.Z.: <...>) eingeschlossen. Eine Aktorenübertragung wird durch doppelte eckige Klammern charakterisiert (i.Z.: [[...]]).

177 In dieser Beschreibung wird implizit bereits angenommen, daß Aktoren, deren Daten sich ändern können, vor unkontrollierten Formen des Zugriffs auf diese Daten geschützt sind; vgl. zu einem entsprechenden Aktorenkonstrukt HEWITT/ATTARDI/LIEBERMAN 1979.

AS 1-2 Die Typen von **Botschaftsaktoren**, die einem Zielaktor zugesandt werden können, reflektieren das Grundmuster jeder Aktoreninteraktion - *Fragen* stellen und *Antworten* geben[178]. In beiden Fällen müssen dabei die Art der Aufgabe und die notwendigen Daten zu ihrer Erledigung in der Botschaft enthalten sein. Der Botschaftsaustausch hat im Aktorenmodell folglich nicht nur Kontrollflußfunktionen im Sinne der Zusendung von Kontrolltoken oder GOTO-Anweisungen, sondern dient auch der expliziten Übermittlung von Daten, die der Botschaftsaktor besitzt, an den Zielaktor[179]. Diese Form der Kommunikation ermöglicht somit die Vereinheitlichung von Kontroll- und Datenflüssen in einem universellen Muster des Informationsflusses, das das Aktorenmodell auszeichnet - die Aktorenübertragung.

1. **Fragen** enthalten den eigentlichen Fragetext, den Aktor <text-of-request>[180], und eine fakultative Angabe darüber, an welchen Fortsetzungsaktor <continuation> das Berechnungsergebnis des aktuellen Ereignisses zu senden ist:

   request: <text-of-request> (reply-to: <continuation>)

   In den Fällen, in denen auf die Angabe des Fortsetzungsaktors <continuation> verzichtet werden kann[181], wird auch folgende abgekürzte Schreibweise verwandt:

   [[T <= <text-of-request>]] für
   [[T <== request: <text-of-request> reply-to: <continuation>]][182]

2. Auf die Angabe eines Fortsetzungsaktors kann auch bei der **Antwort** auf eine Frage verzichtet werden, so daß (analog zu Fragen) folgende Notation gilt:

   reply: <result>

---

178 Zur Darstellung vgl. YONEZAWA 1977, S.44-46. Das syntaktische Muster für den Aufbau von Botschaften entspricht weitgehend den in AS 2-1 (s.u.) gegebenen Spezifikationen. Zur Formalisierung der Konstrukte "Frage" und "Antwort" als eine Klasse von zielgerichteten (bzw. genesteten) Aktivitäten im Aktorenmodell s. HEWITT/BAKER 1977, S.991.

179 Folglich macht es wenig Sinn, etwa in Anlehnung an bekannte kommunikationstheoretische Modelle, von einem Sender-Empfänger-Schema auszugehen, da der Sender einer Botschaft dem Empfänger im Aktorenmodell unbekannt ist. Alles, was ein Sender einem potentiellen Empfänger mitzuteilen hat, ist in der Botschaft enthalten, alles, was ein Empfänger benötigt, um aktiv zu werden, ist eine (ggf. mit Daten angereicherte) Botschaft.

180 Alle in AS 1 in Winkelklammern eingeschlossenen Namen bezeichnen Aktoren.

181 Auf die Angabe eines Fortsetzungsaktors kann verzichtet werden, wenn es keinen inhaltlichen Grund für die Aktivierung dieses Aktors (im Sinne einer expliziten Form der Übergabe der Kontrolle oder Daten), sondern lediglich einen formalen Grund gibt, d.h. ein Aktorname spezifiziert werden muß, an den der aktuell aktive Aktor eine Botschaft schickt, um den formalen Bedingungen der Fortsetzung des Botschaftsflusses im Aktorensystem zu genügen. Ein Beispiel für eine formal vollständige und eine abgekürzte Form der Beschreibung eines solchen Fortsetzungsaktors enthält Beispiel-2 (s.u.).

182 Die volle Spezifikationsform wird durch "<==" angezeigt, die Abkürzungsvariante durch "<=" (s.a. die vielfältigen Verwendungen dieser Konvention in Kap.4).

Bei der Charakterisierung von Ereignissen, bei denen aus dem Kontext hervorgeht, daß es sich bei der Botschaft um eine Ergebnismeldung handelt, kann diese Form in folgender Weise abgekürzt werden:

[[T <= <result>]] für

[[T <== reply: <result>]]

Beispiel-1

Die gerade beschriebenen Zusammenhänge veranschaulicht folgende Beschreibung für die Berechnung der Summe zweier Zahlen[183]. Sei ein primitiver Aktor '+' gegeben, der Zahlenpaare als Botschaft akzeptiert und ihre Summe berechnet. Wenn nun dieser Aktor eine Botschaft der Form

(request: [3 4] reply-to: sum)

erhält, initiiert dies die folgenden beiden Ereignisse:

1. ein Frageereignis mit '+' als Zielaktor und einer Botschaft, die als Zahlenpaar '3' und '4' (in einem Listen-Aktor) enthält und den Aktor 'sum', an den die Summe beider Zahlen geschickt werden soll,
2. ein Antwortereignis mit ' sum' als Zielaktor und einer Botschaft, die die Summe ('7') enthält.

Betrachtet man die Abfolge dieser Ereignis im Sinne einer Aktivierungsrelation zwischen beiden Ereignissen (s. AS 3-1, unten), ergibt sich folgender schematischer Zusammenhang zwischen ihnen:

[[+ <== request: [3 4] reply-to: sum]]

| |
aktiviert
| |
V

[[sum <== reply: [7]]]

AS 1-3 Das Aktorenmodell ist ein *lokales* Berechnungsmodell, in dem Aktoren nur dann Botschaften einander zusenden und empfangen können, wenn sie sich gegenseitig "kennen". Mit diesem der Einschränkung der Empfangsoptionen für Botschaften dienenden Konstrukt wird der intuitiv einleuchtenden Beschränkung jeder Kommunikation auf die Kommunikationspartner Rechnung getragen, zu denen (un)mittelbare Kontakte bestehen und insbesondere sog. *broadcast messages* ausgeschlossen, die völlig unspezifiziert an "alle" Aktoren des Systems gerichtet wären. Dazu wird das folgende Konstrukt eingeführt[184]:

---

183 HEWITT/BAKER 1978, S.369-370.

184 HEWITT/BAKER 1978, S.368-369.

Für jedes Ereignis E sind die **Bekanntschaften** des Ziel- bzw. Botschaftsaktors die Vektoren $acquaintances_E[\ T\ ]$ bzw. $acquaintances_E[\ M\ ]$, deren Komponenten die Namen von Aktoren sind, die der jeweilige Aktor "kennt". Jeder (endliche) Bekanntschaftsvektor wird bei der Kreierung des zugehörigen Aktors initialisiert und enthält alle Teilnehmer (s.u.) des entsprechenden Ereignisses, ansonsten wird der Bekanntschaftsvektor bei jedem Ereignis, in dem der ihm zugeordnete Aktor auftritt, mit neuen Teilnehmerinformationen erweitert.

Unmittelbare **Teilnehmer** an einem Ereignis E sind der Botschafts- oder Zielaktor von E, die Bekanntschaften des Ziel- oder Botschaftsaktors oder ein Aktor, der während des Ereignisses E kreiert worden ist:

$$\text{participants}_E = \{\ T(\ E\ ),\ M(\ E\ )\ \} \cup \text{acquaintances}_E[\ T\ ] \cup \text{acquaintances}_E[\ M\ ] \cup \text{created}(\ E\ )$$

wobei *created(E)* die (möglicherweise leere) Menge von Aktoren bezeichnet, die während des Ereignisses E kreiert worden sind[185]. Die (unmittelbaren) Teilnehmer an einem Ereignis sind genau diejenigen Aktoren, auf die - ohne an sie Botschaften schicken zu müssen - (lesend) zugegriffen werden kann.[186]

AS 1-4 Die Binnenstruktur von **Zielaktoren** setzt sich nun aus zwei Komponenten zusammen:

1. zum einen aus den eben eingeführten *Bekanntschaften*, durch die die Kommunikationsoptionen eines Aktors lokal eingeschränkt sind (s.a. AS 4),
2. zum anderen aus dem *Aktoren-Script* (im Rahmen des Paradigmas der objektorientierten Programmierung auch als *Methode* bezeichnet), das die Beschreibung des Verhaltens des Aktors nach Empfang einer Botschaft enthält. In der hier betrachteten Spezifikationssprache ist das Script in den Übergängen der Eigenschaftswerte von pre-cond nach next-cond sowie in den durch caused-ev angestoßenen Folgeereignissen repräsentiert (s.u. AS 1-5).

AS 1-5 Der Eintritt des Ereignisses E ist definiert als das Eintreffen des Botschaftsaktors M beim Zielaktor T (s. AS 1-1):

< E : [[T <== M]] >

185 Solche Aktoren werden in der Spezifikationssprache durch ein Stern-Präfix als Kennung indiziert (i.Z.: *<actor>).

186 Diese Vereinbarung schränkt die Notwendigkeit des Botschaftsverkehrs zugunsten einer lesbareren Form der Spezifikation ein, bei der Anfragen statt über die explizite Kommunikation zwischen den betroffenen Aktoren durch direktes Matching (von Datenstrukturen) beantwortet werden können.

Daraus allein resultieren zunächst noch keine Änderungen in M oder T. Das Verhalten eines Aktors T nach dem Eintreffen einer Botschaft M muß also noch gesondert spezifiziert werden. Dies geschieht im Rahmen des folgenden syntaktischen Musters, mit dem das Aktoren-Script festgelegt und die oben gegebene Beschreibung weiter ausdifferenziert wird:

< E: [[T <== M]]
< pre-cond: assertions[187] >
< next-cond: assertions >
< caused-ev: { E_c = [[T^* <== M^*]] } > >

Die semantische Interpretation dieses syntaktischen Gerüsts lautet wie folgt: Wenn die in < pre-cond: ... > spezifizierten Bedingungen erfüllt sind, werden die in < next-cond: ... > spezifizierten Zustandsänderungen (lokale Neuberechnungen einzelner Attribute eines Aktors) unmittelbar nach Aktivierung des Ereignisses E vorgenommen und gelten solange, bis wenigstens einer der in <next-cond: ... > auftretenden Aktoren die entsprechend der Aktivierungsordnung (s. AS 3-1) nächste Botschaft erhält. Damit sind die Zustände der Aktoren in <next-cond: ... > gleichzeitig die Vorbedingungen (<pre-cond: ...>) des (der) unmittelbar auf E folgenden Folgeereignisse(s) E_c. <caused-ev: { E_c } > kennzeichnet schließlich die Menge derjenigen Ereignisse E_c, die stets dann stattfinden, wenn die Vorbedingungen <pre-cond: ... > des aktuellen Ereignisses E erfüllt sind, d.h. durch E unmittelbar "aktiviert" werden (s. AS 3-1).

In den Fällen, in denen der im Botschaftsaktor eines Ereignisses E spezifizierte Fortsetzungsaktor C (d.i. derjenige Aktor, an den das Ergebnis der Berechnungen des Ereignisses E, das unten durch den Aktor R bezeichnet wird, gesandt wird)

E : [[T <== (request: M reply-to: C)]]

identisch ist mit dem Zielaktor des in E beschriebenen unmittelbaren Folgeereignisses E_c (< caused-ev: E_c >)

E_c = [[C <== (reply: R)]]

wird auf die explizite Nennung von C wie in

< caused-ev: [[C <== (reply: R)]] >

---

187 assertions bezeichnet eine Folge von WFFs, die bei Reihung implizit durch 'und', sonst explizit durch 'oder' (i.Z.: v) verknüpft sind.

verzichtet und stattdessen die kürzere Formulierungsvariante

< return: R >

verwandt.

Beispiel-2

Das folgende Beispiel verdeutlicht diesen Zusammenhang an dem bereits eingeführten Beispiel der Summation. Die ausführliche Spezifikation durch

< E: [[+ <== request: [p_1 p_2] reply-to: sum]]

< caused-ev: [[sum <== reply: [p_1+p_2]]] >>[188]

kann durch folgende Kurzform ersetzt werden:

< E: [[+ <= [p_1 p_2]]]

< return: [p_1+p_2] > >

AS 1-6 Die Spezifikation eines Ereignisses ist die formale Beschreibung der Effekte, die dieses Ereignis im Aktorensystem bewirkt. Je nach unterschiedlichen Randbedingungen, unter denen ein bestimmtes Ereignis stattfindet, können dann verschiedene Ausgänge betrachtet werden. In Übereinstimmung mit geläufigen Programmiersprachenkonstrukten werden solche Alternativen durch ein Konstrukt für Fallunterscheidungen (case-<extension>)[189] aufgezählt. Trifft keine der wechselseitig exklusiv formulierten Vorbedingungen in <pre-cond: ...> zu, werden die Anweisungen im mit default bezeichneten Fall ausgeführt[190]. Dem liegt folgendes syntaktisches Muster zugrunde:

```
< event: [[ T <== M ]]
        ...
        [ case-< i >:
                < pre-cond: assertions_i >
                < next-cond: assertions_i >
                < caused-ev: { E_c i } > ]
        ...
```

---

188 Da dieses Ereignis weder Vorbedingung (<pre-cond: ...>) noch Nachbedingung (<next-cond: ...>) hat, entfällt die Aufführung dieser Spezifikationsteile vollständig. Von diesem Redundanzmechanismus wird in Kap.4 systematisch Gebrauch gemacht.

189 <extension> ist eine Integervariable, mit der die einzelnen Fälle numerisch voneinander unterschieden werden (s. Beispiel-3).

190 Sonst ist die Semantik des case-Konstrukts nicht weiter spezifiziert. Es wird aber unterstellt, daß die Bedingungen in den einzelnen Fällen tatsächlich alternativ formuliert sind, d.h. keine zwei cases zugleich zutreffen können (s.a. YONEZAWA 1977, S.67).

```
[ default:
            < next-cond: assertions_def >
            < caused-ev: { E_c def } > ] >
```

Beispiel-3

Ein einfaches Beispiel einer Fallunterscheidung ist unten gegeben. Um die Division durch '0' auszuschließen, wird das entsprechende Kriterium abgefragt (Fall-1) und nur dann eine Division ausgeführt, wenn $p_2 \neq 0$ ist. Andernfalls wird an die "Beschwerdeabteilung" des Aktorensystems eine Warnmeldung geschickt, die den Versuch einer Division durch Null protokolliert. Die entsprechende Spezifikation des Divisionsaktors lautet dann:

```
< E:  [[ : <== request: [p1 p2]   reply-to: div ]]

      [ case-1:
                  < pre-cond:  p2 ≠ 0 >
                  < caused-ev: div <== reply: [p1 : p2] > ]
      [ default:
                  < caused-ev: complaint-dept <== reply: [zero-divide [p1] ] > ] >
```

Mit den in AS 1 getroffenen Vereinbarungen ist die äußere Schicht der Ereignisspezifikationen festgelegt. Nun muß noch die Form der zulässigen Ausdrücke für die Beschreibung der Vor- und Nachbedingungen von Ereignissen (oben als assertions bezeichnet) fixiert werden. Da in < pre-cond: assertions$_p$ > assertions$_p$ die Bedingungen festlegt, die erfüllt sein müssen, damit das Ereignis überhaupt stattfinden kann, müssen alle dort auftretenden Ausdrücke einen logischen Wert annehmen, m.a.W. in assertions$_p$ treten nur WFFs auf. Da < next-cond: assertions$_n$ > die Vorbedingung(en) des unmittelbaren Folgeereignisses E_c von E beschreibt, muß das gleiche auch für assertions$_n$ gelten - allerdings mit einer Erweiterung: In den Komponenten der Beschreibungen (s. AS 2-2) können komponentenweise lokale Neuberechnungen der Zustände ausgeführt werden[191].

Innerhalb der Klasse der Spezifikationsprädikate für den in Kap.4 beschriebenen lexikalisch verteilten Text-Parser gibt es dann mehrere Teilgruppen:

- ein ausgezeichnetes Zustandsprädikat für Datenstrukturen

- Prädikate für die Prüfung bestimmter Konstellationen in den verschiedenen Wissensbasen des Aktorensystems
  a) in der Frame-Wissensbasis (Kap. 3.1)
  b) in einzelnen Beschreibungen von Wortexperten (Kap. 3.2)
  c) im Parse-Bulletin des Wortexpertensystems (Kap. 3.3)

- Prädikate für Abhängigkeiten zwischen den Ereignissen

---

191 Dies muß allein schon deswegen möglich sein, um zu den aktuellen Vorbedingungen von E veränderte Vorbedingungen für E_c zu erzeugen.

Mit jedem dieser Prädikate kann ein zulässiger Ausdruck assertions konstruiert werden. Die unter a) - c) benannten Prädikate werden in den jeweiligen Kapiteln ausführlich beschrieben. Nur das Zustandsprädikat für Datenstrukturen (AS 2) und die für relationale Abhängigkeiten zwischen den Ereignissen (AS 3) geltenden Prädikate werden in diesem Kapitel behandelt, da sie für die Charakterisierung von Aktorensystemen allgemeine Gültigkeit haben.

AS 2 **Zustandsbeschreibung von Aktoren**

AS 2-1 Jede Aktorenübertragung definiert eine **Situation**, d.i. ein lokaler Zustand eines Aktorensystems zu einem bestimmten lokalen Zeitpunkt[192]:

Sit([[T <== M]]) bzw. Sit(E)

Ein lokaler Zustand eines Aktorensystems setzt sich zusammen aus der Menge der lokalen Zustände derjenigen Aktoren, die sich "kennen". Lokale Zustände individueller Aktoren können sich im Verlauf von Aktorenberechnungen verändern und zugleich können in einem Aktorensystem mehrere verschiedene Aktoren auftreten, die die gleichen Zustandsdaten besitzen. Eine Spezifikationssprache für Aktoren muß daher unterscheiden zwischen Zustand und Identität eines Aktors. Dies wird ausgedrückt durch die Beschreibung von *Zuständen* in Form von sog. *conceptual representations* und die Anbindung der *Identität* eines Aktors <actor> an diese Zustandsbeschreibungen durch das ausgezeichnete Prädikat "is"[193] in Ausdrücken der Form

(<actor> is <conceptual-representation>)[194] in Sit(E)

Das Prädikat "is" ist erfüllt g.d.w. ein individueller Aktor im Aktorensystem existiert, der die in <conceptual-representation> geforderten Eigenschaften erfüllt, d.h. ein vorgegebenes und geprüftes Eigenschaftsmuster stimmen im Sinne des strikten Pattern Matching[195] überein.

---

192 YONEZAWA 1977, S.60-65.

193 Es besteht ein klarer Unterschied zwischen der Semantik von "is" und der im Wissensrepräsentationsabschnitt dieser Arbeit (Kap.3.1) definierten "*Is_A*"-Relation. An die Aktoren-Instanz eines Klassenkonzepts wird im Aktorenmodell (analog zu vergleichbaren Konstrukten in SIMULA oder SMALLTALK) lediglich die Forderung gestellt, daß die jeweilige Instanz die in der Klassendefinition bestimmten Merkmale im Sinne der "Element-von"-Relation (s.u.) erfüllt. Die "*Is_A*"-Relation des Wissensrepräsentationsmodells (s. FR 4) ist im Vergleich dazu semantisch wesentlich reicher und damit restriktiver.

194 Die Winkelklammern in AS 2 kennzeichnen Namensvariable, nur <actor> charakterisiert einen beliebigen Aktor.

195 YONEZAWA 1977, S.24-25.

AS 2-2 Eine in Form von <conceptual representation> gegebene Zustandsbeschreibung eines Aktors[196] setzt sich aus dem Bezeichner der Klasse (Datenstruktur), von der Aktor eine Instanz bildet (dies wird durch das Beschreibungselement '<u>a</u>' ausgedrückt), und einer Beschreibung der den Aktor charakterisierenden Eigenschaften (Attribute) zusammen:

[<u>a</u> <name-of-data-structure> (<attribute$_1$>) ... (<attribute$_n$>)]

Die zugelassenen grundlegenden Datenstrukturen werden in Kap.3 definiert und in Kap. 4.2 in den Kontext der Spezifikation der verteilten Textgrammatik gestellt. Charakteristische Ausprägungen von <name-of-data-structure> sind im Kontext der Textgrammatik etwa KNOWLEDGE_BASE, WORD_EXPERT, BULLETIN, TEXT o.ä.

Ein Attribut <attribute$_i$> setzt sich seinerseits zusammen aus einem Bezeichner für dieses Attribut und einer Variable, die den Wert des Attributs beschreibt und durch lokale Berechnungsprozesse geeignet bestimmt werden kann:

<name-of-attribute>: <value-of-attribute>

Ein Aktor ist dann eine *Instanz* der durch <name-of-data-structure> bezeichneten Datenstruktur, wenn er dieselben Attribute wie die Datenstruktur(-Klasse) und zulässige Merkmalsausprägungen dazu besitzt. Der Definitionsbereich zulässiger Werte ist Teil der Definition der Datenstruktur.

Beispiel-4

Das folgende Beispiel zeigt ein kleines Aktorensystem[197], dessen Funktion es ist, von einem Eingabetext zu lesen (*Scanning*), jedes gelesene Textwort mit einem Lexikon abzugleichen (*Matching*) und abhängig davon das Textwort dann in eine Liste einzutragen, wenn das Textwort im Lexikon aufgeführt ist (*Erweiterung der Liste*), und andernfalls das nächste Textwort einzulesen. In diesem Aktorensystem treten somit zwei Aktoren aktiv auf:

1) der Eingabetext (TX, Instanz der Klasse TEXT), der zwei Attribute besitzt: eine Angabe über die aktuelle Textposition (text-pos) und das dort befindliche Textwort (text-token):

(TX is [<u>a</u> TEXT (text-pos: i) (text-token: w_i)])

---

196 Dieser Teil der formalen Spezifikation von Aktorensystemen wird ausführlich motiviert, illustriert und detailliert dargestellt in YONEZAWA 1977, S.17-35. Im übrigen wird nur eine Teilmenge der in der BNF-Syntax (ebd., S.26) spezifizierten Beschreibungssprache aktualisiert. Die Vorteile dieser Beschreibungsform für Datenstrukturen gegenüber konkurrierenden Ansätzen (etwa algebraisch-axiomatischen Techniken) diskutiert Yonezawa auf S.36-41.

197 Außer Betracht gelassen sind hier die Behandlung der Initialisierung der Aktoren und Terminierung der Berechnungen.

2) die Liste (L, Instanz der Klasse LIST), die ebenfalls eine Angabe über die aktuelle Listenposition (list-pos) und den aktuellen Eintrag (list-item) besitzt:

(L is [a LIST (list-pos: i) (list-item: @)[198]])

Das erste Ereignis (*Scanning*) beschreibt, wie der Text-Aktor TX den Auftrag erhält (mithilfe der Funktion ***successor***, die den unmittelbaren Nachfolger des aktuellen Textworts bestimmt), auf das dem aktuellen Texttoken unmittelbar nachfolgende Token zu positionieren:

```
< event: [[ TX <= new_token ]]                                                   (Scanning)
        < pre-cond:     ( TX is [ a TEXT (text-pos: i) (text-token: w_i) ] ) >
        < next-cond:    ( TX is [ a TEXT (text-pos: i+1) (text-token: successor( w_i )) ] ) >
        < caused-ev:    [[ TX <= annot ]] > >
```

Das folgende *Matching*-Ereignis beschränkt sich auf die Prüfung, ob in bezug auf die aktualisierten Parameter ((text-pos: i) bezeichnet jetzt die (i+1)-te Textposition, (text-token: w_i) das von ***successor***(w_i) berechnete Nachfolger-Token von w_i) das aktuelle Textwort in LEXICON enthalten ist (dann wird es im folgenden Ereignis in die Liste L eingetragen) oder nicht (dann wird sofort ein neues Textwort von TX angefordert):

```
< event: [[ TX <= annot ]]                                                       (Matching)
        [ case-1:
                < pre-cond:     ( TX is [ a TEXT (text-pos: i) (text-token: w_i ) ] )
                                ( w_i ∈ LEXICON ) >
                < caused-ev:    [[ L <= insert[ w_i ] ]] > ]
        [ default:
                < caused-ev:    [[ TX <= new_token ]] > ] >
```

Das letzte hier beschriebene Ereignis behandelt das Eintragen des im Lexikon identifizierten Textworts in die Liste. Wenn an der aktuellen Listenposition kein Eintrag existiert, wird der zugesandte Parameter p an dieser Position in die Liste L eingetragen und anschließend der Zähler für die Listenposition erhöht. Danach wird ein neues Textwort von TX angefordert:

```
< event: [[ L <= insert[ p ] ]]                                  (Erweiterung der Liste)
        < pre-cond:     ( L is [ a LIST (list-pos: j) (list-item: @) ] ) >
        < next-cond:    ( L is [ a LIST (list-pos: j) (list-item: p) ] )
                        ( L is [ a LIST (list-pos: j+1) (list-item: @) ] ) >
        < caused-ev:    [[ TX <= new_token ]] > >
```

---

198 '@' kennzeichnet die Nullbelegung eines Attributs für Zeichenketten.

AS 2-3 Um die valide Veränderung der Zustandsbeschreibungen beim Übergang von einer Situation zur anderen zu sichern, müssen alle Ereignisse, die Zustandsveränderungen in einem Aktor bewirken können, spezifiziert werden. Dies geschieht in Form einer **Validitätsgarantie**[199], die alle auf einen Aktor einwirkenden Ereignisse (*only-effecting-events-are*) explizit aufzählt:

(**for-assertion**:
<actor> is [a <name-of-data-structure> (<attribute$_1$>) ... (<attribute$_n$>)]
(*only-effecting events-are*:
{ [[<actor> <== M_1]], [[<actor> <== M_2]],..., [[<actor> <== M_k]] }))

AS 2-4 **Kontrakte**[199] bestehen dann aus der Zusammenfassung aller Ereignisse, die eine bestimmte Datenstruktur (unten durch <name-of-data-structure> bezeichnet) betreffen, sowie der diesbezüglichen Validitätsgarantie:

[**contract-for** (<name-of-data-structure> (<attribute$_1$>) ... (<attribute$_n$>)) ▪
[[<actor> <== M_1]]
[[<actor> <== M_2]]
...
[[<actor> <== M_k]]
(**for-assertion**: ...)]

Appendix-1 enthält zur Illustration die Zusammenstellung des Kontrakts für die Datenstruktur BULLETIN.

Das hier skizzierte *parallele* Berechnungsmodell basiert auf der Postulierung *partieller* Ordnungen auf Ereignissen, die auf Kausal- und Inzidenzrelationen zwischen den Ereignissen beruhen. Die geordneten Mengen von Ereignissen sind identisch mit dem Verhalten des verteilten Systems. Je zwei Ereignisse, die ungeordnet sind, können dann *konkurrent* ausgeführt werden. Entsprechend werden folgende Prädikate eingeführt:

AS 3 **Ereignisprädikate: Aktivierung (Kausalität), Nachfolge, Ankunft (Inzidenz), Präzedenz**

AS 3-1 **Aktivierung**[200]

Sei T_1 ein Aktor, der den Botschaftsaktor M_1 in einem Ereignis E_1 empfängt und als Resultat eine Botschaft M_2 an einen anderen Aktor T_2 sendet. Dann wird das Ereignis E_2 -

---

199 YONEZAWA/HEWITT 1976, S.12-14.

200 HEWITT/BAKER 1978, S. 369.

die Ankunft von M_2 bei T_2 - durch E_1 *aktiviert* und E_1 heißt *Aktivator* von E_2. Die transitive Hülle dieser Aktivierungsrelation heißt **Aktivierungsordnung** (i.Z.: E_1 =act=> E_2) (sie ist partiell, weil ein Ereignis mehrere andere Ereignisse aktivieren kann). Somit gilt für zwei Ereignisse E_2 und E_1:

Activated_By (E_2, E_1)

:<==> $E_2, E_1 \in E_1$ =act=> E_2

Die Aktivierungsordnung wird hier als *Kausalbeziehung* zwischen einem Ereignis E_2 und seinem Aktivator E_1 betrachtet.

AS 3-2 **Nachfolge**[201]

Die Ereignisse, die von einem Ereignis E unmittelbar aktiviert werden, heißen unmittelbare **Nachfolger** von E (unter der Aktivierungsordnung *=act=>*) und die entsprechende Nachfolgermenge von E ist dann:

$\text{SUCCESSOR}_{=act=>}$ (E)

$= \{ E_1 \mid E \text{ =act=> } E_1 \;\&\; \neg \exists \; E_2 : E \text{ =act=> } E_2 \text{ =act=> } E_1 \}$

Das entsprechende Prädikat lautet:

Succeeded_By (E, E_1)

:<==> $E_1 \in \text{SUCCESSOR}_{=act=>}$ (E)

AS 3-3 **Ankunft**[202]

Die oben definierte Aktivierungsordnung ist nicht hinreichend, um Aktionen von Seiteneffekt-Aktoren[203] zu spezifizieren. Daher wird eine totale Ordnung für das **Eintref-**

---

201 HEWITT/BAKER 1978, S. 371-372.

202 HEWITT/BAKER 1978, S. 372-373.

203 Dabei handelt es sich um Aktoren, die einen internen Zustand besitzen, den sie ändern und damit eine Zustandsveränderung (oder einen Seiteneffekt) bewirken können. Eine typische Fehlerklasse für parallele Berechnungen besteht nun in Zeitfehlern derart, daß ein Prozeß den aktuellen Status des Aktors unter der impliziten Annahme verwertet, daß dieser Zustand unverändert bleibt, ein anderer Prozeß diesen Zustand aber gleichzeitig modifiziert und damit die Zustandsdaten des ersten Prozesses ungültig macht (LIEBERMAN 1981a, S. 10). Seiteneffekt-Aktoren entsprechen z.B. konventionellen Programmvariablen in höheren Programmiersprachen, die einen Wert besitzen, der durch Zuweisungen modifiziert werden kann.

fen von Botschaftsaktoren bei einem Zielaktor T (i.Z.: $=arr=>_T$) durch eine geeignete Schiedsrichterinstanz festgelegt, um folgender Gesetzmäßigkeit zu entsprechen:

$$[(E_1 \neq E_2) \; \& \; (T(E_1) = x = T(E_2))]$$

$$\Longrightarrow E_1 =arr=>_x E_2 \; \underline{v}^{204} \; E_2 =arr=>_x E_1$$

Entsprechend lautet die Definition des *Inzidenz*prädikats:

Precedes_In_Arrival (E_1, E_2)

$:\Longleftrightarrow E_1, E_2 \in E_1 =arr=>_x E_2$

bzw.

Precedes_In_Arrival (E_2, E_1)

$:\Longleftrightarrow E_1, E_2 \in E_2 =arr=>_x E_1$

Ein Nebeneffekt dieser Ordnung ist die Wohldefiniertheit einer lokalen Zeitachse für Aktoren unter der Ankunftsordnung durch entsprechende zeitbestimmte Änderungen in den Bekanntschaftsvektoren.

AS 3-4 **Präzedenz**[205]

Die Definition der **Präzedenzrelation** *=prec=>* über Ereignissen kombiniert die Aktivierungs- und Ankunftsordnung durch Bildung der transitiven Hülle der Vereinigung der Aktivierungsordnung *=act=>* und der Ankunftsordnung $=arr=>_x$ für jeden Aktor x. Aktivierungs- und Ankunftsordnungen müssen konsistent sein, d.h., daß Zyklen in kausalen Ketten verboten sind:

$$\neg \exists E: E \Longrightarrow E$$

Damit ist die Präzedenzrelation strikt partiell geordnet und das entsprechende Prädikat lautet:

---

204 $\underline{v}$ bezeichnet das exklusive 'oder'.

205 HEWITT/BAKER 1978, S. 376.

Precedes (E_1, E_2)

: <==> $E_1, E_2 \in E_1$ =prec=> E_2

Die hier beschriebenen Ordnungen[206] werden nicht nur für die Verifikation von Aktorspezifikationen benötigt, sondern auf ihnen beruht die *axiomatische* Beschreibung des Aktorenmodells und die Möglichkeit, *Spezifikationen* und *Implementationen* von Aktorensystemen für Verifikationszwecke miteinander in Bezug zu setzen[207].

Dem Aktorenmodell unterliegen zwei starke methodologische Annahmen, die - zusammen - es von allen übrigen Modellierungsversuchen zu verteilten und parellelen Systemen unterscheidet: Zum einen wird das Konzept serieller Berechnungen im Sinne einer vollständig geordneten Folge von Zuständen durch einen *parallelen Berechnungsbegriff* verallgemeinert, der auf einer *partiellen Ordnung* (der Präzedenz) von Ereignissen und den mathematischen Eigenschaften partieller Ordnungen beruht. Zum zweiten wird jeder Modellierungsansatz, der sich auf die Beschreibung paralleler Systeme unter Bezug auf globale Systemzustände (dargestellt etwa durch einen Vektor der Zustände aller Systemkomponenten zu einem gegebenen globalen Systemzeitpunkt) gründet, verworfen[208]. Dem setzt das Aktorenmodell ein stark *lokal* ausgeformtes Berechnungskonzept[209] entgegen, das zum Schluß dieses Abschnitts näher betrachtet wird.

Lokalität im Sinne der Aktorenberechnung heißt, daß die einzig verfügbaren Wissensquellen während eines Ereignisses die verfügbaren Daten aus dem lokalen Kontext des Zielaktors mit den importierten Daten des Botschaftsaktors sind. Diese auf den Empfang von Botschaften ausgerichtete Aussage gilt analog für die Aussendung von Botschaften: Ein Aktor kann nur an solche Aktoren Botschaften schicken, die er "kennt":

---

206 Auf die Definition der Fortsetzungsordnung (HEWITT/BAKER 1978, S. 377) als Subordnung der Präzedenzordnung =prec=> kann hier deswegen verzichtet werden, weil die Spezifikation des Text-Parsers kaum auf genesteten, sondern vorwiegend auf primitiven Aktivitäten (HEWITT/BAKER 1978, S. 377) beruht.

207 Exemplarisch demonstriert dies YONEZAWA 1977, Kap. 4-8.

208 Neben den in CLINGER 1981 entwickelten theoretischen Argumenten gibt es modellimmanente Gründe, die gegen eine solche Lösung sprechen: Ein Aktorensystem kann z.B. deswegen nicht durch eine Funkton, die globale Zustände auf globale Zustände abbildet, adäquat beschrieben werden, weil dieses nicht zu jedem gegebenen Zeitpunkt einen wohldefinierten globalen Zustand besitzt (HEWITT/de JONG 1983, S. 164). Darüberhinaus sprechen auch empirische Adäquatheitserwägungen gegen diesen Ansatz, da jede lokale Veränderung im System unnatürlicherweise in einer entsprechenden globalen Zustandsveränderung resultieren müßte, was zu einem nicht beherrschbaren Größenwachstum der Anzahl zu betrachtender globaler Systemzustände führen würde. Analog dazu ergäben sich bei Beweisen von Eigenschaften und der Korrektheit paralleler Programme große Probleme bei der Behandlung der Vielzahl zu betrachtender Fälle (GREIF 1975, S. 14-15; HEWITT/BAKER 1977, S. 987).

209 Dies gilt auch nach Einführung einer globalen Zeitebene in das Aktorenmodell durch CLINGER 1981, die nicht mit den unten betrachteten Lokalitätsrestriktionen des *message passing* interferiert, sondern zur Rechtfertigung und Modifikation der in HEWITT/BAKER 1977, 1978 eingeführten Ordnungsgesetze benötigt wird.

AS 4 Lokalitätsrestriktion im Aktorenmodell[210]

Jeder Aktor <actor> kann nur dann Ziel- oder Botschaftsaktor in einem Ereignis E sein, wenn er ein unmittelbarer Teilnehmer des Aktivators von E (das Ereignis E', das E aktiviert) ist. Für alle Ereignisse, die nicht Initialereignisse sind, gilt also:

$$T(E) \in \text{participants}(\text{activator}(E))$$

$$M(E) \in \text{participants}(\text{activator}(E))$$

Unmittelbare Wirkung dieser Lokalitätsrestriktionen ist der Ausschluß von sog. *broadcast*-Botschaften, die an alle Aktoren des Systems gesandt werden.

Damit lassen sich abschließend vier Typen von Interaktionsmustern[211] zwischen Ziel- und Botschaftsaktoren in Ereignissen der Form [[T <== M]] beschreiben:

(1) *Weder* T *noch* M *ändern ihr Verhalten.*

Beispiel-5
Ein Aktor, der ein Feld bestimmter Dimensionen (hier: '4') kreiert:

[[create_array <== 4]]

(2) T *ändert sein Verhalten, aber* M *nicht.*

Beispiel-6
Ein Aktor, der ein bestimmtes (hier das dritte) Element des Feldes modifiziert:

[[ARRAY <== (update: [3 1987])]]

(3) M *ändert sein Verhalten, aber* T *nicht.*

Beispiel-7
Ein Aktor, der ein Feld sortiert:

[[sort <== ARRAY]]

---

210 HEWITT/BAKER 1978, S. 375.

211 YONEZAWA 1977, S. 56-58.

(4) *Beide,* M *und* T, *ändern ihr Verhalten.*

Beispiel-8

Eine Verkaufsinteraktion zwischen Kunde und Verkäufer, bei der Geld gegen Ware getauscht wird:

[[VENDOR <== CUSTOMER]][212]

Damit sind die wesentlichen Konstrukte der objektorientierten Spezifikationssprache auf der Grundlage des Aktorenmodells eingeführt, mit der in Kap.4 der lexikalisch verteilte Text-Parser beschrieben wird. Das nachfolgende Kapitel ergänzt das Gerüst dieser Spezifikationssprache um applikationsspezifische Prädikate (Beschreibungselemente der semantischen (Text-)Grammatik), mit denen Ausdrücke für die Vor- und Nachbedingungen der Aktoren-Scripts formuliert werden können.

---

212 YONEZAWA 1977, S. 77.

3 Strukturelle Beschreibung der Wissensquellen des Text-Parsers

Der hier beschriebene Text-Parser verfügt über drei[213] Typen von Wissensquellen:

(1) Wissen über die *konzeptuelle* Struktur des Weltausschnitts, auf den sich die zu analysierenden Texte beziehen. Dieses Wissen wird in Kap. 3.1 exemplarisch im Rahmen eines ***Frame-Repräsentationsmodells*** beschrieben, durch das die semantischen Primitive des Wortexpertensystems festgelegt sind.

(2) Wissen über den *operationellen* Ablauf des Parsing-Prozesses. Entsprechende Informationen enthält das ***Parser-Bulletin***, in dem die im Verlauf der Textanalyse betrachteten lexikalischen Einheiten und die zwischen ihnen identifizierten semantischen und syntaktischen Bezüge protokolliert sind. Dieses Wissen wird in Form einer tabellenartigen Struktur repräsentiert und zusammen mit den dazugehörigen Kommunikationsprimitiven in Kap. 3.3 beschrieben.

(3) Prüfungen der konzeptuellen und operationellen Konstellationen, in die ein lexikalisches Element im Text eingebunden ist, machen den Spezifikationskern jedes Wortexperten aus. Daraus folgende (Zwischen-)Ergebnisse werden als *interne Zustände* einzelner ***Wortexperten*** in Form von Variablenbelegungen, Statusmeldungen, Anlaufbedingungen usf. akkumuliert und in geeigneter Weise in den Botschaftsaustausch zwischen einzelnen Wortexperten einbezogen. Deren Struktur wird in Kap. 3.2 eingehender betrachtet.

Der Zugriff auf diese Wissensquellen[214] erfolgt auf zweierlei Weise:

1. Im Rahmen von *Anfragen* prüfen einzelne Wortexperten die kontextuellen Bedingungen, die in bezug auf das lexikalische Element, das sie repräsentieren, in der Frame-Wissensbasis, anderen aktiven Wortexperten oder dem Parser-Bulletin gelten. Entsprechende Sprachprimitive bilden die Grundelemente der Anfragesprache des Wortexpertensystems.
2. Durch komplexe Prüfungen ihrer konzeptuellen und operationellen Rahmenbedingungen gelangen Wortexperten zu einer Entscheidung über die funktionale(n) Rolle(n) des von ihnen repräsentierten lexikalischen Elements im Text. Diese Entscheidung, die vom Wortexperten erzeugte *Lesart*, entspricht i.a. einer *Änderungsoperation* in einer der o.g. Wissensquellen (vorzugsweise in der (Frame-)Wissensbasis oder dem Parser-Bulletin), kann aber auch eine lokal in den Parse-Prozeß eingreifende Botschaft (wie etwa die Eliminierung eines initialisierten Wortexperten) sein.

---

213 Bei genauerer Betrachtung sind es vier: Die in Kap.2.3 (AS 3) definierten Ereignisprädikate, in denen diverse partielle Ordnungen auf Ereignissen (Aktivierung, Nachfolge, Ankunft, Präzedenz) geprüft werden, fallen aus der folgenden Typologie heraus, da sie nicht inhaltlich, sondern allein formal (durch die Wahl des Aktorenmodells als Wissensrepräsentationsformalismus) motiviert sind. Dieses Kapitel beschäftigt sich aber ausschließlich mit den applikationsspezifischen Konstrukten für das Text-Parsing.

214 Neben den einzelnen Wortexperten werden auch die entsprechende (Frame-)Wissensbasis und das Parser-Bulletin in der textgrammatischen Spezifikation als Aktoren behandelt (vgl. etwa Kap. 4.2.1). Im Verlauf von Kap.3 wird dann auch deutlich, daß der eindeutige Modellierungsschwerpunkt der verteilten Textgrammatik das entsprechende Wortexpertensystem und das mit ihm eng verknüpfte Parser-Bulletin ist, die Struktur der Weltwissensbasis hingegen vergleichsweise flacher modelliert wird.

Die Funktionalität und Wirkung aller anwendbaren Zugriffsoperationen wird formal so festgelegt, daß die Wissensquellen des Text-Parsers im Sinne abstrakter Datentypen (ADT)[215] spezifiziert, d.h. syntaktisch und semantisch vollständig beschrieben sind.

In den folgenden drei Abschnitten wird die jeweilige Struktur dieser Wissensquellen des Wortexpertensystems ausführlich beschrieben: das Frame-Repräsentationsmodell in Kap. 3.1, der strukturelle Aufbau von Wortexperten in Kap. 3.2 und schließlich die Struktur des Parser-Bulletins in Kap. 3.3.

3.1 Das Frame-Repräsentationsmodell

Das Wissen über die (konzeptuelle Struktur der) Diskursdomäne, mit dem das hier formulierte Wortexpertensystem operiert, ist in Form einer Frame-Repräsentationssprache spezifiziert. Das bedeutet aber nicht, daß das Wortexpertensystem an diesen Wissensrepräsentationstyp oder gar an das hier zugrunde gelegte spezielle Frame-Repräsentationsmodell gebunden ist. Im Gegenteil - alle Wissensrepräsentationssprachen, die die vom Wortexpertensystem benötigten Konstrukte unterstützen, können als unmittelbare Konsequenz der im folgenden explizierten ADT-Sicht mit ihm auch gekoppelt werden. Der Vorteil, die hier vorgelegte Beschreibung des Wortexpertensystems am speziellen Frame-Repräsentationsmodell FRM[216] auszurichten, liegt allein darin, daß die syntaktische und insbesondere semantische Spezifikation seiner Konstrukte *formal* ausgeführt und damit insbesondere die Bedeutung der Konstrukte explizit vorgegeben ist.[217] Zusammen mit der formalen Spezifikation des Parsers und der weitgehenden formalen Spezifikation der vom Parser benutzten Wissensquellen (hier also insbesondere die Struktur des Weltwissens) ergibt sich somit ein geschlossenes[218] *formales Spezifikationskonzept für semantische Grammatiken/Parser.*

Im folgenden wird nur ein relativ geringer Ausschnitt des insgesamt spezifizierten Frame-Repräsentationsmodells für die Beschreibung des Wortexpertensystems herangezogen und von der ursprünglichen formalen Spezifikation von FRM die Teile ausgegrenzt, die für die Operationen des Wortexpertensystems benötigt werden[219]. Das in Kap.3.1.1 festgelegte Sprachrepertoire des Frame-

---

215 LISKOV/ZILLES 1974.

216 Vollständige(re) Beschreibungen von FRM enthalten REIMER/HAHN 1985 und REIMER 1989.

217 Die damit realisierte Abstraktion für die Interaktionen des Wortexperten-Parsers mit der Systemkomponente, die das Weltwissen enthält (die sog. Weltwissensbasis), zählte bislang zu den hervorstechendsten methodischen Desiderata des Standardmodells (vgl. SMALL 1980, S.192-193; ADRIAENS 1986b, S.222-223).

218 Diese Aussage gilt mit einer Einschränkung: Einige der semantischen Relationen und Operationen im Weltwissen werden im folgenden nur syntaktisch eingeführt. Zugleich wird aber auf Anschlußarbeiten hingewiesen, in denen diese syntaktischen "Hüllen" auch formal semantisch spezifiziert sind. Damit liegt nichtsdestotrotz ein geschlossenes Spezifikationskonzept im oben reklamierten Sinne vor.

219 Das hat unmittelbare Konsequenzen für die formale Syntax des Frame-Modells (FR 1-1 und 1-2) und Teile der formalen Semantik von FRM (FR 4, 5, 13, 14). Die arbeitstechnische Beschränkung der Beschreibungen einiger Konstrukte auf einem syntaktischen Spezifikationsniveau wird in Fußnote 224 durch die explizite Anbindung der hier zugrunde liegenden ausdrucksärmeren an die vollständige Spezifikation von FRM wieder relativiert.

Modells umfaßt schließlich folgende Konstrukte[220]:

- ***Spezialisierungsrelationen***

  Zwei Varianten hierarchischer semantischer Relationen werden unterstützt:

  - die zwischen Konzeptprototypen angelegte *Ober-/Unterbegriff*srelation,
  - die zwischen einem Konzeptprototypen und speziellen Ausprägungen dieses Prototypen definierte *Instanz*relation.

- ***Attribution***

  Die Modellierung der Binnenstruktur von Frames unterscheidet zwischen den mit Frames assoziierten Konzepten (*Slots*) und *erlaubten* bzw. *aktuellen* (faktischen) *Slotwerten* (Sloteinträgen, Slot-Fillern) dieser Slots auf der Grundlage wohldefinierter Slotwertbeschränkungen.

- ***Konzeptaktivierung***

  Zur Ausgrenzung desjenigen Teils einer Frame-Wissensbasis, der durch einen Text angesprochen (aktualisiert) wird, ist das Framekonstrukt durch einen Aktivierungsindikator ergänzt worden, dessen Ausprägung ("Aktivierungsgewicht") Interpretationshilfen für das Parsing (etwa bei der Fokus-Berechnung) gibt.

Nicht berücksichtigt sind allgemeine logische Repräsentationskonstrukte, wie Negation, Quantifikation, oder frame-typische, wie *Defaults*[221]. Auch die Ebene referentiellen[222], modalen, zeitlichen, kausalen u.ä. Wissens wird hier nicht einbezogen. Ebenfalls nicht erfaßt werden verschiedene Ausprägungsformen, wie unvollständiges, widersprüchliches oder unscharfes Wissen.

Bei der folgenden Beschreibung des zugrunde gelegten Fragments des Frame-Repräsentationsmodells FRM bilden *Operationen* die einzige Form des Zugriffs auf die Repräsentationsstrukturen von FRM-Wissensbasen, wobei in Kap. 3.1.2 - entsprechend den zu Beginn dieses Kapitels formulierten Bedingungen - zwischen Anfrage- und Änderungsoperationen unterschieden wird.

3.1.1 Grundlegende Konstrukte des Frame-Repräsentationsmodells

Mit den folgenden Definitionen werden zunächst die grundlegenden Strukturen von Frames bzw. Frame-Wissensbasen eingeführt und Zugriffsfunktionen auf

---

220 Spezialisierungsrelationen und Attribution finden sich in ähnlicher Weise auch in der sortenlogischen Repräsentationssprache (M)SRL (HABEL/REDDIG/ROLLINGER 1981) wieder, die die semantische Zielsprache der in EIMERMACHER 1983a beschriebenen Wortexpertenentwicklung ist und die somit ebenfalls auf ein von der jeweiligen Wortexperten-Spezifikation unabhängiges Wissensrepräsentationssystem rekurriert.

221 Die Behandlung von *Defaults* befindet sich erst in einem explorativen Modellstadium; s. REIMER 1989, Kap.5.

222 Ebd., S.30-35. Referentielles Wissen hat in der hier betrachteten Textklasse im übrigen einen wesentlich geringeren Stellenwert als etwa in Frage-Antwort-System-Kontexten, da Produktbeschreibungen oder Testberichte stets den jeweiligen Prototypen zum Gegenstand haben und (wenn überhaupt) nur am Rande auf Auffälligkeiten des speziellen Testexemplars eingehen.

- die Spezialisierungshierarchie der Frames,
- die Binnenstruktur von Frames, Slots und Sloteinträgen,
- die Aktivierungsgewichte dieser Wissensstrukturen

definiert. Dies führt in FR 1-3 schließlich zur Fixierung derjenigen Datenstrukturen einer Frame-Wissensbasis, wie sie für den Wortexperten-Parser benötigt werden.

FR 1 Frames und Frame-Wissensbasis

FR 1-1 Seien folgende Mengen gegeben:[223]

FRM_BASES	die Menge aller Frame-Wissensbasen,
F_NAMES	die Menge aller Framenamen,
S_NAMES	die Menge aller Slotnamen,
S_VALUES	die Menge aller Sloteinträge.

Dann bezeichnen die Funktionen

frames(FKB): FRM_BASES ---> 2^{F_NAMES}

die Menge aller **Framenamen** in der Wissensbasis FKB,

slots(FKB, f): FRM_BASES x F_NAMES ---> 2^{S_NAMES}

die Menge aller **Slotnamen** eines Frames f in der Wissensbasis FKB,

singletons(FKB, f): FRM_BASES x F_NAMES ---> 2^{S_NAMES}

die Menge aller Slotnamen eines Frames f in der Wissensbasis FKB, die genau einen Slotwert akzeptieren (**einwertige Slots**),

act_values(FKB, f, s): FRM_BASES x F_NAMES x S_NAMES ---> 2^{S_VALUES}

die Menge aller **tatsächlichen** (oder **faktischen**) **Einträge** in einem Slot s eines Frames f in der Wissensbasis FKB,

perm_values(FKB, f, s): FRM_BASES x F_NAMES x S_NAMES ---> 2^{S_VALUES}

die Menge aller **erlaubten** (oder **möglichen**) **Einträge** in einem Slot s eines Frames f in der Wissensbasis FKB[224].

---

223 Als Notationsvereinbarungen sollen gelten: Namen von Konstanten und von Abbildungen werden klein geschrieben und sind unterstrichen bzw. fett und kursiv gesetzt (symbolisch: konstante, ***abbildung***). Variablennamen werden ebenfalls klein geschrieben, sind aber im Unterschied zu Konstanten nicht unterstrichen (symbolisch: variable). Namen von Mengen werden groß geschrieben und Mengen von Abbildungen zusätzlich fett und kursiv (symbolisch: MENGE, ***ABBILDUNGSMENGE***). Namen von Prädikaten werden ebenfalls fett und kursiv geschrieben, beginnen mit einem Großbuchstaben und bestehen i.a. aus mindestens zwei lexikalischen Elementen, die durch Unterstrich verbunden sind (symbolisch: ***Prädikat_Name***).

FR 1-2 Die Identifizierung dieser Wissensstrukturen mit **Aktivierungsgewichten** beschreiben folgende Mengen von Abbildungen:

F-WEIGHTS = { ***f-weight*** | ***f-weight*** : FRM_BASES x F_NAMES ---> $\mathbb{N}_0$[225] }

Die jeweilige Funktion ***f-weight***(FKB, f) ∈ ***F-WEIGHTS*** dient der Bestimmung des aktuellen *Aktivierungsgewichts des Frames* f in der ausgewählten Wissensbasis FKB.

S-WEIGHTS = { ***s-weight*** | ***s-weight*** : FRM_BASES x F_NAMES x S_NAMES ---> $\mathbb{N}_0$ }

Die jeweilige Funktion ***s-weight***(FKB, f, s) ∈ ***S-WEIGHTS*** dient der Bestimmung des aktuellen *Aktivierungsgewichts des Slots* s von Frame f in der ausgewählten Wissensbasis FKB.

V-WEIGHTS = { ***v-weight*** |

v-weight : FRM_BASES x F_NAMES x S_NAMES x S_VALUES ---> $\mathbb{N}_0$ }

Die jeweilige Funktion ***v-weight***(FKB, f, s, v) ∈ ***V-WEIGHTS*** dient der Bestimmung des aktuellen *Aktivierungsgewichts des Sloteintrags* v in Slot s von Frame f in der ausgewählten Wissensbasis FKB.

---

224 In REIMER/HAHN 1985 und REIMER 1989 wird eine Frame-Wissenbasis (oben: FKB) als Folge von drei Abbildungen definiert. Die erste bildet alle Framenamen der jeweiligen Wissensbasis auf eine Menge von Abbildungen ab, die für jeden Frame die Menge der ihm zugehörigen Slotnamen definiert. Jeder dieser Slotnamen wird auf eine weitere Abbildung abgebildet, die - abhängig von der ausgewählten Typ-Charakteristik für diesen Slot - die aktuellen oder zulässigen Sloteinträge als Bild enthält. Die Menge der *Frame-Wissensbasen* ist dann gegeben durch
a) die Abbildungsmenge ***FRAMES*** = { ***fkb*** | ***fkb*** : F_NAMES ---> ***SLOTS*** }
b) die Abbildungsmenge ***SLOTS*** = { ***sl*** | ***sl*** : S_NAMES ---> ***SCHAR*** }
c) die Abbildungsmenge ***SCHAR*** = { ***ch*** | ***ch*** : S_CHARS ---> $2^{\text{S\_VALUES}}$ }
wobei S_CHARS die Menge vereinbarter Slot-Charakteristiken bezeichnet, die hier gegeben ist durch S_CHARS = {act, perm}.
Im folgenden wird nurmehr ein beliebiges Element von ***FRAMES***, das durch die Abbildung ***fkb*** bezeichnet ist, betrachtet. Zugleich ist damit eine beliebige, aber feste Frame-Wissensbasis ausgewählt, mit der Frames, Slots von Frames und Slotwerte von Slots von Frames bestimmt werden können. Wenn ***dom map*** den Definitionsbereich einer Abbildung ***map*** bezeichnet, dann entspricht dem Ausdruck
dom fkb der Wertebereich der Funktion ***frames***(FKB),
dom fkb(f) der Wertebereich der Funktion ***slots***(FKB, f) und
fkb(f)(s)(act) der Wertebereich der oben eingeführten Funktion ***act_values***(FKB, f, s);
entsprechend erhält man durch Ersetzung von act durch perm die Menge aller erlaubten Slotwerte. Aus darstellungstechnischen Gründen wird abweichend zu den gerade getroffenen Notationsvereinbarungen eine durch ***fkb*** bestimmte beliebige, aber feste Frame-Wissensbasis im folgenden durchgängig als FKB bezeichnet.

Durch die lediglich syntaktische Beschreibung dieser und einiger der nachfolgenden Funktionen und Prädikate wird zwar die Syntax des Wissensrepräsentationsmodells festgelegt, die aber allein den strengen Maßstäben der Spezifikation abstrakter Datentypen nicht genügt. Da jedoch die Anbindung an die Axiomatik von FRM (ausformuliert in REIMER 1989) mit den oben getroffenen Aussagen gesichert ist, wird die Spezifität der nachfolgenden textgrammatischen Beschreibungen nicht gemindert.

225 $\mathbb{N}_0$ ist die Menge der natürlichen Zahlen unter Einschluß der Null.

FR 1-3 Ein Aktor KB[226], der eine beliebige Frame-Wissensbasis repräsentiert, wird als Instanz der Datenstruktur KNOWLEDGE_BASE dargestellt, die durch vier Attribute gekennzeichnet ist (zur Beschreibung in Form von *conceptual representations*, s. AS 2 in Kap. 2.3):

base die ausgewählte Wissensbasis mit Angaben über die in ihr enthaltenen Konzepte und zwischen ihnen bestehenden semantischen Relationen,

status-f Informationen über den Aktivierungszustand der Frames in der ausgewählten Wissensbasis,

status-s Informationen über den Aktivierungszustand der Slots in der ausgewählten Wissensbasis,

status-v Informationen über den Aktivierungszustand der faktischen Slotwerte in der ausgewählten Wissensbasis.

$CR_{KNOWLEDGE\_BASE}$ ≡ (KB is [a KNOWLEDGE_BASE (base: FKB)
(status-f: ***f-weight***) (status-s: ***s-weight***) (status-v: ***v-weight***)])

mit FKB ∈ FRM_BASES,

f-weight ∈ ***F-WEIGHTS***,

s-weight ∈ ***S-WEIGHTS***,

v-weight ∈ ***V-WEIGHTS***

Die folgenden Prädikate beschreiben weitere Charakteristiken von Frame-Repräsentationsstrukturen. Zunächst wird das Konzept *terminaler* bzw. *non- terminaler* Slots eingeführt, mit dem die Einbettung von Frames in andere Framestrukturen unterstützt wird. Ein non-terminaler Slot kann als Eintrag wiederum eine gesamte Framestruktur haben, so daß komplexe Informationen einem einzelnen Frame zugeordnet werden können. In der zweiten Definition wird ein Kriterium für *einwertige* Slots festgelegt, die nur *einen* aktuellen Eintrag zulassen. In der letzten Definition

---

226 In diesem und in den Anschlußkapiteln 3.2 und 3.3 wird ergänzend zu den formalen Charakterisierungen der Wissensquellen durch Funktionen und Mengen eine diesen Beschreibungen entsprechende Darstellung im Kalkül der *conceptual representations* (CR) (vgl. Kap. 2.3 dieser Arbeit bzw. YONEZAWA 1977, S.17-37) gegeben. Die Beschreibungen durch Funktionen und Mengen sind die Grundlage der Spezifikation des Vokabulars der Wortexperten in Kap. 3, während in Kap. 4 die Spezifikation der eigentlichen Textgrammatik auf den Beschreibungen der durch *conceptual representations* gegebenen Datenstrukturen beruht. Der Grund für diese Doppelgleisigkeit liegt in dem Versuch, beide Beschreibungen zu entkoppeln und für sich möglichst lesbar zu halten. Die hier beschriebenen Wissensquellen, aber mehr noch die auf ihnen ausführbaren Operationen sind somit in einem allgemeinverständlichen und weitverbreiteten Kalkül spezifiziert, die textgrammatische Spezifikation gewinnt demgegenüber durch die Verwendung von *conceptual representations* ihrerseits stark an Lesbarkeit. Die konsistente Transformation von Ausdrücken aus dem FOL- oder Funktionenkalkül in äquivalente CR-Ausdrücke wird hier nicht gezeigt. Aber mit den semantischen Restriktionen der zulässigen Werte für alle Komponenten einer solchen Darstellung (s.u.) ist die Anbindung an die jeweils äquivalente FOL- oder Funktionendarstellung in hinreichender Weise festgelegt.

werden schließlich *Prototypen* eingeführt, die die semantische Struktur von Konzeptklassen und deren mögliche Eigenschaften beschreiben. Dieses Konstrukt dient dann zur Ausgrenzung von *Instanzen*, die durch tatsächliche Eigenschaften gekennzeichnet sind, aber immer noch Konzeptklassen beschreiben[227].

FR 2 **Frame- bzw. Slot-Eigenschaften**

Seien $f \in$ ***frames***(FKB) und $s \in$ ***slots***(FKB, f):

FR 2-1 Ein Slot ist **non-terminal** g.d.w. der Slotname auch Name eines Frames in der Wissensbasis ist:

Is_Non_Terminal(FKB, s) :<==> s ∈ ***frames***(FKB)
Is_Terminal(FKB, s) :<==> ¬ ***Is_Non_Terminal***(FKB, s)

FR 2-2 Ein Slot ist **einwertig** g.d.w. der Slot in der Menge entsprechend charakterisierter Slots eines Frames in der Wissensbasis enthalten ist:

Is_Singleton(FKB, f, s) :<==> s ∈ ***singletons***(FKB, f)

FR 2-3 Ein Frame ist ein **Prototyp** g.d.w. keiner seiner Slots einen Eintrag besitzt, und er ist eine **Instanz**, wenn mindestens einer seiner Slots einen Eintrag besitzt und ein zu ihm strukturgleicher Prototyp existiert:

Is_Prototype(FKB, f)

:<==> f ∈ ***frames***(FKB) &

∀ s ∈ ***slots***(FKB, f): ***act_values***(FKB, f, s) = { }

Is_Instance(FKB, f)

:<==> f ∈ ***frames***(FKB) &

∃ s ∈ ***slots***(FKB, f): ***act_values***(FKB, f, s) ≠ { } &

∃ f* ∈ ***frames***(FKB): [***Is_Prototype***(f*) &

slots(FKB, f) = ***slots***(FKB, f*) &

∀ s ∈ ***slots***(FKB, f):

perm_values(FKB, f, s) = ***perm_values***(FKB, f*, s)]

Am Beispiel zweier Frames[228] lassen sich die eben eingeführten Eigenschaften verdeutlichen:

---

[227] Die Ebene von individuellen Referenzobjekten wird hier nicht betrachtet; s. REIMER 1989, S.30-35.

[228] Appendix-2 enthält ein größeres Fragment einer Frame-Wissensbasis, aus der alle im folgenden betrachteten Beispiele entnommen sind.

```
Personalcomputer (PC, Heimcomputer)
^      < CPU: >
|      < Peripherie: >
|      < Hauptspeicher: >
|      < Massenspeicher: >
|      < Programmiersprache: >
|      < Systemsoftware: >
|      < Anwendersoftware: >
|      < Gehäuse: >
|      < Hersteller: >
|      < Preis: >
|           [ DM 500 - DM 30.000 ]
|
|
|            Inst_of                   Zenon-X
|_____________________________               < CPU: >
                                             < Peripherie: >
                                             < Hauptspeicher: >
                                             < Massenspeicher: >
                                             < Programmiersprache: >
                                             < Systemsoftware: >
                                             < Anwendersoftware: >
                                             < Gehäuse: >
                                        ☞    < Hersteller: { ZetaMachines } >
                                             < Preis: >
                                                  [ DM 500 - DM 30.000 ]
```

Grafik-1 Prototyp-Frame: ***Is_Prototype***(FKB, *Personalcomputer*) und
Instanz-Frame: ***Is_Instance***(FKB, *Zenon-X*)

Der Framename (in Fettschrift) bildet zusammen mit synonymen Bezeichnungen, die in runden Klammern eingeschlossen sind, den Kopf jedes strukturierten Frame-Objekts (hier also *Personalcomputer* und *Zenon-X*). Die Slots sind in Winkelklammern eingeschlossen, wobei jeder Slotname von einem Doppelpunkt gefolgt wird, nach dem ggf. die diesem Slot zugeordneten aktuellen Slotwerte (eingeschlossen in Mengenklammern) stehen. Erlaubte Slotwerte können implizit alle Unterbegriffe oder Instanzen eines Slots sein (dies legen Integritätsbedingungen fest, die hier nicht weiter thematisiert werden) oder werden explizit in eckigen Klammern aufgeführt - entweder aufzählend oder in Intervallen bei quantitativen Angaben (oben am *Preis*-Kriterium illustriert).

Entsprechend sind etwa im Beispiel oben die Slots *CPU* und *Peripherie* non-terminal (beide sind auch Frames im Weltwissens-Fragment in Appendix-2), der Slot *Preis* hingegen ist terminal (die DM-Beträge sind nicht weiter als Frames modelliert). Darüberhinaus ist der Slot *CPU* einwertig (der momentane Stand der Technik läßt nur Einprozessor-Personalcomputer zu), wohingegen *Peripherie* und *Preis* mehrwertig sind (zu jedem PC können mehrere Peripheriegeräte verfügbar sein und i.a. hat ein PC auch - je nach Händler - verschiedene aktuelle Preise). Im Beispiel oben ist *Personalcomputer* ein Prototyp (er besitzt keinen einzigen aktuellen Slotwert) zur strukturgleichen Instanz *Zenon-X*, deren *Hersteller*-Slot schon vorbelegt ist (*Hersteller* ist die Firma *ZetaMachines*).

3.1.2 Operationen im Frame-Repräsentationsmodell

Im folgenden Kapitel werden

- bei Anfrage-Operationen strukturelle Eigenschaften von Elementen der Wissensbasis geprüft,
- bei Änderungsoperationen strukturelle Modifikationen in der Wissensbasis vorgenommen.

3.1.2.1 Anfrage-Operationen

Drei Typen von Anfrage-Operationen können unterschieden werden:

1) Anfragen, die die *Existenz* eines Elements in der angegebenen Wissensbasis betreffen (FR 3),
2) Anfragen, die die Gültigkeit bestimmter begrifflicher Bezüge (*semantischer Relationen*) in der angegebenen Wissensbasis betreffen (FR 4 - FR 10),
3) Anfragen, die *Aktivierungszustände* von Einheiten der angegebenen Wissensbasis betreffen (FR 11, 12).

Der erste Typ von Anfrage-Operationen prüft die *Existenz* von Elementen der Wissensbasis (unter diesem Aspekt können auch die Definitionen unter FR 7, FR 8 und FR 9 gesehen werden). Dazu stehen folgende Prädikate zur Verfügung:

FR 3 Bestimmung der Existenz von Elementen der Wissensbasis

FR 3-1 Existenz eines Frames

Exist_f : FRM_BASES x F_NAMES ---> BOOL[229]

Exist_f (FKB, f) :<==>

f ∈ ***frames***(FKB)

FR 3-2 Existenz eines faktischen Slotwerts

Exist_val : FRM_BASES x F_NAMES x S_NAMES ---> BOOL

Exist_val(FKB, f, s) :<==>

f ∈ ***frames***(FKB) & s ∈ ***slots***(FKB, f) &
act_values(FKB, f, s) ≠ { }

Der zweite grundlegende Typ von Anfrage-Operationen bezieht sich auf Charakteristika von *Begriffsrelationen* und einiger direkt daraus ableitbarer Eigenschaften:

- die hierarchische *Spezialisierung* zwischen Prototypen (über *Is_A*, FR 4) bzw. einem Prototypen und einer Instanz sowie zwischen Instanzen (über *Inst_of*, FR 5) ferner einer Kombination dieser Eigenschaften (*E_Is_A*, FR 6),
- die *Attribution* eines Frame durch Zuordnung von charakteristischen Eigenschaften über *Has_Slot* (FR 7) und *Has_Act_Value* bzw. *Has_Perm_Value* (FR 8),
- von diesen grundlegenden Begriffsrelationen *abgeleitete* Begriffsrelationen, etwa die Existenz eines gemeinsamen Oberbegriffs von zwei Frames (FR 10).

---

229 BOOL := { true, false }

Die ***Is_A*-Relation** besteht zwischen zwei Prototyp-Frames, wenn einer ein Unterbegriff des anderen Frame ist. Sie gilt zwischen Konzeptklassen und baut dort Teilmengenbezüge zwischen diesen Klassen auf. Die Semantik von *Is_A* ist durch die Eigenschaften der entsprechenden Frames gegeben - die Relation besteht g.d.w. die entsprechenden Eigenschaften erfüllt sind. Ausgangspunkt ist die Überlegung, daß ein Unterbegriff spezifischer als jeder seiner Oberbegriffe ist. Technisch kommen folgende Spezialisierungsmittel für ein Frame-Repräsentationssystem in Betracht, um die Erzeugung eines Unterbegriffs zu forcieren:

- Hinzufügung eines Slots zu einem Frame,
- Restriktion der Menge erlaubter Sloteinträge durch explizite Einschränkung der Wertebereiche von terminalen bzw. non-terminalen Slots.

Anwendersoftware
^ < Computer: >
| < Hersteller: >
| < Programmiersprache: >
| < Preis: >
| [DM 100 - DM 100.000]
| < Funktionalität: >
|
|
| ***Is_A*** **Editor (Texteditor)**
|________ < Computer: >
< Hersteller: >
< Programmiersprache: >
< Preis: >
☛ [DM 100 - DM 15.000]
< Funktionalität: >
☛ [Textverarbeitung, Textbearbeitung]
☛ < Modus: >
[zeilenorientiert, bildschirmorientiert]

Grafik-2 *Is_A*-Relation: ***Is_A***(FKB, *Editor*, *Anwendersoftware*)

Alle drei Optionen sind im o.s. Beispiel realisiert (vgl. a. Appendix-2): Zum einen wird *Editor* durch die Hinzufügung des Slots *Modus* zu einem Unterbegriff von *Anwendersoftware*, zum anderen beruht die Spezialisierung zwischen *Anwendersoftware* und *Editor* weiter auf der Werteinschränkung des (terminalen) *Preis*-Slots, und als zusätzliches Spezialisierungskriterium zwischen *Anwendersoftware* und *Editor* tritt die Einschränkung möglicher Slotwerte im non-terminalen Slot *Funktionalität* hinzu.

Offenbar können also gleichzeitig mehrere dieser Spezialisierungsbedingungen erfüllt sein, aber wenigstens eine davon muß gelten. Die (syntaktische)[230] Spezifikation von *Is_A* ist auf die Prüfung entsprechender Kriterien in bezug auf zwei Frames in einer ausgewählten Wissensbasis abgestellt und gegeben durch

FR 4 **Prädikat für die *Is_A*-Relation**

Is_A : FRM_BASES x F_NAMES x F_NAMES ---> BOOL

---

230 Eine formale semantische Spezifikation geben REIMER/HAHN 1985, S.338 bzw. REIMER 1989, S.41 und S.49/50.

Bei der Betrachtung der ***Inst_of*-Relation** werden zwei Fälle unterschieden: Auf einer ersten Ebene wird die Abgrenzung zwischen einem Prototyp- und einem Instanz-Frame behandelt, während auf tieferen Ebenen die Spezialisierung zwischen Instanz-Frames betrachtet wird. Auch hier werden Teilmengen-Bezüge zwischen Konzeptklassen aufgebaut, denen aber bereits festgelegte Eigenschaften zugeordnet sind. Obwohl die Definition für beide Fälle unterschiedlich ist, sind stets Sloteinträge das charakteristische Spezialisierungskriterium:

- Ein Frame wird zu einem Instanz-Frame eines übergeordneten Prototypen durch Hinzufügung eines Sloteintrags (die Definition von Prototypen schließt Sloteinträge aus, s. FR 2-3).
- Die Spezialisierung eines Instanz-Frames ist weiterhin möglich entweder durch Spezialisierung aktueller Einträge oder die Hinzufügung eines Eintrags zu einem Slot (nicht jede Hinzufügung eines Sloteintrags bewirkt jedoch die Kreierung einer neuen Instanz).

Das erste Kriterium macht in Grafik-3 *PROLOG* zu einer Instanz von *Programmiersprache* (Sloteintrag *logisch* im *Typ*-Slot), das zweite *IF-PROLOG* zu einer Instanz von *PROLOG* (Sloteintrag *C* im Slot *Sprachanschluß*). Natürlich ist *IF-PROLOG* auch eine Instanz von *Programmiersprache*:

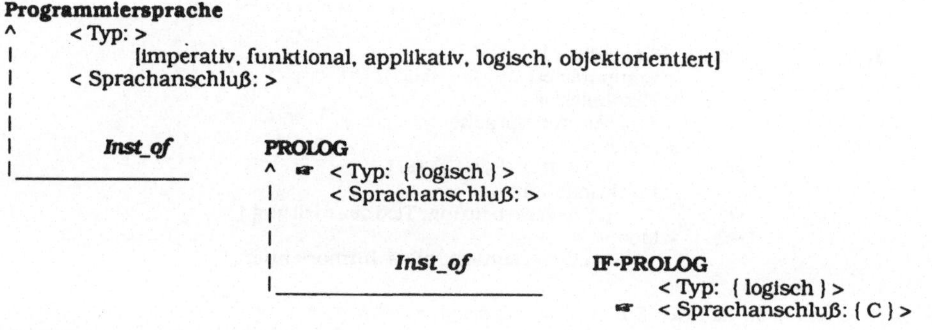

Grafik-3 *Inst_of*-Relation, z.B. ***Inst_of***(FKB, *PROLOG*, *Programmiersprache*)

Die *Inst_of*-Relation bezieht sich nur auf die Ebene von Sloteinträgen und verlangt, daß die übrigen Repräsentationsstrukturen konstant bleiben (s.a. FR 2-3). Auf diese Weise wird der intuitiv einsichtigen Ähnlichkeit zwischen Konzept-Prototypen und ihnen zugehörigen Konzeptausprägungen Rechnung getragen, andererseits jede Form der Interferenz mit der Konzeptspezialisierung zwischen Ober- und Unterbegriff durch die *Is_A*-Relation ausgeschlossen. Wie bei *Is_A* wird auch bei *Inst_of* lediglich eine syntaktische[231] Spezifikation für die Prüfung der entsprechenden Relationeneigenschaften zwischen zwei Frames gegeben:

FR 5 **Prädikat für die *Inst_of*-Relation**

Inst_of : FRM_BASES x F_NAMES x F_NAMES ---> BOOL

Die ***E_Is_A*-Relation** kombiniert schließlich beide Relationen:

---

231 Eine formale semantische Spezifikation geben REIMER/HAHN 1985, S.340 bzw. REIMER 1989, S.56/58.

FR 6 **Prädikat für die *E_Is_A*-Relation**

E_Is_A : FRM_BASES x F_NAMES x F_NAMES ---> BOOL

E_Is_A(FKB, f, f^*) :<==>

Is_A(FKB, f, f^*) v ***Inst_of*** (FKB, f, f^*) v

$\exists f^{**} \in$ ***frames*** (FKB): [***Inst_of*** (FKB, f, f^{**}) & ***Is_A***(FKB, f^{**}, f^*)]

Neben den Relationen für die Konzeptspezialisierung verfügt das Frame-Repräsentationsmodell über zusätzliche Relationen, die die Einbeziehung von Frames als Slots bzw. Sloteinträge in anderen Frames modellieren. Dabei wird ein Frame als *Aggregation* einer Reihe anderer Frames in Form von *Slots* (sowie zusätzlicher terminaler Slots) betrachtet und in ähnlicher Weise ein nonterminaler Slot als Aggregation von Frames im Sinne möglicher Einträge.

FR 7 **Prädikat für die *Slot*-Relation**

Has_Slot : FRM_BASES x F_NAMES x S_NAMES ---> BOOL

Has_Slot(FKB, f, s) :<==>

f ∈ ***frames***(FKB) & s ∈ ***slots***(FKB, f)

In bezug auf einen Slot eines Frames können dann *faktische* oder *erlaubte* Slotwerte (die sog. "Charakteristik") dieses Slots geprüft werden:

FR 8 **Charakteristik des Slotwerts**

FR 8-1 **Prädikat für faktischen Slotwert**

Has_Act_Value : FRM_BASES x F_NAMES x S_NAMES x S_VALUES ---> BOOL

Has_Act_Value(FKB, f, s, val) :<==>

f ∈ ***frames***(FKB) & s ∈ ***slots***(FKB, f) & val ∈ ***act-values***(FKB, f, s)

FR 8-2 **Prädikat für erlaubten Slotwert**

Has_Perm_Value : FRM_BASES x F_NAMES x S_NAMES x S_VALUES ---> BOOL

Has_Perm_Value(FKB, f, s, val) :<==>

f ∈ ***frames***(FKB) & s ∈ ***slots***(FKB, f) & val ∈ ***perm-values***(FKB, f, s)

Am folgenden Beispiel können diese Relationen noch einmal verdeutlicht werden:

Zenon-X
< CPU: >
< Peripherie: >
< Hauptspeicher: >
< Massenspeicher: >
< Programmiersprache: >
< Systemsoftware: >
< Anwendersoftware: >
< Gehäuse: >
< Hersteller: { ZetaMachines } >
< Preis: >
[DM 500 - DM 30.000]

Grafik-4 Gültige Aggregationsrelationen, z.B.: ***Has_Slot***(FKB, *Zenon-X, Preis*), ***Has_Act_Value***(FKB, *Zenon-X, Hersteller, ZetaMachines*)

Zenon-X besitzt als Slots die Konzepte *CPU, Peripherie, Hauptspeicher* usf. Erlaubte Einträge, etwa des (non-terminalen) Slots *Programmiersprache*, sind alle Instanzen von Programmiersprachen (also etwa in bezug auf das Weltfragment in Appendix-2: *BASIC, PROLOG* etc.). *Zenon-X* besitzt einen faktischen Slotwert, nämlich im *Hersteller*-Slot den Wert *ZetaMachines*.

Statt lediglich das Vorliegen bestimmter struktureller Eigenschaften im Weltwissen zu prüfen, können die dort geltenden Beziehungen auch "konstruktiv" ausgenutzt werden. Dabei werden gezielt Slots oder Frames gesucht, die bestimmten strukturellen Kriterien genügen, wie

- die Bestimmung eines Slots durch Vorgabe eines Framenamen und eines erlaubten Eintrags (FR 9-1),
- die Bestimmung eines Frames auf der Grundlage eines erlaubten Eintrags, den ein Slot dieses Frames akzeptiert (FR 9-2),
- die Bestimmung des Prototypen zu einem vorgegebenen Instanz-Frame (FR 9-3).

FR 9 **Bestimmung von Weltwissenselementen in einem spezifizierten konzeptuellen Kontext**

FR 9-1 **Bestimmung von Slots für einen erlaubten Slotwert eines Frame**

get-slot : FRM_BASES x F_NAMES x S_VALUES ---> 2^{S_NAMES}

s ∈ ***get-slot***(FKB, f, val) <==>

f ∈ ***frames***(FKB) & val ∈ ***perm-values***(FKB, f, s)

FR 9-2 **Bestimmung zulässiger Frames für einen erlaubten Slotwert**

get-frame : FRM_BASES x S_VALUES ---> 2^{F_NAMES}

f ∈ ***get-frame***(FKB, val) <==>

∃ s ∈ ***slots***(FKB, f): val ∈ ***perm-values***(FKB, f, s)

FR 9-3 **Bestimmung des Prototypen zu einer gegebenen Instanz**

get-prototype : FRM_BASES x F_NAMES ---> F_NAMES $\cup$ { * }

get-prototype(FKB, inst) := { proto <==> proto, inst ∈ ***frames***(FKB) & ***Inst_of*** (FKB, inst, proto) & ***Is_Prototype***(FKB, proto) ; * , sonst }

Anhand der schon eingeführten Framestrukturen gelten dann etwa folgende Beziehungen (bzgl. der in Appendix-2 eingeführten Wissensbasis FKB):

Funktionalität ∈ ***get-slot***(FKB, *Editor, Textverarbeitung*)
Editor ∈ ***get-frame***(FKB, *Textverarbeitung*)
get-prototype(FKB, *IF-PROLOG*) = *Programmiersprache*

Ein Beispiel für eine komplexere[232], aus den vorangegangenen Definitionen zusammensetzbare Begriffsrelation ist die Bestimmung des spezifischsten Oberbegriffs von zwei gegebenen Frames:

FR 10 **Spezifischster gemeinsamer Oberbegriff zweier Frames**

common-sup-f : FRM_BASES x F_NAMES x F_NAMES ---> 2^{F_NAMES}

commsup ∈ ***common-sup-f*** (FKB, f_1, f_2)[233] <==>

commsup, f_1, f_2 ∈ ***frames***(FKB) &
Is_A(FKB, f_1, commsup) & ***Is_A***(FKB, f_2, commsup) &
$\neg \exists$ sup^* ∈ ***frames***(FKB):
[***Is_A***(FKB, f_1, sup^*) & ***Is_A***(FKB, f_2, sup^*) & ***Is_A***(FKB, sup^*, commsup)]

So gilt etwa in bezug auf das in Appendix-2 spezifizierte Weltwissensfragment

Anwendersoftware ∈ ***comm-sup-f*** (FKB, *Editor, Kommunikationspaket*)

aufgrund folgender struktureller Bezüge:

---

232 Mit weiteren komplexeren Begriffsrelationen wird z.Zt. experimentiert, etwa der Prüfung der Zulässigkeit einer Begriffsrelation zwischen zwei Frames, mit der textabhängige Sichtweisen auf ein Konzept (*May_Be_A*) modelliert werden können. Beim Vorliegen der entsprechenden Bedingungen wird dann als Änderungsoperation das Kreieren einer *May_Be_A*-Kante (vgl. FR 15-2) zwischen den betroffenen Frames durchgeführt.

233 Aufgrund der Existenz von Multi-Hierarchien in (Frame-)Wissensbasen ist das Bild dieser Funktion im allgemeinen Fall eine Menge von Framenamen.

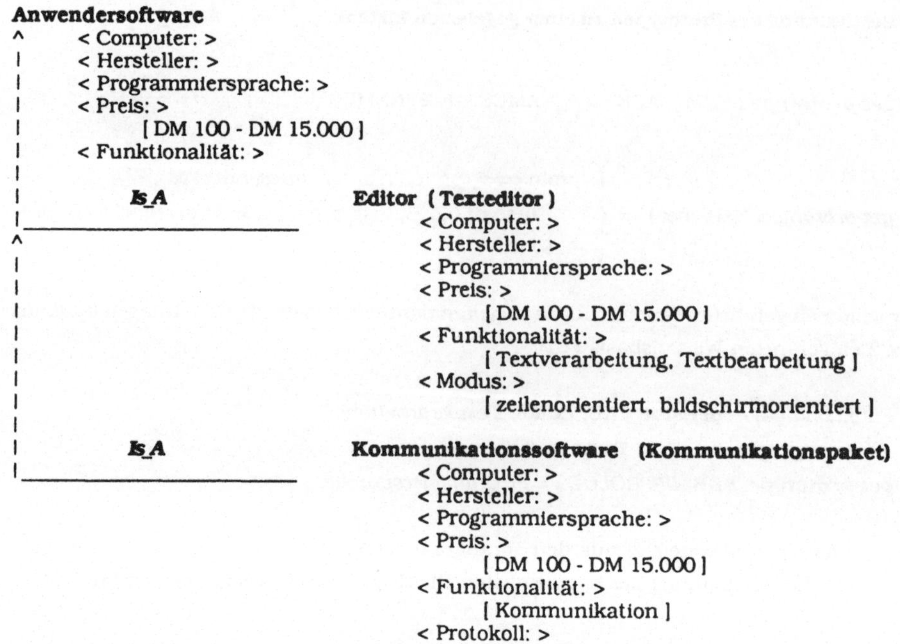

Grafik-5 Spezifischster gemeinsamer Oberbegriff von *Editor* und *Kommunikationssoftware*

Der dritte Typ von Anfrageoperationen für Frame-Wissensbasen gilt der Bestimmung des *Aktivierungsstatus* von Elementen der Wissensbasis. Diese Prüfung betrifft nur Frames, Slots und faktische Slotwerte[234]. In der hier gegebenen Beschreibung wird - korrespondierend zu Erfordernissen der textgrammatischen Spezifikation in Kap.4 - lediglich die Statusanfrage in bezug auf Frame-Aktivierungsgewichte behandelt (die für Slots und faktische Slotwerte leitet sich analog daraus ab). Die Bestimmung des Aktivierungsstatus (FR 11-2) hat dabei stets die Bestimmung des Aktivierungsgewichts des entsprechenden Elements in der Wissensbasis (FR 11-1) zur Voraussetzung.

FR 11 Bestimmung des Aktivierungsstatus von Frames in der Wissensbasis

FR 11-1 Bestimmung des Aktivierungsgewichts eines Frame[235]

$$\textbf{\textit{get-weight-f}} : \textbf{\textit{F-WEIGHTS}} \times \text{FRM\_BASES} \times \text{F\_NAMES} \dashrightarrow \mathbb{N}_0$$

$$\textbf{\textit{get-weight-f}}(\textbf{\textit{f-weight}}, \text{FKB}, \text{f}) := \begin{cases} \textbf{\textit{f-weight}}(\text{FKB}, \text{f}), \text{ falls } (\text{FKB}, \text{f}) \in \textbf{\textit{dom f-weight}} \\ 0 \text{ , sonst} \end{cases}$$

---

234 Erlaubte Slotwerte beschreiben Wertebereiche faktischer Slotwerte; jede Aktualisierung eines solchen Wertebereichs in einem Text führt zur Zuweisung eines dementsprechenden faktischen Slotwerts, so daß Aktivierungsgewichte, die ja Aktualisierungen von Konzepten in Texten repräsentieren, für erlaubte Slotwerte folglich keinen Sinn machen.

235 Die Definition der Funktion ***get-weight-f*** mag hier noch wenig motiviert wirken, da man auch alle $\textbf{\textit{f}} \in \textbf{\textit{F-WEIGHTS}}$ als totale Abbildungen definieren könnte. Ihre Definition wird erst dann einsichtig, wenn man sich ihre Verwendung in den Funktionen für die Veränderung von Aktivierungsgewichten betrachtet (s. FR 17).

FR 11-2 **Aktivierungsstatus eines Frame**

Active_f : ***F-WEIGHTS*** x FRM_BASES x F_NAMES ---> BOOL

Active_f (***f-weight***, FKB, f) :<==>
get-weight-f (***f-weight***, FKB, f) > 0

Eine besondere Form der Konzeptaktivierung repräsentieren die im Verlauf einer Textanalyse am höchsten aktivierten Frames der gesamten Wissensbasis, sog. "Fokus-Frames"[236]. Die folgende Funktion beschreibt ihre Berechnung:

FR 12 **Identifizierung von Fokus-Frames**

focus : ***F-WEIGHTS*** x FRM_BASES ---> 2^{F_NAMES}

f ∈ ***focus***(***f-weight***, FKB) <==>

f ∈ ***frames***(FKB) & ***Active_f*** (***f-weight***, FKB, f) &

¬ ∃ f* ∈ ***frames***(FKB):
get-weight-f (***f-weight***, FKB, f*) > ***get-weight-f*** (***f-weight***, FKB, f)

3.1.2.2 Änderungsoperationen

Vier grundlegende Typen von Änderungsoperationen werden hier eingeführt:

* die *Zuweisung von Werten* (Sloteinträgen) zu Slots eines Frame (FR 13),
* die *Kreierung von neuen Konzepten*[237] (FR 14),
* die *Kreierung von neuen Relationen* (FR 16),
* die *Modifikation von Aktivierungsgewichten* der Wissensstrukturen (FR 17).

Die erste Spezifikation betrifft das *Schreiben von Slotwerten* in den Slot eines Frames. Dieser Vorgang ist bei der Textanalyse deswegen von größter Wichtigkeit, da mit ihm der vorstrukturierte Teil des Weltwissens entsprechend den im Text enthaltenen Informationen aktualisiert werden kann, m.a.W. die *Extraktion von Fakten* aus Texten operationalisiert ist.

FR 13 **Hinzufügung eines Slotwerts zu einem Slot eines Frame**[238]

svalue-assign : FRM_BASES x F_NAMES x S_NAMES x S_VALUES
---> FRM_BASES ∪ { fail }

236 Vgl. zur Illustration Appendix-3, die Bulletin-Positionen *009* und *157*.

237 Dieser Prozeß beruht auf der Erkennung von Nominalkomposita und entsprechend ihrer Bildungsregularitäten morphologisch ableitbarer neuer Konzepte (vgl. Kap. 4.2.2.3 zur textgrammatischen Spezifikation) - andere Fälle von Konzeptlernen werden bislang nicht abgedeckt.

238 S. REIMER 1989, Kap. 4.2, S.99 zu einer semantischen Spezifikation.

Den Effekt dieser Operation beschreibt folgender Zustandsübergang eines Fragments der ausgewählten Wissensbasis FKB (er entspricht dem Prozeß an Bulletin-Position *087-1* in Appendix-3) am Beispiel der Schreiboperation ***svalue-assign***(FKB, *Zenon-X, Peripherie, Bildschirm*):

Zenon-X		**Zenon-X**
< CPU: >		< CPU: >
< Peripherie: >	--------------->	☞ < Peripherie: { *Bildschirm* } >
< Hauptspeicher: >	***svalue-assign***	< Hauptspeicher: >
< Massenspeicher: >		< Massenspeicher: >
< Programmiersprache: >		< Programmiersprache: >
< Systemsoftware: >		< Systemsoftware: >
< Anwendersoftware: >		< Anwendersoftware: >
< Gehäuse: >		< Gehäuse: >
< Hersteller: { ZetaMachines } >		< Hersteller: { ZetaMachines } >
< Preis: >		< Preis: >

Grafik-6 Schreiben eines Slotwerts (*Bildschirm* im Slot *Peripherie* des Frames *Zenon-X*

Die *Kreierung neuer Konzepte* im Weltwissen umfaßt sowohl die Kreierung von Instanz-Frames als auch Unterbegriffen. Es ist - neben dem Kreieren von neuen Relationen (s. FR 16) - eines der beiden Grundmuster für die *substantielle Erweiterung des vorstrukturierten Wissens* in der Wissensbasis durch neue, im analysierten Text auftretende Konzepte. In beiden Fällen muß der entsprechende Prototyp, zu dem die Instanz bzw. der Unterbegriff kreiert werden soll, angegeben werden. Ergänzend tritt bei Instanz-Frames die Angabe der zuzuweisenden Eigenschaft und des entsprechenden Slots hinzu. Spezialisierende Attribute von Unterbegriffen werden i.a. nicht erfaßt und durch eine rein formale Repräsentationslösung (*Dummy*-Slots) ersetzt (s.a. Grafik-8 und Fußnote 241).

FR 14 Kreierung neuer Konzepte

FR 14-1 Kreierung einer neuen Instanz[239]

create-inst : FRM_BASES x F_NAMES x F_NAMES x S_NAMES x S_VALUES
---> FRM_BASES ∪ { <u>fail</u> }

FR 14-2 Kreierung eines Unterbegriff-Frames[240]

create-sub : FRM_BASES x F_NAMES x F_NAMES ---> FRM_BASES ∪ { <u>fail</u> }

In Grafik-7 wird der Effekt dieser Operationen an einem Beispiel demonstriert. Das Anlegen einer neuen Instanz wird (gemäß der Konstellation an der Bulletin-Position 084-2 von Appendix-3) aufgrund der Funktion ***create-inst***(FKB, *CPU, 16-bit-CPU, Wortbreite, 16-bit*) ausgeführt:

Cpu (CPU, Prozessor)
< Wortbreite: >
[8-bit - 128-bit] ***create-inst***
< Hersteller: > ------------>
< Preis: >
[DM 100 - DM 20.000]
< Taktfrequenz: >

---

239 S. REIMER 1989, Kap.4.2, S.102-105, 106-107 zu einer semantischen Spezifikation.
240 S. REIMER 1989, Kap.4.2, S.102-105 zu einer semantischen Spezifikation dieser Operation.

```
Cpu ( CPU, Prozessor )
^       < Wortbreite: >
|               [ 8-bit - 128-bit ]
|       < Hersteller: >
|       < Preis: >
|               [ DM 100 - DM 20.000 ]
|       < Taktfrequenz: >
|
|
|           Inst_of           16-bit-CPU
|__________________           ☞      < Wortbreite: { 16-bit } >
                                             [ 8-bit - 128-bit ]
                                     < Hersteller: >
                                     < Preis: >
                                             [ DM 100 - DM 20.000 ]
                                     < Taktfrequenz: >
```

Grafik-7 Kreierung einer Instanz (*16-bit-CPU*)

Ähnlich wird das Anlegen eines neuen Unterbegriffs gehandhabt, wie sich (gemäß der Konstellation an Position *100-2*) mit der Funktion ***create-sub***(FKB, *Plattenlaufwerk*, *Festplattenlaufwerk*) zeigen läßt:

```
Plattenlaufwerk
        < Funktion: >
                [ Datenspeicherung ]
        < Speichergröße: >
                [ 10 MB - 1.000 MB ]
        < Hersteller: >                          create-sub
        < Preis: >                               ------------>
                [ DM 1 - DM 400.000 ]
        < Speichermedium: >
                [ Platte ]
        < Gehäuse: >


                          Plattenlaufwerk
                          ^       < Funktion: >
                          |               [ Datenspeicherung ]
                          |       < Speichergröße: >
                          |               [ 10 MB - 1.000 MB ]
                          |       < Hersteller: >
                          |       < Preis: >
                          |               [ DM 1 - DM 400.000 ]
                          |       < Speichermedium: >
                          |               [ Platte ]
                          |       < Gehäuse: >
                          |
                          |
                          |         Is_A          Festplattenlaufwerk
                          |______________________        < Funktion: >
                                                                 [ Datenspeicherung ]
                                                         < Speichergröße: >
                                                                 [ 10 MB - 1.000 MB ]
                                                         < Hersteller: >
                                                         < Preis: >
                                                                 [ DM 1 - DM 400.000 ]
                                                         < Speichermedium: >
                                                                 [ Platte ]
                                                         < Gehäuse: >
                                                  ☞      < $: >[241]
```

Grafik-8 Kreierung eines Unterbegriffs (*Festplattenlaufwerk*)

Die Relationierung von Konzepten in der Wissensbasis durch Textstruktur-Informationen erweitert (ähnlich wie das Kreieren neuer Konzepte) das stereotype, *a priori* vorausgesetzte Wissen durch neues Wissen, das in einem konkreten Text enthalten ist. Die hier betrachteten Relationen ergänzen das *begrifflich* motivierte Repertoire der semantischen Relationen (*Is_A*, *Inst_of*, *Has_Slot* u. a.) um *textuelle* Relationen.

Um diese textuellen Relationen in die Wissensrepräsentationsstrukturen des Weltwissens einführen zu können, müssen die in FR 1-1 gegebenen allgemeinen "begriffssemantischen" Konzeptmengen von Frames, Slots und Slotwerten um solche ergänzt werden, die direkt solche textpragmatischen Bezüge widerspiegeln. Dabei steht der funktionale Begriff des Textthemas und charakteristische Formen seiner Entwicklung im Text - thematische Progression durch ein konstantes Thema, Rhematisierung des Themas und abgeleitetes Thema - im Vordergrund[242]. Die Menge zu betrachtender textueller Relationen, RELTYPE = { <u>constant-theme</u>, <u>rhematization</u>, <u>derived-theme</u> }, ist entsprechend auf diese drei Grundmuster beschränkt (vgl. zur Illustration Kap. 4.1.3, dort die Phänomengruppen (9) - (11), und Kap. 4.2.3 zur textgrammatischen Spezifikation). Dazu werden folgende Funktionen für textuell kohärente Framemengen definiert:

FR 15 Abfrage- und Änderungsoperationen für textuelle Kohärenzrelationen

FR 15-1 Funktionen für den Zugriff auf textuelle Kohärenzrelationen

Sei FKB $\in$ FRM_BASES. Dann bezeichnen die Funktionen

con-theme(FKB, f, pos): FRM_BASES x F_NAMES x $\mathbb{N}$ ---> 2^{F_NAMES}

die Menge aller Frames, die durch die Kohärenzrelation **konstantes Thema** mit Frame f bezüglich einer bestimmten Textposition pos verknüpft sind,

rheme(FKB, pos): FRM_BASES x $\mathbb{N}$ ---> $2^{F\_NAMES \times F\_NAMES}$

die Menge aller Frame-Tupel, die durch die Kohärenzrelation **Thematisierung der Rhemata** bezüglich einer bestimmten Textposition pos verknüpft sind (diese Menge enthält also die gesamte Vielfalt aller rhematisierten Themen),

der-theme(FKB, f, pos): FRM_BASES x F_NAMES x $\mathbb{N}$ ---> 2^{F_NAMES}

die Menge aller Frames, die durch die Kohärenzrelation **abgeleitetes Thema** mit Frame f bezüglich einer bestimmten Textposition pos verknüpft sind.

---

241 Es wird ein *Dummy*-Slot angelegt, um die Spezialisierung zwischen *Festplattenlaufwerk* und *Plattenlaufwerk* zu forcieren. Damit wird den *Is_A*-Kriterien formal genüge getan, ohne über ein konkretes, empirisch plausibles Spezialisierungskriterium zu verfügen. Bei genauerer Betrachtung des Beispiels zeigt sich eine (hier bewußt in Kauf genommene) Modellierungslücke im Weltwissen, denn mit *Festplatte* als Unterbegriff zu *Platte* (im Bereich der Speichermedien in Appendix-2) würde eine Instanz *Festplattenlaufwerk* zu *Plattenlaufwerk* kreiert, deren Slot *Platte* mit *Festplatte* zu füllen wäre.

242 Dies entspricht den Rahmenbedingungen des TOPIC-Systems; vgl. HAHN/REIMER 1986 und HAHN 1990.

FR 15-2 Funktion für das Einfügen einer textuellen Relationskante

Ausgehend von diesen Mengen kann nun das Einfügen einer textuellen Kohärenzrelation als Erweiterung der entsprechenden Mengen definiert werden:

put-coh-rel : FRM_BASES x RELTYPE x F_NAMES x F_NAMES x ℕ ---> FRM_BASES

Sei FKB* = ***put-coh-rel***(FKB, rel, f_1, f_2, pos) und $f_1, f_2 \in$ ***frames***(FKB), dann gilt:

[***Eq***(rel, constant-theme)[243]

===> ***con-theme***(FKB*, f_1, pos) = ***con-theme***(FKB, f_1, pos) ∪ { f_2 }] &

[***Eq***(rel, rhematization)

===> ***rheme***(FKB*, pos) = ***rheme***(FKB, pos) ∪ { (f_1, f_2) }] &

[***Eq***(rel, derived-theme)

===> ***der-theme***(FKB*, f_1, pos) = ***der-theme***(FKB, f_1, pos) ∪ { f_2 }]

Damit können Funktionen für das Einfügen der hier betrachteten drei Kohärenzrelationen in eine Frame-Wissensbasis[244] spezifiziert werden:

FR 16 Kreierung von Kohärenzrelationen

Seien im folgenden FKB, FKB_o ∈ FRM_BASES.

FR 16-1 Konstantes Thema

c-rel-const-theme :

FRM_BASES x ℕ x F_NAMES x 2^{F_NAMES} ---> FRM_BASES ∪ { fail }

Sei ***frames***(FKB) ⊇ FLIST, dann:

c-rel-const-theme (FKB_o, pos, theme, FLIST)

:=

- ***c-rel-const-theme*** (***put-coh-rel***(FKB_o, constant-theme, theme, f, pos), pos, theme, FLIST \ { f }) mit f ∈ FLIST, falls | FLIST | > 1
- FKB = ***put-coh-rel***(FKB_o, constant-theme, theme, f, pos) mit f ∈ FLIST, falls | FLIST | = 1
- fail, sonst

---

243 ***Eq*** ist ein Prädikat, das die Gleichheit von Strings testet. Es ist in Kap. 3.3 (TX 2-1) definiert.

244 Die in FR 16 lediglich unter syntaktischen Aspekten der Beschriftung von Relationenkanten betrachteten thematischen Progressionsmuster werden in Kap. 3.3 (BT 6 - BT 8) formal semantisch spezifiziert.

FR 16-2 **Thematisierung der Rhemata**

c-rel-rhematization :

$$\text{FRM\_BASES} \times \mathbb{N} \times 2^{\text{F\_NAMES}} \times \text{F\_NAMES} \dashrightarrow \text{FRM\_BASES} \cup \{ \underline{\text{fail}} \}$$

Sei FLIST* = { (f, f+) | f, f+ ∈ ***frames***(FKB) }. Dann:

c-rel-rhematization (FKB_o, pos, FLIST*)

:=

- ***c-rel-rhematization*** (***put-coh-rel***(FKB_o, rhematization, f, f+, pos), pos, FLIST* \ { (f, f+) }) mit (f, f+) ∈ FLIST*, falls | FLIST* | > 1
- FKB = ***put-coh-rel***(FKB_o, rhematization, f, f+, pos) mit (f, f+) ∈ FLIST*, falls | FLIST* | = 1
- fail, sonst

FR 16-3 **Abgeleitetes Thema**

c-rel-derived-theme :

$$\text{FRM\_BASES} \times \mathbb{N} \times \text{F\_NAMES} \times 2^{\text{F\_NAMES}} \dashrightarrow \text{FRM\_BASES} \cup \{ \underline{\text{fail}} \}$$

Sei ***frames***(FKB) ⊇ FLIST, dann:

c-rel-derived-theme (FKB_o, pos, theme, FLIST)

:=

- ***c-rel-derived-theme*** (***put-coh-rel***(FKB_o, derived-theme, theme, f, pos), pos, theme, FLIST \ { f }) mit f ∈ FLIST, falls | FLIST | > 1
- FKB = ***put-coh-rel***(FKB_o, derived-theme, theme, f, pos) mit f ∈ FLIST, falls | FLIST | = 1
- fail, sonst

Die konstruktive Erweiterung einer Frame-Wissensbasis um Textstruktur-Informationen für den Eintrag eines konstanten Themas (vgl. Appendix-3 an Bulletin-Position *157-2*) bewirkt ***c-rel-const-theme***(KB, 063, *Personalcomputer-1*, { *Cpu*, *Peripherie*, *Hauptspeicher*, *Anwendersoftware* }):

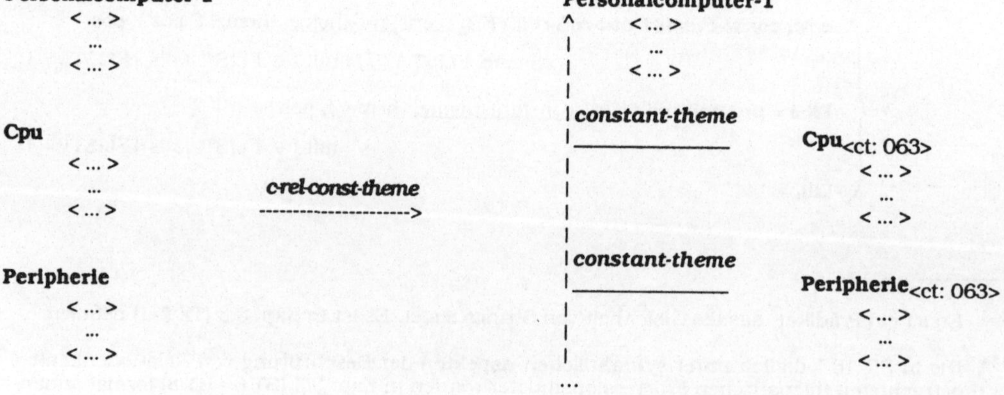

Grafik-9 Kreierung einer textuellen Kohärenzrelation (konstantes Thema)

Die Veränderung von *Aktivierungsgewichten* für Frames, Slots und faktische Slotwerte ist Gegenstand der letzten Gruppe von Definitionen für Schreiboperationen in der Frame-Wissensbasis. Während FR 17-1 bis FR 17-3 lokale Änderungen von Aktivierungsgewichten bewirken, beschreibt FR 17-4 eine globale Operation in Form der Re-Initialisierung der gesamten Wissensbasis. Dabei werden alle Weltwissenselemente bis auf den (die) Fokus-Frame(s) (s. FR 12) auf Null gesetzt.

FR 17 Umsetzung des Aktivierungsgewichts von Elementen der Wissensbasis

FR 17-1 Veränderung des Aktivierungsgewichts eines Frames

ch-weight-f : ***F-WEIGHTS*** x FRM_BASES x F_NAMES x ℕ ---> ***F-WEIGHTS***

ch-weight-f (***f-weight***, FKB, f, int)

:= ***f-weight*** \ [(FKB, f) ---> ***get-weight-f*** (***f-weight***, FKB, f)] ∪

∪ [(FKB, f) ---> ***get-weight-f*** (***f-weight***, FKB, f)+int]

FR 17-2 Veränderung des Aktivierungsgewichts eines Slots eines Frames

ch-weight-s : ***S-WEIGHTS*** x FRM_BASES x F_NAMES x S_NAMES x ℕ ---> ***S-WEIGHTS***

ch-weight-s(***s-weight***, FKB, f, s, int)

:= ***s-weight*** \ [(FKB, f, s) ---> ***get-weight-s***(***s-weight***, FKB, f, s)] ∪

∪ [(FKB, f, s) ---> ***get-weight-s***(***s-weight***, FKB, f, s)+int][245]

FR 17-3 Veränderung des Aktivierungsgewichts eines faktischen Slotwerts

ch-weight-v : ***V-WEIGHTS*** x FRM_BASES x F_NAMES x S_NAMES x S_VALUES x ℕ
---> ***V-WEIGHTS***

ch-weight-v(***v-weight***, FKB, f, s, v, int)

:= ***v-weight*** \ [(FKB, f, s, v) ---> ***get-weight-v***(***v-weight***, FKB, f, s, v)] ∪

∪ [(FKB, f, s, v) ---> ***get-weight-v***(***v-weight***, FKB, f, s, v)+int]

FR 17-4 Re-Initialisierung der Weltwissensbasis

Die Re-Initialisierung der Weltwissensbasis setzt sich aus drei Funktionen zusammen, je eine für die Initialisierung von Frame-, Slot- und Sloteintragsgewichten:

---

245 Die Funktionen ***get-weight-s*** und ***get-weight-v*** sind hier nicht explizit definiert, da sie völlig analog zu ***get-weight-f*** (s. FR 11-1) konstruiert sind.

reset-f-weights : ***F-WEIGHTS*** x FRM_BASES x $\mathbb{N}$ ---> ***F-WEIGHTS***

reset-f-weights(***f-weight***, FKB, default)
    = ***f-weight'*** <==>
        $\forall f^* \in$ ***focus***(***f-weight***, FKB):
            get-weight-f (***f-weight'***, FKB, f^*) = default &
        $\forall f \in$ ***frames***(FKB) \ ***focus***(FKB):
            get-weight-f (***f-weight'***, FKB, f) = 0

reset-s-weights : ***S-WEIGHTS*** x FRM_BASES ---> ***S-WEIGHTS***

reset-s-weights(***s-weight***, FKB)
    = ***s-weight'*** <==>
        $\forall f \in$ ***frames***(FKB): $\forall s \in$ ***slots***(FKB, f):
            get-weight-s(***s-weight'***, FKB, f, s) = 0

reset-v-weights : ***V-WEIGHTS*** x FRM_BASES ---> ***V-WEIGHTS***

reset-v-weights(***v-weight***, FKB)
    = ***v-weight'*** <==>
        $\forall f \in$ ***frames***(FKB): $\forall s \in$ ***slots***(FKB, f): $\forall v \in$ ***act_values***(FKB, f, s):
            get-weight-v(***v-weight'***, FKB, f, s, v) = 0

Die Funktionalität dieser Operationen besteht darin, das Aktivierungsgewicht eines Weltwissenselements (oder wie im Fall von FR 17-4 aller Elemente einer Wissensbasis) zu manipulieren. Im u.s. Beispiel wird dies anhand der Erhöhung des Framegewichts für den Frame *Zenon-X* entsprechend der Funktion ***ch-weight-f***(***f-weight***, KB, *Zenon-X*, 1) gezeigt[246]:

Zenon-X$_{\Sigma=0}$	---------------> ☞	**Zenon-X** $_{\Sigma=1}$
< CPU: >	***ch-weight-f***	< CPU: >
< Peripherie: >		< Peripherie: >
< Hauptspeicher: >		< Hauptspeicher: >
< Massenspeicher: >		< Massenspeicher: >
< Programmiersprache: >		< Programmiersprache: >
< Systemsoftware: >		< Systemsoftware: >
< Anwendersoftware: >		< Anwendersoftware: >
< Gehäuse: >		< Gehäuse: >
< Hersteller: { ZetaMachines } >		< Hersteller: { ZetaMachines } >
< Preis: >		< Preis: >
[DM 500 - DM 30.000]		[DM 500 - DM 30.000]

Grafik-10 Modifikation eines Aktivierungsgewichts (für Frame *Zenon-X*)

---

246 Korrekterweise müßten alle Weltwissenselemente (also auch die Slots und tatsächlichen Sloteinträge) in Grafik-10 mit Aktivierungszählern (i.Z.: $\Sigma = n$) versehen werden. Aus Gründen der Darstellungsökonomie wird darauf aber verzichtet.

3.2 Die Wortexperten

Die strukturelle Beschreibung der Wortexperten verteilt sich in dieser Arbeit auf zwei Ebenen: In diesem Abschnitt werden die formalen Attribute der Objektklasse "Wortexperte" im Sinne einer Datenstrukturbeschreibung festgelegt, um einzelne Wortexpertenzustände bei der Beschreibung des Text-Parsers charakterisieren zu können. Diese Beschreibungsebene ist strikt zu trennen von der inhaltlichen linguistischen Spezifikation einzelner Wortexperten (s. dazu Kap. 4.2.2 und 4.2.3).

Die Objektklasse "Wortexperte" legt die formale Struktur und möglichen Ausprägungen von Zustandsbeschreibungen für alle Instanzen dieser Klasse fest. Folgende Attribute sind ihr zugeordnet:

- ein **Bezeichner für die lexikalische Klasse**[247], die ein Wortexperte repräsentiert, oder Symbole für formale Textbegrenzer:
  frame — nominale Konzepte der Wissensbasis
  cand-frame — (potentielles) Fragment eines Nominalkompositums
  attribute — Adjektive oder Zahlwörter, die nominale Konzepte näher beschreiben
  quant — natürlichsprachliche Quantoren
  connect — Konnektive
  neg — Negationspartikel
  clause — Satzendezeichen (Bsp.: '.', '!', '?')
  paragraph — Kapitelendezeichen
  finis — Textendezeichen;

- die sprachlichen **Elemente der jeweiligen lexikalischen Klasse**[248]:
  F_NAMES = { *Rechner, Drucker, Betriebssystem, Hauptspeicher, BASIC, Compiler, Schnittstelle, Programmiersprache, Hersteller, Markt, ROM, Terminal, Treiber, Massenspeicher, ...* }[249]
  ATTRIBUTE = { *monochromatisch, mehrfarbig [-er Bildschirm], amerikanisch, europäisch, deutsch [-er Markt], 8-bit, 16-bit, 32-bit [-Prozessor], ...* } $\cup$ $\mathbb{N}$
  QUANT = { *all-, manch-, viel-, einig-, ander-, kein-, ...* }
  CONNECT = { *und, oder, darüberhinaus, dagegen, womit, ...* }
  NEG = { *nicht, weder ... noch* };

- die Angabe der **Textposition**, von der aus ein Wortexperte operiert;

---

247 Lexikalische Klassen entsprechen weitgehend konventionellen Wortarten. Analog linguistischer Praxis wird die Zuordnung eines lexikalischen Elements zu einer entsprechenden Klasse strikt an operationelle Kriterien gebunden - hier das funktional äquivalente Verhalten aller Elemente einer lexikalischen Klasse unter dem Blickwinkel ihrer Beiträge zur Textualität. Das erklärt auch die Auswahl der hier zur Betrachtung herangezogenen lexikalischen Klassen: Sie unterstützen direkt (wie frame, attribute, connect) bzw. unterbinden (wie quant oder neg) den grundlegenden Fluß thematischer Progression in Texten - ein Muster der Textkohärenz, dem in Kap. 4.2.3 besondere Aufmerksamkeit geschenkt wird.

248 Der Einfachheit halber sind die Mengennamen (bis auf F_NAMES) identisch mit den oben eingeführten Klassennamen.

249 Die hier betrachtete Anwendungswelt für die Wissensmodellierung ist die Informationstechnik (vgl. a. Appendix-2, der ein entsprechendes Weltwissensfragment enthält).

- das **Token** (einzelsprachliche Element) aus der lexikalischen Klasse, mit dem der Wortexperte (an der spezifizierten Textposition) initialisiert wurde;

- der aktuelle **Status** des Wortexperten:

running	Laufzustand: der Wortexperte führt aktuell Berechnungen aus
terminate	Terminierungszustand: der Wortexperte hat seine Berechnungen abgeschlossen und ist zu einem qualifizierten Ergebnis, einer "Lesart", gelangt
deactivate	Zustand der Deaktivierung: der Wortexperte hat seine Berechnungen unterbrochen und wartet auf die Erfüllung der von ihm gesetzten Wiederanlaufbedingung(en);

- der aktuelle **Aktionstyp** des Wortexperten, wobei unterschieden wird zwischen Lesarten, Botschaften und Interpretationsinformationen -

Lesarten sind gegeben durch:

f-increment	Erhöhung des Aktivierungsgewichts eines Frames
s-increment	Erhöhung des Aktivierungsgewichts eines Slots
v-increment	Erhöhung des Aktivierungsgewichts eines Slotwerts
shift	wechselseitige Verschiebung des *Default*-Aktivierungsgewichts zwischen zwei Frames
val-assign	Eintrag eines Slotwerts in den Slot eines Frames
create-inst	Kreierung einer Instanz zu einem Prototyp
create-sub	Kreierung eines Unterbegriffs
create-c-theme	Kreierung der Textkohärenzrelation *konstantes Thema* zwischen Frames
create-rhema	Kreierung der Textkohärenzrelation *Thematisierung der Rhemata* zwischen Frames
create-d-theme	Kreierung der Textkohärenzrelation *abgeleitetes Thema* zwischen Frames
no-reading	Terminierung eines Wortexperten, ohne daß eine der o.g. qualifizierten Lesarten berechnet werden konnte
transmitter	Terminierung eines Subexperten (Wortexperten-Moduls), der die von ihm erzeugten Daten (einem) anderen Subexperten übergibt
no-action	die "leere" Aktion (keine Aktion wird ausgeführt)

Botschaften sind etwa:

expect	Erwartung eines spezifizierten Objekts (Framename, Wortexperte o.ä.)
cancel	Eliminierung eines initialisierten Wortexperten

Interpretationsinformationen für die Wortexperten sind z.B.:

block-ana	Kapselungsinformation für Anaphoraresolution (die davon betroffene Phrase wird bei der Suche nach dem Antezedens in einer anaphorischen Konstruktion übergangen)
block-lex	analoge Kapselungsinformation für die Bestimmung lexikalisch korrespondierender Elemente in einem Text
dom-frame	Markierung des Fokus-Frames im aktuellen Text(segment)

- die dem jeweiligen Aktionstyp zugeordnete **Parameterliste**.

Das führt zu folgender formaler Charakterisierung:

WX 1 **Wortexpertenzustandsbeschreibung**

WX 1-1 Die Objektklasse **Wortexperte** ist definiert durch

$$\text{TOKEN-TYPE} \times 2^{LC_{wx}} \times \text{WX\_POS} \times \text{WX\_VALUE} \times \text{WX\_STATE} \times \text{ACT-TYPE} \times \text{ACT-PARAM} \supseteq \text{WORD\_EXPERT}$$

mit TOKEN-TYPE = { frame, cand-frame, attribute, quant, connect, neg, clause, paragraph, finis }

LC_{wx} = F_NAMES ∪ ATTRIBUTE ∪ QUANT ∪ CONNECT ∪ NEG

ℕ ∪ { @[250] } ⊇ WX_POS

NORM-TOKEN[251] ∪ { @ } ⊇ WX_VALUE

WX_STATE = { running, terminate, deactivate } ∪ { @ }

ACT-TYPE = { f-increment, s-increment, v-increment, shift, val-assign, create-inst, create-sub, create-c-theme, create-rhema, create-d-theme, no-reading, transmitter, no-action, expect, cancel, block-ana, block-lex, dom-frame } ∪ { @ }

ACT-PARAM = { <$param_1$, $param_2$, ..., $param_n$> | $param_i$ ∈ NORM-TOKEN ∪ ∪ S_NAMES ∪ S_VALUES ∪ { ε }[252], i ∈ ℕ } ∪ ∪ { []²⁵³ } ∪ TOKEN-TYPE ∪ ℕ

WX 1-2 Ein Aktor XP, der einen beliebigen Wortexperten repräsentiert, wird als Instanz der Datenstruktur WORD_EXPERT dargestellt, deren Attribute direkt mit der Mengenbeschreibung in WX 1-1 korrespondieren (zur Beschreibung in Form von *conceptual representations*, s. AS 2 in Kap. 2.3):

CR_{WORD_EXPERT} ≡ (XP is [a WORD_EXPERT (wex-type: wt) (lex-class: LC) (wex-pos: xp) (value: xv) (state: xs) (act-type: at) (act-plist: [plist])])

mit wt ∈ TOKEN-TYPE,
LC ∈ $2^{LC_{wx}}$,

---

250 '@' ist der leere Eintrag und matcht als Konstante nur sich selbst.

251 NORM-TOKEN ist die Menge morphologisch normalisierter Texttoken, die in TX 3-5 (Kap. 3.3.1) präzise definiert wird.

252 NORM-TOKEN ⊇ F_NAMES; gleiches gilt i.a. für S_NAMES bzw. S_VALUES nicht, da in diesen Mengen terminale Slots und ihre Einträge enthalten sind, die nicht zum terminologischen Repertoire des Wortexpertensystems LC_{wx} zählen. 'ε' ist das leere Wort.

253 '[]' ist die leere Liste und matcht als Konstante nur sich selbst.

xp ∈ WX_POS,
xv ∈ WX_VALUE,
xs ∈ WX_STATE,
at ∈ ACT-TYPE,
plist ∈ ACT-PARAM

Beispiel-9
Die u.s. Beispiele geben Beschreibungen von Wortexperten im Format der *conceptual representations* (entsprechend WX 1-2), die folgenden Situationen entsprechen:

1) *Kreierung* eines Wortexperten (NA_EXPERT) als Instanz der Klasse WORD_EXPERT (vgl. Kap. 4.2.1, EV 3); dieser neu gebildete Wortexperte enthält lediglich Informationen über den Typ von lexikalischen Elementen (hier also Frames), dessen Verhalten er repräsentiert:

(NA_EXPERT is [a WORD_EXPERT (wex-type: frame) (lex-class: F_NAMES) (wex-pos: @)
(value: @) (state: @) (act-type: @) (act-plist: [])])

2) Kreierung und textuelle *Initialisierung* eines Wortexperten (NA) als Instanz der Klasse NA_EXPERT (vgl. Kap.4.2.2, EV 14); dieser Wortexperte ist Repräsentant für das konkrete lexikalische Element *Rechner*, das an der 110. Textposition (vgl. Appendix-3) steht:

(NA is [a NA_EXPERT (wex-type: frame) (lex-class: F_NAMES) (wex-pos: *110*)
(value: *Rechner*) (state: running) (act-type: @) (act-plist: [])])

3) *Terminierung* eines Wortexperten; der Wortexperte NA hat entsprechend den positionellen, konzeptuellen und operationellen Rahmenbedingungen des Wortexpertensystems eine Lesart erarbeitet, die (im hier angenommenen Fall der nominalen Anaphora) eine wechselseitige Verschiebung der *Default*-Aktivierungsgewichte von *Rechner* auf *Zenon-X* vorsieht:

(NA is [a NA_EXPERT (wex-type: frame) (lex-class: F_NAMES) (wex-pos: *110*)
(value: *Rechner*) (state: terminate) (act-type: shift) (act-plist: [*Rechner*, *Zenon-X*])])

Auf Wortexperten wird - zumindest in der hier beschriebenen Form - nur lesend zugegriffen[254]. Für Teile der linguistischen Spezifikation, die hier nicht betrachtet werden (s. dazu Kap. 4.2.2 und 4.2.3), spielen bei der Identifizierung des passenden Wortexperten für ein beliebiges Texttoken die Aufzählung aller Elemente der lexikalischen Klasse, die er repräsentiert, und sein (damit zusammenhängender) Typ eine wesentliche Rolle. Folgende Zugriffsoperationen stellt das Wortexpertensystem für diese Zwecke bereit (WORD_EXPERT repräsentiert im folgenden auch die Menge der verfügbaren Wortexperten-Prototypen; vgl. Kap. 4.2.1, EV 3):

---

254 Beim Editieren von Wortexperten wird natürlich auch schreibend auf Wortexperten zugegriffen - ein Modus, der für die Spezifikation des Text-Parsing aber nicht weiter wesentlich ist.

WX 2 **Operationen auf Wortexpertenzustandsbeschreibungen**

Sei im folgenden

TOKEN-TYPE x $2^{LC_{wx}}$ x WX_POS x WX_VALUE x WX_STATE x ACT-TYPE x ACT-PARAM

$\supseteq$ WORD_EXPERT

WX 2-1 Test auf die Zugehörigkeit eines Texttokens zum lexikalischen Inventar der Wortexperten:

Exist_Lex : NORM-TOKEN ---> BOOL

Exist_Lex(token) :<==>

$\exists$ XP = (type, LC_{XP}, xp, xv, xs, at, plist) $\in$ WORD_EXPERT: token $\in$ LC_{XP}

WX 2-2 Ermittlung des Typs der lexikalischen Klasse eines Elements aus dem lexikalischen Inventar der Wortexperten:

get-type : NORM-TOKEN ---> TOKEN-TYPE $\cup$ { * }

get-type(token) := { type <==> $\exists$ XP = (type, LC_{XP}, xp, xv, xs, at, plist) $\in$ WORD_EXPERT: token $\in$ LC_{XP}
*, sonst

Beispiel-10
Folgende Beispiele mögen diese Definitionen verdeutlichen:

Exist_Lex(*Rechner*) = true
Exist_Lex(*mainframe*) = false[255]
Exist_Lex(*asynchron*) = true
Exist_Lex(*Kaffee*) = false[256]

get-type(*Rechner*) = frame
get-type(*asynchron*) = attribute
get-type(*viel*) = quant
get-type(*Milch*) = *

255 Die Wissensmodellierung behandelt auf der Namensebene nur Namen der deutschen Sprache.

256 Die betrachtete Domäne ist die Informationstechnik, nicht die der Genußmittel.

3.3 Das Parser-Bulletin

Das Parser-Bulletin ist neben der Frame-Wissensbasis, in der die konzeptuelle Struktur des einer Analyse jeweils zugrunde liegenden Weltausschnitts repräsentiert ist, die zweite zentrale Wissensquelle für die jeweils aktiven, d.h. instanziierten Wortexperten des Systems. Das Bulletin repräsentiert den Ablauf der Textanalyse durch eine vollständige Protokollierung aller behandelten *Texttoken* und aller in bezug auf diese Token durchgeführten *Operationen* in den Wissensquellen des Parsers. Über diese Tracefunktion hinaus dient das Bulletin als Kommunikationsmedium für Wortexperten durch die Bereitstellung zusätzlicher *Steuerungsinformationen* für Wortexperten.

3.3.1 Grundlegende formale Strukturen in Texten und Texttoken

Eine der Grundfunktionen des Parser-Bulletins ist, die Abfolge von Texttoken im Text zu repräsentieren. Die segmentierten und nach Abfolge geordneten *Texttoken* werden dann mit den lexikalischen Einträgen der Weltwissens- und Wortexpertenbasis abgeglichen. Hierzu müssen für Zwecke der morphologischen Normalisierung auch Zugriffe auf die Binnenstruktur von Texttoken gemacht werden können. Texte werden also unter dem Aspekt der *Abfolge* von Texttoken, Texttoken unter dem ihrer morphologischen *Segmentierbarkeit* beschrieben.

Der Eingabetext für einen Text-Parse wird der jeweils zugrunde liegenden Textbasis entnommen. Für die Beschreibung eines Texts als Abfolge einzelner Textwörter (Tokens) wird folgende Definition vereinbart:

TX 1 **Formale Texteigenschaften**

TX 1-1 Ein **Text** ist definiert als

$$\text{TEXT} := \text{TEXT-INDEX} \times \text{TOKEN}_{\text{TEXT-INDEX}}$$

mit $\mathbb{N} \supseteq \text{TEXT-INDEX}$

$\{ \text{token} \mid \text{token} \in A^{+} \}$ [257] $\supseteq \text{TOKEN}$

TX 1-2 Aus dieser Definition läßt sich unmittelbar die Bestimmung der **Nachfolgerschaft** eines Texttokens in bezug auf das jeweils vorangehende Texttoken ableiten:

$$\textit{\textbf{succ}}: \text{TEXT-INDEX} \dashrightarrow \text{TOKEN} \cup \{ * \}$$

$$\textit{\textbf{succ}}(i) := \begin{cases} \text{token}_1, & \text{falls } i=0 \text{ und } (1, \text{token}_1) \in \text{TEXT} \\ \text{token}_{i+1}, & \text{falls } 1 \le i \le |\text{TEXT-INDEX}| \text{ und } (i+1, \text{token}_{i+1}) \in \text{TEXT} \\ *, & \text{sonst} \end{cases}$$

---

257 A ist ein alphanumerisches Alphabet, A^{+} der freie Monoid über A ohne das leere Wort.

TX 1-3 Ein Aktor TX, der einen beliebigen Text repräsentiert, wird als Instanz der Datenstruktur TEXT dargestellt. Auch hier gibt es eine unmittelbare Korrespondenz zwischen der Mengenbeschreibung in TX 1-1 und der hier eingeführten Beschreibung in Form von *conceptual representations* (s. AS 2 in Kap.2.3):

CR_{TEXT} ≡ (TX is [a TEXT (text-pos: i) (text-token: w)])

mit $i \in$ TEXT-INDEX,
$w \in$ TOKEN

Beispiel-11

So wird der Anfang des Texts in Appendix-3 durch folgende Folge von Zuständen des TX-Aktors repräsentiert:

(TX is [a TEXT (text-pos: 001) (text-token: *Im*)])
(TX is [a TEXT (text-pos: 002) (text-token: *Blickpunkt*)])
(TX is [a TEXT (text-pos: 003) (text-token: :)])
(TX is [a TEXT (text-pos: 004) (text-token: *Die*)])
(TX is [a TEXT (text-pos: 005) (text-token: *nächste*)])
(TX is [a TEXT (text-pos: 006) (text-token: *Generation*)])
...

Für die Auswertung einer Reihe von textwortbezogenen Anfrage-Operationen auf den Wissensquellen des Text-Parsers wird das allgemeine Gleichheitsprädikat für Zeichenfolgen benötigt, das hier sowohl in seiner positiven als auch in seiner negierten Form definiert wird ($A^+ \supseteq$ STRINGS, A ein beliebiges Alphabet):

TX 2 **Stringprädikate**

TX 2-1 **Gleichheit zweier Zeichenketten**

Eq : STRINGS x STRINGS ---> BOOL

Seien $string_1 = char_{11} \circ$[258] $char_{12} \circ ... \circ char_{1n}$,
$string_2 = char_{21} \circ char_{22} \circ ... \circ char_{2m}$,

$char_{1i}, char_{2j} \in A$, $i \in [1,n]$ und $j \in [1,m]$, dann:

Eq($string_1$, $string_2$) :<==>

$m = n$ & $\forall i \in [1,n]: char_{1i} = char_{2i}$

---

258 '∘' ist der String-Konkatenationsoperator.

TX 2-2 Ungleichheit zweier Zeichenketten

$$\textbf{\textit{N\_Eq}} : \text{STRINGS} \times \text{STRINGS} \text{ ---> BOOL}$$

$$\textbf{\textit{N\_Eq}}(\text{string}_1, \text{string}_2) \; :\Longleftrightarrow \; \neg \, \textbf{\textit{Eq}}(\text{string}_1, \text{string}_2)$$

Der Abgleich eines beliebigen Texttokens mit den lexikalischen Einträgen der Wissensquellen des Wortexpertensystems wird mit morphologisch normalisierten Formen des Texttokens durchgeführt. Dabei können zwei Stufen der Normalisierung unterschieden werden, und zwar die *Deflexion* und *Dekomposition*. Beide Fälle werden in den folgenden Definitionen unter vereinfachenden Randannahmen[259] betrachtet:

TX 3 Morphologische Funktionen

TX 3-1 Deflexion[260]

$$\textbf{\textit{norm}} : \text{STRINGS} \text{ ---> } \text{STRINGS}$$

Seien string = $\text{char}_1 \circ \text{char}_2 \circ \ldots \circ \text{char}_n$, $\text{char}_i \in A$, $i \in [1,n]$, und FKB eine feste, aber beliebige Wissensbasis, dann:

$$\textbf{\textit{norm}}(\text{string}) := \begin{cases} \text{char}_1 \circ \text{char}_2 \circ \ldots \circ \text{char}_{n-1}, \text{ falls} \\ \quad [\, \textbf{\textit{Eq}}(\text{char}_n, e) \vee \textbf{\textit{Eq}}(\text{char}_n, m) \vee \\ \quad \textbf{\textit{Eq}}(\text{char}_n, n) \vee \textbf{\textit{Eq}}(\text{char}_n, s) \vee \textbf{\textit{Eq}}(\text{char}_n, -) \,] \; \& \\ \quad [\, \textbf{\textit{Exist\_f}}(\text{FKB}, \text{char}_1 \circ \text{char}_2 \circ \ldots \circ \text{char}_{n-1}) \vee \\ \qquad \textbf{\textit{Exist\_Lex}}(\text{char}_1 \circ \text{char}_2 \circ \ldots \circ \text{char}_{n-1}) \,] \\ \text{char}_1 \circ \text{char}_2 \circ \ldots \circ \text{char}_{n-2}, \text{ falls} \\ \quad [\, \textbf{\textit{Eq}}(\text{char}_{n-1} \circ \text{char}_n, em) \vee \textbf{\textit{Eq}}(\text{char}_{n-1} \circ \text{char}_n, en) \vee \\ \quad \textbf{\textit{Eq}}(\text{char}_{n-1} \circ \text{char}_n, er) \vee \textbf{\textit{Eq}}(\text{char}_{n-1} \circ \text{char}_n, es) \,] \; \& \\ \quad [\, \textbf{\textit{Exist\_f}}(\text{FKB}, \text{char}_1 \circ \text{char}_2 \circ \ldots \circ \text{char}_{n-2}) \vee \\ \qquad \textbf{\textit{Exist\_Lex}}(\text{char}_1 \circ \text{char}_2 \circ \ldots \circ \text{char}_{n-2}) \,] \\ \text{string, sonst} \end{cases}$$

---

259 Wesentliche Vereinfachungen betreffen etwa die Deflexionsfunktion ***norm***, die Formen der Binnenflexion (*Rad/Räder*) oder Lehnwort-Deflexion für Wörter lateinischen oder griechischen Ursprungs nicht erfaßt.

260 ***norm*** ist eine Funktion, die aus einem flektierten Texttoken die morphologische Normalform (Grundform) erzeugt. In der hier beschriebenen Version des Text-Parsers wird lediglich die Nominalflexion normalisiert (Verben und entsprechende Konjugationsformen werden nicht betrachtet) und entsprechende Grundformen erzeugt. Die in ***norm*** abgespaltenen Flexive werden nicht weiter betrachtet. Dies kann sich grundlegend ändern, wenn etwa weitergehende syntaktische Tests (etwa auf Kongruenz) durchgeführt werden müssen, d.h. Flexionsendungen parsing-relevant werden (bereits in den Formulierungen des Wortexperten-Standardmodells sind solche Flexiv-Experten spezifiziert worden; vgl. SMALL 1980, S.193-196 und Appendix B).

Für die folgenden drei Funktionen ***decomp*** (TX 3-2), ***select*** (TX 3-3) und ***full-concat*** bzw. ***partial-concat*** (TX 3-4) soll gelten:

$$\bigcup_{n \in \mathbf{N}} \text{STRINGS}^n = \{ (t_1, \ldots, t_k) \mid t_i \in \text{STRINGS}, k \in \mathbb{N}, i \in [1,k] \} \text{ und}$$

FKB ist eine feste, aber beliebige Wissensbasis.

TX 3-2 Dekomposition[261]

$$\textbf{\textit{decomp}} : \text{STRINGS} \dashrightarrow \bigcup_{n \in \mathbf{N}} \text{STRINGS}^n \cup \{ * \}$$

$$\textbf{\textit{decomp}}(\text{ string }) := \begin{cases} (t_1, t_2, \ldots, t_n), \text{ falls } \textbf{\textit{Eq}}(\text{ string}, t_1 \circ t_2 \circ \ldots \circ t_n) \;\&\; n > 1 \;\&\; \\ \quad \textbf{\textit{Exist\_f}}(\text{ FKB}, \textbf{\textit{norm}}(t_n)) \;\&\; \\ \quad [\, \forall i \in [1,n\text{-}1]: \\ \qquad \textbf{\textit{Exist\_f}}(\text{ FKB}, \textbf{\textit{norm}}(t_i)) \vee \\ \qquad \exists f \in \textbf{\textit{frames}}(\text{ FKB }): \\ \qquad\quad \exists s \in \textbf{\textit{get-slot}}(\text{ FKB}, f, \textbf{\textit{norm}}(t_i)): \\ \qquad\qquad \textbf{\textit{Has\_Perm\_Value}}(\text{ FKB}, f, s, \textbf{\textit{norm}}(t_i)) \vee \\ \qquad [\, n = 2 \;\&\; \neg \textbf{\textit{Exist\_f}}(\text{ FKB}, \textbf{\textit{norm}}(t_1)) \;\&\; \\ \qquad \neg \exists f \in \textbf{\textit{frames}}(\text{ FKB }): \\ \qquad\quad \exists s \in \textbf{\textit{get-slot}}(\text{ FKB}, f, \textbf{\textit{norm}}(t_1)): \\ \qquad\qquad \textbf{\textit{Has\_Perm\_Value}}(\text{ FKB}, f, s, \textbf{\textit{norm}}(t_1))\,]\;] \\ *, \text{ sonst} \end{cases}$$

TX 3-3 Selektion einzelner Dekompositionselemente

Bei der Verwendung dekomponierter Fragmente eines Nominalkompositums für das Parsen des Texts wird die Selektion einzelner Dekompositionselemente durch folgende Funktion ermöglicht:

$$\textbf{\textit{select}} : (\mathbb{N} \cup \{ \underline{\text{last}} \}) \times \bigcup_{n \in \mathbf{N}} \text{STRINGS}^n \dashrightarrow \text{STRINGS} \cup \{ * \}$$

---

[261] Im Unterschied zur im wesentlichen formal (im Sinne von übereinstimmenden Stringmustern) definierten Deflexion fließen in die Dekomposition von Textwörtern bereits semantische Kriterien ein, da die abgespaltenen Bestandteile eines Textworts bestimmten konzeptuellen Bedingungen im Weltwissen genügen müssen. Im übrigen definiert ***decomp*** dynamisch ein ganzes System von Funktionen für STRINGS^n.

$$\textbf{\textit{select}}(\,i,(\,t_1,t_2,\ldots,t_n\,)\,) := \begin{cases} t_i,\ \text{falls}\ i \in [1,n] \\ t_n,\ \text{falls}\ \textbf{\textit{Eq}}(\,i,\ \underline{\text{last}}\,) \\ *,\ \text{sonst} \end{cases}$$

TX 3-4 **Konkatenation**

Für die Zwecke der Namensgebung bei neu zu kreierenden Instanzen und Unterbegriffen in der Frame-Wissensbasis werden zwei Funktionen zur Konkatenierung dekomponierter Teilstrings definiert - ***full-concat*** rekombiniert alle *n* Bestandteile eines dekomponierten Strings, während ***partial-concat*** lediglich die ersten *n-1* Bestandteile wieder zusammenfügt und das *n*-te Dekompositionselement ignoriert:

$$\textbf{\textit{full-concat}}: \bigcup_{n \in \mathbf{N}} \text{STRINGS}^n \text{ ---> STRINGS} \cup \{*\}$$

$$\textbf{\textit{full-concat}}(\,t_1,t_2,\ldots,t_n\,) := \begin{cases} t_1 \circ t_2 \circ \ldots \circ t_{n-1} \circ \textbf{\textit{norm}}(\,t_n\,),\ \text{falls}\ \textbf{\textit{Exist\_f}}(\,\text{FKB},\ \textbf{\textit{norm}}(\,t_n\,)\,) \\ *,\ \text{sonst} \end{cases}$$

$$\textbf{\textit{partial-concat}}: \bigcup_{n \in \mathbf{N}} \text{STRINGS}^n \text{ ---> STRINGS} \cup \{*\}$$

$$\textbf{\textit{partial-concat}}(\,t_1,t_2,\ldots,t_n\,) := \begin{cases} t_1 \circ t_2 \circ \ldots \circ \textbf{\textit{norm}}(\,t_{n-1}\,),\ \text{falls}\ n > 1 \\ *,\ \text{sonst} \end{cases}$$

TX 3-5 **Morphologisch normalisierte Zeichenketten**

Aus den mit diesen Funktionen konstruierbaren Zeichenketten kann dann eine modifizierte Menge NORM-TOKEN definiert werden, die aus der Menge aller morphologisch signifikanten (Teil-)Strings von TOKEN besteht:

$$\begin{aligned} \text{NORM-TOKEN} = \{\, \text{norm\_token} \mid\ & \exists\ \text{token} \in \text{TOKEN}:\ [\ \textbf{\textit{Eq}}(\,\text{norm\_token},\ \textbf{\textit{norm}}(\,\text{token}\,)\,) \vee \\ & \textbf{\textit{Eq}}(\,\text{norm\_token},\ \textbf{\textit{full-concat}}(\,\textbf{\textit{decomp}}(\,\text{token}\,)\,)\,) \vee \\ & \textbf{\textit{Eq}}(\,\text{norm\_token},\ \textbf{\textit{partial-concat}}(\,\textbf{\textit{decomp}}(\,\text{token}\,)\,)\,)\ ] \vee \\ & \exists\ i \in [1,n]:\ \exists\ \text{token} \in \text{TOKEN}: \\ & \textbf{\textit{Eq}}(\,\text{norm\_token},\ \textbf{\textit{select}}(\,i,\ \textbf{\textit{decomp}}(\,\text{token}\,)\,)\,)\,\} \end{aligned}$$

Beispiel-12

Illustrationen der eben definierten Funktionen sind:

norm(*Rechners*) = *Rechner*
decomp(*8-bit-Maschinen*) = (*8-bit-*, *Maschinen*)
decomp(*IBM-Halbleitertechnologie-Labors*) = (*IBM-*, *Halbleiter*, *technologie-*, *Labors*)
select(2, (*IBM-*, *Halbleiter*, *technologie-*, *Labors*)) = *Halbleiter*
full-concat(*IBM-*, *Halbleiter*, *technologie-*, *Labors*) = *IBM-Halbleitertechnologie-Labor*
partial-concat(*IBM-*, *Halbleiter*, *technologie-*, *Labors*) = *IBM-Halbleitertechnologie*

3.3.2 Formale Definition des Parser-Bulletins

Ein Eintrag im Parser-Bulletin enthält folgende Arten von Informationen:

(1) Die der Beschreibung zugrunde liegende Text-Position und das an dieser Stelle stehende Token - diese Daten werden aus der aktuellen Zustandsbeschreibung des Text-Aktors übernommen.

(2) Eine Liste von Aktionen des Text-Parsers, die an der aktuellen Position auflaufen: Sie reichen von der Zuordnung eines Textworts zu einer der lexikalischen Klassen über die für dieses Textwort ermittelte(n) Lesart(en) zusammen mit ihren Parametern bis hin zu Steuerungsinformationen für den Parser. Jede dieser Aktionen ist charakterisiert durch
   (a) eine Positionsangabe der jeweiligen Aktion in der Liste,
   (b) eine n-stellige Parameterfolge, die die an der Aktion beteiligten Elemente beschreibt,
   (c) den Bezeichner für diese Aktion.

Dem entspricht folgende formale Charakterisierung der Struktur des Parser-Bulletins[262]:

BT 1 **Parser-Bulletin**

BT 1-1 Ein Parser-Bulletin ist definiert durch

$$\text{TEXT-INDEX} \times \text{TOKEN} \times 2^{\text{PARSES}} \supseteq \text{BULLETIN}$$

mit $\mathbb{N} \supseteq \text{TEXT-INDEX}$

$\{ \text{token} \mid \text{token} \in A^{+} \} \supseteq \text{TOKEN}$

$$\text{BULLETIN-INDEX} \times \bigcup_{n \in \mathbb{N}_0} \text{PARSED-ITEMS}^{n} \times \text{PARSE-DESCRIPTOR} \supseteq \text{PARSES}$$

mit $\mathbb{N}_0 \supseteq \text{BULLETIN-INDEX}$

$$\bigcup_{n \in \mathbb{N}_0} \text{PARSED-ITEMS}^{n} = \{ \langle \text{param}_1, \text{param}_2, \ldots, \text{param}_k \rangle \mid$$

$$\text{param}_i \in \text{NORM-TOKEN} \cup \text{S\_NAMES} \cup \text{S\_VALUES} \cup \{ \varepsilon \}, i \in \mathbb{N} \} \cup \mathbb{N} \cup \{ [] \}$$

$$\text{PARSE-DESCRIPTOR} = \text{TOKEN-TYPE} \cup \text{ACT-TYPE} \cup \{ \underline{\text{nil}} \}$$ [263]

---

262 Trotz nahezu gleichlautender Namen hat das hier beschriebene "Parser-Bulletin", dessen Grundfunktion die Protokollierung der *Parser-Historie* ist, kaum Ähnlichkeit mit dem *bulletin board* des Standardmodells des Wortexperten-Parsing (vgl. RIEGER/SMALL 1979, S.725). Dort dient es eindeutig als *globales* Medium für vielfältige Steuerungsinformationen des Wortexperten-Parsers und enthält Zustandsbeschreibungen jedes einzelnen Wortexperten, des gesamten Parsers und Details der inkrementell aufgebauten Wissensrepräsentationsstrukturen - es besitzt in dieser Hinsicht viel Ähnlichkeit mit dem aus dem HEARSAY-System bekannten *blackboard*-Konzept (vgl. ERMAN et al. 1980). Ein solch globales Steuerungsinstrument widerspricht nicht nur Prinzipien der Aktorenspezifikation, sondern ist spezifikationstechnisch auch unnötig, da Wortexperten nur gezielt miteinander kommunizieren (vgl. die Ausführungen zum Aktorenmodell als *lokales* Berechnungsmodell, Kap. 2.3). Wesentlich ausgeprägter ist dagegen die konzeptionelle Nähe des "Parser-Bulletins" zur *blackboard* (verschieden vom gleichnamigen Konzept in HEARSAY!), wie sie in einer theoretischen Vorphase der Wortexperten-Modellierung in SMALL 1978, S.16 beschrieben ist und insbesondere der auch für die hier entwickelte Modellvariante wichtige Effekt der *Bedeutungs- und Inferenzkonditionierung* für nachfolgende Prozesse durch die *Protokollierung* der Parser-Historie eine wesentliche Rolle spielt.

BT 1-2 Ein Aktor BT, der ein beliebiges Parser-Bulletin repräsentiert, wird als Instanz der Datenstruktur BULLETIN dargestellt. Die verwandten Attribute entsprechen der Definition in BT 1-1, abstrahieren jedoch aus darstellungstechnischen Gründen[264] von der Darstellung von PARSES als gesondert spezifiziertes Kartesisches Produkt:

$CR_{BULLETIN}$ ≡ (BT is [a BULLETIN (pos: i) (token: w) (index: j) (parsed: [plist]) (desc: d)])

mit i ∈ TEXT-INDEX,
w ∈ TOKEN,
j ∈ BULLETIN-INDEX,
plist ∈ PARSED-ITEMS^n,
d ∈ PARSE-DESCRIPTOR

Beispiel-13

Eine Sequenz aus einem Text-Parse zeigt folgendes Bulletin-Fragment (Auszug aus Appendix-3):

BT is [a BULLETIN (pos: 078) (token: *Die*)	(index: 0)	(parsed: [])	(desc: nil)]
BT is [a BULLETIN (pos: 079) (token: *Grundversion*)	(index: 0)	(parsed: [])	(desc: nil)]
BT is [a BULLETIN (pos: 080) (token: *setzt*)	(index: 0)	(parsed: [])	(desc: nil)]
BT is [a BULLETIN (pos: 081) (token: *sich*)	(index: 0)	(parsed: [])	(desc: nil)]
BT is [a BULLETIN (pos: 082) (token: *zusammen*)	(index: 0)	(parsed: [])	(desc: nil)]
BT is [a BULLETIN (pos: 083) (token: *aus*)	(index: 0)	(parsed: [])	(desc: nil)]
BT is [a BULLETIN (pos: 084) (token: *16-bit-CPU*)	(index: 0)	(parsed: [*Cpu*])	(desc: frame)
	(index: 1)	(parsed: [*16-bit*])	(desc: cand-frame)
	(index: 2)	(parsed: [*16-bit-CPU.Wortbreite.16-bit*])	(desc: create-inst)
	(index: 3)	(parsed: [*Zenon-X.*[265]*Cpu.16-bit-CPU*])	(desc: val-assign)]
BT is [a BULLETIN (pos: 085) (token: ,)	(index: 0)	(parsed: [])	(desc: nil)]
BT is [a BULLETIN (pos: 086) (token: *grafikfähigem*)	(index: 0)	(parsed: [*grafikfähig*])	(desc: attribute)]
BT is [a BULLETIN (pos: 087) (token: *Bildschirm*)	(index: 0)	(parsed: [*Bildschirm*])	(desc: frame)
	(index: 1)	(parsed: [*Zenon-X.Peripherie.Bildschirm*])	(desc: val-assign)
	(index: 2)	(parsed: [*Bildschirm-2.Modus.grafikfähig*])	(desc: create-inst)
	(index: 3)	(parsed: [*Zenon-X.Peripherie.Bildschirm-2*])	(desc: val-assign)]
BT is [a BULLETIN (pos: 088) (token: *und*)	(index: 0)	(parsed: [])	(desc: nil)]
BT is [a BULLETIN (pos: 089) (token: *Drucker*)	(index: 0)	(parsed: [*Drucker*])	(desc: frame)
	(index: 1)	(parsed: [*Zenon-X.Peripherie.Drucker*])	(desc: val-assign)]

Das Fragment dokumentiert die Parsing-Historie zwischen dem 78. und 89. Token des Beispieltexts aus Appendix-3. Bis zur Position 84 (dem Textwort *16-bit-CPU*) sind dem System alle auftretenden Textwörter unbekannt (desc: nil) und werden vom Parser überlesen. Unbekannt ist dem System zwar auch die komplette Zeichenfolge *16-bit-CPU*, nicht aber der Teilstring *CPU*. Daher wird die

263 Die Parse-Deskriptoren beziehen sich auf die Mengen TOKEN-TYPE und ACT-TYPE in Kap. 3.2. (WX 1-1). 'nil' charakterisiert Texttoken, die keiner lexikalischen Klasse zugeordnet werden können.

264 Eine genau korrespondierende Beschreibung würde die Einführung zusätzlicher Konstrukte aus dem Kalkül der *conceptual representations* verlangen (vgl. YONEZAWA 1977, S.17-35), ohne daß daraus ein spürbarer Darstellungsgewinn für die hier zu beschreibenden Phänomene resultieren würde.

265 *Zenon-X* bezeichnet einen Personalcomputer, auf den sich die entsprechenden *CPU*-Angaben beziehen. Die Referenz auf *Zenon-X* liegt außerhalb des Textausschnitts, der in Beispiel-13 wiedergegeben ist (s. Appendix-3 für den gesamten Textkontext und Appendix-2 für das konzeptuelle Umfeld von *Zenon-X* in der Frame-Wissensbasis).

als Ganzes nicht interpretierbare Zeichenfolge *16-bit-CPU* unter Auswertung der Funktion ***de-comp***(*16-bit-CPU*) in den als Framenamen erkannten Teilstring *CPU* (desc: frame) und in den noch nicht weiter analysierbaren Teilstring *16-bit* (desc: cand-frame)[266] zerschlagen. Tests im Weltwissen des Systems führen dann zunächst dazu, daß *16-bit* als ein zulässiger Slotwert des Slots *Wortbreite* in Frame *CPU* erkannt wird. *CPU* ist ein Prototyp und um einen Eintrag schreiben zu können, muß eine Instanz dazu kreiert werden. Als Name dieser neuen Instanz wird naheliegenderweise das im Text bereits verwandte Ad-hoc-Kompositum gewählt und damit schließlich die entsprechende Instanz *16-bit-CPU* mit dem passenden Slotwert kreiert (desc: create-inst). Darüberhinaus wird die Textellipse ("... *Die Grundversion [des Zenon-X] setzt sich zusammen aus* ...") erkannt: An dieser Textstelle wird nicht allgemein über *16-bit-CPUs* gesprochen, sondern über die *CPU* eines bestimmten Rechners - die des *Zenon-X* (vgl. in Appendix-3 die Bulletin-Positionen 064 bzw. 062 zur Verankerung des Antezedens). Dieser Zusammenhang wird nun dadurch repräsentiert, daß die Instanz *16-bit-CPU* Eintrag im *CPU*-Slot des Rechners *Zenon-X* wird (desc: val-assign)[267]. Nach ähnlichem Muster laufen die Prüfungen für die Eigenschaftszuordnung zu *Bildschirm* (Kreierung einer Instanz mit internem Bezeichner *Bildschirm-2* und Schreiben des Eintrags *grafikfähig* im *Modus*-Slot) sowie *Bildschirm(-2)* und *Drucker* als Peripheriegeräte von *Zenon-X* ab.

3.3.3 Spezifikation von Operationen auf dem Parser-Bulletin

Nach der Festlegung der formalen Struktur des Parser-Bulletins können die Zugriffsmodalitäten auf diese Wissensquelle spezifiziert werden, wie sie für das Wortexpertensystem gelten. Dabei werden wie für jede andere Wissensbasis Anfrage- von Änderungsoperationen unterschieden.

3.3.3.1 Anfrage-Operationen

Die Darstellung der Anfrage-Operationen beginnt mit der Definition einfacher Zugriffsprädikate und -funktionen auf die in BT 1 definierte Bulletinstruktur:

- das Zugriffsprädikat in BT 2-1 testet das Auftreten eines qualifizierten Parse-Deskriptors an einer bestimmten Text- und Bulletinposition,
- die Zugriffsfunktion in BT 2-2 bestimmt einen festgelegten Parameter an einer bestimmten Text- und Bulletinposition.

BT 2 **Zugriffe auf einzelne Parameter des Bulletins**

Seien TEXT-INDEX x TOKEN x $2^{\text{PARSES}} \supseteq$ BULLETIN und

$$\text{BULLETIN-INDEX} \times \bigcup_{n \in \mathbb{N}_0} \text{PARSED-ITEMS}^n \times \text{PARSE-DESCRIPTOR} \supseteq \text{PARSES}$$

gegeben.

---

266 Der gesamte (noch nicht interpretierte) String wird als Frame-Kandidat betrachtet.

267 Eine technische Darstellung dieser (text-)grammatischen Zusammenhänge wird in Kap. 4.2.2 zusammen mit ausführlich kommentierten Beispiel-Parses gegeben.

BT 2-1 Test auf Parse-Deskriptor

Check_Desc : ℕ x ℕ x PARSE-DESCRIPTOR ---> BOOL

Check_Desc(tpos, bpos, desc) :<==>

$\exists$ (pos, tt, PARS) $\in$ BULLETIN: [pos = tpos &

$\exists$ (index, $<p_1,...,p_n>$, desc*) $\in$ PARS: [index = bpos & ***Eq***(desc*, desc)]]

BT 2-2 Identifizierung eines Parse-Parameters

get-param : ℕ x ℕ x ℕ ---> NORM-TOKEN $\cup$ S_NAMES $\cup$ S_VALUES $\cup$ { * }

get-param(tpos, bpos, ppos) :=
- param, falls $\exists$ (pos, tt, PARS) $\in$ BULLETIN:
  [pos = tpos & $\exists$ (index, $<p_1,...,p_n>$, dc) $\in$ PARS:
  [index = bpos & ppos $\in$ [1,n] & ***Eq***(param, p_{ppos})]]
- *, sonst

Die folgenden Anfragen (BT 3 bis BT 5) prüfen *lokale* Ko-Okkurrenzbeziehungen zwischen je zwei spezifizierten Token auf der Grundlage ihrer *linearen* Abfolge[268] im Bulletin[269]. Folgende Muster werden getestet:

* von der aktuellen Textposition aus werden im linken Kotext[270] ko-okkurrierende Text-token identifiziert (BT 3: LOOK-BACK; vgl. a. Grafik-11),
* von einer bestimmten Testposition aus wird analog der rechte Kotext bis zur aktuellen Textposition durchsucht (BT 4: LOOK-AHEAD; vgl. a. Grafik-12),
* es werden an der aktuellen Bulletin-Position, d.h. unter den Elementen der aktuellen Menge PARS lokal ko-okkurrierende Texttoken identifiziert (BT 5: LOOK-UP; vgl. a. Grafik-13).

Als erste Ko-Okkurrenzbeziehung wird der Test im linken Kotext betrachtet. Dabei werden für die Menge EXTENSION folgende Elemente unterschieden, mit denen die räumliche *Extension* des betrachteten Kotext geeignet eingeschränkt werden kann:

---

268 Beim momentanen Stand der Modellierung des Wortexperten-Parsers wird auf jede Form *phrasenstruktureller* Analysen verzichtet. Dies soll keine prinzipielle Einschränkung sein, reflektiert jedoch die Arbeitshypothese, daß linguistisch relevante Ko-Okkurrenzbeziehungen primär semantisch motiviert sind (vgl.a. RIEGER 1978, S.97-98).

269 Die lineare Abfolge von Einträgen im Bulletin enthält wesentlich reichhaltigere Informationen als die lineare Abfolge von Tokens im Text. Dies zeigt sich etwa im Beispiel-13 an den Positionen 84, 87 und 89. Zur *textgrammatischen* Bedeutung dieser Datenstruktur für das Text-Parsing (z.B. für die Auflösung von Anaphern und textuellen Ellipsen) vgl. Kap. 4.2.2.

270 ***Kotext*** beschreibt die unmittelbare positionelle und operationelle Umgebung eines Tokens im Bulletin, ***Kontext*** dagegen seine konzeptuelle Umgebung in der (Frame-)Wissensbasis.

phrase	Ko-Okkurrenz innerhalb einer Nominalphrase[271]
clause	Ko-Okkurrenz innerhalb des aktuell betrachteten Satzes
2clauses	Ko-Okkurrenz unter Einschluß des im Vorgängersatz zuletzt erwähnten Konzepts
max clauses	Ko-Okkurrenz unter vollständigem Einschluß des Vorgängersatzes
paragraph	Ko-Okkurrenz innerhalb eines Absatzes
unconstraint	keine textuelle Ko-Okkurrenz-Restriktion

Neben der Restriktion der räumlichen Extension der Ko-Okkurrenzprüfung wird durch die Spezifikation zusätzlicher Anforderungen an den *Typ* des ko-okkurrierenden Elements eine zusätzliche Form der Einschränkung eingeführt. Vier charakteristische Ausprägungen für solche Restriktionen, die sich aus der Form der Operationen ergeben, denen die Bezugselemente bereits unterworfen wurden, sind in der Menge SYMBOL zusammengefaßt:

frame	die Einschränkung auf Framenamen
value	die Einschränkung auf Konzepte, die als Slotwerte im Bulletin auftreten
focus	die Einschränkung auf Frames im Text-Fokus
item	keine Typ-Einschränkungen

Es gelten somit folgende globalen Definitionen:

EXTENSION := { phrase, clause, 2clauses, max clauses, paragraph, unconstraint }
SYMBOL := { frame, value, focus, item }

Die Menge PARSE-DESCRIPTOR enthält schließlich nicht nur Typ-Informationen über die lexikalische Klassifikation der Textwörter und ihnen zugeordneten Operationen, sondern eignet sich darüberhinaus auch für die Prüfung von solchen Restriktionen, die von Wortexperten für andere Wortexperten gesetzt werden (s. etwa Zeile *08* und *09* BT 3). Der direkte Zugriff auf diese Informationen ist ein weiterer Teil der Bedingungen der u.s. Relation, deren grundlegendes Prüfmuster (von der aktuellen Position *textpos* ein im linken Kotext ko-okkurrierendes lexikalisches Element auf der Textposition *ipos* zu suchen) Grafik-11 illustriert:

TEXT: t_1 .... t_{ipos} .... $t_{textpos}$

Grafik-11 Testkonstellation für LOOK-BACK

---

271 Dieser Test steht nicht im Widerspruch zu dem Verzicht auf phrasenstrukturelle Analysen. Nominalphrasen lassen sich nämlich in der gleichen Weise semantisch bestimmen wie dies über eine syntaktisch ausgerichtete Analyse möglich ist. Der Vorteil des semantischen Ansatzes der Nominalphrasenanalyse besteht aber darin, daß wesentlich weniger/keine ambigen Strukturen erzeugt werden und eine semantische Interpretation unmittelbar (ohne transformationelle Zwischenschritte) erzielt wird.

BT 3 **Feststellung von Links-Ko-Okkurrenzen**[272]

EXTENSION x $\mathbb{N}$ x SYMBOL x PARSE-DESCRIPTOR x
x (NORM-TOKEN $\cup$ S_NAMES $\cup$ S_VALUES) x $\mathbb{N}$ $\supseteq$ LOOK-BACK

Seien TEXT-INDEX x TOKEN x 2^{PARSES} $\supseteq$ BULLETIN,

$$\text{BULLETIN-INDEX} \times \bigcup_{n \in \mathbf{N}_0} \text{PARSED-ITEMS}^{n} \times \text{PARSE-DESCRIPTOR} \supseteq \text{PARSES}$$

und FKB als eine feste, aber beliebige Wissensbasis gegeben. Dann:

(ext, textpos, symbol, test-type, lex-item, ipos) $\in$ LOOK-BACK :<==>

$\exists$ (pos1, t1, PARS*) $\in$ BULLETIN: pos1 = textpos &

ipos $\in$ [1, textpos-1] &

$\exists$ (pos2, t2, PARS) $\in$ BULLETIN: [pos2 = ipos &

$\exists$ (j, $<p_1,\ldots,p_n>$, desc) $\in$ PARS:

[[***Eq***(symbol, frame) ===> $\exists$ $v \in [1,n]$: (***Exist_f***(FKB, p_v) & ***Eq***(p_v, lex-item))] &

[***Eq***(symbol, focus) ===> (***Eq***(desc, dom-frame) & ***Eq***(p_1, lex-item))]] &

$\neg$ $\exists$ (j', $<p_1,\ldots,p_m>$, desc') $\in$ PARS:

[[***Eq***(test-type, block-ana) ===> ***Eq***(desc', block-ana)] &

[***Eq***(test-type, block-lex) ===> ***Eq***(desc', block-lex)]]] &

[***Eq***(ext, phrase)

===> ($\neg$ $\exists$ k $\in$ [ipos, textpos-1]:

$\exists$ (ind, t, PARS') $\in$ BULLETIN: [ind = k & $\exists$ (j, $<p_1,\ldots,p_n>$, d) $\in$ PARS':

(j = 0 & (***Eq***(d, clause) $\vee$ ***Eq***(d, paragraph)))] &

$\forall$ i' $\in$ [ipos+1, textpos-1]:

$\neg$ $\exists$ (ind', t, PARS'') $\in$ BULLETIN: [ind' = i' & $\exists$ (j, $<p_1,\ldots,p_n>$, d) $\in$ PARS'':

Eq(symbol, frame) ===> ***Eq***(d, frame)]])] &

---

272 Bei den folgenden Spezifikationen gilt generell die Konvention: π(x) <==> ψ(x) ist äquivalent zu $\forall$x: (π(x) <==> ψ(x)). D.h. alle links vom (definierenden) Äquivalenzzeichen stehenden Variablen sind implizit allquantifiziert, alle übrigen eingeführten Variablen werden lokal quantifiziert. Entsprechende Abhängigkeiten von Quantoren sind über die Klammerung hinaus zusätzlich durch Einrückungen kenntlich gemacht.

```
[ Eq( ext, clause )
    ===> ¬ ∃ k ∈ [ipos, textpos-1]:
            ∃ (ind, t, PARS') ∈ BULLETIN: [ ind = k & ∃ (j, <p_1,...,p_n>, d) ∈ PARS':
                ( j = 0 & ( Eq( d, clause ) v Eq( d, paragraph ) ) ) ] ] &
[ Eq( ext, 2clauses )
    ===> ( ∃! k ∈ [ipos, textpos-1]:
            ( ∃ (ind, t, PARS') ∈ BULLETIN: [ ind = k & ∃ (j, <p_1,...,p_n>, d) ∈ PARS':
                ( j = 0 & Eq( d, clause ) ) ] &
            ∀ i' ∈ [ipos+1, k-1]:
                ¬ ∃ (ind', t, PARS") ∈ BULLETIN: [ ind' = i' & ∃ (j, <p_1,...,p_n>, d) ∈ PARS":
                    Eq( symbol, frame ) ===> Eq( d, frame ) ] ) &
        ¬ ∃ k' ∈ [ipos, textpos-1]:
            ∃ (ind", t, PARS"') ∈ BULLETIN: [ ind" = k' & ∃ (j, <p_1,...,p_n>, d) ∈ PARS"':
                ( j = 0 & Eq( d, paragraph ) ) ] ) ] &
[ Eq( ext, max clauses )
    ===> ( ( ¬ ∃ k ∈ [ipos, textpos-1]:
            ∃ (ind, t, PARS') ∈ BULLETIN: [ ind = k & ∃ (j, <p_1,...,p_n>, d) ∈ PARS':
                ( j = 0 & ( Eq( d, clause ) v Eq( d, paragraph ) ) ) ] ) v
        ( ∃! k' ∈ [ipos, textpos-1]:
            ∃ (ind', t, PARS") ∈ BULLETIN: [ ind' = k' & ∃ (j, <p_1,...,p_n>, d) ∈ PARS":
                ( j = 0 & Eq( d, clause ) ) ] &
        ¬ ∃ k" ∈ [ipos, textpos-1]:
            ∃ (ind", t, PARS"') ∈ BULLETIN: [ ind" = k" & ∃ (j, <p_1,...,p_n>, d) ∈ PARS"':
                ( j = 0 & Eq( d, paragraph ) ) ] ) ) ] &
[ Eq( ext, paragraph )
    ===> ¬ ∃ k ∈ [ipos, textpos-1]:
            ∃ (ind, t, PARS') ∈ BULLETIN: [ ind = k & ∃ (j, <p_1,...,p_n>, d) ∈ PARS':
                ( j = 0 & Eq( d, paragraph ) ) ] ] &
N_Eq( symbol, value ) & N_Eq( symbol, item )
```

Bemerkungen zur Beschreibung von BT 3

02 - 03 ausschließlich der aktuellen Textposition werden alle davorliegenden Textpositionen des Bulletins durchsucht;

05 der Bezeichner eines Frames (*lex-item*) wird als ein Parameter in einem Bulletineintrag identifiziert;

06 der Bezeichner eines Fokus-Frames (*lex-item*) wird als ein Parameter in einem Bulletineintrag identifiziert;

07 - 09 an der identifizierten Bulletin-Position liegt keine explizite Sperrung für den Typ der untersuchten Kohäsionsklasse (hier: nominale Anaphora, lexikalische Kohäsion) vor[273];

10 - 13 bei (Nominal-)Phrasen darf zwischen den ko-okkurrierenden lexikalischen Elementen (*t1* an Position *textpos* und *lex-item* an Position *ipos*) kein (Ab)Satzendesymbol auftreten und

14 - 16 es darf kein Framename im Parser-Bulletin positionell näher zum Bezugstoken *t1* stehen als der bereits ermittelte Framename *lex-item* an Position *ipos*;

17 - 20 bei der Ko-Okkurrenz im selben Satz darf kein (Ab)Satzendesymbol zwischen den ko-okkurrierenden lexikalischen Elementen *t1* und *lex-item* auftreten (identisch mit *11 - 13*) - es dürfen aber (da die für Phrasen geltende Restriktion in den Zeilen *14 - 16* hier entfällt) noch andere Framenamen als der bereits ermittelte im selben Satz auftreten;

21 - 24 bei der restringierten Ko-Okkurrenz mit einem Element aus dem unmittelbaren Vorgängersatz tritt zwischen zwischen den ko-okkurrierenden lexikalischen Elementen genau ein Satzendesymbol auf und

25 - 27 es gibt kein näherliegendes als das bereits ermittelte Bezugstoken *lex-item* (identisch mit *14 - 16*) und

28 - 30 zwischen den ko-okkurrierenden lexikalischen Elementen tritt kein Absatzendesymbol auf;

31 - 34 bei der unrestringierten Einbeziehung des gesamten Vorgängersatzes gilt entweder die Satzrestriktion (identisch mit *18 - 20*) oder

35 - 40 die gelockerte Vorgängersatzrestriktion (analog zu *22 - 30*),

41 - 44 bei der Betrachtung des gesamten Absatzes als Kotext darf kein Absatzendesymbol auftreten;

45 Diskriminierung nicht betrachteter Symboloptionen.

Beispiel-14

Zur Illustration der vielfältigen Optionen dieser Relation sei folgendes Textstück aus Appendix-3 zugrunde gelegt:

> ... Grund für diesen Optimismus sind unsere ersten Erfahrungen mit dem Zenon-X von ZetaMachines, dessen Leistungsmerkmale sich bald als Standards einer neuen PC-Generation herausstellen könnten. Die Grundversion setzt sich zusammen aus 16-bit-CPU, grafikfähigem Bildschirm und Drucker, ...

Dann gilt folgende Bulletinstruktur (im Unterschied zur vorangegangenen Darstellung jetzt in Mengennotation, da die Relationen an diese Form der Darstellung gebunden sind und nicht an die von *conceptual representations* wie in Beispiel-13):

---

273 Ein Beispiel einer expliziten Sperrung enthalten die Bulletin-Positionen 129-130 (aufgrund der Unterbrechung der lokalen Kohäsion durch die Phrase *anderen Rechnern*); s. Appendix-3.

(051, .,	{ (0, [.], clause) })
(052, *Grund*,	{ (0, [], nil) })
(053, *für*,	{ (0, [], nil) })
(054, *diesen*,	{ (0, [], nil) })
(055, *Optimismus*,	{ (0, [], nil) })
(056, *sind*,	{ (0, [], nil) })
(057, *unsere*,	{ (0, [], nil) })
(058, *ersten*,	{ (0, [], nil) })
(059, *Erfahrungen*,	{ (0, [], nil) })
(060, *mit*,	{ (0, [], nil) })
(061, *dem*,	{ (0, [], nil) })
(062, *Zenon-X*,	{ (0, [*Zenon-X*], frame) })
(063, *von*,	{ (0, [], nil) })
(064, *ZetaMachines*,	{ (0, [*ZetaMachines*], frame), (1, [*Zenon-X.Hersteller.ZetaMachines*], v-increment) })
(065, „	{ (0, [], nil) })
(066, *dessen*,	{ (0, [], nil) })
(067, *Leistungsmerkmale*,	{ (0, [], nil) })
(068, *sich*,	{ (0, [], nil) })
(069, *bald*,	{ (0, [], nil) })
(070, *als*,	{ (0, [], nil) })
(071, *Standards*,	{ (0, [], nil) })
(072, *einer*,	{ (0, [], nil) })
(073, *neuen*,	{ (0, [], nil) })
(074, *PC-Generation*,	{ (0, [], nil) })
(075, *herausstellen*,	{ (0, [], nil) })
(076, *könnten*,	{ (0, [], nil) })
(077, .,	{ (0, [.], clause) })
(078, *Die*,	{ (0, [], nil) })
(079, *Grundversion*,	{ (0, [], nil) })
(080, *setzt*	{ (0, [], nil) })
(081, *sich*,	{ (0, [], nil) })
(082, *zusammen*,	{ (0, [], nil) })
(083, *aus*,	{ (0, [], nil) })
(084, *16-bit-CPU*,	{ (0, [*Cpu*], frame), (1, [*16-bit*], cand-frame), (2, [*16-bit-CPU.Wortbreite.16-bit*], create-inst), (3, [*Zenon-X.Cpu.16-bit-CPU*], val-assign) })
(085, „	{ (0, [], nil) })
(086, *grafikfähigem*,	{ (0, [*grafikfähig*], attribute) })
(087, *Bildschirm*,	{ (0, [*Bildschirm*], frame), (1, [*Zenon-X.Peripherie.Bildschirm*], val-assign), (2, [*Bildschirm-2.Modus.grafikfähig*], create-inst), (3, [*Zenon-X.Peripherie.Bildschirm-2*], val-assign) })
(088, *und*,	{ (0, [], nil) })
(089, *Drucker*,	{ (0, [*Drucker*], frame), (1, [*Zenon-X.Peripherie.Drucker*], val-assign) })

Die Relation LOOK-BACK nimmt dann mit entsprechenden Parameterbelegungen für Textposition 84 folgende Werte an:

$\forall$ lex-item $\in$ NORM-TOKEN $\cup$ S_NAMES $\cup$ S_VALUES & $\forall$ ipos $\in$ [1, textpos-1]:

(phrase, 84, frame, block-lex, lex-item, ipos) $\notin$ LOOK-BACK

innerhalb einer Nominalphrase existiert kein im linken Kotext ko-okkurrierendes Frame-element;

$\forall$ lex-item $\in$ NORM-TOKEN $\cup$ S_NAMES $\cup$ S_VALUES & $\forall$ ipos $\in$ [1, textpos-1]:

(clause, 84, frame, block-lex, lex-item, ipos) $\notin$ LOOK-BACK

innerhalb desselben Satzes existiert kein im linken Kotext ko-okkurrierendes Frameelement;

LOOK-BACK $\supseteq$ { (2clauses, 84, frame, block-lex, *Zenon-X*, 64),
(2clauses, 84, frame, block-lex, *Hersteller*, 64),
(2clauses, 84, frame, block-lex, *ZetaMachines*, 64) }

unter Einschluß des im Vorgängersatz zuletzt thematisierten Konzepts existieren im linken Kotext drei ko-okkurrierende Frameelemente: *Zenon-X*, *Hersteller* und *ZetaMachines*;

LOOK-BACK $\supseteq$ { (maxclauses, 84, frame, block-lex, *Zenon-X*, 64),
(maxclauses, 84, frame, block-lex, *Hersteller*, 64),
(maxclauses, 84, frame, block-lex, *ZetaMachines*, 64) }

unter Einschluß des gesamten Vorgängersatz ergibt sich bei sonst gleichen Bedingungen keine Vergrößerung der Ergebnismenge;

LOOK-BACK $\supseteq$ { (clause, 87, frame, block-lex, *Zenon-X*, 84),
(clause, 87, frame, block-lex, *Cpu*, 84),
(clause, 87, frame, block-lex, *16-bit-CPU*, 84) }

im selben Satz existieren bezogen auf Textposition 87 im linken Kotext drei ko-okkurrierende Frameelemente: *Zenon-X*, *Cpu* und *16-bit-Cpu* (*Wortbreite* ist ein terminaler Slot, also selbst kein Frame; vgl. FR 2-1).

Der zweite Ko-Okkurrenztest prüft statt des linken den rechten Kotext. Es ist ein Positionsparameter mehr als bei Prüfungen des linken Kotexts zu berücksichtigen, da (aufgrund einer Deaktivierungsphase des anfragenden Wortexperten) die Position, von der aus getestet wird (*testpos*), in der linearen Abfolge vor der aktuellen Textposition (*textpos*) und dem ko-okkurrierenden lexikalischen Element auf Textposition *ipos* auftritt. Diese Konstellation verdeutlicht Grafik-12:

TEXT: $t_{testpos}$ .... t_{ipos} .... $t_{textpos}$

Grafik-12 Testkonstellation für LOOK-AHEAD

Die Extension des zu betrachtenden rechten Kotexts ist bei diesem Test wesentlich mehr eingeschränkt als bei der Durchsuchung des linken Kotexts, nämlich auf die Ko-Okkurrenz in (Nominal-)Phrasen. Sprachliche Äußerungen, die diesem Strukturmuster unterliegen (z.B. Adjektiv-Attribution; vgl. Kap. 4.2.2.4), zielen auf die möglichst umgehende Befriedigung von lexikalischen *Erwartungen* in einem nachfolgenden Textteil. Sie unterscheiden sich damit hinsichtlich der räumlichen und zeitlichen Ausdehnung von Referenzketten im Text gravierend etwa von denen in anaphorischen Prozessen (vgl. die satzübergreifenden Parameter 2clauses und max clauses in LOOK-BACK (BT 3)) und ihrer an die *Erinnerung* bereits verarbeiteter Textinhalte appellierender Konzeptstrukturen.

BT 4 Feststellung von Rechts-Ko-Okkurrenzen

$$\text{EXTENSION} \times \mathbb{N} \times \mathbb{N} \times \text{SYMBOL} \times \text{PARSE-DESCRIPTOR} \times (\text{NORM-TOKEN} \cup \text{S\_NAMES} \cup \text{S\_VALUES}) \times \mathbb{N} \supseteq \text{LOOK-AHEAD}$$

Seien $\text{TEXT-INDEX} \times \text{TOKEN} \times 2^{\text{PARSES}} \supseteq \text{BULLETIN}$,

$$\text{BULLETIN-INDEX} \times \bigcup_{n \in \mathbb{N}_0} \text{PARSED-ITEMS}^n \times \text{PARSE-DESCRIPTOR} \supseteq \text{PARSES}$$

und FKB als eine feste, aber beliebige Wissensbasis gegeben. Dann:

(ext, testpos, textpos, symbol, test-type, lex-item, ipos) ∈ LOOK-AHEAD :<==>

∃ (pos1, t1, PARS*) ∈ BULLETIN: pos1 = textpos &
testpos < textpos &
ipos ∈ [testpos+1, textpos] &
∃ (pos2, t2, PARS) ∈ BULLETIN: [pos2 = ipos &
 ∃ (j, <p_1,..,p_n>, desc) ∈ PARS:
  [***Eq***(symbol, frame) ===> ∃ v ∈ [1,n]: (***Exist_f***(FKB, p_v) & ***Eq***(p_v, lex-item))] &
 ¬ ∃ (j', <p_1,...,p_m>, desc') ∈ PARS:
  [[***Eq***(test-type, block-ana) ===> ***Eq***(desc', block-ana)] &
   [***Eq***(test-type, block-lex) ===> ***Eq***(desc', block-lex)]]] &
[***Eq***(ext, phrase)
 ===> (¬ ∃ k ∈ [testpos+1, ipos]:
   ∃ (ind, t, PARS') ∈ BULLETIN: [ind = k & ∃ (j, <p_1,...,p_n>, d) ∈ PARS':
    (j = 0 & (***Eq***(d, clause) ∨ ***Eq***(d, paragraph)))] &
  ∀ i' ∈ [testpos+1, ipos-1]:
   ¬ ∃ (ind', t, PARS'') ∈ BULLETIN: [ind' = i' & ∃ (j, <p_1,...,p_n>, d) ∈ PARS'':
    Eq(symbol, frame) ===> ***Eq***(d, frame)])] &
N_Eq(ext, clause) & ***N_Eq***(ext, 2clauses) & ***N_Eq***(ext, max clauses) &
N_Eq(ext, paragraph) & ***N_Eq***(ext, unconstraint) &
N_Eq(symbol, focus) & ***N_Eq***(symbol, value) & ***N_Eq***(symbol, item)

Bemerkungen zur Beschreibung von BT 4

02 - 04 ausgehend von der aktuellen *Test*position werden alle darauffolgenden Positionen des Bulletins bis zur aktuellen *Text*position durchsucht;

06 der Bezeichner eines Frames (*lex-item*) wird als Parameter in einem Bulletineintrag identifiziert;

07 - 09 an der identifizierten Bulletin-Position liegt keine explizite Sperrung für den Typ der untersuchten Kohäsionsklasse vor;

10 - 13 bei (Nominal-)Phrasen darf zwischen den ko-okkurrierenden lexikalischen Elementen (*t1* und *lex-item*) kein (Ab)Satzendesymbol auftreten und

14 - 16 kein Framename darf im Parser-Bulletin positionell näher zum Bezugstoken auf Textposition *testpos* stehen als der bereits ermittelte Framename *lex-item* an Position *ipos*;

17 - 19 Diskriminierung nicht betrachteter Extensions- und Symboloptionen.

Beispiel-15

Entsprechend gilt in bezug auf das oben (S. 95) eingeführte exemplarische Parser-Bulletin:

LOOK-AHEAD $\supseteq$ { (phrase, 86, 87, frame, block-lex, *Bildschirm*, 87),
(phrase, 86, 87, frame, block-lex, *Zenon-X*, 87),
(phrase, 86, 87, frame, block-lex, *Peripherie*, 87) }

innerhalb von Phrasengrenzen ko-okkurrieren mit dem Attribut *grafikfähig* (auf Testposition 86) im rechten Kotext drei lexikalische Elemente: *Bildschirm*, *Zenon-X* und *Peripherie* (die Bulletineinträge 2 und 3 existieren zum Zeitpunkt der Anfrage noch nicht; vgl. Kap. 4.2. 2.4 zu den operationellen Details der Adjektiv-Attribution);

$\forall$ lex-item $\in$ NORM-TOKEN $\cup$ S_NAMES $\cup$ S_VALUES & $\forall$ ipos $\in$ [testpos+1, textpos]:

(phrase, 64, 84, frame, block-lex, lex-item, ipos) $\notin$ LOOK-AHEAD

innerhalb von Phrasengrenzen ko-okkurriert im rechten Kotext (abgeschlossen durch Textposition 84) kein Element mit den lexikalischen Elementen auf Testposition 64.

Die beiden bislang eingeführten Relationen testen auf einer syntagmatischen Textebene unter explizitem Ausschluß der aktuellen Test- bzw. Textposition. An der aktuellen Textposition *textpos* können jedoch durchaus auch mehrere Operationen im Parser-Bulletin auflaufen (s. S.95, dort die Positionen 64, 84, 87 und 89), deren Parameter ebenfalls für Ko-Okkurrenztests zugänglich gemacht werden müssen. Dies geschieht mit folgender Relation, die die paradigmatische Prüfung der Ko-Okkurrenz abdeckt und deren grundlegende Prüfbedingungen Grafik-13 zusammenfaßt:

PARSER-BULLETIN:

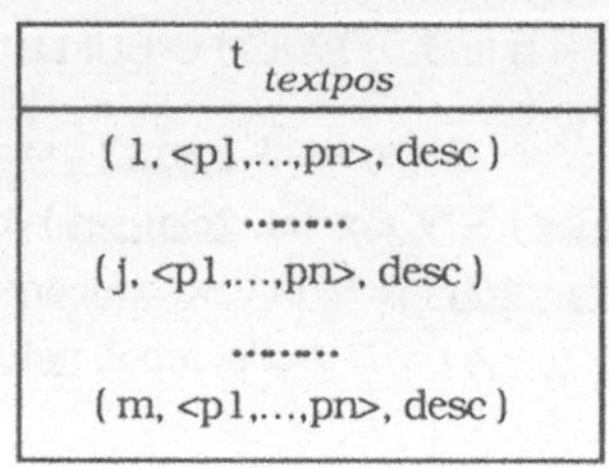

Grafik-13 Testkonstellation für LOOK-UP

BT 5 **Feststellung von positionsidentischen Ko-Okkurrenzen**

$\mathbb{N}$ x NORM-TOKEN x SYMBOL x PARSE-DESCRIPTOR x
x (NORM-TOKEN $\cup$ S_NAMES $\cup$ S_VALUES) $\supseteq$ LOOK-UP

Seien TEXT-INDEX x TOKEN x 2^{PARSES} $\supseteq$ BULLETIN,

BULLETIN-INDEX x $\bigcup_{n \in \mathbb{N}_0}$ PARSED-ITEMS^n x PARSE-DESCRIPTOR $\supseteq$ PARSES

und FKB als eine feste, aber beliebige Wissensbasis gegeben. Dann:

(textpos, token, symbol, test-type, lex-item) $\in$ LOOK-UP :<==>

01 $\exists$ (pos, tt, PARS) $\in$ BULLETIN: [pos = textpos &

02 $\exists$ (j, $<p_1,\ldots,p_n>$, desc) $\in$ PARS: [j > 0 &

03 [***Eq***(symbol, <u>frame</u>) ===>

04 $\exists$ v $\in$ [1,n]: (***Exist_f***(FKB, p_v) & ***Eq***(p_v, lex-item) & ***N_Eq***(p_v, token))] &

05 [***Eq***(symbol, <u>value</u>) ===>

06 ((***Eq***(desc, <u>val-assign</u>) v ***Eq***(desc, <u>create-inst</u>)) &

07 ***Eq***(p_3, lex-item) & ***N_Eq***(p_3, token))] &

08 [***Eq***(symbol, <u>item</u>) ===>

09 $\exists$ v $\in$ [1,n]: (***Eq***(p_v, lex-item) & ***N_Eq***(p_v, token))]] &

10 $\neg\exists$ (j', $<p_1,\ldots,p_m>$, desc') $\in$ PARS:

11 [[***Eq***(test-type, <u>block-ana</u>) ===> ***Eq***(desc', <u>block-ana</u>)] &

12 [***Eq***(test-type, <u>block-lex</u>) ===> ***Eq***(desc', <u>block-lex</u>)]]] &

13 ***N_Eq***(symbol, <u>focus</u>)

Bemerkungen zur Beschreibung von BT 5

01 - 02 ausschließlich die Bulletineinträge an der aktuellen Textposition (unter Ausschluß des ersten Eintrags) werden durchsucht;

03- 04 Suche nach einem von *token* verschiedenen Frame-Parameter,

05 - 07 Suche nach einem von *token* verschiedenen tatsächlichen Slotwert,

08 - 09 Suche nach einem von *token* verschiedenen, sonst beliebigen Parameter;

10 - 12 keine explizite Sperrung für den Typ der untersuchten Kohäsionsklasse;

13 Ausschluß nicht betrachteter Symboloptionen.

Beispiel-16

Exemplarisch gilt etwa in bezug auf das in Beispiel-13 eingeführte Bulletin-Fragment:

LOOK-UP $\supseteq$ { (84, *Cpu*, <u>frame</u>, <u>block-lex</u>, *16-bit-CPU*), (84, *Cpu*, <u>frame</u>, <u>block-lex</u>, *Zenon-X*) }

an Textposition 84 ko-okkurrieren zwei Frames(*16-bit-CPU* und *Zenon-X*) mit *CPU*;

LOOK-UP $\supseteq$ { (84, *Cpu*, value, block-lex, *16-bit*), (84, *Cpu*, value, block-lex, *16-bit-CPU*) }

an Textposition 84 ko-okkurrieren zwei faktische Slotwerte (*16-bit* und *16-bit-CPU*) mit *CPU*;

LOOK-UP $\supseteq$ { (84, *Cpu*, item, block-lex, *16-bit*), (84, *Cpu*, item, block-lex, *16-bit-CPU*), (84, *Cpu*, item, block-lex, *Wortbreite*), (84, *Cpu*, item, block-lex, *Zenon-X*) }

an Textposition 84 ko-okkurrieren vier lexikalische Elemente (*16-bit*, *16-bit-CPU*, *Wortbreite* und *Zenon-X*) mit *CPU*;

$\forall$ lex-item $\in$ NORM-TOKEN $\cup$ S_NAMES $\cup$ S_VALUES:

(86, *grafikfähig*, frame, block-lex, lex-item) $\notin$ LOOK-UP

an Textposition 86 ko-okkurriert kein Frame mit dem Attribut *grafikfähig*.

Die bislang eingeführten Relationen dienen der Prüfung einfacher, *lokal* eingeschränkter Ko-Okkurrenzmuster im Parser-Bulletin und gewinnen ihre Signifikanz für die Formulierung einer Textgrammatik erst in der Kombination mit dem Anfragevokabular des Weltwissens (s. Kap. 3.1). Sie dienen dann zur Bestimmung elementarer *Kohäsionsmuster* in Texten (vgl. Kap. 4.2.2). Das ist grundlegend anders bei den folgenden Funktionen, die der Prüfung *globaler* Muster im Parser-Bulletin dienen. Da das Bulletin des Text-Parsers ein Protokoll aller in den Wissensquellen des Systems ausgeführten Operationen ist, bietet es zugleich eine einheitliche Anfrageschicht an, mit der entsprechende Muster in einer Menge von Parameterlisten ohne Zugriff auf andere Repräsentationsebenen ermittelt werden können (eine geringfügige Ausnahme bildet die Berechnung des abgeleiteten Themas, s. BT 8). Im Unterschied zu den bislang betrachteten Ko-Okkurrenzformen, die zu einem gegebenen Element ein anderes korrespondierendes Element zuordnen (2-stellige Ko-Okkurrenz), wird im folgenden eine umfassendere Fragestellung untersucht: Welche verallgemeinerbaren Muster zeigt eine Sequenz von Parse-Informationen in bestimmten, formal eingegrenzten Segmenten des Bulletins, etwa innerhalb eines Abschnitts (n-stellige Ko-Okkurrenz)? Diese Strukturen werden als textspezifische Ausprägungen folgender *Textkohärenz*muster interpretiert:

- Das ***konstante Thema*** (BT 6) - ein Framename F* ist dadurch gekennzeichnet, daß er ohne

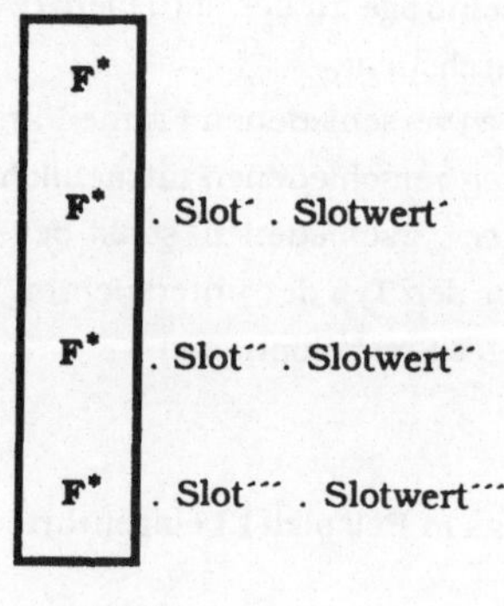

Grafik-14 Strukturelles Muster des *konstanten Themas* im Parser-Bulletin

Unterbrechung der thematischen Referenzkette in einer dichten Folge von Bulletinpositionen, an denen Operationen im Weltwissen protokolliert sind, als erster Parameter in mindestens einer dieser Operationen auftritt (zur Illustration s. Grafik-14).

Ein Beispiel für das Auftreten zweier konstanter Themen (*Personalcomputer-1* und *Zenon-X*) enthält der erste Absatz des in Appendix-3 wiedergegebenen Texts; vgl. a. die Einträge an Position 157.2 und 157.3).

- Die fortlaufende ***Thematisierung der Rhemata*** (BT 7) stellt sich als eine Sequenz von Eigenschaftszuordnungen dar, deren Bildungsmuster wie folgt beschrieben werden kann: Einem Frame F^*_1 wird ein Slotwert F^*_2 zugewiesen; in einem im Bulletin (nicht unbedingt dicht) nachfolgenden Parameter-Tripel ist dieser Slotwert selbst Gegenstand einer Eigenschaftszuordnung F^*_3 usf., womit folgendes Muster gegeben ist:

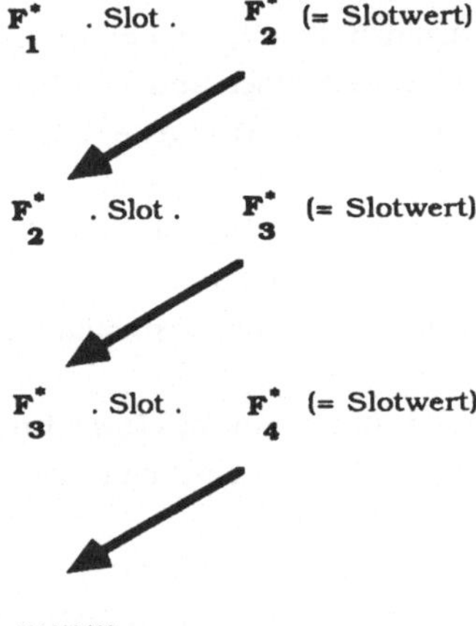

Grafik-15 Strukturelles Muster der *Thematisierung der Rhemata* im Parser-Bulletin

Dieses Kohärenzmuster ist etwa durch den dritten Abschnitt des Texts aus Appendix-3 illustriert, und zwar in folgender Näherung: *Zenon-X* → *Smalltalk*, *Smalltalk* → *Xerox-Laboratorien*, *Xerox-Laboratorien* → *Star*, *Star* → *Window-Technik* usf.

Beide Kohärenzmuster werden in den entsprechenden Funktionen dynamisch definiert, d.h. die Extension eines solchen Musters im Bulletin ist (innerhalb eines Absatzes) allein abhängig von der Stimmigkeit dieser Mustersequenz und kann auch unabhängig von formal vorgegebenen Textgrenzen definiert werden (s. Kap. 4.2.3). Auf der Grundlage der so berechneten *Kohärenzgrundmuster* können *abgeleitete Kohärenzmuster* definiert werden. Als ein Beispiel wird hier betrachtet:

- Das ***abgeleitete Thema*** (BT 8) - ein solches Konzept kann aus den Ergebnissen der beiden zuvor beschriebenen Berechnungsprozesse abgeleitet werden: Die Menge konstanter Themen oder thematisierter Rhemata (F_1, F_2, F_3 usw.) wird daraufhin geprüft, ob sie durch einen gemeinsamen Oberbegriff F charakterisiert ist, und zwar entsprechend folgendem Muster:

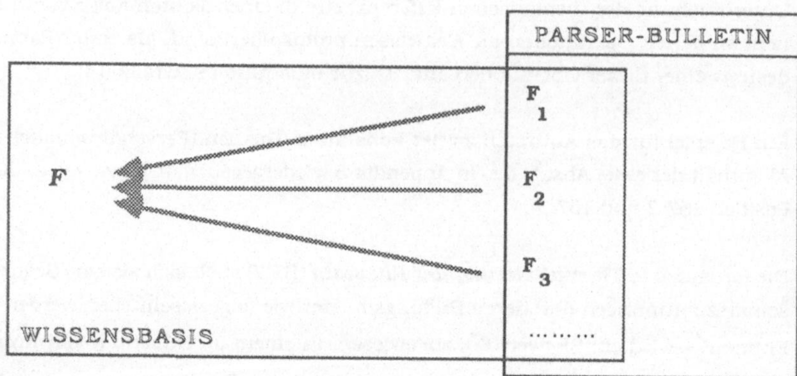

Grafik-16 Strukturelles Muster des *abgeleiteten Themas* im Parser-Bulletin und Weltwissen

Wesentlich ist dabei die Feststellung, daß diese Berechnungen primär durch Konsultation des Parser-Bulletins durchführbar sind (das Weltwissen enthält z.B. keine Informationen über den sequentiellen Ablauf der Analyse) und auf bereits ermittelten Ergebnissen aufsetzen. Nur die Berechnung des abgeleiteten Themas verlangt (wie schon Grafik-16 verdeutlicht) wegen des Zugriffs auf die Generalisierungshierarchie eine explizite Anfrage an das Weltwissenssystem. Diese fortlaufende Erhöhung des *Abstraktionsniveaus* der Daten und Berechnungsvorgänge ist ein kennzeichnendes Stilmittel besonders für die Identifikation von Textkohärenzmustern.

Dies wird besonders deutlich bei der Formulierung des Basis-Kriteriums für thematische Kohärenz in BT 6-1. Die entsprechende Menge THEMES bestimmt alle Frame-Slot-Paare, die im Bulletin durch solche Parse-Deskriptoren gekennzeichnet sind, die Manipulationen von Slots (Aktivierung oder Wertzuweisung) bezeichnen. Unter Bezug auf THEMES kann dann die Funktion ***const-theme*** in BT 6-2 die Maximalität und Dichte von Themenketten bestimmen:

BT 6 **Bestimmung des Textkohärenzmusters "konstantes Thema"**

Seien $\text{TEXT-INDEX} \times \text{TOKEN} \times 2^{\text{PARSES}} \supseteq \text{BULLETIN}$,

$$\text{BULLETIN-INDEX} \times \bigcup_{n \in \mathbf{N}_0} \text{PARSED-ITEMS}^n \times \text{PARSE-DESCRIPTOR} \supseteq \text{PARSES}$$

und FKB als eine feste, aber beliebige Wissensbasis gegeben. Dann:

BT 6-1 Menge der **Themen** im Bulletin

THEMES := { (f, s, k) | $\exists$ (pos, t, PARS) $\in$ BULLETIN: [pos = k &

$\exists$ (j, <p_1,...,p_n>, desc) $\in$ PARS: (j = 0 & ***Eq***(desc, <u>frame</u>)) &

$\exists$ (v, <p_1^*,...,p_t^* >, desc*) $\in$ PARS:

[(***Eq***(desc*, <u>val-assign</u>) v ***Eq***(desc*, <u>create-inst</u>) v

Eq(desc*, <u>s-increment</u>) v ***Eq***(desc*, <u>v-increment</u>)) &

((***Eq***(p_1^*, f) & ***Eq***(p_2^*, s)) v ***Has_Act_Value***(FKB, f, s, p_1^*))]] }

Bemerkungen zur Beschreibung von BT 6-1

01 - 02 an der Bulletinposition *k* tritt ein Frame

03 - 06 <u>und</u> ein Eintrag auf, der eine Operation (Slotwertzuweisung, Instanzenkreierung, Erhöhung des Aktivierungsgewichts von Slots oder Slotwerten) in bezug auf einen Frame und einen seiner Slots charakterisiert.

BT 6-2 Grundfunktion für die Bestimmung des konstanten Themas

const-theme : $\mathbb{N} \times \mathbb{N}$ ---> $F\_NAMES \times 2^{S\_NAMES} \times \mathbb{N} \cup \{ * \}$

Sei zusätzlich zu BULLETIN und PARSES noch THEMES wie in BT 6-1 gegeben, dann:

const-theme(textpos, testpos)

```
       ( theme, SLOTS, newpos ), falls
            testpos < textpos &
            ∃ ( pos1, token1, PARS ) ∈ BULLETIN:
                 [ pos1 = textpos & Eq( token1, 'end_of_paragraph' ) ] &
            ∃ ( prepos, token2, PARS* ) ∈ BULLETIN:
                 [ prepos < textpos &
                 ( Eq( token2, 'end_of_paragraph' ) v Eq( token2, 'end_of_title' ) ) &
                 ¬ ∃ z ∈ [prepos+1, textpos-1]:
                      ∃ ( pos3, token3, PARS** ) ∈ BULLETIN:
                           [ pos3 = z & Eq( token3, 'end_of_paragraph' ) ] &
                 newpos ∈ [max(prepos, testpos)+1, textpos-1] &
  :=             ∀ k1 ∈ [max(prepos, testpos)+1,  textpos-1]:
                      ∀ f ∈ F_NAMES , s ∈ S_NAMES:
                           [ [ ( f, s, k1 ) ∈ THEMES ===> ( Eq( f, theme ) & s ∈ SLOTS ) ] &
                             k1 ≤ newpos ≤ textpos-1 &
                             theme ∈ frames( FKB ) & s ∈ slots( FKB, theme ) ] &
                 ¬ ∃ k* ∈ [max(prepos, testpos)+1, newpos]:
                      [ ∃ f* ∈ frames( FKB ) \ { theme }:
                           ∃ s* ∈ S_NAMES:  ( f*, s*, k* ) ∈ THEMES &
                      ¬ ∃ s ∈ S_NAMES: ( theme, s, k* ) ∈ THEMES ] &
                 |SLOTS | > 2 ]
       * , sonst
```

Bemerkungen zur Beschreibung von BT 6-2

01 - 09 ausgehend von der aktuellen Textposition *textpos*, dem Absatzende, wird das unmittelbar vorangehende Absatzende auf Textposition *prepos* bestimmt;

10 der neue Rückgabeparameter für die Textposition (*newpos*) ergibt sich aus der maximalen räumlichen Ausdehnung (Extension) des hier überprüften Kohärenzmusters - untere Grenze des zu durchsuchenden Textabschnitts ist entweder die Textposition des unmittelbar vorangehenden Absatzendes (*prepos*) oder der übergebene Wert für die aktuelle Testposition (*testpos*); *testpos* kann nur dann größer sein als *prepos*, wenn zuvor ein Kohärenzmuster bestimmt wurde, das innerhalb dieses aktuellen Absatzes zusammengebrochen ist (s. Kap. 4.2.3);

11 - 20 Kriterium für ein *konstantes Thema*:

11 - 15, 20 nach Auftreten des Frames *theme* im Text sind an darauffolgenden Bulletinpositionen Operationen protokolliert, die (mindestens drei) Slots dieses Frames manipuliert haben, d.h. das konstante Thema wird durch *SLOTS* auch rhematisch näher charakterisiert;

16 - 19 es gibt keine Unterbrechung dieses Kohärenzmusters, d.h. das konstante Thema steht "dicht" im Parser-Bulletin (es kann zwar ein anderer Frame an derselben Bulletinposition mit Slotmanipulationen notiert sein; dann muß an dieser Stelle aber auch der Frame *theme* mit solchen Operationen auftreten).

BT 6-3 Projektionen

Auf den Bildmengen von ***const-theme*** werden die folgenden drei Projektionen definiert, mit denen der Zugriff auf den von dieser Funktion jeweils gelieferten Frame- bzw. die von ihr berechnete Menge von Slotnamen sowie die die räumliche Extension dieses Kohärenzmusters im Bulletin festlegende Positionsmarke möglich ist (zur Verwendung im Rahmen der Textgrammatik, s. Kap. 4.2.3):

π-f-name : $F\_NAMES \times 2^{S\_NAMES} \times \mathbb{N}$ ---> F_NAMES

wobei ***π-f-name***(x, Y, z) = x

π-s-names : $F\_NAMES \times 2^{S\_NAMES} \times \mathbb{N}$ ---> 2^{S_NAMES}

wobei ***π-s-names***(x, Y, z) = Y

π-th-extension : $F\_NAMES \times 2^{S\_NAMES} \times \mathbb{N}$ ---> $\mathbb{N}$

wobei ***π-th-extension***(x, Y, z) = z

Die folgende Betrachtung der fortlaufenden *Thematisierung von Rhemata* gliedert sich in drei Teile:

- die Funktion ***micro-rhema*** berechnet jeweils ein lokales Thema-Rhema-Paar (BT 7-3),
- die Funktion ***macro-rhema*** berechnet den globalen Thema-Rhema-Cluster *RHEMES* auf der Basis der von ***micro-rhema*** gelieferten Einzelpaare, die im Sinne spezifischer Zusammenhängigkeitskriterien für die Rhematisierung (BT 7-2) charakterisiert sind,

- die Grundfunktion ***rhemata*** für den gesamten Prozeß der Rhematisierung versorgt ***macro-rhema*** vor allem mit dem geeigneten Startpunkt für die Rhematisierungsberechnungen (BT 7-1).

BT 7 Bestimmung des Textkohärenzmusters "Thematisierung der Rhemata"

BT 7-1 Grundfunktion für die Globale Rhematisierung

rhemata : $\mathbb{N} \times \mathbb{N} \dashrightarrow 2^{F\_NAMES \times F\_NAMES} \times \mathbb{N} \cup \{ * \}$

Sei TEXT-INDEX x TOKEN x $2^{PARSES} \supseteq$ BULLETIN gegeben, dann:

rhemata(textpos, testpos)

:=

($FRAMES_1 \times FRAMES_2$, newpos), falls

01 testpos < textpos &

02 ∃ (pos1, token1, PARS) ∈ BULLETIN:

03 [pos1 = textpos & ***Eq***(token1, 'end_of_paragraph')] &

04 ∃ (prepos, token2, PARS*) ∈ BULLETIN:

05 [prepos < textpos &

06 (***Eq***(token2, 'end_of_paragraph') ∨ ***Eq***(token2, 'end_of_title')) &

07 ¬ ∃ z ∈ [prepos+1, textpos-1]:

08 ∃ (pos3, token3, PARS**) ∈ BULLETIN:

09 [pos3 = z & ***Eq***(token3, 'end_of_paragraph')] &

10 ***macro-rhema***(***max***(prepos, testpos)+1, textpos-1, { }) =

11 ($FRAMES_1 \times FRAMES_2$, newpos) &

12 $|FRAMES_1| > 2$]

*, sonst

Bemerkungen zur Beschreibung von BT 7-1

01 - 09 identisch mit BT 6-2 (*01 - 09*);

10 - 12 alle (der mindestens drei) Thema-Rhema-Paare erfüllen die qualifizierten Bedingungen der Funktion ***macro-rhema***.

BT 7-2 Globales Rhemamuster

macro-rhema : $\mathbb{N} \times \mathbb{N} \times 2^{F\_NAMES \times F\_NAMES} \dashrightarrow 2^{F\_NAMES \times F\_NAMES} \times \mathbb{N} \cup \{ * \}$

macro-rhema(startrheme, endrheme, RHEMES)

:=

01 ***macro-rhema***(π_3[274](***micro-rhema***(<u>true</u>, startrheme, endrheme)), endrheme,
02 RHEMES $\cup$ { $\pi_{1,2}$(***micro-rhema***(<u>true</u>, startrheme, endrheme)) }) ,
03 falls RHEMES = { } und
04 ***micro-rhema***(<u>true</u>, startrheme, endrheme) $\neq$ *

05 ***macro-rhema***(π_3(***micro-rhema***(<u>false</u>, startrheme, endrheme)), endrheme,
06 RHEMES $\cup$ { $\pi_{1,2}$(***micro-rhema***(<u>false</u>, startrheme, endrheme)) }) ,
07 falls RHEMES $\neq$ { } und
08 ***micro-rhema***(<u>false</u>, startrheme, endrheme) $\neq$ *

09 (RHEMES, startrheme) , falls ***micro-rhema***(<u>false</u>, startrheme, endrheme) = *

10 *, falls ***micro-rhema***(<u>true</u>, startrheme, endrheme) = *

Bemerkungen zur Beschreibung von BT 7-2

01-04 Wenn der Berechnungsprozeß für die Rhematisierung anläuft, muß dieser Beginn der lokalen ***micro-rhema***-Funktion mitgeteilt werden, da dann zunächst ein geeigneter Anknüpfungspunkt für die Analyse gesucht werden muß (s. BT 7-3 ,*04*);

05-08 ist der entsprechende Berechnungsprozeß angelaufen, muß ***micro-rhema*** die Rhematisierungsbedingungen in bezug auf die zuletzt betrachtete Thema-Rhema-Konstellation im Bulletin prüfen und dazu explizit an der letzten Thema-Rhema-Position im Bulletin aufsetzen (s. BT 7-3, *05*);

09 der Rhematisierungsprozeß bricht ab; das Ergebnis ist eine Menge von Thema-Rhema-Paaren in F_NAMES x F_NAMES $\supseteq$ RHEMES und die Position im Bulletin, an der der Prozeß abgebrochen ist;

10 es liegt überhaupt kein Muster der Art *Thematisierung der Rhemata* vor.

BT 7-3 Lokales Rhemamuster

micro-rhema : BOOL x $\mathbb{N}$ x $\mathbb{N}$ ---> F_NAMES x F_NAMES x $\mathbb{N}$ $\cup$ { * }

Seien TEXT-INDEX x TOKEN x 2^{PARSES} $\supseteq$ BULLETIN,

$$\text{BULLETIN-INDEX} \times \bigcup_{n \in \mathbb{N}_0} \text{PARSED-ITEMS}^n \times \text{PARSE-DESCRIPTOR} \supseteq \text{PARSES}$$

gegeben, dann:

---

274 π_i sind Projektionen auf die i-te Komponente eines Kreuzprodukts (hier also des Bildes der betrachteten Funktion ***micro-rhema***).

micro-rhema(firstcall, testpos, textpos)

:= {

($frame_1$, $frame_2$, k_2), falls

01 testpos < textpos &

02 $k_2 \in$ [testpos, textpos-1] &

03 $\exists k_1 \in \mathbb{N}$: [$k_1 < k_2$ &

04 [(firstcall <=> true) ===> $k_1 \in$ [testpos, textpos-1]] &

05 [(firstcall <=> false) ===> k_1 = testpos] &

06 $\exists$ (pos_1, $token_1$, $PARS_1$), (pos_2, $token_2$, $PARS_2$) $\in$ BULLETIN:

07 [$pos_1 = k_1$ & $pos_2 = k_2$ &

08 $\exists$ (v_1, <t_1,...,t_n>, d_1) $\in$ $PARS_1$, (v_2, <t_1',...,t_m'>, d_2) $\in$ $PARS_2$:

09 [$v_1 = 0 = v_2$ & ***Eq***(d_1, frame) & ***Eq***(d_2, frame)] &

10 $\exists$ (v_1', <p_1,...,p_s>, $desc_1$) $\in$ $PARS_1$, (v_2', <p_1',...,p_k'>, $desc_2$) $\in$ $PARS_2$:

11 [(***Eq***($desc_1$, val-assign) v ***Eq***($desc_1$, create-inst) v

12 ***Eq***($desc_1$, s-increment) v ***Eq***($desc_1$, v-increment)) &

13 (***Eq***($desc_2$, val-assign) v ***Eq***($desc_2$, create-inst) v

14 ***Eq***($desc_2$, s-increment) v ***Eq***($desc_2$, v-increment)) &

15 $\exists$ t $\in$ [2,s]: (***Eq***(p_t, p_1') & ***Eq***(p_1, $frame_1$) & ***Eq***(p_1' , $frame_2$))] &

16 $\neg \exists$ (k, tok, PARS) $\in$ BULLETIN:

17 [$\exists$ (v, <t_1'',...,t_q''>, desc) $\in$ PARS: [v = 0 & ***Eq***(desc, frame)] &

18 $\exists$ (v_o, <p_1'',...,p_r''>, $desc_o$) $\in$ PARS:

19 (***Eq***($desc_o$, val-assign) v ***Eq***($desc_o$, create-inst) v

20 ***Eq***($desc_o$, s-increment) v ***Eq***($desc_o$, v-increment)) &

21 (($k_1 < k < k_2$) v (testpos < k < k_1)) &

22 ***micro-rhema***(false, k, textpos) $\neq$ *]]

*, sonst

Bemerkungen zur Beschreibung von BT 7-3

01 - 03 ausgehend von der aktuellen Testposition werden je zwei Positionen im Parser-Bulletin, k_1 und k_2, bestimmt:

04 beim ersten Aufruf von ***micro-rhema*** muß der erste Positionsparameter (k_1) dynamisch bestimmt werden,

05 bei jedem weiteren Aufruf von ***micro-rhema*** ist die Position des letzten Thema-Rhema-Paares der Aufsetzpunkt für die weitere Analyse;

06 - 22 Kriterium für ein *lokales Thema-Rhema*-Paar:

06 - 15 beim Auftreten zweier Frames an benachbarten, nicht-identischen Bulletinpositionen gibt es einen Bezug folgender Art zwischen diesen beiden Frames: einer der beiden Frames ist Slot oder Slotwert des anderen Frames;

16 - 22 die beiden Bezugsframes eines solchen Thema-Rhema-Paars stehen "dicht", d.h. kein *rhematisierender* Frame interveniert an einer Position zwischen den Positionen des aktuell festgestellten Thema-Rhema-Paares - das *look-ahead*-Kriterium in *22* garantiert, daß andere Frame-Slot-Paare zwar zwischen einem Thema-Rhema-Paar auftreten können, selbst aber keine Thema-Rhema-Struktur aufbauen.

BT 7-4 Projektionen

Auf den Bildmengen von ***rhemata*** werden analog zum vorangegangenen Fall in BT 6-3 die folgenden zwei Projektionen definiert, mit denen der Zugriff auf die von dieser Funktion jeweils gelieferten Frame-Paare sowie die die Extension dieses Kohärenzmusters festlegende Positionsmarke im Bulletin möglich ist:

$\boldsymbol{\pi\text{-}f\text{-}pairs} : 2^{F\_NAMES \times F\_NAMES} \times \mathbb{N} \dashrightarrow 2^{F\_NAMES \times F\_NAMES}$

wobei $\boldsymbol{\pi\text{-}f\text{-}pairs}(Y, z) = Y$

$\boldsymbol{\pi\text{-}rh\text{-}extension} : 2^{F\_NAMES \times F\_NAMES} \times \mathbb{N} \dashrightarrow \mathbb{N}$

wobei $\boldsymbol{\pi\text{-}rh\text{-}extension}(Y, z) = z$

Die Funktion zur Beschreibung des folgenden Kohärenzmusters generalisiert die mit den Funktionen BT 6-1 und BT 7-1 gewonnenen einzelnen Kohärenzmuster im Sinne eines übergreifendes Absatzthemas[275]:

BT 8 Bestimmung des Textkohärenzmusters "abgeleitetes Thema"

BT 8-1 Grundfunktion für ein "abgeleitetes Thema"

$\boldsymbol{derived\text{-}theme} : \mathbb{N} \dashrightarrow F\_NAMES \times 2^{F\_NAMES} \cup \{ * \}$

Seien TEXT-INDEX x TOKEN x $2^{PARSES} \supseteq$ BULLETIN und FKB als eine feste, aber beliebige Weltwissensbasis gegeben, dann:

---

275 Eine Variante dieser Spezifikation, die das abgeleitete Thema *mehrerer* Absätze berechnet, gibt HAHN 1990.

derived-theme(textpos)

:=

(theme, SUBTHEMES), falls

01 $\exists$ (pos, token, PARS) $\in$ BULLETIN:

02 [pos = textpos & ***Eq***(token, 'end_of_paragraph') &

03 $\forall f_p, f_q \in$ SUBTHEMES, ***frames***(FKB) $\supseteq$ SUBTHEMES, ***N_Eq***(f_p, f_q):

04 $\exists$ (v, $<p_1,...,p_n>$, desc), (v', $<p_1',...,p_m'>$, desc') $\in$ PARS: [v $\neq$ v' &

05 (***Eq***(p_2, f_p) $\underline{\vee}$ $f_p \in \pi_1(p_2)$) & (***Eq***(p_2', f_q) $\underline{\vee}$ $f_q \in \pi_1(p_2')$) &

06 (***Eq***(desc, create-c-theme) $\underline{\vee}$ ***Eq***(desc, create-rhema)) &

07 (***Eq***(desc', create-c-theme) $\underline{\vee}$ ***Eq***(desc', create-rhema)) &

08 theme $\in$ ***common-sup-f*** (FKB, f_p, f_q) &

09 | ***common-sup-f*** (FKB, f_p, f_q) | = 1[276] &

10 theme $\notin$ TOP_CONCEPTS[277]] &

11 $\neg\exists$ $f_p^*, f_q^* \in$ ***frames***(FKB), ***N_Eq***(f_p^*, f_q^*):

12 $\exists$ (v^*, $<p_1^*,...,p_n^*>$, $desc^*$), (v^{**}, $<p_1^{**},...,p_m^{**}>$, $desc^{**}$) $\in$ PARS:

13 [$v^* \neq v^{**}$ &

14 (***Eq***(p_2^*, f_p^*) $\underline{\vee}$ $f_p^* \in \pi_1(p_2^*)$) &

15 (***Eq***(p_2^{**}, f_q^*) $\underline{\vee}$ $f_q^* \in \pi_1(p_2^{**})$) &

16 (***Eq***(desc*, create-c-theme) $\underline{\vee}$ ***Eq***(desc*, create-rhema)) &

17 (***Eq***(desc**, create-c-theme) $\underline{\vee}$ ***Eq***(desc**, create-rhema)) &

18 theme $\in$ ***common-sup-f*** (FKB, f_p^*, f_q^*) &

19 | ***common-sup-f*** (FKB, f_p^*, f_q^*) | = 1 &

20 $f_p^*, f_q^* \notin$ SUBTHEMES]]

*, sonst

Bemerkungen zur Beschreibung von BT 8-1

01-07 An der aktuellen Textposition *textpos*, dem Absatzende, kann aus den dort aufgeführten konstanten oder rhematisierten Themen ein Thema *abgeleitet* werden, wenn

08 - 10 alle Themen einen einzigen gemeinsamen, spezifischsten Oberbegriff besitzen;

11 - 20 die Menge der einzelnen Themen ist maximal, d.h. es gibt keine konstanten oder rhematisierten Themen, die die Bedingungen in *01 - 10* erfüllen und nicht in der Bezugsmenge des abgeleiteten Themas sind.

---

276 Damit wird die Betrachtung von abgeleiteten Themen, die in Multihierarchien stehen, explizit ausgeschlossen. Sollen jedoch Multihierarchien eingeschlossen werden, müssen in einer modifizierten Version dieser Funktion entsprechende Kriterien (etwa über bestimmte Charakteristiken der Slotmanipulation) spezifiziert werden.

BT 8-2 Projektionen

Auf den Bildmengen von ***derived-theme*** werden schließlich auch zwei Projektionen definiert, mit denen der Zugriff auf den von dieser Funktion gelieferten gemeinsamen Oberbegriff und alle identifizierten Unterbegriffe bzw. Instanzen möglich ist:

π-***sup-name*** : F_NAMES x 2^{F_NAMES} ---> F_NAMES

wobei π-***sup-name*** (x, Y) = x

π-***sub-names*** : F_NAMES x 2^{F_NAMES} ---> 2^{F_NAMES}

wobei π-***sub-names*** (x, Y) = Y

In Appendix-3, Position 157 wird nicht nur ein Beispiel zweier konstanter Themen (*Personalcomputer-1* und *Zenon-X*) innerhalb eines Absatzes gegeben, sondern auch gezeigt, daß mit *Personalcomputer* ein gemeinsames abgeleitetes Thema für diesen Absatz existiert.

3.3.3.2 Änderungsoperationen

Nach den bisher behandelten lesenden Zugriffen auf das Parser-Bulletin werden zum Schluß dieses Kapitels Schreiboperationen betrachtet. Angepaßt an die in BT 1-1 vorgegebene Struktur des Bulletins wird die Erweiterung des Bulletins um einen vollständigen Bulletineintrag bzw. um einen partiellen, nur auf die Erweiterung der Menge PARS ausgerichteten Eintrag unterschieden:

BT 9 Erweiterung des Bulletins um einen neuen Eintrag

Sei im folgenden $2^{\text{TEXT-INDEX x TOKEN x } 2^{\text{PARSES}}} \supseteq$ PSET-OF-BULL die Menge aller Parser-Bulletins und TEXT-INDEX x TOKEN x $2^{PARSES} \supseteq$ BULLETIN gegeben (also BULLETIN $\in$ PSET-OF-BULL), dann:

BT 9-1 Erweiterung um einen vollständigen Bulletin-Eintrag

t-put-bull : $\mathbb{N}$ x TOKEN x 2^{PARSES} x PSET_OF_BULL ---> PSET-OF-BULL $\cup$ { fail }

t-put-bull(textpos, texttoken, { (b-index, parse, desc) }, BULLETIN)

$$:= \begin{cases} \text{BULLETIN} \cup \{ (\text{textpos, texttoken, } \{ (\text{b-index, parse, desc}) \}) \}, \text{ falls} \\ \qquad \forall\, (\text{textpos}^*, \text{texttoken}^*, \text{PARS}^*) \in \text{BULLETIN: textpos}^* < \text{textpos} \\ \underline{\text{fail}}, \text{ sonst} \end{cases}$$

---

277 TOP_CONCEPTS = { f | f $\in$ ***frames***(FKB) & $\neg \exists$ f* $\in$ ***frames***(FKB): ***E_Is_A***(FKB, f, f*) } ist die Menge der Frames, zu denen kein Oberbegriff in der Wissensbasis mehr existiert.

BT 9-2 Erweiterung um einen partiellen Bulletin-Eintrag

a-put-bull: $\mathbb{N} \times 2^{\text{PARSES}} \times \text{PSET-OF-BULL} \dashrightarrow \text{PSET-OF-BULL} \cup \{ \underline{\text{fail}} \}$

a-put-bull(textpos, { (b-index, parse, desc) }, BULLETIN)

$$:= \begin{cases} \text{BULLETIN} \setminus \{ (\text{pos, tt, PARS}^*) \mid \exists (\text{pos, tt, PARS}^*) \in \text{BULLETIN: pos = textpos} \} \cup \\ \quad \cup \{ (\text{pos, tt, PARS}) \mid \exists (\text{pos, tt, PARS}^*) \in \text{BULLETIN:} \\ \quad\quad [\text{ pos = textpos \&} \\ \quad\quad\quad \text{PARS} = \text{PARS}^* \cup \{ (\text{b-index, parse, desc}) \}] \}, \text{ falls} \\ \quad\quad\quad\quad \forall (\text{b-index}^*, \text{parse}^*, \text{desc}^*) \in \text{PARS}^*: \text{b-index}^* < \text{b-index} \\ \underline{\text{fail}}, \text{ sonst} \end{cases}$$

Beispiele dieser Schreiboperationen auf dem Bulletin können unmittelbar aus dem Aufbau des Beispiel-Bulletins in Appendix-3 entnommen werden. Jedes Hinzufügen einer Zeile im Bulletin entspricht einer solchen Schreiboperation, und zwar Einträge, in denen *index* = 0 der Operation ***t-put-bull***, während alle übrigen *index*-Werte für Operationen der Funktion ***a-put-bull*** stehen.

4 Beschreibung des Text-Parsers

Das folgende Kapitel dient einer zunächst phänomenologischen, später dann formalen Beschreibung der hier untersuchten sprachlichen Äußerungsformen in Texten. In Kap. 4.1 werden die sprachlichen Phänomene vorgestellt, die von der Textgrammatik abgedeckt werden, aber auch solche Phänomene betrachtet, die nicht erfaßt sind. Der darauffolgende Abschnitt (Kap. 4.2) enthält dann die formale Spezifikation eines Text-Parsers, dessen Kern die lexikalisch verteilte Textgrammatik ist. Beide Beschreibungen sind naturgemäß nicht auf Vollständigkeit ausgelegt. Vielmehr ist es ein leitendes Prinzip gewesen, die Spezifikation der Textgrammatik an den in der gewählten Textklasse vorherrschenden sprachstrukturellen Mustern auszurichten und sich damit auf die typischen Verwendungsmuster zu konzentrieren.

4.1 Empirische Abdeckung der lexikalisch verteilten Textgrammatik

Jedes der im folgenden betrachteten sprachlichen Phänomene wird zunächst exemplarisch dargestellt, wobei die Beispiele so gewählt sind, daß sie für ganze Phänomenklassen stehen. Es werden die grundlegenden Regularitäten, wie sie für strikt semantisch ausgerichtete Sprachbeschreibungen benötigt werden, herausgearbeitet und Einschränkungen der Abdeckung der in Kap. 4.2 spezifizierten Grammatik aufgezeigt. Nicht eingegangen wird auf technische Aspekte der grammatischen Beschreibung dieser Phänomene, was ausschließlich Gegenstand von Kap. 4.2 ist. Der Umfang der betrachteten Phänomene hat sich nicht zuletzt dadurch auf handhabbare Größen reduziert, daß die hier beschriebene Textgrammatik sich auf solche Ausprägungen der Textualität konzentriert, die durch *nominale Äußerungsstrukturen* aufgebaut werden (zur Motivation s. Kap. 1.5). Diese Einschränkung hat Auswirkungen auf die empirische Abdeckung der Grammatik, nicht aber - so die Arbeitshypothese - auf ihren Status als generelles Modell für die Beschreibung von Texten.

4.1.1 Die lexikalische Beschreibungsebene

Zwar liegt der Modellierungsschwerpunkt der Grammatik auf satzübergreifenden Textphänomenen, aber jede Textgrammatik muß natürlich auch sprachliche Prozesse innerhalb von Phrasen- und Satzgrenzen berücksichtigen. Die Optionen der lexikalisch verteilten Textgrammatik beginnen sogar schon auf der rein *lexikalischen* Ebene[278], auf der folgende Phänomene[279] auftreten:

1. Nominalkomposita

<01a> ... *16-bit-CPU* ... *1-MByte-Hauptspeicher* ... *3,5"-Disketten*

<01b> ... *Multitasking-Betriebssystem* ... *Mikrocomputermarkt* ...

<01c> Die Zeiten der *8-bit-Maschinen* ...

<01d> ... diese *Siemens-Rechner* ...

---

278 In allen Fällen dieser lexikalischen Regularitäten wird angenommen, daß die morphologisch normalisierten Formen dieser Komposita nicht zur Menge der Framenamen F_NAMES gehören, sondern vom System "gelernt" werden müssen.

279 Die überwiegende Zahl der im folgenden betrachteten Beispiele ist dem Beispieltext in Appendix-3 entnommen.

<01e> ... Büro*computer* ... Super-*Rechner* ...
<01f> ... die neue *PC*-Generation ... *Software*-Philosophie ...
<01g> ... die Bedienung durch *Computer*laien ...

Die Beispiele unter <01a> und <01b> illustrieren den Standardfall der *lexikalisierten Attribution*, wie er von der Grammatik in Kap. 4.2.2.3 abgedeckt wird. Das Nominalkompositum setzt sich zusammen aus einem im Weltwissen identifizierbaren rechtsbündig stehenden Kopfelement (in den Beispielen <01a-b> sind dies: *CPU, Hauptspeicher, Disketten, Betriebssystem, Markt*), mit dessen Links-Adjunkt (das sind in <01a-b>: *16-bit, 1-MByte, 3,5", Multitasking, Mikrocomputer*) implizit eine Aussage zu einer charakteristischen Eigenschaft des Kopfelements gemacht wird. Im Beispiel <01a> werden für *CPU, Hauptspeicher* und *Diskette* numerische Aussagen über Maßeinheiten von Wortbreiten, Speichergrößen und Durchmessern getroffen, in Beispiel <01b> funktionale Aussagen über den Modus des Betriebssystems und einen spezifischen Produktsektor des Rechnermarkts.

Die Beispiele unter <01c> und <01d> erweitern diesen Standardfall um ein typisch textlinguistisches Phänomen - *anaphorisch* gebrauchte Nominalkomposita. Das Muster der oben beschriebenen Eigenschaftszuordnung bleibt dabei vollständig erhalten, wird jedoch überlagert von einer Anaphorisierung des rechtsbündig stehenden Kopfelements. In der in Kap. 4.2.2.3 beschriebenen Grammatik wird daher in diesen Fällen erst die Nominalanapher durch Substitution des anaphorischen durch das referenzierte lexikalische Element aufgelöst (hier also - abhängig vom Kontext des Beispieltexts - durch die Ersetzung von *Maschine* bzw. *Rechner* durch *Personalcomputer* oder eine schon eingeführte Instanz davon) und daran anschließend die oben bereits betrachteten charakteristischen Fälle der Eigenschaftszuordnung (bezüglich der Wortbreite der Cpu und des Namens des Herstellers) geprüft. Aus dieser Betrachtung folgt die verblüffende Notwendigkeit eines textgrammatischen Ansatzes bereits auf der lexikalischen Ebene der Textanalyse.

Die Beispiele unter <01e> erfassen eine subtile Abweichung von den bislang beschriebenen Mustern. Kennzeichen dieser Nominalkomposita ist, daß zwar das rechtsbündig stehende Kopfelement (im Beispiel also *Computer* bzw. das Synonym *Rechner*), nicht jedoch das gesamte Links-Adjunkt (in den oben betrachteten Fällen somit *Büro* und *Super*) mit einem Weltwissenselement identifiziert werden können. Solche Formen von sprachschöpferischen *Ad-hoc-Komposita* werden im Rahmen eines heuristisch einfachen lexikalischen Konzeptlernprozesses als Unterbegriffe der Kopfelemente in das Weltwissen eingefügt (also *Bürocomputer* und *Super-Rechner* als Unterbegriffe von *Computer*), ohne die Links-Adjunkte weiter zu interpretieren[280].

Eine zu den bislang betrachteten Konstellationen umgekehrte Situation beschreiben die Beispiele in <01f> und <01g>. Hier steht das bekannte Konzept linksbündig und das rechts stehende Element ist zumeist ein relativ unscharfes, mindestens aber kein Fachwort. Die Beispiele in <01f> scheinen nun nahezulegen, daß man genau dieses *unspezifische* Wort fallenlassen und mit dem eigentlichen Fachbegriff (ohne weitere Prüfungen) operieren könnte - so, als existiere der unspezifische Teil des Kompositums nicht. Diese Annahme läßt sich jedoch, ohne in einer großen Zahl von Fällen zu Fehlanalysen zu kommen, nicht halten, wie das typische Beispiel in <01g> zeigt. Ein *Computerlaie*

280 Hier böte sich ein Ansatzpunkt für ein entwickelteres Konzeptlernen an. Etwa dergestalt, daß durch die Einbeziehung zusätzlicher Wissensquellen restriktivere Zuordnungen zu Konzeptklassen abgeleitet werden könnten (z.B. bezüglich der vorherrschenden Rechnerklasse oder typischen Applikationen von Bürocomputern oder der Rechnerleistung von Supercomputern).

ist bereits auf einer sehr geringen Differenzierungsstufe semantischer Hierarchien verschieden von einem *Computer*. Die daraus abgeleitete Strategie für den Text-Parser besteht im Überlesen von solchen Nominalkomposita, wie sie in <01f-g> charakterisiert sind, ohne daß der Parser mit diesen Konzepten in irgendeiner Form weiter operiert.

2. Nominale Metaphern und konzeptuelle Neubildungen (Neologismen)

<02a> ... der *Computergigant* ... *Big Blue* ... *Erlkönig* ...
<02b> ... der *Zenon-X* ... *MC9000* ...
<02c> ... die *Profi-Systeme* ... *Laiensysteme* ...

Außerhalb der Reichweite des hier beschriebenen grammatischen Instrumentariums liegt der gezielt *metaphorische* Gebrauch von Nomen[281], wie er in Beispiel <02a> demonstriert wird. Mag dies bei *Computergigant* noch mit der zuletzt betrachteten Konstellation interferieren (ein bekanntes fachspezifisches Konzept im linken Kompositumteil, ein unbekanntes im rechten), so gilt dies nicht mehr für das zweite Beispiel *Big Blue* (mit dem synonym auf *IBM* referenziert wird) oder gar für *Erlkönig* als metaphorische Beschreibung für technische (hier also Rechner-)Prototypen.

In den Beispielen <02b> und <02c> wird schließlich ein für Texte der behandelten Klasse essentieller Textualitätsaspekt in den Vordergrund gerückt - die *Neudefinition* von Konzepten, wie sie typisch ist für die im Beispiel noch nicht näher bestimmten Produktnamen in <02b> oder auch *klassifikatorischen* Bezeichnungen in <02c>. Jede Textgrammatik muß für solche Definitionsakte über Parsing- und Repräsentationsmechanismen verfügen. Ist dies nicht der Fall, können ganze Gruppen von Texten (z.B. Berichte über Produkt-*Neuheiten*) im Kern überhaupt nicht adäquat erkannt und somit auch nicht repräsentiert werden, da die Bezugskonzepte für die Themenbestimmung und korrekte Zuordnung von Eigenschaften nicht verfügbar sind.

In der hier gegebenen Textgrammatik ist trotz der klar erkannten Notwendigkeit kein entsprechender Wortexperte für diese weitgehende Form des *Konzeptlernens* beschrieben[282]. Zum einen sind die bislang experimentell erarbeiteten Ergebnisse noch nicht stabil genug, zum anderen verlangt gerade dieser Prozeß zusätzliche Konstrukte (z.B. Datenstrukturen für die Akkumulation und fortlaufende Neubewertung von Konzept-Hypothesen[283] - ähnlich dem Vorgehen mit Wort-Hypothesen bei HEARSAY II[284]), die die hier zu entwickelnde Darstellung der Text-Grammatik für einen

---

281 Mit dieser Kapitulation vor Metaphern steht die hier beschriebene Grammatik nicht allein, zählt dieses Problem wegen seiner enormen semantischen Komplexität doch zu den bislang nur schwach untersuchten sprachlichen Phänomenen (vgl. etwa CARBONELL 1982 oder FASS/WILKS 1983).

282 Vgl. dazu auch die Bemerkungen in SMALL 1980, S.211-213 zu Strategien für konzeptlernende Wortexperten.

283 Aufgabe eines entsprechenden Wortexperten ist, anhand der Häufung bestimmter Indikatoren (Folgen von Großbuchstaben und Ziffern, definitorischen Satzformen ("*ist ein*") usf.) ein zunächst als unbekanntes Wort identifiziertes lexikalisches Element durch Bewertung von Kontextinformationen schließlich als lexikalische Neubildung zu bestimmen und die jeweilige Konzeptklassenzugehörigkeit zu approximieren.

284 ERMAN et al. 1980.

Sonderfall zusätzlich komplex machen würde. Das Problem wird z.Zt. für den Parser des TOPIC-Systems durch manuelle Kodierung neuer Produktnamen umgangen.

4.1.2 Die satzbezogene Beschreibungsebene

Im Mittelpunkt der satzbezogenen Analysen stehen unterschiedliche sprachliche Ausdrucksformen, mit denen Eigenschaften von Konzepten qualifiziert werden (*Attribution*). Dabei können strukturell Nominal-Attributionen auf der Phrasenebene (durch Adjektive und in komplexen Nominalphrasen) von solchen, die den gesamten Satz umfassen, unterschieden werden.

3. adjektivische Attribution

<03a> ... der *deutsche* Software-Markt ...
<03b> ... der *1 Megabyte* große Hauptspeicher ...
<03c> ... der Bildschirm ist *grafikfähig* ...
<03d> ... Disketten[laufwerke], die bei doppelter Schreibdichte je *1,6 MByte* speichern ...

Die Beispiele unter <03a> und <03b> illustrieren auch hier den Standardfall, wie er von der Grammatik in Kap. 4.2.2.4 abgedeckt wird. Ein Konzept aus dem Weltwissen (Frame) wird durch ein im linken Phrasenkotext stehendes Adjektiv-Attribut in bezug auf eine Eigenschaft näher spezifiziert. Im Beispiel <03a> wird eine Aussage zur Gebietseingrenzung von Software-Märkten gemacht, währenddessen <03b> eine numerische Aussage über die Größe eines Hauptspeichers enthält, d.h. auch Zahlenangaben[285] werden wie Adjektive behandelt.

Neben der üblichen ADJ-N-Konstruktion (wie in <03a-b>) müssen hier jedoch auch die entsprechenden Paraphrase-Konstellationen N-KOPULA-ADJ und VERB-ADJ erfaßt werden, wie sie durch die Beispiele <03c-d> illustriert sind. Bei Kopula-Konstruktionen handelt es lediglich um eine Stellungsvariante an der Sprachoberfläche, nicht aber um eine funktional von <03a-b> verschiedene Form (zur Behandlung von Verb-Konstruktionen vgl. die Bemerkungen zur Prädikationsphänomenen (s.u., Punkt 5)).

4. phrasenorientierte Nominal-Attribution

<04a> ... die *CPU* des *Amiga* ...
<04b> ... der *68000* von *Motorola* ...
<04c> ... der *IBM-AT* mit einem *Betriebssystem* von *Microsoft* ...

---

285 Bei genauerer Betrachtung verlangt die Zuordnung von Zahlen (im Beispiel: *1*) zu Maßeinheiten (wie *Megabyte*) noch die Intervention eines in der Textgrammatik in Kap. 4.2.2.4 nicht spezifizierten Wortexperten. Dieser Experte würde im Fall des Auftretens numerischer Werte im Text (desc: num) im rechten Kotext nach Spezialisierungen von Maßeinheiten suchen und nach der Feststellung einer entsprechenden Korrespondenz bevorzugt im weiteren rechten Kotext nach dem Objekt suchen, das durch eine entsprechende Einheit charakterisiert wäre. Dieser Spezialfall ist somit strukturell (in bezug auf die textgramatische Spezifikation) völlig unproblematisch. Er wird aus Gründen der Konzentration auf die wesentlichen sprachstrukturellen Muster in Texten in der Grammatik vereinfacht behandelt, indem Mengen- und Maßspezifikationen (auch im Weltwissen) zusammengefaßt werden.

Die Beispiele <04a-c> verdeutlichen das Grundmuster der phrasenorientierten Nominal-Attribution: Ein im Text zunächst eingeführtes Konzept wird in bezug auf eines seiner Eigenschaften durch ein weiteres Konzept, das in einer nachfolgenden Nominal- oder Präpositionalphrase (im selben Satz) auftritt, näher spezifiziert. In den Beispielen <04a-b> sind die eingeführten Konzepte *CPU* bzw. *68000*, die in bezug auf ihre Eigenschaften *Rechner* und *Hersteller* durch *Amiga* bzw. *Motorola* näher spezifiziert werden. <04c> macht deutlich, daß beliebig tiefe Einbettungen von Nominal- oder Präpositionalphrasen diesem Muster gleichfalls unterliegen.

5. satzorientierte Nominal-Attribution (Prädikation)

<05a> Der *Zenon-X* verfügt über einen grafikfähigen *Bildschirm* ...
<05b> Der *IBM-AT*, ausgestattet mit dem *80286* von Intel ...
<05c> ... der von *Siemens* gebaute *Rechner* ...

Der Grundtypus der Prädikation ist in Beispiel <05a> illustriert. Ein als Subjekt des Satzes eingeführtes Konzept wird in der grundlegenden S-V-O-Folge mittels des Hauptverbs des Satzes und der mit ihm assoziierten Objekte (Kasus) prädiziert, d.h. wiederum in bezug auf seine Eigenschaften näher spezifiziert. Die Betrachtung der Verben kann dabei in den allermeisten Fällen vernachlässigt werden[286]. Zwei Varianten dieses Schemas zeigt das Beispiel <05b> in Form einer Relativsatz-Konstruktion und <05c> mit einer Partizipialkonstruktion[287]. Während Vorkommen der Art <05b> problemlos von der textgrammatischen Spezifikation in Kap. 4.2.2.2 abgedeckt werden (auch hier in Form einer näheren Bestimmung von Eigenschaften (der *CPU*) des eingeführten Konzepts *IBM-AT*), fällt die Variante des Typs <05c> aus deren Rahmen heraus. Die in Kap. 4.2.2 dargestellte Grammatik enthält für dieses Phänomen eigens keine grammatische Spezifikation, deren grundlegende Struktur nichtsdestoweniger offensichtlich ist[288].

---

286 Diese vielleicht überraschende Betrachtungsweise ergibt sich aus den mit der Textsorte gemachten Erfahrungen, daß die verwendeten Verben eine relativ geringe Informativität besitzen. So werden bevorzugt semantisch unterdeterminierte Prädikate (wie *ausstatten*, *bereitstellen*) und Auxiliarverben gebraucht. Dieses weitere Indiz für die Plausibilität einer nominalorientierten Analyse muß möglicherweise für andere Textsorten (z.B. Manuals mit stark prozeduralen Beschreibungsinhalten) und Transformationsformen für das Textwissen (statt Textzusammenfassung etwa Übersetzung o.ä.) neu bewertet werden.

287 Im Rahmen des semantischen Beschreibungsansatzes zeigt sich, daß viele syntaktische Oberflächenvarianten, für die konventionell organisierte Phrasenstrukturgrammatiken ein aufwendiges Regelrepertoire bereitstellen müssen, auf Stellungsvarianten reduzieren, die lediglich in bezug auf die Spezifikationsrichtung (nähere Spezifikation eines linken oder rechten Kotextelements) untersucht werden müssen. Die entscheidenden *Constraints* für solche Zuordnungsentscheidungen werden dabei aus den Strukturen des Weltwissens abgeleitet.

288 Das Prüfmuster für diese sprachliche Realisierungsform der Prädikation nimmt das Auftreten eines Partizips (dies verlangt also die Betrachtung der morphologischen Binnenstruktur von Verben!) zum Anlaß für die Umkehrung der prinzipiell nach links hin ausgerichteten Kotextprüfungen auf Untersuchungen des rechten Kotexts. Alternativ wurde eine Lösung realisiert, die als Integritätsregel im Weltwissen verankert ist. Erfaßt wird dieser Fall dann durch Routinen auf der Ebene des Wissensverwaltungssystems. Zur Anwendung kommt ein sog. *Cross-Reference-Constraint*, der für symmetrische Frame-Slotwert-Zuweisungen sorgt (im Beispiel: *Siemens* < *Produkt: { Rechner }* > und *Rechner* < *Hersteller: { Siemens }* >; vgl. HAHN/REIMER 1986, S. 166-167 und HAHN 1989, S.371). Eine ähnliche Konzeption, *Frame-Selektions*-Probleme mittels genereller Inferenzregeln zu lösen, beschreibt LYTINEN 1984.

6. konjunktionale Reihungen und Koordinationsellipsen

<06a> Die Grundversion des *Zenon-X* besteht aus einer *16-bit-CPU*, einem grafikfähigen *Bildschirm* und *Drucker*, abnehmbarer *Tastatur* ...

<06b> Die Zeiten der *8-bit-Maschinen*, flimmernden und einfarbigen *Bildschirme*, kleinen *Hauptspeicher* und zeilenorientierten *Editoren* ...

<06c> ... *Basic* und *DOS* von *Microsoft* ...

<06d> ... *Hard-* und *Software-Markt* ...

Ein für Texte typisches sprachliches Muster ist die Verknüpfung von Aussagen durch *Konnektive* bzw. als Ausdruck der Sprachökonomie die *Elliptifizierung* entsprechend verknüpfter Aussagen. Die Beispiele <06a-b> geben ein typisches Muster einer konjunktionalen Reihung und impliziten Ellipse wieder: Ein am Satzanfang eingeführtes Konzept wird in bezug auf mehrere seiner Eigenschaften beschrieben. Die in Kap. 4.2.2.2 spezifizierte Grammatik erfaßt diesen Fall im Sinne einer Hintereinanderausführung der unter <04> bzw. <05> illustrierten Grundoperationen. So wird etwa das in <06a> eingeführte Kernkonzept *Zenon-X* durch zusätzliche Spezifikation seiner CPU- (*16-bit-CPU*) und Peripheriecharakteristiken (*Bildschirm*, *Drucker* und *Tastatur*) näher qualifiziert. Auch auf dieser scheinbar nur satzbezogenen Ebene können schon anaphorische "Stör"-prozesse einwirken, wie das Beispiel <06b> in bezug auf die *8-bit-Maschine* zeigt, hinter der sich tatsächlich ein *8-bit-Personalcomputer* verbirgt (s. die Konstellation in Appendix-3, Position 028).

Das Problem der *Koordination* verschärft sich in einer von der grammatischen Spezifikation in Kap. 4.2.2 nicht mehr abgedeckten Weise bei Fällen, wie es die Beispiele <06c-d> illustrieren. Zwar erfassen die Prüfroutinen des Text-Parsers noch die Eigenschaftszuordnungen *Microsoft* als Hersteller der Betriebssystem-Instanz *DOS* sowie die korrekte Charakterisierung des Konzepts *Software-Markt* mit der Produktbereichseigenschaft *Software*, nicht jedoch die Tatsache, daß ein *Basic(-Compiler!)* ebenfalls von *Microsoft* hergestellt wird und es auch einen zu *Software-Markt* entsprechenden *Hardware-Markt* gibt. Grund für dieses Defizit ist die fehlende Berücksichtigung der Beschreibung von expliziten Koordinationsprozessen durch Konjunktionen in der grammatischen Spezifikation.[289]

4.1.3 Die textuelle Beschreibungsebene

Die Beschreibung der *textuellen* Ebene ist zweigeteilt, und zwar in die von Textkohäsions- und Textkohärenzphänomenen. Im Rahmen der Textkohäsion[290] werden nominale Anaphora und die formale Erweiterung der Nominal-Attribution auf die Textebene (Textellipse) betrachtet:

---

289 Dieser Mangel rührt auch daher, daß diese Klasse von Phänomenen nur sehr unvollkommen mit einer nominal-orientierten Analyse in Einklang gebracht werden kann (Ähnliches gilt z.B. auch für die Behandlung der Negation). Statt deswegen eine Reihe von eher *ad hoc* formulierten Hilfskonstrukten einzuführen, wurde auf deren Behandlung völlig verzichtet. Dies läßt sich auch damit begründen, daß der Effekt fehlender Berücksichtigung von Koordinationsprozessen lediglich zu einem defizitären, nicht aber zu einem invaliden Parse führt.

290 Eine linguistische Beschreibung von sprachlichen Phänomenen auf der Ebene der Textkohäsion, von der die in Kap. 4.2.2 beschriebene Grammatik stark beeinflußt ist, geben HALLIDAY/HASAN 1976.

7. *(Nominale) Anaphora*

<07a> Die Software-Philosophie des Zenon-X ... beruht auf einem völlig neuen Programmierstil, dem sog. "objektorientierten Programmieren" in *Smalltalk*. Diese *Sprache* wurde 1972 von Alan Kay in den Xerox-Laboratorien entwickelt. ...

<07b> Grund für diesen Optimismus sind unsere ersten Erfahrungen mit dem *Zenon-X* von *Zeta-Machines*, dessen Leistungsmerkmale sich bald als Standards einer neuen PC-Generation herausstellen könnten. Die Grundversion setzt sich zusammen aus *16-bit-CPU*, grafikfähigem *Bildschirm* und *Drucker*, *Mouse* zur Dialogsteuerung, großem *Hauptspeicher* sowie einem eingebauten *Festplattenlaufwerk*. Doch mehr noch als durch Hardware-Charakteristika beeindruckt dieser *Rechner* durch seine Software-Ausstattung: ...

<07c> Die Hardwareseite des *Zenon-X* ist schnell charakterisiert. *Er* basiert auf dem *68000* von Motorola, ...

<07d> Der *Rechner* verfügt über eine *Tastatur* mit einer Vielzahl von Funktionstasten, *Farbbildschirm* und *Matrixdrucker*. *Sein* / *Ihr* *Preis* beträgt 3.500DM.

<07e> Diese Sprache wurde 1972 von Alan Kay in den *Xerox-Laboratorien* entwickelt. Und *dort* wurde mit dem *Star* auch ein erstes Experimentalsystem gebaut, das ...

Das linguistisch mit am meisten untersuchte Textphänomen ist die *Anaphora*. Damit ist eine Konstellation gemeint, wie sie Beispiel <07a> prototypisch beschreibt: Ein im Text bereits eingeführtes, relativ spezielles Konzept wird im nachfolgenden Text durch Konzepte referenziert, die wesentlich allgemeiner als dieses bereits eingeführte spezielle Konzept sind. In Beispiel <07a> trifft dies auf die für das objektorientierte Programmieren paradigmatische Programmiersprache *Smalltalk* zu, die im Folgesatz durch das Konzept *Sprache* referenziert wird. Dabei handelt es sich um eine stilistische Variante, mit der die Wiederholung des anfangs eingeführten Konzepts durch denselben Bezeichner vermieden werden soll. Die in Kap. 4.2.2 beschriebene Textgrammatik pendelt diese Bezeichnungsvariante dadurch aus, daß statt des Konzepts *Sprache* alle an dieser Stelle anfallenden Operationen mit dem referenzierten Konzept *Smalltalk* ausgeführt werden. Dabei folgt die textgrammatische Spezifikation nicht etwa oberflächenorientierten Heuristiken (wie der, das im Vorgängersatz zuletzt erwähnte Konzept als Antezedens zu betrachten), sondern verfügt (wie es das Beispiel <07b> illustriert) über dezidierte semantische Kriterien, die auch längere konzeptuelle Einschübe mit einer Vielzahl von intervenierenden Konzepten (im Beispiel treten zwischen dem Antezedens *Zenon-X* und seiner referentiellen Form *Rechner* immerhin ein ganzer Satz mit den terminologisch relevanten Konzepten *16-bit-CPU*, *Bildschirm*, *Drucker*, *Mouse*, *Hauptspeicher* und *Festplattenlaufwerk* auf) ohne Fehlanalyse akzeptieren.

Auch für die Behandlung der Anaphora gilt die grundlegende Beschränkung der Beschreibungen auf nominale Prozesse. Aufgrund dieser Festlegung scheint auf den ersten Blick die analytische Behandlung von *pronominalen* Anaphora ausgeschlossen. Eine Vielzahl pronominaler Anaphern folgt jedoch einem Erklärungsmuster, das von den Regeln der Textellipse (s.u.) weitgehend abgedeckt ist. Hintergrund dieser Parallelität ist die semantische Schwäche pronominaler Aufnahmen in Texten[291], wie es Beispiel <07c> deutlich macht. Die Pronominalisierung von *Zenon-X* durch *Er*

---

291 Ihre einzige Diskriminierungskraft liegt im Deutschen in Indikatoren für Genus und Numerus, deren Einfluß Beispiel <07d> demonstriert. Je nach Pronominalisierung können verschiedene, z.T. sich ausschließende Eigenschaftszuordnungen vorgenommen werden, die durch die jetzige Spezifikation der Grammatik nicht diskriminiert werden können. Ist das Pronomen *Ihr* aktualisiert, kann sich die Preisangabe nur auf *Tastatur* beziehen. Ist dagegen das Pronomen *Sein* realisiert, ergibt sich zwar eine Situation ambiger Eigenschaftszuordnun-

kann ohne Gefahr für die Validität des Parse überlesen werden, um dennoch zu einer Eigenschaftszuordnung für die *68000-CPU* des *Zenon-X* zu gelangen. Und dieses Muster entspricht exakt dem unten unter Punkt 8 beschriebenen für textuelle Ellipsen.

Aufgrund der nominal-orientierten Analyse werden andere, nicht-nominale Formen der Anaphora, wie lokale oder temporale Anaphora ebenfalls nur beiläufig erfaßt. Beispiel <07e> illustriert eine lokale Anaphora, die auch im Zusammenhang mit den Regularitäten der text-orientierten Nominal-Attribution aufgelöst wird, d.h. die Zuordnung von *Xerox-Laboratorien* als Entwicklungsstätte des *Star* wird vorgenommen, obwohl die Lokal-Anapher *dort* nicht explizit analysiert wird.

8. textorientierte Nominal-Attribution (textuelle Ellipsis)

Neben der lexikalisierten (Bsp. <01a-d>), adjektivischen (Bsp.: <03>) und phrasen- sowie satzorientierten (Bsp. <04> - <06>) tritt in Texten auch eine Form der textorientierten Nominal-Attribution auf, die man als textuelle Form von *Ellipsen* betrachten kann:

<08a> Grund für diesen Optimismus sind unsere ersten Erfahrungen mit dem *Zenon-X* von Zeta-Machines, dessen Leistungsmerkmale sich bald als Standards einer neuen PC-Generation herausstellen könnten. Die Grundversion ___ setzt sich zusammen aus *16-bit-CPU*, grafikfähigem *Bildschirm* und *Drucker*, *Mouse* zur Dialogsteuerung, ...

<08b> Der *Amiga* von Commodore könnte da schon gefährlicher werden. ... Besonders hinweisen möchten wir auf das komfortable *Multitasking-Betriebssystem*, mit dem mehrere Programme parallel und zeitgleich auf verschiedenen Bildschirmfenstern ablaufen können. Nur beim *Preis* scheiden sich die Geister. Mit ca. 10.000DM ...

Die Beispiele <08a-b> charakterisieren den Fall der nominalen Textellipse. Ein Konzept (in <08a> *Zenon-X*, in <08b> *Amiga*) wird zu Beginn eines Textes eingeführt und, obwohl dieses Konzept im Folgesatz nur implizit (durch die quasi-anaphorische Aufnahme mit *Grundversion* in <08a>) oder überhaupt nicht (<08b>) erwähnt wird, besteht ein eindeutiger semantischer Bezug über die Charakterisierung von Eigenschaften des eingeführten Konzepts durch Aussagen in einem oder mehreren Folgesätzen. In Beispiel <08a> wird das Konzept *Zenon-X* durch CPU- und Peripheriebeschreibungen näher spezifiziert, in <08b> das Konzept *Amiga* durch Charakterisierungen seines Betriebssystems und Preises.

Damit ist das Leistungsspektrum der Textgrammatik bis zur Ebene der *Textkohäsion* exemplarisch beschrieben. Die gravierendsten Defizite der Spezifikation ergeben sich aus der fehlenden Betrachtung *prädikativer* bzw. *propositionaler* Zusammenhänge in Texten. Neben den schon eingeräumten Beschreibungslücken fehlen[292] Darstellungen für

---

gen (die ggf. durch eine geeignete Restriktion der zulässigen Eigenschaftswerte entschärft werden könnte), aber zumindest *Tastatur* wäre kein Kandidat mehr für eine Eigenschaftszuordnung in bezug auf den *Preis*, sondern lediglich *Matrixdrucker*, *Farbbildschirm* und *Rechner*.

292 Einige der im folgenden aufgezählten Defizite rühren auch aus dem Fehlen entsprechender Konstrukte im zugrunde liegenden (Frame-)Repräsentationsmodell her. Obwohl durch geeignete Modellierungsmaßnahmen die *strukturelle* Unabhängigkeit des Sprachbeschreibungsmodells von der Modellierung im Weltwissen gewahrt werden konnte, ist andererseits eine eindeutige *systemseitige* Abhängigkeit zwischen beiden gegeben, da der Anspruch erhoben wird, daß die in Kap.4 spezifizierte Textgrammatik auch experimentell validiert ist.

- die *Quantifikation* von Aussagen,
- die *Negation* von Aussagen,
- eine explizite Modellierung der Rolle von *Konnektiven* in Texten, mit der auch etwa eine Darstellung der *Text-Deixis* möglich wäre,
- funktionale Kohäsion im Sinne von Kausal- oder Prozeßmodellen für *Vorgangsbeschreibungen* in Texten (oberhalb terminologisch orientierter Inferenzprozesse),
- *bewertende* Aussagen (etwa über Fertigungsqualität, Preisniveau, Vertriebsorganisation usw.), wie sie gerade in Produktbeschreibungen bzw. -tests von vitalem Interesse sind[293].

Auf der Ebene der *Textkohärenz* werden drei globale Strukturmuster für die Wohlgeformtheit von Texten im Rahmen der Textgrammatik betrachtet. Sie unterstützen ein einfaches Textstrukturmodell dreier unterschiedlicher Modi der thematischen Progression[294]:

9. Konstantes Thema

<09> Die Hardwareseite des *Zenon-X* ist schnell charakterisiert. Sie basiert auf dem *68000* von Motorola, der im *Gehäuse* bis 1-MByte-*Hauptspeicher* verwaltet, ein hochauflösender *Grafikbildschirm*, eine abnehmbare *Tastatur*, die *Mouse* zum Dialog und zwei *Diskettenlaufwerke* mit 3,5"-Disketten. Dazu kommt eine *Winchester-Festplatte* als leistungsfähiger *Massenspeicher* und ein grafikfähiger *Drucker*, der das, was auf dem Bildschirm generiert wird, auch tatsächlich ausgeben kann.

Das in Beispiel <09> illustrierte Kohärenzmuster läßt sich so paraphrasieren, daß im Verlauf des Textes nur ein Thema (*Zenon-X*) mit seinen unterschiedlichen Eigenschaftsfacetten behandelt wird, wie es folgende Grafik leicht vergröbert wiedergibt:

Zenon-X	
Zenon-X	< CPU: 68000 >
Zenon-X	< Gehäuse >
Zenon-X	< Hauptspeicher: 1-MByte-Hauptspeicher >
Zenon-X	< Peripherie: Grafikbildschirm >
Zenon-X	< Peripherie: Tastatur >
Zenon-X	< Peripherie: Mouse >
Zenon-X	< Massenspeicher: Diskettenlaufwerk >
Zenon-X	< Massenspeicher: Winchester-Festplattenlaufwerk >
Zenon-X	< Peripherie: Drucker >

Grafik-17 Illustration des Kohärenzmusters *konstantes Thema*

---

293 Damit wird bereits der Rahmen sprachstruktureller Textualität mit Blick auf pragmatische Faktoren des Textverstehens (Interesse, Verwertungszusammenhang u.ä.) verlassen, der eine zusätzliche, hier vollständig ausgesparte Analysedimension darstellt.

294 Diese Progressionsmuster sind von DANES 1974 informell in die textlinguistische Diskussion eingeführt worden. Ähnliche Kohärenzmuster betrachtet auch GRIMES 1978.

10. Thematisierung der Rhemata

<10> Die Software-Philosophie des *Zenon-X* ist aber die eigentliche Neuerung, denn sie beruht auf einem völlig neuen Programmierstil, dem sog. "objektorientierten Programmieren" in *Smalltalk*. Diese Sprache wurde 1972 von Alan Kay in den *Xerox-Laboratorien* entwickelt. Und dort wurde mit dem *Star* auch ein erstes Experimentalsystem gebaut, das die Prinzipien dieses revolutionären Programmier-Paradigmas hard- wie softwareseitig zum erstenmal realisierte. Besonders die *Window-Technik*, *Multitasking* und die Verwendung von einfachen Dialogtechniken (*Mouse*, *Menü* u.ä.) machen diesen Prototypen zum eindeutigen Vorläufer der jetzt am Markt auftretenden neuen PC-Generation.

Dieses globale Muster für Textualität kann so beschrieben werden: Ein eingeführtes Konzept wird durch eine bestimmte Eigenschaft näher spezifiziert und dieses spezifizierende Konzept wird seinerseits durch nähere Charakterisierungen seiner Merkmale thematisiert. Dieses "rekursive" Muster der fortlaufenden näheren Beschreibung einer gerade angesprochenen Eigenschaft läßt sich durch das folgende grafische Gerüst darstellen:

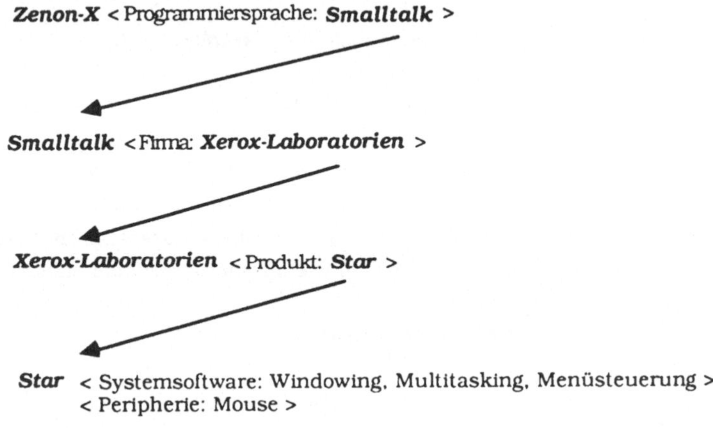

Grafik-18 Illustration des Kohärenzmusters *Thematisierung der Rhemata*

Nur um die Vielfalt zu betrachtender Kohärenzmuster, die mit den verfügbaren Repräsentationskonstrukten schon jetzt erfaßt werden könnten, anzuzeigen, sei noch ein weiteres einfaches Kohärenzmuster illustriert, daß *prozessuale Stimmigkeit*[295] als Variante zur eben beschriebenen rekursiven Rhematisierung zum Gegenstand hat (es ist in der Textgrammatik in Kap. 4.2.3 nicht spezifiziert):

<11> Stellen wir uns doch folgende Anwendungssituation vor, um anzudeuten, wie ein Benutzer aus der Vielfalt der beim *Zenon-X* verfügbaren Software schöpfen kann: Mit *ZetaWrite* beginnt der Benutzer eine Editiersitzung, um seinen jedes Quartal fälligen Umsatzbericht zu schreiben. Im Kapitel, in dem es um den Vergleich der diesjährigen mit den letztjährigen

---

295 Damit ist die Zergliederung einer komplexen Handlung gemeint, die aus einer Abfolge von elementaren Einzelhandlungen zusammengesetzt ist, zwischen denen logische Abfolgeabhängigkeiten bestehen. Im folgenden Beispiel <11> macht es im Hinblick auf die komplexe Handlung "Bericht verfassen" etwa wenig Sinn, die Berechnung des Umsatzmittels (eine der elementaren Handlungen) vor der Selektion der Umsatzzahlen aus der entsprechenden Datei (einer weiteren elementaren Handlung) auszuführen.

Umsatzziffern geht, ruft er *ZetaBase* auf, das die entsprechenden Daten aus der Umsatzdatei liefert. Damit füttert er *ZetaCalc*, das die Umsatzmittel pro Produktkategorie berechnet. Diese Zahlen werden von *ZetaGraph* schließlich graphisch interpretiert und die daraus generierte Graphik in den Umsatzbericht an der passenden Stelle hineinmontiert.

11. Abgeleitetes Thema

Die in <09> und <10> eingeführten Textualitätsmuster lassen sich als Grundbausteine eines aus ihnen ableitbaren Textkohärenzmusters interpretieren, wie es Beispiel <12> illustriert:

<12> Aber gerade auf dem heiß umkämpften Mikrocomputermarkt stößt der *Zenon-X* auf massive Konkurrenz. Der *IBM-AT*, ausgestattet mit dem 80286 von Intel und Systemsoftware von Microsoft, besitzt jedoch eine zu spartanische Grundversion, die selbst bei Höherrüstung nicht an das Leistungsspektrum des *Zenon-X* heranreicht. Der *Amiga* von Commodore könnte da schon gefährlicher werden. Denn ähnlich wie der *Zenon-X* ist der *Amiga* als bedienungsfreundliches Anwendersystem konzipiert: auch hier Dialogführung mit der Mouse, ein vollgrafikfähiger Bildschirm und qualitativ exzellenter Farbdrucker (sogar ein Sprachgenerator ist vorhanden) sowie eine breite Palette von Anwendersoftware. Nur beim Preis scheiden sich die Geister. Mit ca. 10.000DM ist der *Amiga* um glatte 5.000DM billiger als der *Zenon-X*. Dafür enthält der aber schon in der Grundversion wesentlich mehr an Software als der *Amiga*, der schließlich auch ohne Festplatte geliefert wird.

Das Bildungsmuster für diesen Typ der Textkohärenz ist offensichtlich: Es werden mehrere konkrete Ausprägungen einer nicht explizit erwähnten *gemeinsamen* Konzeptklasse in bezug auf ihre Eigenschaften, d.h. unter Einbeziehung der Muster "konstantes Thema" bzw. "Thematisierung der Rhemata" näher spezifiziert. In Beispiel <12> sind *Zenon-X*, *IBM-AT* und *Amiga* die spezifischen (Vergleichs-)Objekte und *Personalcomputer* ist das gemeinsame Klassenkonzept, d.h. das abgeleitete Thema dieser Textpassage. Auch darüber gibt eine grafische Darstellung näheren Aufschluß:

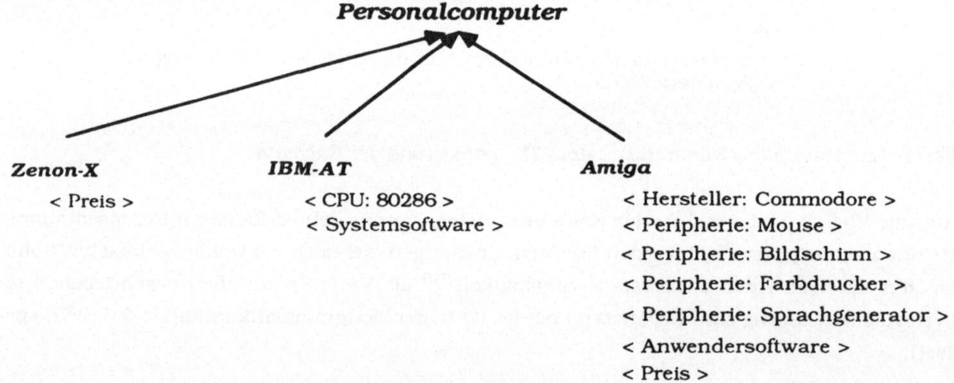

Grafik-19 Illustration des Kohärenzmusters *abgeleitetes Thema*

Das besondere Kennzeichen dieser drei grundlegenden Strukturmuster für globale Formen textueller Wohlgeformtheit ist, daß sie sich unmittelbar aus den *Strukturen* des Weltwissens und Abfolgeinformationen im Text ableiten lassen[296]. Nur auf diesen besonders einfachen Fall von Text-

---

296 Diese Darstellung nimmt Bezug auf eine von PUSTEJOVSKY 1987 vorgeschlagene Klassifikation, in der er aktuelle Ansätze zur Diskurs- und Textanalyse einteilt in *strukturelle* (vom hier beschriebenen Typ), *ziel- und planungsbasierte* (unter Einbeziehung von Konzepten aus der Sprechakttheorie) sowie *modelltheoretische* Konzeptionen.

kohärenz wird mit der hier beschriebenen Textgrammatik eingegangen. Darüber hinausgehende Modelle (etwa *funktionale Kohärenzrelationen*, die stark von propositionalen bzw. sogar pragmatischen Konstrukten, wie Zielhierarchien u.ä. abhängen[297]), werden hier nicht betrachtet.

4.2 Formale Spezifikation eines lexikalisch verteilten Text-Parsers

Die folgende Spezifikation eines lexikalisch verteilten Text-Parsers beruht auf der in Kap. 2.3 eingeführten Spezifikationssprache. Diese Sprache ermöglicht einen strikt *objektorientierten* Spezifikationsstil, der wie folgt charakterisiert werden kann. In objektorientierten (Spezifikations- oder Programmier-)Sprachen gibt es keine Einteilung in aktive Prozeduren und passive Daten, auf denen Prozeduren operieren, sondern sie besitzen ein einheitliches Konstrukt - das Objekt. *Objekte* (in der hier zugrunde liegenden Spezifikationssprache also die *Aktoren*) besitzen sowohl Wissen über ihre eigene (Daten-)Struktur als auch die Art und Weise, mit der auf diesen Strukturen operiert werden muß, um eine bestimmte Funktion (Summation, String-Konkatenation, Listenverarbeitung usf.) zu erfüllen. Berechnungen werden durch das Versenden und Empfangen von *Botschaften* zwischen Objekten (statt Prozeduraufrufen) und die daraus folgende Veränderung interner Zustände der davon betroffenen Objekte ausgeführt. Ein wesentlicher Abstraktionsmechanismus besteht in der Gruppierung von Objekten zu *Klassen*, aus denen geeignete Spezialisierungen (Instanzen) gebildet werden können. Eigenschaften generischer Klassen (bei Aktoren: die Attribute und das Skript eines Klassenaktors) werden abhängig von der Struktur der *Klassenhierarchie* spezielleren Klassen dynamisch vererbt. Der *Vererbungsmechanismus* erlaubt, daß für ein Objekt neben Angaben zu seiner Klassenzugehörigkeit lediglich die es charakterisierenden speziellen Eigenschaften spezifiziert werden müssen. Mit der Definition von Klassen, Erzeugung von Instanzen zu diesen Klassen und der Festlegung der Botschaftsformen ist jedes objektorientierte System hinreichend charakterisiert[298].

Bei der Beschreibung des Text-Parsers werden drei wesentliche Aktorenklassen unterschieden:

1. ***Administrative Aktoren*** (Kap. 4.2.1) sind zuständig für infrastrukturelle Dienste im Text-Parser: etwa die Initialisierung der zum Parsing benötigten Wissensbasen durch die sie repräsentierenden Aktoren (EV 1 - EV 4), die Zufuhr neuer Texttoken in den Parser (Lesen eines Textes: EV 6, EV 7), die Zuordnung der Texttoken zu ihrer lexikalischen Klasse (EV 9), die Verwaltung des Parser-Bulletins (Schreiben von Parse-Informationen: EV 10, EV 11), die Überwachung von Terminierungsmeldungen abgearbeiteter Wortexperten (EV 12) usf.

---

297 Hierzu zählen etwa Elaborationsrelationen (Exemplifizierung, Generalisierung, Paraphrase), Koordinierungsrelationen (Kontrast, Parallelität) oder referentielle, zeitliche oder räumliche Kontiguitätsrelationen und Kausalität (vgl. REICHMAN 1978, HOBBS 1983, SAMET/SCHANK 1984, McKEOWN 1985, ALTERMAN 1985, TUCKER/NIRENBURG/RASKIN 1986, MANN/THOMPSON 1987, NORVIG 1987).

298 Vgl. zur Darstellung der Charakteristika objektorientierter Programmiersprachen STOYAN/GÖRZ 1983.

2. Kern der eigentlichen Textgrammatik mit der in Kap. 4.1 umrissenen Funktionalität sind ***Parse-Aktoren***, die die sprachlichen Äußerungsstrukturen in Texten auf zwei Ebenen sondieren: ***Kohäsionsaktoren*** (Kap. 4.2.2) sind für lokale Verkettungsphänomene in Texten, wie Anaphora oder textuelle Ellipsen zuständig, ***Kohärenzaktoren*** (Kap. 4.2.3) hingegen für globalere Strukturierungsmittel für Texte, etwa in Gestalt von thematischen Progressionsmustern.
3. Ergebnisse dieser Sondierungsprozesse sind Interpretationen der funktionalen Rolle der betrachteten lexikalischen Elemente, sog. Lesarten, die von ***operativen Aktoren*** (Kap. 4.2.4) in Operationen auf den Repräsentationsstrukturen der Weltwissensbasis umgesetzt werden.

In den folgenden Abschnitten werden diese Aktorengruppen detailliert spezifiziert[299]. Unmittelbare Konsequenz dieser Klassifikation ist, daß Wortexperten in Gestalt der Parse-Aktoren (d.i. Gruppe (2) oben) eine echte Teilmenge der am Text-Parsing beteiligten Objekte sind. Da die Kollektion der Wortexperten die Spezifikation der *Textgrammatik* enthält und das Verhalten der diesbezüglichen Aktoren sowie der infrastrukturellen Aktoren (Gruppe (1) und (3)) mit der in Kap. 2.3 eingeführten Spezifikationssprache beschrieben ist, liegt eine einheitliche, die Textgrammatik einschließende formale Beschreibung des gesamten *Text-Parsers* vor, die sowohl deklaratives textgrammatisches als auch prozedurales Wissen zum Text-Parsing in einem Formalismus, dem einer *Aktorensprache*, integriert.

Ein zusätzlicher Effekt tritt durch die Verwendung der Aktoren-Spezifikationssprache ein. Die im Standardmodell des Wortexperten-Parsing eingeführte Unterscheidung zwischen einer eigenen *Interaktionssprache* (*Lexical Interaction Language* LIL[300]), die die Sprachprimitive für die Kommunikation der einzelnen Wortexperten untereinander und mit anderen Systemkomponenten festlegt, und einer *Diskriminierungssprache* (*Sense Discrimination Language* SDL[301]) für die Bestimmung von Wortbedeutungen, mit der Kontextprüfungen ausgeführt und interne Kontrollinformationen abgefragt werden können, wird modellseitig wesentlich sauberer getroffen. So sind die Primitive der Interaktionssprache LIL derjenige Teil des Aktorensystems, der nunmehr direkt durch die Botschaftsaktoren repräsentiert wird[302] - eine unmittelbare Folge der Einbettung des Wortexpertenmodells in den Kontext des Aktorenmodells. Der linguistische Kern der Modellierung ist die Diskriminierungssprache SDL, die sich im hier beschriebenen Modell aus den in Kap.3 eingeführten allgemeinen Primitiven für die Interaktion mit dem Weltwissen (Kap. 3.1), dem Parser-Bulletin (Kap. 3.3) und den Wortexperten selbst (Kap. 3.2) sowie einigen in den Folgekapiteln noch einzuführenden, darauf aufbauenden Hauptfunktionen und -prädikaten zusammensetzt[303]. Die Umstellung

---

299 Die Spezifikation eines Aktorensystems wirft natürlich die Frage auf, ob diese Spezifikation auch konsistent ist und validiert werden kann. Im Aktorenmodell ist dafür ein Verfahren der symbolischen Evaluation entwickelt worden, das konventionellen Techniken der Programmverifikation, also einem Beweis, daß ein gegebenes Programm (Implementation) seine formale Spezifikation erfüllt, entspricht. Um aber eine symbolische Evaluation durchzuführen, muß eine Implementation (Code oder eine andere, speziellere Spezifikation), die die Spezifikation erfüllen soll, vorgegeben werden, um diese dann anhand der ursprünglichen Spezifikation symbolisch zu verifizieren. Darauf wird im Rahmen dieser Arbeit verzichtet. Ein detailliertes Beispiel für eine solche Prozedur geben HEWITT/SMITH 1975, S.36-38 bzw. YONEZAWA 1977, Kap.5 und 7.

300 SMALL 1980, S.103-115; SMALL/RIEGER 1982, S.100-104 bzw. SMALL 1987, S.180-186.

301 SMALL 1980, S.116-143; SMALL/RIEGER 1982, S.104-113 bzw. SMALL 1987, S.186-199.

302 Das Versenden von Botschaften ist die einzige Form der *Interaktion* zwischen den Aktoren.

des Modells ist jedoch nicht auf diesen typologischen Effekt beschränkt. Vielmehr sind alle in den hier vorgenommenen Spezifikationen verwendeten Primitive *formal* bestimmt, so daß ein wesentliches methodologisches Argument gegen die lediglich informal eingeführten Spezifikationssprachen[304] des Standardmodells mit der vorliegenden Arbeit entkräftet wird.

4.2.1 Administrative Aktoren

Ein Parsing-Prozeß wird in dem im folgenden spezifizierten lexikalisch verteilten Text-Parser durch die von außen gesetzte Botschaft **parse** in Gang gesetzt. Mit dem Empfang dieser Botschaft werden neben dem jeweiligen Eingabetext (EV 1) alle Wissensquellen des Wortexpertensystems initialisiert[305]. Dabei handelt es sich um die jeweilige *Weltwissensbasis* (s. Kap. 3.1), in der das konzeptuelle Wissen des Parsers repräsentiert ist (EV 2), die in der verteilten Textgrammatik verfügbaren *Wortexperten-Prototypen* (s. Kap. 3.2) - unterschieden nach Funktionshauptgruppen (lexikalischen Klassen) und innerhalb dieser Hauptgruppen nach besonderen Funktionszuständigkeiten, etwa der Anaphora- oder Ellipsenauflösung (EV 3) - und das *Parser-Bulletin* (s. Kap. 3.3), in dem der operationelle Ablauf der Textanalyse protokolliert und diverse Steuerungsinformationen für den Parsing-Prozeß abgelegt werden (EV 4):

EV 1 Initialisierung des Eingabetexts[306]

< event: [[**init_text** <= **parse**]]

< next-cond: (TX is [a TEXT (text-pos: 0) (text-token: @)]) >

< return: ***TX** > >

EV 2 Initialisierung der Weltwissensbasis[307]

< event: [[**init_knowledge_base** <= **parse**]]

< next-cond: (KB is [a KNOWLEDGE_BASE (base: FKB_i)

(status-f: ***f-weight***) (status-s: ***s-weight***) (status-v: ***v-weight***)]) >

< caused-ev: { [[**C** <= ***KB**]], [[**KB** <= **reset_knowledge_base**[0]]]$_{EV\text{-}44}$[308] } > >

---

303 Die dadurch charakterisierten Aktorenscripts sind die einzige Form der Spezifikation des *Verhaltens* eines Aktors auf den Empfang einer Botschaft. Mit dieser Festlegung der Interaktions- und Verhaltensformen ist ein Aktorensystem vollständig charakterisiert.

304 Zwar behauptet auch SMALL 1980, S.134, daß der entscheidende Beitrag seiner Arbeit in der Formalisierung der Spezifikationssprachen LIL und SDL liege. Dieser Einschätzung liegt aber die Annahme zugrunde, daß eine formale syntaktische Bestimmung und Verbalisierung von LISP-Funktionen (SMALL 1980, S.99) zur Kennzeichnung ihrer Semantik ausreiche. Diese, wenn auch verbreitete Form der Spezifikation von Beschreibungssprachen für Parser ist in Kap. 2.1 jedoch schon als methodologisch unzureichend verworfen worden.

305 Darunter sind die entsprechenden Aktoren, die die jeweilige Wissensquelle in Form von *conceptual representations* repräsentieren, zu verstehen, nicht aber die Wissensquellen selbst, auf die das Wortexpertensystem (als Konsequenz der hier eingenommenen ADT-Sicht) keinen direkten Zugriff hat.

Das erste oben beschriebene unmittelbare Folgeereignis ist die Zusendung der gerade kreierten Wissensbasis KB an den "kanonischen" Fortsetzungsaktor C (vgl. Kap. 2.3, AS 1-5). Diese Form der Darstellung macht explizit, daß das Ergebnis des Prozesses **init_knowledge_base**, die neu kreierte Wissensbasis KB, die "Antwort" auf die "Anfrage" **parse** im Rahmen des Ereignisses EV 2 ist. Diese Antwort wird dem Aktor zugesandt, der im (hier nicht spezifizierten) *reply-to*-Teil der Botschaft **parse** bezeichnet ist. Immer dann, wenn aus einer solchen Konstellation keine Weiterverzweigung der Prozesse resultiert, kann (s. Kap. 2.3) auf diesen "kanonischen" Fortsetzungsaktor in Aktorenbeschreibungen verzichtet werden. Die daraus folgende abgekürzte Schreibweise (im Sinne eines einfachen *return*-Statements) illustriert EV 1 am Beispiel des Text-Aktors TX. Eine Konstellation, die die Verwendung des kanonischen Fortsetzungsaktors ausschließt, zeigen die Schreiboperationen im Bulletin mit Aktivierungsbotschaften an Wortexperten (EV 10: Fälle 1 und 4; EV 11: Fall-2). Die dort kreierten Wortexperten gehen allesamt eine Antwortobligation an den explizit spezifizierten **watcher-of-the-skies**-Aktor ein. Als zweites Folgeereignis in EV 2 werden schließlich die gesamten Aktivierungsgewichte der kreierten Wissensbasis KB durch **reset_knowledge_base** auf Null gestellt: ***f-weight* = *s-weight* = *v-weight*** = 0.

Das folgende Ereignis EV 3 beschreibt die Kreierung der im folgenden benötigten Wortexperten-Prototypen. Alle diese Prototypen sind strukturell identisch mit der grundlegenden Datenstruktur WORD_EXPERT (s. Kap. 3.2, WX 1-2). Zu Subklassen dieser Datenstruktur werden sie durch die Instanziierung zweier Attribute: der Angabe des Typs der lexikalischen Klasse, deren Verhalten sie repräsentieren (wex-type), und der entsprechenden Menge lexikalischer Elemente dieser Klasse (lex-class). In der eigentlichen Spezifikation der Textgrammatik in Kap. 4.2.2 und Kap. 4.2.3 wird dann die funktionale Spezialisierung jedes dieser Prototypen auf ein bestimmtes sprachliches Phänomen (Anaphora, Nominalkomposition, textuelle Ellipsen usf.) deutlich werden. Die so kreierten Wortexperten-Prototypen werden während eines Text-Parse lediglich für den Zweck herangezogen, zusammen mit Daten aus der aktuellen Textkonstellation (Textposition und dort auftretendes Texttoken) strukturgleiche Kopien (Instanzen) von Wortexperten zu erzeugen, die das Text-Parsing dann tatsächlich durchführen - sie bilden also nur ein stereotypes Grundmuster auf der höchsten Stufe der Wortexperten-Generalisierungshierarchie.

---

306 Zur Spezifikation der Datenstruktur TEXT in Form von *conceptual representations*, s. TX 1-3.

307 Zur Spezifikation der Datenstruktur KNOWLEDGE_BASE in Form von *conceptual representations*, s. FR 1-3.

308 Zur Erleichterung der Orientierung im Botschaftsverkehr sind alle Botschaften mit einem Index versehen, der die Nummer des jeweiligen Ereignisses im hier beschriebenen Aktorensystem bezeichnet. So bedeutet $[[...]]_{EV-44}$, daß die Ankunft des Aktors **reset_knowledge_base** beim Zielaktor KB in Ereignis EV 44 (s. Kap. 4.2.4) detailliert beschrieben ist.

EV 3 Initialisierung der Wortexperten[309]

< event: [[**init_word_experts <= parse**]]

< next-cond: (NA_EXPERT is [a WORD_EXPERT (wex-type: frame) (lex-class: F_NAMES)
(wex-pos: @) (value: @) (state: @) (act-type: @) (act-plist: [])])
(LC_EXPERT is [a WORD_EXPERT (wex-type: frame) (lex-class: F_NAMES)
(wex-pos: @) (value: @) (state: @) (act-type: @) (act-plist: [])])
(LC_Core_EXPERT is [a WORD_EXPERT (wex-type: frame) (lex-class: F_NAMES)
(wex-pos: @) (value: @) (state: @) (act-type: @) (act-plist: [])])
(PC_EXPERT is [a WORD_EXPERT (wex-type: frame) (lex-class: F_NAMES)
(wex-pos: @) (value: @) (state: @) (act-type: @) (act-plist: [])])
(TLC_EXPERT is [a WORD_EXPERT (wex-type: frame) (lex-class: F_NAMES)
(wex-pos: @) (value: @) (state: @) (act-type: @) (act-plist: [])])
(LNA_EXPERT is [a WORD_EXPERT (wex-type: frame) (lex-class: F_NAMES ∪ S_VALUES)
(wex-pos: @) (value: @) (state: @) (act-type: @) (act-plist: [])])
(LNC_EXPERT is [a WORD_EXPERT (wex-type: frame) (lex-class: F_NAMES ∪ S_VALUES)
(wex-pos: @) (value: @) (state: @) (act-type: @) (act-plist: [])])
(ATT_EXPERT is [a WORD_EXPERT (wex-type: attribute) (lex-class: ATTRIBUTES)
(wex-pos: @) (value: @) (state: @) (act-type: @) (act-plist: [])])
(ATT_Core_EXPERT is [a WORD_EXPERT (wex-type: attribute) (lex-class: ATTRIBUTES)
(wex-pos: @) (value: @) (state: @) (act-type: @) (act-plist: [])])
(Focus_EXPERT is [a WORD_EXPERT (wex-type: paragraph) (lex-class: EOP)
(wex-pos: @) (value: @) (state: @) (act-type: @) (act-plist: [])])
(Base_CoM_EXPERT is [a WORD_EXPERT* [310] (wex-type: paragraph) (lex-class: EOP)
(wex-pos: @) (test-pos: @) (value: @) (state: @) (act-type: @) (act-plist: [])])
(Comp_CR_EXPERT is [a WORD_EXPERT (wex-type: paragraph) (lex-class: EOP)
(wex-pos: @) (value: @) (state: @) (act-type: @) (act-plist: [])]) >[311]

< return: { *NA_EXPERT, *LC_EXPERT, *LC_Core_EXPERT, *PC_EXPERT, *TLC_EXPERT,
*LNA_EXPERT, *LNC_EXPERT, *ATT_EXPERT, *ATT_Core_EXPERT,
*Focus_EXPERT, *Base_CoM_EXPERT, *Comp_CR_EXPERT } > >

---

309 Zur Spezifikation der Datenstruktur WORD_EXPERT in Form von *conceptual representations* s. WX 1-2.

310 Dieser Wortexperte weicht von der uniformen Struktur der Wortexperten dadurch ab, daß er ein zusätzliches Attribut (test-pos) enthält. Die Indizierung durch den Stern soll andeuten, daß hier vom üblichen Spezialisierungsmuster bei der Bildung von Unterklassen abgewichen wird. Dieses übliche Muster besteht darin, daß durch *Wertebelegung* in sonst strukturgleichen Beschreibungen Klassenhierarchien entstehen. Hier wird vom Strukturmittel der *Hinzufügung weiterer Eigenschaften* Gebrauch gemacht, auf das sonst im Rahmen der Wortexperten-Spezifikationen verzichtet wird.

311 Eine Folge von Zustandsbeschreibungen in einer Bedingung ist implizit durch 'und' verknüpft, nur Disjunktionen werden explizit geschrieben.

EV 4 Initialisierung des Parser-Bulletins[312]

< event: [[init_bulletin <= parse]]

< next-cond: (BT is [a BULLETIN (pos: 1) (token: @) (index: 0) (parsed: []) (desc: @)]) >

< return: *BT > >

In verteilten Systemen müssen Anfrage- bzw. Änderungsoperationen auf (Daten-)Objekten synchronisiert werden, um sie vor unkontrollierten Zugriffen auf deren Zustandsvariablen zu schützen. Eines der am weitesten ausformulierten Synchronisationskonstrukte im Aktorenmodell ist die Ummantelung des jeweiligen Objekts durch eine Schutzhülle (*guardian*) derart, daß parallele Anfragen an die Ressource nach einem frei wählbaren Entscheidungsmuster serialisiert werden, so daß schließlich stets nur eine Anfrage an die Ressource weitergegeben und erst nach ihrer Beantwortung die nächste Anfrage bedient wird[313]. Jeder Aktor, der seine lokalen Zustände verändern kann, muß daher ein in dieser Form *serialisierter Aktor*[314] sein. Da die Ankunftsunterordnung der Präzedenzordnung (s. Kap. 2.3; AS 3-3 und AS 3-4) bereits den Fall des gleichzeitigen Eintreffens mehrerer Botschaften beim selben Aktor durch eine Schiedsrichterinstanz im Sinne einer totalen Ordnung reguliert, ist für die Spezifikation des lexikalisch verteilten Text-Parsers lediglich dafür zu sorgen, daß die so geordneten Ereignisse (das Eintreffen verschiedener Botschaften beim selben Aktor) z.B. auf einer *first-come-first-served*-Basis auch bedient werden. Jeder serialisierte Aktor besitzt folglich eine Botschaftsschlange, die nach einem verabredeten Muster abgearbeitet wird. Dafür wird folgendes *Scheduling*-Schema[315] definiert:

EV 5 Scheduling-Schema für den Zugriff verschiedener Botschaften auf denselben Aktor (*First-Come-First-Served*)

< for-events: E, E' ::

E = [[TX <= M]], E' = [[TX <= M']] v

E = [[KB <= M]], E' = [[KB <= M']] v

E = [[XP <= M]], E' = [[XP <= M']] v

E = [[BT <= M]], E' = [[BT <= M']]

312 Zur Spezifikation der Datenstruktur BULLETIN in Form von *conceptual representations* s. BT 1-2.

313 YONEZAWA/HEWITT 1977; insbesondere aber HEWITT/ATTARDI/LIEBERMAN 1979.

314 Vgl. etwa LIEBERMAN 1981a, S.12 zu solchen *one-at-a-time*-Aktoren.

315 Analog zu den Vorschlägen in YONEZAWA/HEWITT 1977, S.372. EV 5 beschreibt im übrigen ein generelles Verhaltensaxiom für die lexikalisch verteilte Textgrammatik.

< pre-cond: (TX is [a TEXT (text-pos: i) (text-token: w)])
(KB is [a KNOWLEDGE_BASE (base: FKB)
(status-f: ***f-weight***) (status-s: ***s-weight***) (status-v: ***v-weight***)])
(XP is [a WORD_EXPERT (wex-type: wt) (lex-class: LC) (wex-pos: xp) (value: xv)
(state: xs) (act-type: at) (act-plist: [pl])])
(BT is [a BULLETIN (pos: i) (token: w) (index: j) (parsed: [lst]) (desc: d)])
(***Precedes_In_Arrival***(E, E')) >
< next-cond: (***Precedes_In_Arrival***(reply-for[E], reply-for[E'])) >
< caused-ev: { **reply-for**[E], **reply-for**[E'] } > >

Die in EV 5 gegebene Spezifikation ist so zu interpretieren: Für zwei beliebige Ankunftsereignisse von Botschaften M und M' bei den für das Parsing zentralen Aktoren "Text" (TX), "Wissensbasis" (KB), beliebigen Wortexperten (XP) und "Parser-Bulletin" (BT) gilt folgende Abarbeitungsordnung: Wenn für alle diese Aktoren die in pre-cond spezifizierten Zustandsbeschreibungen gelten und das Ereignis E dem Ereignis E' für einen beliebigen dieser Aktoren in der Ankunftsordnung (vgl. Kap.2.3, AS 3-3) *vorangeht*, dann geht auch die Antwort des davon betroffenen Aktors für das Ereignis E stets der Antwort auf das Ereignis E' voran (s. next-cond) - m.a.W. alle für Ereignis E relevanten Berechnungen werden abgeschlossen, bevor Ereignis E' behandelt wird. Zugleich wird eine Antwortobligation sowohl für E als auch für E' eingegangen (s. caused-ev), d.h. keine an einen beliebigen Aktor gerichtete Botschaft bleibt unbeantwortet.

Nachdem alle Wissensquellen des Wortexpertensystems initialisiert sind, läuft der eigentliche Parsing-Prozeß an. Dies geschieht durch die Bestimmung und umgehende Annotation, d.h. Identifizierung der lexikalischen Klasse des ersten Texttokens:

EV 6 Initialisierung des Parsing-Prozesses[316]

< event: [[**TX** <= **parse**]]

< pre-cond: (***Precedes***([[init_text <= parse]], [[TX <= parse]]))
(***Precedes***([[init_knowledge_base <= parse]], [[TX <= parse]]))
(***Precedes***([[init_word_experts <= parse]], [[TX <= parse]]))
(***Precedes***([[init_bulletin <= parse]], [[TX <= parse]]))
(TX is [a TEXT (text-pos: 0) (text-token: @)]) >
< next-cond: (TX is [a TEXT (text-pos: 1) (text-token: ***succ***(0))]) >
< caused-ev: [[**TX** <= **annot**]]$_{EV\text{-}9}$ > >

---

316 Mit dieser Formulierung von EV 6 sind alle oben eingeführten Wissensquellen des Parsers jeweils Bekanntschaften voneinander (vgl. AS 1-3) und können damit miteinander direkt kommunizieren.

EV 6 erfaßt als Spezialfall den in EV 7 allgemein beschriebenen Vorgang des Weiterschaltens der aktuellen Textposition und der damit verbundenen Positionierung auf das jeweils nächste Texttoken. Die gesonderte Behandlung dieses Falles ist nötig, da bei der Initialisierung des Parsing-Prozesses sichergestellt sein muß, daß alle Wissensquellen auch tatsächlich initialisiert sind (dies wird durch die Abfolge der ***Precedes***-Kriterien in den Vorbedingungen von EV 6 sichergestellt). Andererseits kann auf die Aktualisierung der Bulletinposition (EV 8) verzichtet werden, da diese zu Beginn des Parse bereits korrekt initialisiert ist (EV 4). Inhaltliche Interpretationen des von EV 7 ermittelten neuen Texttokens werden erst in EV 9 ausgeführt. Dort sichert auch Fall-6, daß das Textende nicht überlesen wird und der u.s. Default-Fall tatsächlich eine pathologische Situation beschreibt.

EV 7 Scanning

< event: [[**TX <= new_token**]]

[case-1:

< pre-cond: (TX is [*a* TEXT (text-pos: i) (text-token: w_i)])

(***N_Eq***(***succ***(i), *)) >

< next-cond: (TX is [*a* TEXT (text-pos: i+1) (text-token: ***succ***(i))]) >

< caused-ev: [[**BT <= inc_bull**]]$_{EV\text{-}8}$ >]

[default:

< caused-ev: [[**complaint-dept <= run_out_of_text**]] >] >

Jede Modifikation des Zustands des Text-Aktors zieht unmittelbar eine entsprechende Anpassung des Parser-Bulletins nach sich (EV 8). Zugleich ist das Parser-Bulletin dann vor Schreibzugriffen auf nicht-aktuelle Positionen geschützt, d.h. das Protokoll wird zur Parsing-Historie und damit zu einer eigenständigen Wissensquelle. Nach der Aktualisierung seiner Positionsvariablen sendet das Bulletin einen Annotierungsauftrag an den Text-Aktor.

EV 8 Aktualisierung des Parser-Bulletins

< event: [[**BT <= inc_bull**]]

< pre-cond: (BT is [*a* BULLETIN (pos: i) (token: w) (index: j) (parsed: [lst]) (desc: d)]) >

< next-cond: (BT is [*a* BULLETIN (pos: i+1) (token: @) (index: 0) (parsed: []) (desc: @)]) >

< caused-ev: [[**TX <= annot**]]$_{EV\text{-}9}$ > >

Der folgende Annotationsprozeß dient der Zuordnung des aktuellen Texttokens zu einer lexikalischen Klasse. Durch diese Zuordnung wird später der Wortexperte, der das Verhalten der Elemente der jeweiligen lexikalischen Klasse repräsentiert, mit diesem Texttoken initialisiert (vgl. EV 13). Folgende Fälle können für EV 9 unterschieden werden:

* **Fall-1**: Das grundformenreduzierte Texttoken bezeichnet einen Framenamen in der Weltwissensbasis - diese Feststellung bewirkt (Botschaft: **f_increment**), daß das entsprechende Element im Weltwissen umgehend (und ggf. vorläufig) aktiviert wird, um als unmittelbarer Referenzpunkt für die an der aktuellen Textposition anstehenden Tests zu dienen[317].
* **Fall-2**: Behandlung von Nominalkomposita (z.B.: *16-bit-Cpu*, *Verwaltungscomputer* usw.) - das vollständige grundformenreduzierte Texttoken ist kein Framename in der Weltwissensbasis, ein rechtsbündig stehendes Fragment des Kompositums erfüllt jedoch diese Bedingung (etwa *Cpu* und *Computer* in den o.g. Beispielen); mit diesem lexikalischen Bestandteil wird vorläufig operiert (desc: cand-frame), um die Bedingungen für die Kreierung eines neuen Konzepts im Weltwissen zu prüfen.
* **Fall-3**: Das grundformenreduzierte Texttoken bezeichnet ein lexikalisches Element, das in einer der lexikalischen Klassen der Wortexpertenbasis, nicht jedoch in der Weltwissensbasis enthalten ist; dementsprechend wird dann auch der Tokentyp dieses grammatikalisch relevanten Textworts in der Wortexpertenbasis ermittelt - hier stehen im Gegensatz zur Weltwissensbasis mehrere Typen zur Wahl (etwa: (Adjektiv-)Attribut, Quantor, Konnektiv usw.).
* Fall-4 bis Fall-6: Behandlung formaler Textsegmente: in **Fall-4** das Satzende, in **Fall-5** das Paragraphenende und in **Fall-6** das Textende - jede dieser formalen Textgrenzen bewirkt unterschiedliche Operationen des Parsers (s.a. EV 10).
* Der **Default-Fall** erfaßt schließlich die Kennzeichnung eines unbekannten Texttokens durch des Deskriptor nil.

Bis auf die Fälle 1 und 6 wird stets ein Folgeereignis bewirkt, das auf eine Modifikation der Einträge des Parser-Bulletins zielt (Botschaft: **upd_bulletin**). Fall-1 weicht von diesem Schema durch die umgehende (und ggf. vorläufige) Aktivierung des im Text aufgetretenen Konzepts im Weltwissen ab (danach stößt der Aktor, der das Weltwissen repräsentiert, eine entsprechende Protokollierung im Bulletin an; s. EV 40), während Fall-6 beim Auftreten der Textendemarkierung das Ende des Parsing-Prozesses markiert.

EV 9 (Annotation)

< event: [[**TX** <= **annot**]]

[case-1:

< pre-cond: (TX is [a TEXT (text-pos: i) (text-token: w_i)])

(***Exist_f***(FKB, ***norm***(w_i))) >

< caused-ev: [[**KB** < = **f_increment**[***norm***(w_i)]]$_{EV\text{-}40}$ >]

317 Dieser Vorgang entspricht der Absicht, aus dem gesamten Weltwissen denjenigen Teil auszugrenzen, der durch den Text aktualisiert wird. Nur wenn eine nominale Anaphora vorliegt, wird diese Default-Aktivierung des im Text aufgetretenen Konzepts wieder rückgängig gemacht und stattdessen das Aktivierungsgewicht des zu bestimmenden Antezedens erhöht (s. EV 15).

[case-2:

< pre-cond: (TX is [a TEXT (text-pos: i) (text-token: w_i)])

(¬ ***Exist_f***(FKB, ***norm***(w_i)))

(***Exist_f***(FKB, ***norm***(***select***(last, ***decomp***(w_i))))) >

< caused-ev: [[**BT** <= (**upd_bulletin** (pos: i) (token: w_i)

(parsed: [***norm***(***select***(last, ***decomp***(w_i)))])

(desc: cand-frame))]]$_{EV-10}$ >]

[case-3:

< pre-cond: (TX is [a TEXT (text-pos: i) (text-token: w_i)])

(¬ ***Exist_f***(FKB, ***norm***(w_i)))

(***Exist_Lex***(***norm***(w_i))) >

< caused-ev: [[**BT** <= (**upd_bulletin** (pos: i) (token: w_i) (parsed: [***norm***(w_i)])

(desc: ***get-type***(***norm***(w_i))))]]$_{EV-10}$ >]

[case-4:

< pre-cond: (TX is [a TEXT (text-pos: i) (text-token: w_i)])

(***Eq***(w_i, '.') v ***Eq***(w_i, '!') v ***Eq***(w_i, '?') v ***Eq***(w_i, ':')) >

< caused-ev: [[**BT** <= (**upd_bulletin** (pos: i) (token: w_i) (parsed: [w_i])

(desc: clause))]]$_{EV-10}$ >]

[case-5:

< pre-cond: (TX is [a TEXT (text-pos: i) (text-token: w_i)])

(***Eq***(w_i, 'end_of_paragraph') v ***Eq***(w_i, 'end_of_title')) >

< caused-ev: [[**BT** <= (**upd_bulletin** (pos: i) (token: w_i) (parsed: [w_i])

(desc: paragraph))]]$_{EV-10}$ >]

[case-6:

< pre-cond: (TX is [a TEXT (text-pos: i) (text-token: w_i)])

(***Eq***(w_i, 'end_of_text')) >

< return: **parsed**[318] >]

[default:

< caused-ev: [[**BT** <= (**upd_bulletin** (pos: i) (token: w_i) (parsed: []) (desc: nil))]]$_{EV-10}$ >] >

Die folgenden beiden Ereignisse erfassen Schreiboperationen auf und daraus folgende Aktualisierungen von Zustandsvariablen im Bulletin des Parsers. In EV 10 wird das Schreiben von Haupteinträgen behandelt, d.i. derjenige Eintrag, mit dem ein neues Texttoken und sein Typ protokolliert wird. Kann der Eintrag korrekt geschrieben werden (***t-put-bull*** ≠ fail), dann ergeben sich abhängig von der Typ-Charakteristik des Texttokens folgende Unterschiede bei den dann initiierten Aktionen des Parsers:

* **Fall-1**: Beschreibt die Konstellation beim Vorliegen eines Texttokens, das mit einem Element der in den Wortexpertenbeschreibungen festgelegten lexikalischen Klassen übereinstimmt.[319] Dies hat dann die Aufforderung zur Initialisierung des entsprechenden Wortexperten zur Folge (Botschaft: **ld_expert**). Der durch **selector** (s. EV 13) ausgewählte Wortexperte geht eine Obligation mit dem Überwachungsprozeß für aktive Wortexperten (**watcher-of-the-skies**, s. EV 12) ein derart, daß er seine Terminierung oder Unterbrechung an diesen Prozeß zurückmeldet.

* Fall-2/3: Behandelt die Situation, daß das aktuelle Textelement ein unbekanntes Token (**Fall-2**) oder ein Satzendesymbol (**Fall-3**) ist und somit das nächste Texttoken angefordert wird (Botschaft: **new_token**).

* **Fall-4**: Dient der Behandlung des Paragraphenendesymbols, dem hier besondere Geltung für das Parsing zukommt - zum einen stößt es eine ausgezeichnete Gruppe von Textkohärenzaktoren (für die Bestimmung des jeweils vorliegenden thematischen Progressionsmusters) an (Botschaft: **ld_expert**), zum anderen dient es in der vorliegenden Formulierung des Wortexpertensystems zur Initialisierung des Aktors, der den aktuellen Fokus-Frame im Weltwissen berechnet (Botschaft: **condensate**)[320].

* **Fall-5**: In diesem Fall wird den Besonderheiten der tentativen Nominal-Dekomposition Rechnung getragen und der vermutliche Kopf des Kompositums als Frame protokolliert; mit der Botschaft **upd_parse** werden dann die weiteren Fragmente des dekomponierten Kompositums sukzessive eingetragen (zur entsprechenden Prozedur s. EV 11).

---

318 Diese Form der Beendigung des Parsing-Prozesses ist vorläufig. Wenn die bislang auf das Absatzende begrenzten Kohärenztests auf den gesamten Text ausgeweitet werden, wird hier der entsprechende Aufruf (Botschaft: **ld_expert**) für daran adaptierte Textkohärenzaktoren eingefügt werden.

319 Da die Menge möglicher lexikalischer Klassenbezeichner größer ist als die der auszuschliessenden formalen Textsegmente, ergibt sich die gewählte Form der negativen Ausgrenzung der Fälle.

320 Die Fokus-Berechnung ist zugleich ein Teil der Textzusammenfassungsprozeduren im TOPIC-System (s. HAHN/REIMER 1986 zur Vielfalt der Kondensierungsoptionen). Sie ist auch deswegen hier berücksichtigt, um die mögliche Anbindung der entsprechenden Systemkomponente zur Textkondensierung an die hier vorliegende Spezifikation deutlich zu machen. Dabei ist die jeweilige Neuberechnung des Fokus am Absatzende noch eine relativ unflexible Lösung für dieses Problem.

EV 10 Modifikation des Parser-Bulletins: Schreiben des Haupteintrags

< event: [[**BT** <= (**upd_bulletin** (pos: i) (token: w_i) (parsed: [p_1]) (desc: d))]][321]

[case-1:

< pre-cond: (***N_Eq***(d, nil))
(***N_Eq***(d, clause))
(***N_Eq***(d, paragraph))
(***N_Eq***(d, cand-frame))
(BT is [a BULLETIN (pos: i) (token: @) (index: 0) (parsed: []) (desc: @)])
(***N_Eq***(***t-put-bull***(i, w_i, { (0, [p_1], d) }, BT), fail)) >

< next-cond: (BT is [a BULLETIN (pos: i) (token: w_i) (index: 0) (parsed: [p_1]) (desc: d)])
(BT is [a BULLETIN (pos: i) (token: w_i) (index: 1)[322]]) >

< caused-ev: [[**selector** <== (request: (**ld_expert** (text-pos: i) (value: p_1) (type: d))
reply-to: **watcher-of-the-skies**)]]$_{EV\text{-}13}$ >]

[case-2:

< pre-cond: (***Eq***(d, nil))
(BT is [a BULLETIN (pos: i) (token: @) (index: 0) (parsed: []) (desc: @)])
(***N_Eq***(***t-put-bull***(i, w_i, { (0, [], nil) }, BT), fail)) >

< next-cond: (BT is [a BULLETIN (pos: i) (token: w_i) (index: 0) (parsed: []) (desc: nil)]) >

< caused-ev: [[**TX** <= **new_token**]]$_{EV\text{-}7}$ >]

[case-3:

< pre-cond: (***Eq***(d, clause))
(BT is [a BULLETIN (pos: i) (token: @) (index: 0) (parsed: []) (desc: @)])
(***N_Eq***(***t-put-bull***(i, w_i, { (0, [w_i], clause) }, BT), fail)) >

< next-cond: (BT is [a BULLETIN (pos: i) (token: w_i) (index: 0) (parsed: [w_i]) (desc: clause)]) >

< caused-ev: [[**TX** <= **new_token**]]$_{EV\text{-}7}$ >]

---

321 Botschaften sind nicht nur Kontrolltoken, sondern können, wie dieses Beispiel zeigt, auch Listen von Daten enthalten.

322 Diese verkürzte Form der Darstellung von BT als [a BULLETIN (pos: i) (token: w_i) (index: 1) (parsed: []) (desc: @)] entspricht einer *Default-Wertübertragung* in der Form, daß jedem Parameter von identischen Instanzen (hier: BT), der nicht explizit erwähnt wird, der in pre-cond spezifizierte Wert übertragen wird. Diese Konvention erlaubt die Notationsverabredung, alle unveränderten Parameter nicht zu wiederholen.

[case-4:

< pre-cond: (***Eq***(d, paragraph))

(BT is [a BULLETIN (pos: i) (token: @) (index: 0) (parsed: []) (desc: @)])

(***N_Eq***(***t-put-bull***(i, w_i, { (0, [w_i], paragraph) }, BT), fail)) >

< next-cond: (BT is [a BULLETIN (pos: i) (token: w_i) (index: 0) (parsed: [w_i]) (desc: paragraph)])

(BT is [a BULLETIN (pos: i) (token: w_i) (index: 1)]) >

< caused-ev: { [[**selector** <== (request: (**ld_expert** (text-pos: i) (value: w_i) (type: paragraph))

reply-to: **watcher-of-the-skies**)]]$_{EV-13}$,

[[**text-transform** <== (request: (**condensate** (text-pos: i) (value: w_i))

reply-to: **watcher-of-the-skies**)]]$_{EV-33}$} >]

[case-5:

< pre-cond: (***Eq***(d, cand-frame))

(BT is [a BULLETIN (pos: i) (token: @) (index: 0) (parsed: []) (desc: @)])

(***N_Eq***(***t-put-bull***(i, w_i, { (0, [p_1], frame) }, BT), fail)) >

< next-cond: (BT is [a BULLETIN (pos: i) (token: w_i) (index: 0) (parsed: [p_1]) (desc: frame)])

(BT is [a BULLETIN (pos: i) (token: w_i) (index: 1)]) >

< caused-ev: [[**BT** <= (**upd_parse** (parsed: [***norm***(***partial-concat***(***decomp***(w_i)))])

(desc: cand-frame))]]$_{EV-11}$ >]

[default:

< return: **done** >] >

Die nur auf die Ergänzung seines Parse-Teils ausgerichtete Erweiterung eines Bulletineintrags wird in EV 11 behandelt. Zwei Muster von Einträgen können unterschieden werden: Einträge von Fragmenten eines dekomponierten Kompositums und Einträge von Lesarten, die Wortexperten erzeugt haben und in der Weltwissensbasis auch umgesetzt worden sind. Wenn die Operation zur Ergänzung der Parse-Daten korrekt ausführbar ist (***a-put-bull*** ≠ fail), können folgende Einzelfälle unterschieden werden:

* Fall-1/2: Nachdem in EV 10-5 der vermutliche Kopf eines Kompositums als Haupteintrag protokolliert worden ist (Bsp.: der Kopf des Kompositums *IBM-Halbleitertechnologie-Labor* ist *Labor*) werden in **Fall-1** weitere Bestandteile des Kompositums (analog zum o.g. Beispiel also *Technologie* und *Halbleiter*) und in **Fall-2** schließlich das letzte Fragment protokolliert (dem entspricht dann im gerade betrachteten Beispiel *IBM*); ferner wird in diesem Fall die Aufforderung zur Initialisierung des entsprechenden Wortexperten ausgesandt (Botschaft: **ld_expert**).
* **Fall-3** deckt schließlich die Protokollierung einer von einem Wortexperten ermittelten Lesart ab (zur Erarbeitung von Lesarten, vgl. Kap. 4.2.2 und 4.2.3, zur Typologie von Lesarten, s. Kap. 4.2.4):

EV 11 Modifikation des Parser-Bulletins: Schreiben von Parseeinträgen

< event: [[**BT** <= (**upd_parse** (parsed: [p_1,..., p_n]) (desc: d))]]

[case-1:

< pre-cond: (***Eq***(d, <u>cand-frame</u>))

(BT is [<u>a</u> BULLETIN (pos: i) (token: w_i) (index: j) (parsed: []) (desc: @)])

(j > 0)

(***N_Eq***(***decomp***(p_1), *))

(***N_Eq***(***a-put-bull***(i, { (j, [***norm***(***select***(<u>last</u>, ***decomp***(p_1)))], d) }, BT), <u>fail</u>)) >

< next-cond: (BT is [<u>a</u> BULLETIN (index: j) (parsed: [***norm***(***select***(<u>last</u>, ***decomp***(p_1)))])

(desc: d)])

(BT is [<u>a</u> BULLETIN (index: j+1)]) >

< caused-ev: [[**BT** <= (**upd_parse** (parsed: [***norm***(***partial-concat***(***decomp***(p_1)))])

(desc: <u>cand-frame</u>))]]$_{EV\text{-}11}$ >]

[case-2:

< pre-cond: (***Eq***(d, <u>cand-frame</u>))

(BT is [<u>a</u> BULLETIN (pos: i) (token: w_i) (index: j) (parsed: []) (desc: @)])

(j > 0)

(***Eq***(***decomp***(p_1), *))

(***N_Eq***(***a-put-bull***(i, { (j, [***norm***(p_1)], d) }, BT), <u>fail</u>)) >

< next-cond: (BT is [<u>a</u> BULLETIN (index: j) (parsed: [***norm***(p_1)]) (desc: d)])

(BT is [<u>a</u> BULLETIN (index: j+1)]) >

< caused-ev: [[**selector** <== (request: (**Id_expert** (text-pos: i)

(value: ***norm***(***select***(<u>last</u>, ***decomp***(w_i))))

(type: <u>cand-frame</u>))

reply-to: **watcher-of-the-skies**)]]$_{EV\text{-}13}$ >]

[case-3:

< pre-cond: (***N_Eq***(d, <u>cand-frame</u>))

(BT is [<u>a</u> BULLETIN (pos: i) (token: w_i) (index: j) (parsed: []) (desc: @)])

(j > 0)

(***N_Eq***(***a-put-bull***(i, { (j, [p_1,...,p_n], d) }, BT), <u>fail</u>)) >

< next-cond: (BT is [<u>a</u> BULLETIN (index: j) (parsed: [p_1,...,p_n]) (desc: d)])

(BT is [<u>a</u> BULLETIN (index: j+1)]) >

< return: **done** >] >

Der letzte zu betrachtende administrative Aktor interpretiert die von verschiedenen Wortexperten eintreffenden Terminierungsmeldungen (symbolisch: **C <= done**). Jede dieser der Kommunikation zwischen Wortexperten dienenden Rückmeldungen geht in der Präzedenzordnung den Rückmeldungen an **watcher-of-the-skies** voran (erste Bedingung in pre-cond). Erst wenn keiner der zunächst angelaufenen Wortexperten mehr aktiv ist (also alle aktuell instanziierten Wortexperten entweder terminiert oder deaktiviert sind; vgl. dazu die zweite Bedingung in pre-cond), wird das nächste Texttoken angefordert (Botschaft: **new_token**). Der Grund für diesen Schutz von laufenden Wortexperten liegt darin, daß diese Objekte auf Zustandsbeschreibungen des Texts und des Bulletins zugreifen, die mit ihren aktuellen Positionsmarken übereinstimmen müssen, um korrekte Analyseergebnisse zu garantieren:

EV 12 Interpretation der Terminierungsmeldungen abgearbeiteter Wortexperten

< event: [[**watcher-of-the-skies** <= **done**]]

[case-1:

< pre-cond: (***Precedes***([[C <= done]], [[watcher-of-the-skies <= done]]))

(¬ XP[323] is [_a_ WORD_EXPERT (wex-type: t) (wex-pos: i) (value: w) (state: _running_)

(act-type: @) (act-plist: [pl])]) >

< caused-ev: [[**TX** <= **new_token**]]$_{EV\text{-}7}$ >]

[default:

< return: **no_action_taken** >] >

Beispiel-17

Um die Gewöhnung an den Umgang mit diesem Formalismus zu fördern, wird an dieser Stelle eine häufig wiederkehrende Standardsituation des Parsers ausgeführt - das Lesen eines neuen (hier speziell des ersten) Texttokens, von dem sich herausstellt, daß es in keiner der Wissensquellen aufgeführt ist (Behandlung des unbekannten Textworts). Als Grundlage wird auch hier der Text in Appendix-3 herangezogen.

Nach dem Empfang der Initialisierungsbotschaft **parse** werden die Wissensquellen des lexikalisch verteilten Text-Parsers mit folgenden Ausprägungen ihrer Zustandsvariablen initialisiert:

(TX is [_a_ TEXT (text-pos: 0) (text-token: @)])

(KB is [_a_ KNOWLEDGE_BASE (base: FKB) (status-f: ***f-weight***) (status-s: ***s-weight***) (status-v: ***v-weight***)])

(XP is [_a_ WORD_EXPERT (wex-type: wt) (lex-class: LC) (wex-pos: @) (value: @) (state: @) (act-type: @)

(act-plist: [])])

(BT is [_a_ BULLETIN (pos: 1) (token: @) (index: 0) (parsed: []) (desc: @)])

---

323 XP ist hier als eine Variable zu lesen, die die Zustände aller im System befindlichen Wortexperten (zur Vollständigkeit s. EV 3) beschreibt.

Dadurch, daß die einzelnen Aktoren für die Initialisierung der Wissensquellen die in den Vorbedingungen von EV 6 geforderte partielle Vorgängerpräzedenz erfüllt haben und insbesondere der Text-Aktor TX den ebenfalls geforderten Anfangszustand erfüllt, kann der eigentliche Parsing-Prozeß in Gang kommen und die erste nicht-initiale Zustandsveränderung in einem Aktor vorgenommen werden. Der Text-Aktor TX verändert seinen lokalen Zustand von

(TX is [a TEXT (text-pos: 0) (text-token: @)])

zu

(TX is [a TEXT (text-pos: 1) (text-token: *Im*[324])]).

Das von EV 6 unmittelbar bewirkte Ereignis

[[**TX <= annot**]]

matcht direkt mit dem für EV 9 verbindlichen Aktivierungsmuster. Da *Im* weder ein Element des Weltwissens (EV 9-1 bzw. EV 9-2) noch des übrigen lexikalischen Repertoires des Wortexpertensystems (EV 9-3) noch identisch mit einem (Ab)Satz- oder Textendesymbol ist (EV 9-4 bis EV 9-6), trifft der Default-Fall von EV 9 zu und damit das Senden der Botschaft

(**upd_bulletin** (pos: 1) (token: *Im*) (parsed: []) (desc: nil))

an das Parser-Bulletin. Das Ereignismuster

[[**BT** <= (**upd_bulletin** (pos: 1) (token: *Im*) (parsed: []) (desc: nil))]]

matcht mit dem für EV 10 zutreffenden Aktivierungsmuster und erfüllt in diesem Ereignis die Bedingungen von EV 10-2:

Eq(nil, nil)
BT is [a BULLETIN (pos: 1) (token: @) (index: 0) (parsed: []) (desc: @)]
N_Eq(***t-put-bull***(1, *Im*, { (0, [], nil) }, BT), fail)[325]

Unmittelbare Konsequenz einer durchgeführten Erweiterung der BULLETIN-Menge ist die Protokollierung im entsprechenden Aktor BT, d.h. es findet folgender Zustandsübergang von pre-condition

(BT is [a BULLETIN (pos: 1) (token: @) (index: 0) (parsed: []) (desc: @)])

zu next-condition

(BT is [a BULLETIN (pos: 1) (token: *Im*) (index: 0) (parsed: []) (desc: nil)])

---

324 *Im* ist das erste Textwort des Beispieltexts in Appendix-3. *Im* ist damit der Wert der Funktion ***succ***(0) (s. Kap. 3.3.1; TX 1-2), angewandt auf diesen Text.

325 Die Funktion ***t-put-bull*** (s. Kap. 3.3.3.2; BT 9-1) fügt das Argument-4-Tupel der Menge BULLETIN (Kap. 3.3.2, BT 1-1) hinzu.

statt. Diese Struktur ist nun identisch mit der ersten Eintragszeile im Beispiel-Parse in Appendix-3. Mit der Anforderung eines neuen Tokens durch das Ereignismuster

[[**TX <= new_token**]]

wird EV 7 aktiviert und der Parse-Prozeß mit dem zweiten Textwort (*Blickpunkt*) fortgesetzt.

4.2.2 Semantischer Kern der lexikalisch verteilten Textgrammatik: Kohäsionsaktoren für lokale Verkettungsprozesse in Texten

Im vorangegangenen Kapitel ist - bis auf die Beschreibung der Operationen auf der Weltwissensbasis (Kap. 4.2.4) - der gesamte administrative Rahmen für den Text-Parser beschrieben worden. Die folgenden beiden Kapitel enthalten nun die linguistische Spezifikation der lexikalisch verteilten Textgrammatik. Ausgehend von den in Kap. 4.1 phänomenologisch betrachteten sprachlichen Äußerungsmustern[326]

* Nominalkomposita <01a-01e>
* adjektivische Nominal-Attribution <03a-03d>
* phrasenorientierte Nominal-Attribution <04a-04c>
* satzorientierte Nominal-Attribution (Prädikation) <05a-05b>
* konjunktionale Reihungen und Koordinationsellipsen <06a-06b>
* nominale Anaphora <07a-07c, 07e>
* textorientierte Nominal-Attribution (textuelle Ellipse) <08a-08b>

werden in diesem Abschnitt phrasen- und satzorientierte sowie kohäsionsbildende Vertextungsmechanismen in einer objektorientierten Spezifikation erfaßt.

Im Unterschied zu bisherigen Modellierungsstrategien mit Wortexperten werden die diesen sprachlichen Formen zugrunde liegenden linguistischen Muster auf der Beschreibungsebene *generalisiert* und nicht - wie von den Entwicklern des ursprünglichen Wortexpertenmodells[327] gefordert - für jedes Wort ein individueller (idiosynkratischer) Wortexperte bereitgestellt[328]. Grund für die Umkehrung der ursprünglichen Beschreibungsphilosophie ist die Beachtung eines der Wesensmerkmale wissenschaftlicher Tätigkeit - strukturelle Gemeinsamkeiten in phänomenologisch zunächst ver-

---

326 Die Winkelklammern beziehen sich auf die dort ausführlich diskutierten Phänomentypen.

327 SMALL 1980, insbesondere S.26-35.

328 Die Konsequenzen eines solchen Ansatzes für die linguistische Analysekomponente jedes auf realistische Weltausschnitte ausgerichteten natürlichsprachlichen Informationssystems wären fatal (WAHLSTER 1982, S.249; REDDIG 1984, S.86-88; CHRISTALLER 1985, S.173): ein kaum beherrschbares *Größenwachstum* der Wortexpertenkollektionen, das enorme Ausmaß an *Redundanz* der Beschreibungen durch die Wiederholung strukturell gleicher oder ähnlicher Spezifikationsteile in verschiedenen Wortexperten sowie die daraus resultierende *Unübersichtlichkeit* und latente *Inkonsistenz* der einzelnen Beschreibungen usf. Dagegen erscheinen die Einwände, mögliche *globale Seiteneffekte* von lokalen Änderungen (WAHLSTER 1982, S. 249) und die *Komplexität der Prozeßinteraktion* nicht antizipieren zu können (REDDIG 1984, S.87), nicht allein auf dieses Grammatikformat beschränkt, sondern dürften in einem vergleichbaren Maße auch für (größere) regelbasierte Systeme Gültigkeit haben.

schiedenen Vorkommen (Objekten, Prozessen) ausfindig zu machen und Abstraktionen durch die Generalisierung des Beobachtbaren zu erzielen. Die Aufzählung der Vielfalt phänomenologischer Unterschiede entspricht in dieser Sicht eher einer vorwissenschaftlichen Näherung an das jeweilige Untersuchungsobjekt. Dieser auf Generalisierung durch Abstraktion basierende Ansatz führt konsequenterweise zu einfacheren Beschreibungssystemen durch eine überschaubarere Menge und Form der Abhängigkeiten zwischen den Konstrukten. Genau dies tritt dann auch in der folgenden Spezifikation im Vergleich zum Standardmodell des Wortexperten-Parsing ein:

* einerseits gelingt es, ***Wortexperten-Prototypen*** zu spezifizieren, die das funktional äquivalente Verhalten ganzer Klassen von lexikalischen Einheiten modellieren[329] (statt eine Vielzahl weitgehend übereinstimmender Einzelbeschreibungen für spezifische lexikalische Elemente anzugeben)[330],
* andererseits können durch die konsequente Anwendung des Generalisierungsprinzips auch innerhalb der Binnengrenzen einer Prototyp-Spezifikation einzelne ***Wortexperten-Moduln*** (Subexperten) durch die Faktorisierung gemeinsamen Wissens[331] bestimmt werden, aus denen die Prototypen ihrerseits zusammengesetzt sind[332].

Die Spezifikation von *Wortexperten-Prototypen*[333] führt, etwas vereinfacht dargestellt, zur For-

---

329 Damit werden nicht nur wortübergreifende, sondern insbesondere auch satzübergreifende linguistische Regularitäten dargestellt. In REDDIG 1984, S.86 wird die Formulierung solcher Regularitäten noch als systematisches Defizit des Wortexpertenkonzepts pauschal ausgeschlossen. Neben der hier verfolgten Linie strikt semantischer Spezifikationen von Wortexperten-Prototypen zeigen eine Reihe von Vorschlägen zu mehr "syntaktisch" orientierten Erweiterungen des Standardmodells (dynamische Kasusrahmen, leichte Adaptionen der Wortexperten-Spezifikationssprache, wie in ADRIAENS 1986b bzw. dem Extrakt in ADRIAENS 1986a; konstituentenstruktursensitive Experten in DEVOS/ADRIAENS 1990 sowie Vorschläge zu Satzexperten, Wortstamm- und Wortartexperten u.ä. in EIMERMACHER 1983a (S.22-41) bzw. 1983b (S.11-22) oder die Einführung primär syntaktisch motivierter Datenstrukturen, wie etwa *Charts* für Wortexpertensysteme (EIMERMACHER 1986)), daß diese Kritik nicht länger aufrecht erhalten werden kann.

330 Ein ähnlicher Ansatz liegt der Entwicklung von "Metaeinträgen" zugrunde, in denen strukturelle Gemeinsamkeiten von Wortexperten, die der gleichen Wortart angehören, durch Standardformen beschrieben werden (EIMERMACHER 1983a, S.28-32).

331 Was CHRISTALLER 1985, S.173 für Wortexpertensysteme pauschal in Abrede stellt.

332 Während Small die erste Forschungsstrategie, die Suche nach generellen sprachlichen Mustern prinzipiell verwirft, akzeptiert er die zweite, die Faktorisierung gemeinsamer Wissensteile als zukünftiges Forschungsproblem für die Wortexperten-Theorie (vgl. SMALL 1980, S. 198-199, 201-202). Eine weitere Relativierung erfährt die extreme These von der "Irregularität" natürlicher Sprachen in SMALL/RIEGER 1982, S.90, wo der Kontroll*regularität* (Austausch von Botschaften durch Wortexperten) die Daten*irregularität* (Spezifikation der Bedeutungsselektion durch einzelne Wortexperten) gegenübergestellt wird. Die vorliegende Spezifikation der lexikalisch verteilten Textgrammatik folgt nichtsdestotrotz der Hypothese der *Datenregularität*, und zwar in einem Teilgebiet (der Modellierung von nominalen Ausdrücken oder "Inhaltswörtern" (s. SMALL 1978, S.20)), das SMALL 1980, S.199 bereits als wahrscheinlichsten Kandidaten für verallgemeinerbare Beschreibungen charakterisiert.

333 Die von EIMERMACHER 1983a, 1983b und KINDERMANN 1987 formulierten Vorschläge zielen grundsätzlich in die gleiche Richtung. Die wesentlichen Unterschiede zum hier entwickelten Ansatz bestehen darin, daß die Wortexperten-Prototypen einem *funktionalen* Spezifikationskonzept (s.u.) folgen. Dies gestattet eine zusätzliche Kapselung von linguistisch plausiblen Subgrammatiken (Nomen werden in diesem Modell etwa Anaphora-, Ellipsen- oder Prädikations-Teilgrammatiken zugeordnet, die lokal jeweils eine dieser Funktionen eines Nomens prüfen), während bei Eimermacher dieses lexikalisch gebundene Wissen entweder ohne

mulierung von Nominal-, Adjektiv-, Quantoren- oder Konnektivgrammatiken[334]. Die Zuordnung lexikalischer Elemente zu einer solchen Grammatik ergibt sich aus dem gleichartigen Verhalten aller Elemente einer lexikalischen Klasse unter einem bestimmten *funktionalen* Gesichtspunkt, z.B. dem der Koordination, der anaphorischen Referenz, der Quantifizierung u.ä[335]. Diese Zuordnungsentscheidung kann jederzeit korrigiert werden:

- Falls eine *Teilmenge* von Elementen einer lexikalischen Klasse ein differenzierendes Verhalten zu denen der Restmenge zeigt, wird eine Subklasse gebildet, deren Beschreibung das differenzierende Phänomen erfaßt.
- Zeigt ein *einzelnes* lexikalisches Element idiosynkratisches Verhalten, kann nötigenfalls eine nur aus einem Element bestehende Subklasse gebildet werden, die durch das individuelle Unterscheidungsmerkmal charakterisiert ist[336].

In beiden Fällen "vererbt"[337] sich die Verhaltensspezifikation der Oberklasse auf die Unterklasse

---

weitere Abstufung und Unterscheidung in einem Wortstammexperten oder über mehrere funktional verschiedene und grammatikalisch unverbundene Wortart-, Wortstamm-, Satz- oder Textexperten verteilt wird. Auch fehlen bei Eimermacher weitere hier vorgeschlagene Abstraktionsmechanismen (Test-Makros in Form von Wortexperten-Moduln u.ä.), mit denen lexikalische Grammatiken stark stratifiziert werden können. Die hier entwickelte Grammatikkonzeption schließt darüberhinaus als wesentliches Designziel ein, *Text*phänomene homogen in den Spezifikationskern der Grammatik zu integrieren, während bei Eimermacher (ganz dem Ansatz klassischer Regelgrammatiken verbunden, s. Kap. 1.2.2) Zusatzkonstrukte (wie Satz- oder Textexperten) eingeführt werden. Inwieweit die zunehmende Betonung syntaktischer Informationen und syntaktisch motivierter Datenstrukturen in der Konzeption von EIMERMACHER 1983b bzw. der *Chart*-Erweiterung des Wortexperten-Parsers in EIMERMACHER 1986 bei einer tieferen Präzisionsanalyse von Texten auch innerhalb der hier gegebenen Spezifikation nötig würde, kann zum jetzigen Zeitpunkt noch nicht abschließend entschieden werden (Plausibilitätsbetrachtungen sprechen dafür). Der Ansatz der partiellen Textanalyse im hier beschriebenen Parser bedarf solch stark syntaktischer Abstützung nicht (vgl. a. die Bemerkung zur variablen Einstellung der Analysetiefe durch unterschiedliche Parametrisierung des Wissens in Wortexperten-Parsern in EIMERMACHER 1983b, S.46). Der aktuelle Stand der Konzeption von Eimermacher ist in seiner Dissertation (EIMERMACHER 1988) dokumentiert.

334 Diese Form der grammatischen Abstraktion zielt auf die Spezifikation *domänenunabhängigen* Sprachwissens in Wortexperten mit dem Ziel, Wortexpertensysteme mit einem hohen Grad an *Transportabilität* auszustatten - ein für semantische Grammatiken bislang kaum verfolgtes Entwicklungsprinzip. Die unten kurz skizzierte Subklassenbildung ermöglicht es dann durchaus, auf tieferen Spezifikationsstufen domänenabhängiges lexikalisches Wissen zu berücksichtigen, ohne daß der Kern der lexikalisch verteilten Grammatik davon tangiert wird. Die von REDDIG 1984, S.86-87 reklamierte explizite Trennung dieser beiden Ebenen scheint durch diese Lösung weitgehend realisiert.

335 Dieser funktionale Ansatz der Sprachbetrachtung (s. DIK 1978 und HALLIDAY 1985) kontrastiert klar mit dem der generativen Linguistik, der *Abbildungen* zwischen unterschiedlichen Ebenen der Sprachbetrachtung (beispielsweise von der Tiefen- auf die Oberflächensyntax) postuliert. Die Zuweisung von Funktionsklassen zu autonomen Teilgrammatiken findet sich in vergleichbarer Weise bei STEELS 1978, S.9, aber auch bei COSTANTINI et al. 1987, S.77.

336 Damit wird sehr wohl der Existenz sprachlicher Ausnahmeerscheinungen Rechnung getragen und sie werden in die hier vorgeschlagene Grammatikkonzeption integriert. Gleichwohl wird der Beschreibung generalisierbarer Verhaltensmuster eindeutig Priorität eingeräumt.

337 Details solcher Vererbungsmechanismen in objektorientierten Parsern behandeln MIYOSHI/ FURUKAWA 1985. Die redundanzminimierende Funktion von Vererbungshierarchien in einer objektorientierten Programmierumgebung (*Flavors*) betont auch KINDERMANN 1987, S. 113.

und wenn diese allgemeineren Spezifikationen verändert werden, verändern sie sich gleichzeitig bei der Unterklasse innerhalb der Klassenhierarchie.

Die Fixierung lexikalischer Klassen aus einer *funktionalen* Perspektive der Sprachbeschreibung läßt sich auch innerhalb des Rahmens einzelner lexikalischer Klassen fortsetzen und eröffnet damit weitere Möglichkeiten für die Strukturierung lexikalisch verteilter Grammatiken. Eine Nominalgrammatik ist etwa zusammengesetzt aus funktional eindeutig bestimmten *Wortexperten-Moduln* (Subexperten), die etwa die Bildung von Referenzketten durch das sprachliche Ausdrucksmittel nominaler Anaphern oder die Zuordnung von Eigenschaften zu Konzepten (Attribution) durch die Verwendung von Nominalphrasen bzw. textuellen Ellipsen als zwei unterschiedliche Realisierungsformen einer Funktion für die gleiche lexikalische Klasse (Nomen) einheitlich beschreiben. Innerhalb von Subexperten können beliebig ausdifferenzierte Verhaltensbeschreibungen in Form immer detaillierterer Moduln formuliert werden[338]. Dieser Ansatz erlaubt eine ausgeprägte *Modularisierung* des Wortexpertensystems und eine beschreibungstechnisch erwünschte *Faktorisierung* von Wissensteilen, die an verschiedenen Stellen der Spezifikation stets neu verwandt werden können[339]. Technisch handelt es sich auch bei Subexperten um Prototypen, deren Abhängigkeiten untereinander erst in der konkreten textgrammatischen Beschreibung spezifiziert werden.

Von diesen Prototypen werden in eigenen Initialisierungsereignissen eindeutig identifizierbare Instanzen[340] mit den aus dem morphologischen Normalisierungsprozeß ermittelten und über Botschaftsaktoren zugesandten Daten gebildet. Zugleich ist damit jedem für das Parsing relevanten lexikalischen Element ein entsprechender Wortexpertenprozeß zugeordnet. Der momentan experimentell bestätigte Stand der Modellierung drückt sich in folgender formaler Klassenhierarchie aus[341]:

---

338 Ansatzweise verfügt auch das Standardmodell über einfache Mechanismen zur Strukturierung von Wortexperten. Je nach Funktion bzw. Stand des verfügbaren Wissens können unterschiedliche Einstiegspunkte in das Wortexperten-Diskriminierungsnetz definiert werden (SMALL 1980, S.55-56, 99-103, 198-199). Die Gefahr der Willkür und Inkonsistenz solcher Spezifikationsdaten bei strukturell ähnlichen Wortexperten liegt wegen der geringen formalen Kontrolle beim Aufbau und der Änderung der einzelnen Wortexperten jedoch auf der Hand (vgl. a. die Bemerkungen zur Notwendigkeit einer schärferen formal-semantischen Kontrolle der Spezifikationssprache für Wortexperten in SMALL 1980, S.200-202).

339 Damit wird eine weitere Quelle von Handhabungsproblemen mit Wortexpertenbasen entschärft. Denn die Faktorisierung zusammenhängender Wissensteile schränkt die Beliebigkeit der Organisationsstruktur von Wortexperten in hohem Maße ein. Designfehler in Wortexperten sind somit wesentlich gezielter zu lokalisieren, als dies im Standardmodell mit seinen weitreichenden strukturellen Freiheiten beim Entwurf von Wortexperten möglich war (REDDIG 1984, S.86-87).

340 Ein vergleichbares Konzept, bei dem generische Experten beim Parsing instanziiert werden, beschreibt in einer stark an die Prototypen-Mechanismen des *Flavor*-Systems angepaßten Disziplin KINDERMANN 1987, S.102-103.

341 Die hier fragmentarisch beschriebene Hierarchie gibt einen Ausschnitt des verfügbaren Prototypen-Repertoires wieder, wie es in EV 3 initialisiert wird. Aus dieser formalen Klassifikation wird erst durch die folgende textgrammatische Beschreibung eine von inhaltlichen (linguistischen) Abhängigkeiten geprägte. Dies wird zum Beispiel daran deutlich, daß die Auflösung von nominalen Anaphern (ein Prozeß, den das Ereignis EV 15 mit dem Aktor NA detailliert erfaßt) jeder Form der Prüfung von Eigenschaftszuordnungen (dafür sind die Ereignisse EV 17 und EV 19 mit dem LC-Aktor zuständig) vorangehen muß, um nachfolgende Prozesse mit möglichst spezifischen Konzepten zu versorgen.

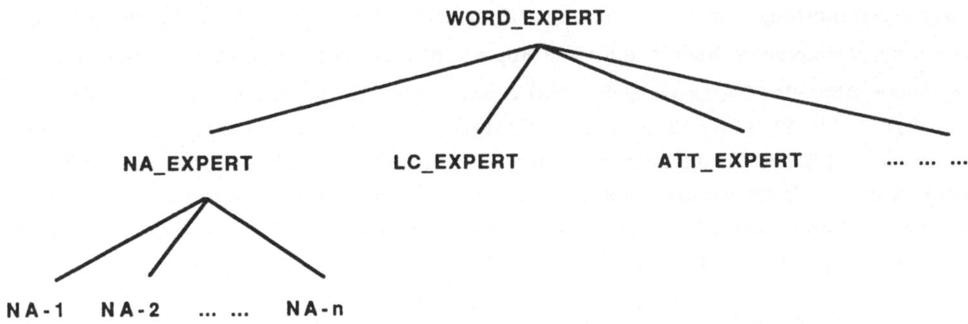

Grafik-20 Klassenhierarchie der Wortexperten (Ausschnitt)

Mit weiter steigender Differenzierung der Beschreibung der Textgrammatik könnten sich eventuell weitere Differenzierungen dieser Klassenhierarchie ergeben[342], nicht jedoch - so die hier zugrunde liegende Hypothese - ihre völlige Auflösung und Ersetzung durch solche Beschreibungen, die nur mehr Gültigkeit für einzelne lexikalische Einheiten besäßen.

Der Startprozeß für eine lexikalische Klasse ist technisch wie folgt organisiert: Ausgehend von der Zuordnung des morphologisch normalisierten Texttokens zu einer lexikalischen Klasse als Ergebnis des Annotierungsprozesses EV 9 wird nach der entsprechenden Modifikation des Parser-Bulletins in EV 10 in allen Fällen, in denen dieses Textwort einer für das Wortexpertensystem relevanten lexikalischen Klasse[343] zugeordnet werden kann, in EV 13 ein geeignetes Wortexpertenobjekt bestimmt, mit dem die funktionalen Kontextprüfungen initialisiert werden. Die Auswahl, welches Objekt dem Textwort zugeordnet wird, wird dabei bestimmt vom Typ der in EV 9 ermittelten lexikalischen Klasse. Da nach EV 3 mehrere Wortexperten-Prototypen für dieselbe lexikalische Klasse[344] instanziiert sind, besteht die Selektionsleistung von EV 13 darin, die Aktivierungsbotschaft an den ausgezeichneten Startprozeß für diese lexikalische Klasse auszusenden, und das ist

* für Frames NA_EXPERT,
* für Frames in Nominalkomposita LNA_EXPERT,
* für (Adjektiv-)Attribute ATT_EXPERT,
* für das Absatzende und davon abhängige Prüfungen der Textkohärenzstruktur Base_CoM_EXPERT.

---

342 Für die Beschreibung von Verben könnten deskriptiv plausible Klassifikationen - etwa in ergative, implikative, inchoative und kausative Verben - auch funktional relevante Unterscheidungen anbieten.

343 Das sind in der hier gegebenen Beschreibung im wesentlichen nominale und adjektivische Konzepte.

344 Sieben der zwölf Wortexperten-Prototypen in EV 3 (NA_EXPERT, ..., LNC_EXPERT) sind etwa vom Typ <u>frame</u> (modellieren also das Verhalten von nominalen Konzepten des Weltwissens), explorieren aber unterschiedliche sprachliche Funktionsklassen (Nominalanapher, lexikalisierte, phrasen-, satz- oder textorientierte Nominal-Attribution u.ä.).

Ein Wortexpertenprozeß, der das aktuelle Texttoken repräsentiert, wird als Instanz des jeweiligen Startexperten (Prototypen) kreiert, d.h. eine Kopie wird angelegt, deren Attribute (wex-pos) und (value) mit der aktuellen Positionsangabe im Text und der morphologischen Normalform des Textworts belegt sind (s. EV 14 für Frames, EV 24 für Frames in Nominalkomposita, EV 28 für (Adjektiv-)Attribute und EV 36 für die Interpretation des Absatzendes). Erst im Anschluß an diese Aktivierungsprozeduren beginnen die Untersuchungen der sprachlichen Regularitäten. Im Verlauf seiner Abarbeitung kann dieser Start-Aktor und jeder andere laufende Aktor - je nach Analysesituation - dann weitere Aktoren aktivieren.

EV 13 Selektion des Start-Wortexperten

< event: [[**selector** <= (**id_expert** (text-pos: i) (value: w) (type: t))]]

[case-1:

< pre-cond: (***Eq***(t, <u>frame</u>)) >

< caused-ev: [[**NA_EXPERT** <= (**run_NA** (wex-pos: i) (value: w))]]$_{EV\text{-}14}$ >]

[case-2: .

< pre-cond: (***Eq***(t, <u>cand-frame</u>)) >

< caused-ev: [[**LNA_EXPERT** <= (**run_LNA** (wex-pos: i) (value: w))]]$_{EV\text{-}24}$ >]

[case-3:

< pre-cond: (***Eq***(t, <u>attribute</u>)) >

< caused-ev: [[**ATT_EXPERT** <= (**run_ATT** (wex-pos: i) (value: w))]]$_{EV\text{-}28}$ >]

[case-4:

< pre-cond: (***Eq***(t, <u>paragraph</u>)) >

< caused-ev: [[**Base_CoM_EXPERT** <= (**run_Base_CoM** (wex-pos: i) (test-pos: 0) (value: w))]]$_{EV\text{-}36}$ >]

[**default:**

< caused-ev: [[**watcher-of-the-skies** <= **done**]]$_{EV\text{-}12}$ >] >

Durch die Versorgung des Start-Wortexperten einer lexikalischen Klasse mit den aktuellen Textparametern (Position und Textwort in Normalform) sind die Voraussetzungen für das Wortexpertensystem gegeben, mit der Prüfung linguistischer Regularitäten zu beginnen. In deren Mittelpunkt stehen entsprechend den hier formulierten Einschränkungen Textstrukturphänomene, die für nominale Formen einschlägig sind - m.a.W. Experten für textuelle Bezüge, die Frames aufbauen[345].

---

345 Wie schon in Kap. 4.1 angesprochen, wird damit ein relativ einfaches Vertextungsschema zugrunde gelegt. Schon der modifizierende Einfluß von Quantoren, adversativen Konjunktionen oder Negationspartikeln auf dieses Muster wird nicht mehr erfaßt. Entsprechende Erweiterungen, die derzeit experimentell überprüft werden, zeigen jedoch, daß sie sich auf natürliche Weise in das hier beschriebene Sprachmodell einfügen lassen.

Hierbei müssen zwei funktional analoge, aber in ihrer sprachlichen Oberflächenrealisierung voneinander abweichende Fälle unterschieden werden: Das Texttoken an der aktuell betrachteten Textposition ist eine *Flexionsvariante* eines Framenamens oder es ist eine *Kompositionsvariante*[346]. Welcher Fall auch immer zutrifft, ist letztlich für die grundlegenden Prüfmuster der sich anschließenden Tests sekundär, da Nominalkomposita als eine lexikalisierte Form von expandierten Nominalphrasen betrachtet werden können. Es werden in beiden Fällen zwei grundlegende Tests in folgender Reihenfolge ausgeführt: Bezieht sich das aktuell betrachtete Texttoken *anaphorisch* auf ein zuvor im Text eingeführtes nominales Element (das dann als anaphorischer *Referent* des Antezedens bezeichnet wird) und/oder steht das aktuell betrachtete Texttoken in einer engen *lexikalischen Korrespondenzbeziehung* zu einem zuvor eingeführten nominalen Element (d. h., werden assoziierte Eigenschaften eines Konzepts im Sinne der *Nominal-Attribution* aktualisiert)? Je nach Gültigkeit einer dieser Konstellationen werden dann das jeweilige Vertextungsmuster widerspiegelnde Operationen im Weltwissen ausgeführt (vgl. Kap. 4.2.4). Die Art der auszuführenden Operation und Form ihrer Parameter zu bestimmen, ist die technische Aufgabe aller im folgenden beschriebenen Tests in den einzelnen Wortexperten.

In den folgenden zwei Abschnitten werden beide grundlegenden Textphänomene - Anaphora und lexikalische Korrespondenz - zunächst für den Fall der Flexionsvariante eines Framenamens betrachtet (Kap. 4.2.2.1 und 4.2.2.2), an den sich dann die Behandlung der lexikalisierten Variante in Form von Nominalkomposita als Spezialfall anschließt (Kap. 4.2.2.3).

4.2.2.1 Nominale Anaphora

Der erste für die Anaphora-Prüfung einschlägige Prozeß auf Wortexpertenebene betrifft die Aktivierung des entsprechenden Experten durch den Empfang der parametrisierten Botschaft des Selektor-Aktors (EV 13) in EV 14. Der Aktivierungsvorgang besteht aus der Kreierung einer Instanz NA des Prototypen NA_EXPERT und der Belegung der Variablen für die Textposition des Wortexperten (wex-pos) und des konkreten lexikalischen Elements, dessen Verhalten der Wortexperte untersucht (value), sowie einer dementsprechenden Umsetzung der Zustandscharakterisierung des Wortexperten (state: running):

EV 14 Aktivierung des Wortexperten für nominale Anaphora

< event: [[**NA_EXPERT** <= (**run_NA** (wex-pos: i) (value: w))]]

< pre-cond: (NA_EXPERT is [a WORD_EXPERT (wex-type: frame) (lex-class: F_NAMES) (wex-pos: @) (value: @) (state: @) (act-type: @) (act-plist: [])]) >

< next-cond: (NA is [a NA_EXPERT (wex-pos: i) (value: w) (state: running)]) >

< caused-ev: [[***NA** <= **check_NA**]]$_{EV\text{-}15}$ > >

---

346 Ein dritter Fall wird hier nicht betrachtet, nämlich das Auftreten eines Texttokens, für das zunächst keine qualifizierte Zuordnung zu einer lexikalischen Klasse getroffen werden kann, das aber ein Kandidat für eine konzeptuelle Neubildung (Neologismus) ist (vgl. <2b>, Kap. 4.1).

Mit der Instanziierung des Aktors, der das Verhalten eines spezifischen lexikalischen Elements an einer bestimmten Textposition repräsentiert, ist die unterste Ebene der Wortexpertenhierarchie erreicht. Die Bezugnahme auf diese Hierarchie erlaubt, auf jeder Beschreibungsebene der lexikalisch verteilten Textgrammatik ein angemessenes Abstraktionsniveau anzubieten, das auf solche Beschreibungsmerkmale, die auf der jeweils betrachteten Ebene unwesentlich sind, verzichtet (*information hiding*):

* Infrastrukturelle Prozesse benötigen lediglich die Kenntnis darüber, welche Grundtypen von Wortexperten im System überhaupt verfügbar sind - die Information wird durch die formale Ausdifferenzierung der Klasse WORD_EXPERT in Form der verfügbaren Wortexperten-Prototypen (NA_EXPERT, LC_EXPERT usf.) in EV 3 bereitgestellt, auf der noch jede Form textlinguistischer Beschreibung unterbleibt.
* Textgrammatische Spezifikationen sind auf der Ebene von Prototypen, also Klassen-Beschreibungen angesiedelt. Insbesondere sind dort grammatikalisch relevante Abhängigkeiten zwischen einzelnen Wortexperten-Moduln (vgl. etwa die Interaktionen zwischen LC_Core_EXPERT, PC_EXPERT und TLC_EXPERT zur Ermittlung phrasen-, satz- und textorientierter Formen der lexikalischen Korrespondenz) kodiert.
* Erst auf der Ebene tatsächlicher Prüfungen funktionaler Bezüge zwischen den Textwörtern (dem eigentlichen Parsing) müssen aktuelle Informationen über das konkret zu betrachtende lexikalische Element und seine Position im Text (von der aus Umgebungstests auf Ko-Okkurrenz ausgeführt werden) sowie die Art der zu prüfenden textlinguistischen Regularitäten bereitgestellt werden; dies geschieht in EV 14 durch die Instanziierung spezieller Wortexperten-Repräsentanten für Textwörter (NA-1, NA-2, NA-3[347] usf. aus NA_EXPERT).

Die folgende Spezifikation enthält den textlinguistischen Kern der Nominalanaphora-Prüfung - die Hauptfunktion ***NA-test***[348]. Ihre Verwendung bei der Überprüfung anaphorischer Bezüge in EV 15 unterscheidet sich nicht in der für die Anaphoraerkennung grundlegenden und unten verbalisierten Kombination von Kriterien, sondern allein in der räumlichen Ausdehnung der Suche nach einem möglichen Antezedens im textuellen Vorfeld für einen tentativen anaphorischen Referenten - bei der ersten Variante (EV 15-1) wird lediglich der aktuelle und der unmittelbar vorangehende Satz entsprechend durchsucht (Parameter <u>max clauses</u> und <u>frame</u>), während beim zweiten Test (EV

347 Die Vergabe eindeutiger Bezeichner von Instanzen ist Aufgabe des Laufzeitsystems und wird hier nicht betrachtet.

348 Die Prüfung anaphorischer Prozesse umfaßt hier, wie bereits in Kap. 4.1 näher erläutert, nur den Fall der Nominalanaphora, nicht den pronominaler Anaphern. Der Grund hierfür liegt in der nur sehr impliziten Referenz von Pronomina auf ihr nominales Antezedens, die der der Ellipse nahekommt. Wegen dieser semantisch schwachen Anbindung des referenzierenden Elements an sein Antezedens werden *pro*nominale Anaphern überlesen und strukturell wie Ellipsen behandelt. Dies geschieht durch den im nächsten Abschnitt in EV 21 beschriebenen Experten für die lexikalische Korrespondenz (hier gesehen als Ellipsenphänomene), so daß die Effekte pronominaler Anaphora für den Parse durchaus abgedeckt werden. Diese etwas riskant anmutende Analysestrategie wird ermöglicht durch die Verfügbarkeit komplexer konzeptueller Strukturinformationen in der Frame-Wissensbasis, mit denen über Pronominal-Anaphern enkodierte lexikalische Korrespondenzen (vgl. a. <7c,e>, Kap. 4.1) mit einem hinreichenden Maß an Genauigkeit bestimmt werden können. Daß dies naturgemäß nicht erschöpfend geschieht, zeigt die weitergehende Diskussion anaphorischer Phänomene (etwa für <7d>) in Kap.4.1. Vgl. auch die Darstellung dieser Analyseprinzipien in HAHN 1989.

15-2) das fokale Element des vorangegangenen Absatzes für einen entsprechenden Anaphora-Test identifiziert wird (Parameter unconstraint und focus)[349]. Unabhängig von dieser extensionsbezogenen Betrachtung beruht das Grundmuster der Prüfung anaphorischer Bezüge durch ***NA-test*** auf folgenden Regularitäten, in denen hierarchische semantische Relationen[350] (***Is_A*** (FR 4) und ***Inst_of*** (FR 5), Kap.3.1) eine wesentliche Rolle spielen:

Ein an der durch *tpos* bezeichneten Stelle des Textes (genauer: des Parser-Bulletins) auftretendes lexikalisches Element *term* ist ein nominaler Referent zu dem Antezedens *ko-term* g.d.w.

- *ko-term* dem Texttoken *term* im Text in der durch die gewählten extensionalen Parameter qualifizierten Weise im linken Kotext vorangeht und an der Stelle, an der *ko-term* im Parser-Bulletin lokalisiert ist, keine explizite Sperrung für anaphorische Prozesse (ausgedrückt durch den Parameter block_ana) dokumentiert ist[351] und
- *ko-term* einen aktiven Frame im Weltwissen bezeichnet und
- *ko-term* ein Unterbegriff oder eine Instanz zu *term* ist und
- kein anderes Weltwissenselement *ko-term**, das näher als *ko-term* zu *term* steht oder bei gleicher Entfernung spezieller als das bereits ermittelte *ko-term* ist, diese Bedingungen ebenfalls erfüllt.

Grafik-21 illustriert die wesentlichen Zusammenhänge, die durch die Spezifikation des NA-Haupttests[352] formal dargestellt werden:

---

349 Erinnert sei an dieser Stelle nochmals daran, daß mit dem "textuellen Vorfeld" nicht der *Text*, sondern - wie die formale Beschreibung etwa von LOOK-BACK in Kap. 3.3 verdeutlicht - das *Parser-Bulletin* gemeint ist, auf dessen Grundlage die Kotextprüfungen vorgenommen werden. Die dort auszuführenden Tests berücksichtigen dann nicht nur das literale Auftreten von Token innerhalb formaler Textsegmente, sondern auch das von Operationen und ihnen zugeordneten Parametern (genau diese Form des Bezugs der Prüfungen auf Strukturen des Parser-Bulletins wird als Prüfung des "Kotexts" von Textwörtern bezeichnet). Damit werden entsprechende Prüfungen von mehr oder weniger zufälligen Oberflächenrealisierungen etwa der anaphorischen Referenten entkoppelt und grammatikalische Tests auf für frame-basierte Parser typischen semantischen Traces ausgeführt. Ein Beispiel für diese Darstellung gibt die Anaphoraauflösung an Textposition 110 (Textwort: *Rechner*, vgl. Appendix-3), die unten noch ausführlicher diskutiert wird.

350 Zu alternativen Ansätzen der Anaphoraresolution (vor allem aber *pro*nominalen Anaphern) vgl. die Übersicht in HIRST 1981.

351 Sperrungen dieser Art können von Wortexperten, die bestimmte lexikalische Elemente, wie Quantoren, Vergleichsadverbien usf. repräsentieren, gesetzt werden. Etwas vergröbert ausgedrückt, unterbrechen solche lexikalische Elemente den permanenten Kohäsionsfluß in Texten, wie er dem hier beschriebenen Textmodell idealisierend zugrunde liegt. Solche "Stör"-Prozesse werden in der hier beschriebenen Version der Textgrammatik jedoch nicht weiter analytisch betrachtet, aber ihre Auswirkungen sind beispielsweise in Appendix-3 auf den Textpositionen 129 - 130 illustriert.

352 In Haupttests werden die Spezifikationsprimitive aus Kap.3 nach textlinguistischen Kriterien konfiguriert, um ein bestimmtes sprachliches Phänomen grammatikalisch zu charakterisieren (ähnlich wie non-terminale Konstituenten in einer regelbasierten Grammatik durch die Kombination mit anderen (Non-)Terminalen in Form von Regeln formalisiert werden).

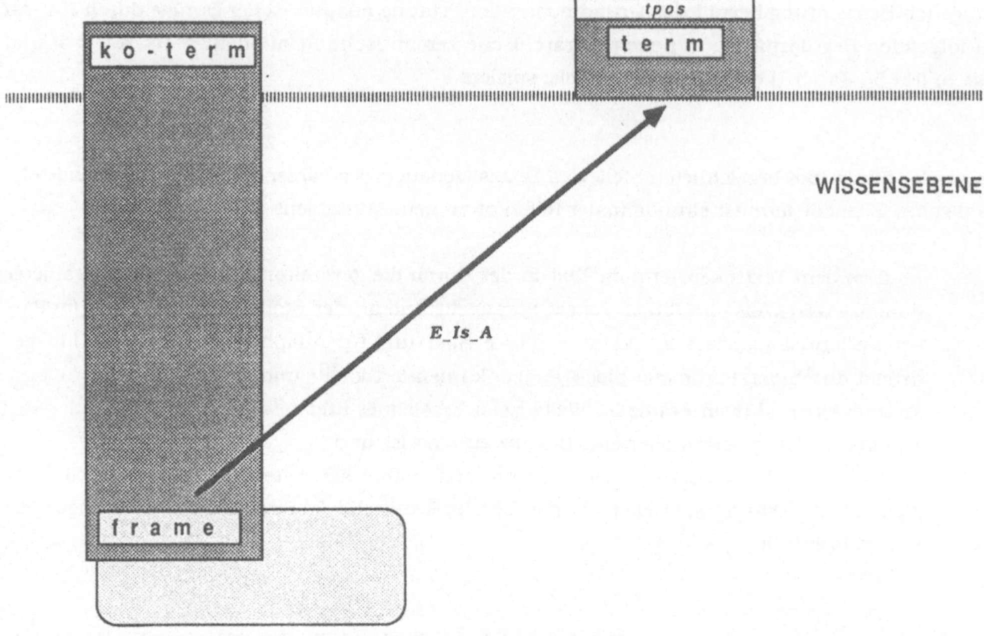

Grafik-21: Anaphorische Beziehung zwischen zwei Textwörtern

HT 1 **Standardtest auf nominale Anaphora**

NA-test : EXTENSION x ℕ x SYMBOL x NORM-TOKEN

---> NORM-TOKEN ∪ S_NAMES ∪ S_VALUES ∪ { * }

NA-test(ext, tpos, sym, term)

:=

ko-term <==>

∃ (e, p, s, t, ko-term, ko-pos) ∈ LOOK-BACK:

[***Eq***(e, ext) & p = tpos & ***Eq***(s, sym) & ***Eq***(t, block ana) &

Active_f (***f-weight***, FKB, ko-term)[353] &

E_Is_A(FKB, ko-term, term) &

¬ ∃ (e', p', s', t', ko-term*, ko-pos*) ∈ LOOK-BACK:

[***Eq***(e', ext) & p' = tpos & ***Eq***(s', sym) & ***Eq***(t', block ana) &

Active_f (***f-weight***, FKB, ko-term*) &

E_Is_A(FKB, ko-term*, term) &

(ko-pos* > ko-pos v

[[ko-pos* = ko-pos & ***N_Eq***(ko-term, ko-term*)]

===> ***E_Is_A***(FKB, ko-term*, ko-term)]])]]

*, sonst

Abhängig von der Auswertung des NA-Haupttests ist allein entscheidbar, ob das aktuelle Texttoken eine nominale Anapher ist oder nicht. **Fall-1** und **Fall-2** des u.s. Aktors erfassen den positiven Fall einer anaphorischen Beziehung, der **Default-Fall** den negativen. **Fall-1** (vorgängersatzbezogene Anaphora) wird prioritär gegenüber **Fall-2** (fokusbezogene Anaphora) geprüft[354]. Liegt eine nominale Anapher vor, ist eine erste Lesart (act-type: shift) erarbeitet worden, deren Effekt darin besteht, die Defaultaktivierung des aktuellen Texttokens und anaphorischen Referenten (bewirkt durch EV 9-1) im Weltwissensaktor KB zurückzuziehen und stattdessen dem Aktivierungsgewicht des Antezedens zuzuweisen. Zugleich wird der Aktor für die Prüfung der lexikalischen Korrespondenz (LC_EXPERT) nicht mit dem aktuellen Texttoken (value: w) instanziiert, sondern mit dem Antezedens des anaphorischen Prozesses (dem in HT 1 durch *ko-term* denotierten Frame). Im negativen Fall wird der Wortexperte für die Anaphora-Prüfung neutralisiert und zur Prüfung der lexikalischen Korrespondenz mit unmodifizierter Variablenbelegung übergegangen. Beide hier angesprochenen Experten greifen ohne Interventionen anderer Experten nahtlos ineinander über.

EV 15 Prüfung nominaler Anaphora

```
< event:   [[ NA <= check_NA ]]

           [ case-1:
               < pre-cond:   ( NA is [ a NA_EXPERT (wex-type: frame) (lex-class: F_NAMES) (wex-pos: i)
                                   (value: w) (state: running) (act-type: @) (act-plist: []) ] )
                             ( N_Eq( NA-test( max_clauses, i, frame, w ), * ) )[355] >
               < next-cond:  ( NA is [ a NA_EXPERT (state: terminate) (act-type: shift)
                                   (act-plist: [w, NA-test( max_clauses, i, frame, w )][356] ) ] ) >
               < caused-ev:  { [[ KB <= ( shift [w, NA-test( max_clauses, i, frame, w )] ) ]]EV-43 ,
                              [[ LC_EXPERT <= ( run_LC (wex-pos: i)
                                   (value: NA-test( max_clauses, i, frame, w )) ) ]]EV-16[357] } > ]
```

---

353 Um die Parameterlisten der Funktionen und Prädikate nicht zu überlasten, wird global vereinbart, daß FKB und ***f_weight*** für feste, aber beliebige Wissensbasen bzw. Gewichtsfunktionen stehen.

354 Hier wird ein prinzipielles Muster sowohl der anaphorischen als auch der lexikalischen Korrespondenztests angesprochen. Immer haben diejenigen Prozesse Priorität, die korrespondierende Elemente in der unmittelbaren Nähe des untersuchten lexikalischen Elements überprüfen. Erst wenn diese Untersuchungen der unmittelbaren Nachbarschaft keine Ergebnisse im Sinne der betrachteten Eigenschaft bringen, wird die räumliche Extension der Tests ausgeweitet. Die Priorisierung wird nicht explizit (etwa durch eigene Serialisierungskonstrukte oder Verwendung des ***Precedes***-Prädikats), sondern implizit durch die Formulierung der pre-conditions ausgedrückt.

355 Die Wahl des Parameters max clauses (maximale Durchsuchung des aktuellen und unmittelbar vorangehenden Vorgängersatzes) ist textlinguistisch gut motiviert und wird ergänzt durch die alternative Ermittlung des Fokus-Frames (s.u.), der i.a. nur außerhalb der eigentlichen Paragraphengrenzen identifiziert werden kann.

356 Die terminierten Wortexperten werden hier nicht weiter betrachtet. Dennoch werden alle von einem Wortexpertenprozeß erarbeiteten Daten dort auch vollständig abgelegt, da für später ggf. noch hinzukommende Experten nicht ausgeschlossen werden kann, daß sie diese im System sonst nicht mehr verfügbaren Daten doch noch benötigen.

[case-2:

< pre-cond: (NA is [a NA_EXPERT (wex-type: frame) (lex-class: F_NAMES) (wex-pos: i)
(value: w) (state: running) (act-type: @) (act-plist: [])])
(***Eq***(***NA-test***(max_clauses, i, frame, w), *))
(***N_Eq***(***NA-test***(unconstraint, i, focus, w), *)) >

< next-cond: (NA is [a NA_EXPERT (state: terminate) (act-type: shift)
(act-plist: [w, ***NA-test***(unconstraint, i, focus, w)])]) >

< caused-ev: { [[**KB** <= (**shift** [w, ***NA-test***(unconstraint, i, focus, w)])]]$_{EV-43}$,
[[**LC_EXPERT** <= (**run_LC** (wex-pos: i)
(value: ***NA-test***(unconstraint, i, focus, w)))]]$_{EV-16}$ } >]

[default:

< next-cond: (NA is [a NA_EXPERT (wex-type: frame) (lex-class: F_NAMES) (wex-pos: i)
(value: w) (state: terminate) (act-type: no-reading) (act-plist: [])]) >

< caused-ev: [[**LC_EXPERT** <= (**run_LC** (wex-pos: i) (value: w))]]$_{EV-16}$ >] >

Beispiel-18

EV 15 ist ein für die hier gewählte Form der Beschreibung prototypisches Ereignis. An ihm kann daher gut gezeigt werden, wie diese grammatische Spezifikationsform auf konkrete Textphänomene angewandt werden kann. Als Beispiel wird folgendes Textfragment aus Appendix-3 (Textwort 052 - 114) herangezogen:

<13> "... Grund für diesen Optimismus sind unsere ersten Erfahrungen mit dem *Zenon-X* von Zeta-Machines, dessen Leistungsmerkmale sich bald als Standards einer neuen PC-Generation herausstellen könnten. Die Grundversion setzt sich zusammen aus 16-bit-CPU, grafikfähigem Bildschirm und Drucker, Mouse zur Dialogsteuerung, großem Hauptspeicher sowie einem eingebauten Festplattenlaufwerk. Doch mehr noch als durch Hardware-Charakteristika beeindruckt dieser *Rechner* durch seine Software-Ausstattung: ..."

Dem entspricht bis zum Auftreten des Textworts *Rechner* folgendes Bulletin-Fragment[358]:

---

357 An diesem Beispiel läßt sich gut das Prinzip objektorientierten Spezifizierens und Programmierens demonstrieren. Gegenstand der Berechnungen ist ausschließlich der Aktor NA. Die Übergabe von Daten an den LC-Aktor geschieht vermittelt über die Spezifikation geeigneter Werte im Botschaftsaktor **run_LC** und nicht etwa direkt durch die Kreierung eines entsprechenden LC-Aktors im NA-Aktor - vielmehr bleiben verschiedene Prozesse auch strikt getrennt und Aktoren behalten eine ausgeprägte Form der Privatheit ihrer Daten: Die Botschaft ist an den Aktor gerichtet, der die Klasse der LC-Experten repräsentiert. In EV 16 wird dann eine Instanz zu dieser Klasse erzeugt, die mit den Werten des Botschaftsaktors **run_LC** instanziiert wird. Das Prinzip hinter diesem Vorgehen ist die Kapselung aller Operationen, die einen bestimmten Aktor betreffen, in dessen Spezifikationen. Nicht zuletzt resultiert aus dieser Philosophie auch ein wesentlicher Teil der *Robustheit* eines aktorenbasierten Parsers, da sowohl der aussendende als auch der aktivierte Prozeß mit Sicherheit in definierte Abschluß- bzw. Fortsetzungszustände übergehen. Der Grund dafür liegt in der Spezifikation von *Default*-Fällen für jeden Aktor, die diejenigen Handlungen festlegen, die stets dann auszuführen sind, wenn bestimmte qualifizierte Bedingungen (sie sind in den explizit unterschiedenen Fällen spezifiziert) nicht zutreffen.

358 Es sind alle dem System unbekannten Wörter (desc: nil), die für die Prüfprozeduren des Text-Parsing völlig bedeutungslos sind, ausgelassen.

(pos: 051) (token: .)	(index: 0) (parsed: [.])	(desc: clause)
(pos: 062) (token: Zenon-X)	(index: 0) (parsed: [Zenon-X])	(desc: frame)
(pos: 064) (token: ZetaMachines)	(index: 0) (parsed: [ZetaMachines])	(desc: frame)
	(index: 1) (parsed: [Zenon-X.Hersteller.ZetaMachines])	(desc: v-increment)
(pos: 077) (token: .)	(index: 0) (parsed: [.])	(desc: clause)
(pos: 084) (token: 16-bit-CPU)	(index: 0) (parsed: [Cpu])	(desc: frame)
	(index: 1) (parsed: [16-bit])	(desc: cand-frame)
	(index: 2) (parsed: [16-bit-CPU.Wortbreite.16-bit])	(desc: create-inst)
	(index: 3) (parsed: [Zenon-X.Cpu.16-bit-CPU])	(desc: val-assign)
(pos: 086) (token: grafikfähigem)	(index: 0) (parsed: [grafikfähig])	(desc: attribute)
(pos: 087) (token: Bildschirm)	(index: 0) (parsed: [Bildschirm])	(desc: frame)
	(index: 1) (parsed: [Zenon-X.Peripherie.Bildschirm])	(desc: val-assign)
	(index: 2) (parsed: [Bildschirm-2.Modus.grafikfähig])	(desc: create-inst)
	(index: 3) (parsed: [Zenon-X.Peripherie.Bildschirm-2])	(desc: val-assign)
(pos: 089) (token: Drucker)	(index: 0) (parsed: [Drucker])	(desc: frame)
	(index: 1) (parsed: [Zenon-X.Peripherie.Drucker])	(desc: val-assign)
(pos: 091) (token: Mouse)	(index: 0) (parsed: [Mouse])	(desc: frame)
	(index: 1) (parsed: [Zenon-X.Peripherie.Mouse])	(desc: val-assign)
(pos: 096) (token: Hauptspeicher)	(index: 0) (parsed: [Hauptspeicher])	(desc: frame)
	(index: 1) (parsed: [Zenon-X.Hauptspeicher])	(desc: s-increment)
(pos: 100) (token: Festplattenlaufwerk)	(index: 0) (parsed: [Plattenlaufwerk])	(desc: frame)
	(index: 1) (parsed: [Fest])	(desc: cand-frame)
	(index: 2) (parsed: [Festplattenlaufwerk])	(desc: create-sub)
	(index: 3) (parsed: [Zenon-X.Massenspeicher.Festplattenlaufwerk])	(desc: val-assign)
(pos: 101) (token: .)	(index: 0) (parsed: [.])	(desc: clause)
(pos: 109) (token: dieser)	(index: 0) (parsed: [])	(desc: nil)

In Fortsetzung der Diskussion eines exemplarischen Parsing-Prozesses am Ende von Kap. 4.2.1 kann von einer Konstellation des Parser-Bulletins ausgegangen werden, wie sie oben bis zur Position *109* dokumentiert ist. Der Einstieg in die Diskussion ist gegeben durch die Anforderung eines neuen Tokens nach dem Eintrag der Ergebniszeile für Textposition *109* im Bulletin-Aktor BT (s. EV 10-2):

[[**TX** <= **new_token**]]

Dabei kommt es im Text-Aktor zum Übergang zu dem 110. Textwort *Rechner* (EV 7):

(TX is [a TEXT (text-pos: 109) (text-token: *dieser*)])

geht über nach

(TX is [a TEXT (text-pos: 110) (text-token: *Rechner*)]).

Nach der Angleichung der Positionsvariablen im Bulletin-Aktor BT (entsprechend der von TX an BT in EV 7 gerichteten Botschaft) an die des Text-Aktors (EV 8) beginnt die Annotation des Textworts *Rechner* (in EV 9). Es wird als Framename identifiziert (EV 9-1) und dementsprechend eine Botschaft an den Weltwissensaktor KB abgesetzt, die eine Erhöhung des Aktivierungsgewichts des Frames *Rechner* im Weltwissen bewirkt. Nachdem die entsprechende Operation auf den Wissensstrukturen ausgeführt ist (vgl. EV 40, Kap. 4.2.4), verzweigt der Parse mit dem Ereignis

[[**BT** <= (**upd_bulletin** (pos: 110) (token: *Rechner*) (parsed: [*Rechner*]) (desc: frame))]]

zurück zum Bulletin (EV 10), um diesen Vorgang zu protokollieren. Dabei geht das Bulletin BT (EV 10-1 wegen (desc: frame)) vom Zustand

(BT is [a BULLETIN (pos: 110) (token: @) (index: 0) (parsed: []) (desc: @)])

zunächst über nach

(BT is [a BULLETIN (pos: 110) (token: *Rechner*) (index: 0) (parsed: [*Rechner*]) (desc: frame)])

und danach über in

(BT is [a BULLETIN (pos: 110) (token: *Rechner*) (index: 1) (parsed: []) (desc: @)]).

Das von BT daraufhin bewirkte Ereignis

[[**selector** <== (request: (**id_expert** (text-pos: 110) (value: *Rechner*) (type: frame))
reply-to: **watcher-of-the-skies**)]]

führt nun erstmalig in den engeren Spezifikationsbereich der lexikalisch verteilten Textgrammatik durch die Auswahl des Start-Wortexperten der zutreffenden lexikalischen Klasse. Da (type: frame), wird der für Frames zuständige Startexperte NA_EXPERT (EV 13-1) mit Belegungsdaten für die Positions- und lexikalische Variable aktiviert, so daß als nächstes Ereignis

[[**NA_EXPERT** <= (**run_NA** (wex-pos: 110) (value: *Rechner*))]]

zu betrachten ist. Die an NA_EXPERT gerichtete Botschaft **run_NA** führt dann umgehend (in EV 14) zur Kreierung eines Wortexpertenprozesses, der im folgenden die funktionale(n) Rolle(n) des lexikalischen Elements *Rechner* im gegebenen Text untersucht. Der auf der Basis von NA_EXPERT kreierte spezielle Wortexperte für *Rechner* hat dann folgende Form:

(NA is [a NA_EXPERT (wex-type: frame) (lex-class: F_NAMES) (wex-pos: 110) (value: *Rechner*)
(state: running) (act-type: @) (act-plist: [])])

Mit der nach der Kreierung durch EV 14 ausgesandten Botschaft **check_NA** beginnt dann die textgrammatische Exploration, wobei als erster Testfall anaphorische Bezüge des lexikalischen Elements, das der Wortexperte repräsentiert (hier also: *Rechner*), mit im Text vorausgehenden lexikalischen Elementen untersucht werden. Der entsprechende Test (EV 15) wird durch die ausgesandte Botschaft **check_NA** angestoßen. Wie bereits ausgeführt, ist der Kern der Prüfung auf Nominalanaphern die Auswertung unterschiedlicher Parametrisierungen des Haupttests HT 1 (s. EV 15-1 bzw. EV 15-2). Zunächst werden die Bedingungen der vorgängersatzbezogenen Nominalanapher geprüft (entsprechend EV 15-1), d.h. HT 1 mit folgenden Parametern ausgewertet:

NA-test(max_clauses, 110, frame, *Rechner*).

Die Auswertung der Funktion ***NA-test*** beginnt mit der Betrachtung der Relation LOOK-BACK für

(max_clauses, 110, frame, block_ana, ko-term, ko-pos).

Sie ergibt, daß folgende Framenamen zulässige Werte von *ko-term* sind: *Festplattenlaufwerk*, *Massenspeicher*, ***Zenon-X***, *Plattenlaufwerk*, *Hauptspeicher*, *Mouse*, *Peripherie*, *Drucker*, *Bildschirm-2*, *Bildschirm*, *16-bit-CPU*, *Cpu*. Von diesen sind als Frames jedoch nur aktiv: *Festplattenlaufwerk*,

Zenon-X, *Hauptspeicher*, *Mouse*, *Drucker*, *Bildschirm-2*, *Bildschirm*, *16-bit-CPU* (*Massenspeicher* und *Peripherie* sind nur als Slots ihres Bezugsframes *Zenon-X*, nicht jedoch als eigenständige Frames aktiv!). Die Ergebnismenge schränkt sich schließlich auf genau einen Frame ein, denn lediglich für ***Zenon-X*** gilt die erweiterte ***Is_A***-Relation zu *Rechner*:

E_Is_A(FKB, *Zenon-X*, *Rechner*).

Da es somit in LOOK-BACK keinen von *Zenon-X* verschiedenen Frame *ko-term** geben kann, der näher zu *Rechner* steht und alle o.g. Bedingungen erfüllt, besitzt HT 1 einen qualifizierten Funktionswert, m.a.W. zwischen *Zenon-X* und *Rechner* besteht die Beziehung einer nominalen Anaphora. Dies führt zu folgendem Endzustand des NA-Experten:

(NA is [a NA_EXPERT (wex-type: frame) (lex-class: F_NAMES) (wex-pos: 110) (value: *Rechner*)
(state: terminate) (act-type: shift) (act-plist: [*Rechner*, *Zenon-X*])]).

Zweierlei Wirkungen gehen von diesem Zustand des NA-Aktors aus (EV 15-1, caused-ev):

* Der Weltwissensaktor KB erhält eine Botschaft

  [[**KB** <= (**shift** [*Rechner*, *Zenon-X*])]]

  die eine Umsetzung des Aktivierungsinkrements von *Rechner* (durch die Defaultaktivierung (s.o.) steht sein Aktivierungsgewicht auf '1') auf das Aktivierungsgewicht von *Zenon-X* bewirkt. Dessen Aktivierungsgewicht 'n' erhöht sich also auf 'n+1', während das von *Rechner* auf '0' zurückgesetzt wird.

* Für den Parsing-Prozeß von noch größerer Wichtigkeit ist eine Umbelegung der Start-Parameter des Wortexperten, der anschließend die lexikalische Korrespondenz des hier betrachteten lexikalischen Elements mit vorangehenden Elementen untersucht; statt mit *Rechner* läuft dieser Experte mit dem viel spezifischeren Parameter *Zenon-X* an:

  [[**LC_EXPERT** <= (**run_NA** (wex-pos: 110) (value: *Zenon-X*))]]

Durch die Auflösung der nominalen Anaphora ist die Validität der folgenden Parser-Operationen - zumindest, was die korrekte Parameterversorgung der Prozesse betrifft - gesichert. Mit den oben geschilderten Prozessen verändert sich das Bulletin-Fragment in folgender Weise an den davon betroffenen Stellen:

(pos: 051) (token: .)	(index: 0) (parsed: [.])	(desc: clause)
(pos: 062) (token: Zenon-X)	(index: 0) (parsed: [Zenon-X])	(desc: frame)
(pos: 064) (token: ZetaMachines)	(index: 0) (parsed: [ZetaMachines])	(desc: frame)
	(index: 1) (parsed: [Zenon-X.Hersteller.ZetaMachines])	(desc: v-increment)
(pos: 077) (token: .)	(index: 0) (parsed: [.])	(desc: clause)
... ...	... ...	...
(pos: 101) (token: .)	(index: 0) (parsed: [.])	(desc: clause)
... ...	... ...	...
(pos: 109) (token: dieser)	(index: 0) (parsed: [])	(desc: nil)
(pos: 110) (token: Rechner)	(index: 0) (parsed: [Rechner])	(desc: frame)
☛	(index: 1) (parsed: [Zenon-X])	(desc: shift)

4.2.2.2 Nominale lexikalische Korrespondenz

Während die Untersuchung anaphorischer Beziehungen auf die Existenz *hierarchischer* semantischer Relationen (***Is_A*** und ***Inst_of*** bzw. ihrer Kombination in ***E_Is_A***) zwischen einem Antezedens und darauf referenzierender Nomen abgestellt ist, spielen bei der lexikalischen Korrespondenz zwischen Textwörtern die semantischen *Aggregations*eigenschaften der betrachteten Konzepte, also die Slots, die tatsächlichen und die erlaubten Slotwerte von Frames eine Hauptrolle. Die folgenden allgemeinen Beziehungsmuster zwischen Konzepten im Weltwissen können dabei auf der Textebene aktualisiert werden[359]:

* Das aktuelle Texttoken bezeichnet einen *Slot* eines im Kotext bereits eingeführten Framenamens (***Has_Slot***),
* das aktuelle Texttoken bezeichnet einen *aktuellen Slotwert* eines im Kotext bereits eingeführten Framenamens (***Has_Act_Value***),
* das aktuelle Texttoken bezeichnet einen *erlaubten Slotwert* eines im Kotext bereits eingeführten Framenamens (***Has_Perm_Value***).

Diese strukturellen Beziehungen im Weltwissen werden sprachlich durch lexikalisierte, phrasen-, satz- und textorientierte Nominal-Attributionen (vgl. Kap. 4.1) ausgedrückt. Gemeinsames Merkmal dieser Oberflächenvarianten ist jedoch der Bezug auf Beschreibungsmerkmale komplexer Konzeptstrukturen in Form von Frames, der hier einheitlich als *lexikalische Korrespondenz* bezeichnet wird. Bevor es jedoch zur Prüfung dieser Beziehungen kommt, muß als Filter erst ein Zuständigkeitstest (EV 17) durchlaufen werden, bei dem die oben skizzierten Grundmuster der lexikalischen Korrespondenz (in ***LC-test-1***) und eine Variante davon (in ***LC-test-2***) auf ihre Gültigkeit für das aktuelle lexikalische Element *innerhalb* formaler Satzgrenzen getestet wird. Verläuft dieser Test negativ, wird der Wortexperte für *satzübergreifende* lexikalische Korrespondenz aktiviert.

Die Prüfung der nominalen lexikalischen Korrespondenz zwischen dem aktuellen Texttoken und einem im (Ko-)Text vorangehenden Texttoken nimmt Bezug auf folgende Weltwissenstrukturen:

frame

...

< $slot_i$: { $act\text{-}value_i$ } >

[$perm\text{-}value_i$]

...

Grafik-22 Grundlegende Framestrukturen für die direkte lexikalische Korrespondenz

In ***LC-test-1*** wird dann geprüft, ob es eine *direkte* Entsprechung zwischen zwei Texttoken gibt derart, daß das aktuelle Texttoken ein Slot (*$slot_i$*), ein tatsächlicher (*$act\text{-}value_i$*) oder ein erlaubter

---

359 Einen ebenfalls auf Frame-Repräsentationsstrukturen basierenden Ansatz zur Analyse lexikalischer Korrespondenz beschreibt ROSENBERG 1980. FININ 1986 (S. 169) bezeichnet die hier aktualisierten Bezüge als *role fitting*, bei dem zwei Konzepte, ein *role value* und ein *host*, gegeben sind und geeignete Rollen im *host*-Konzept gesucht werden, denen der *role value* zugeordnet werden kann. Zur Darstellung der hier beschriebenen Analyseprinzipien für lexikalische Korrespondenz auf der Phrasen- , Satz- und Textebene, vgl. a. HAHN 1989.

($perm\text{-}value_i$) Sloteintrag eines im textuellen Vorfeld des aktuellen Texttokens auftretenden Frames (***frame***) ist. Bei einer adäquaten Modellierung des Weltwissens entsprechen lexikalische Korrespondenzbeziehungen in Texten in der überwiegenden Zahl der Fälle diesem Grundmuster.

Wenn das folgende Frame-Fragment aus Appendix-2 den Personalcomputer *Zenon-X* beschreibt,

Zenon-X
< CPU: >
< Peripherie: >
< Hauptspeicher: >
< Massenspeicher: >
< Programmiersprache: >
< Systemsoftware: >
< Anwendersoftware: >
< Gehäuse: >
< Hersteller: { ZetaMachines } >
< Preis: >
[DM 500 - DM 30.000]

Grafik-23 Illustration von Weltwissensstrukturen für direkte lexikalische Korrespondenzen

dann illustrieren die Satzfragmente

<14> "... der *Zenon-X* wird mit einer Fülle von *Anwendersoftware* geliefert ..."
<15> "... der *Zenon-X* von *ZetaMachines* ..."
<16> "... der *Zenon-X* kostet *17.000 DM* ..."

die oben skizzierten direkten lexikalischen Korrespondenzbezüge: Frame - Slot (*Zenon-X* - *Anwendersoftware*), Frame - tatsächlicher Sloteintrag (*Zenon-X* - *ZetaMachines*) und Frame - erlaubter Sloteintrag (*Zenon-X* - *17.000 DM*). Eine präzise Formulierung dieser strukturellen Zusammenhänge gibt der folgende Haupttest ***LC-test-1***, der wie folgt paraphrasiert werden kann: Ein an der durch *tpos* bezeichneten Stelle des Textes auftretendes lexikalisches Element *term* steht in lexikalischer Korrespondenz zu *ko-term* g.d.w.

- *ko-term* der von *term* gekennzeichneten Stelle im Text innerhalb desselben Satzes im linken Kotext vorangeht und an der Stelle, an der *ko-term* im Parser-Bulletin lokalisiert ist, keine explizite Sperrung für Prozesse zwischen lexikalisch kohäsiven Textelementen (ausgedrückt durch den Parameter <u>block lex</u>) dokumentiert ist und
- *ko-term* einen aktiven Frame im Weltwissen bezeichnet und
- *ko-term* einen Frame im Weltwissen bezeichnet, der einen Slot besitzt, der durch *term* bezeichnet wird oder für den *term* als erlaubter (und damit auch möglicher aktueller) Slotwert charakterisiert ist und
- kein anderes Weltwissenselement *ko-term**, das näher als *ko-term* zu *term* steht oder bei gleicher Entfernung spezieller als das bereits ermittelte *ko-term* ist, diese Bedingungen ebenfalls erfüllt.

Grafik-24 verdeutlicht die wesentlichen Bezüge, die in ***LC-test-1*** formal charakterisiert sind (mit dem Parameter *ext* werden die extensionalen Einschränkungen des Prüfverfahrens gesetzt, also etwa innerhalb von Phrasengrenzen (*ext* = <u>phrase</u>), innerhalb von Satzgrenzen (*ext* = <u>clause</u>) usf.):

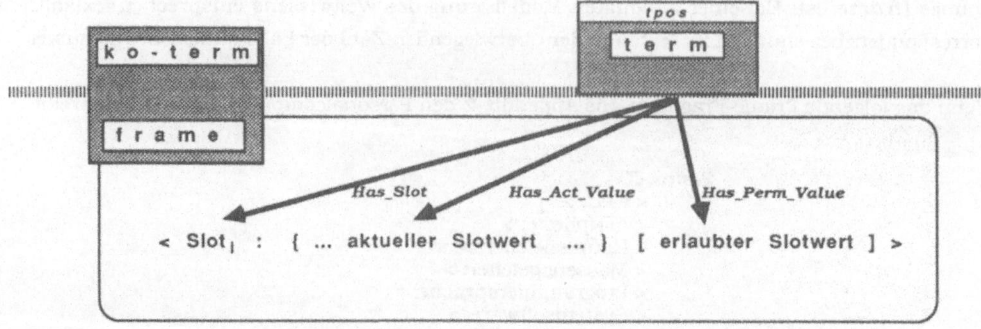

WISSENSEBENE

Grafik-24 Bezüge zwischen Textwörtern und Konzepten bei direkter lexikalischer Korrespondenz

HT 2 Standardtest einfacher Nominalformen (Simplizia) auf direkte lexikalische Korrespondenz

LC-test-1: EXTENSION x ℕ x SYMBOL x NORM-TOKEN
---> NORM-TOKEN ∪ S_NAMES ∪ S_VALUES ∪ { * }

LC-test-1(ext, tpos, sym, term)

:=

ko-term <==>

∃ (e, p, s, t, ko-term, ko-pos) ∈ LOOK-BACK:

[***Eq***(e, ext) & p = tpos & ***Eq***(s, sym) & ***Eq***(t, <u>block lex</u>) &
Active_f (***f-weight***, FKB, ko-term) &
(***Has_Slot***(FKB, ko-term, term) ∨

∃ slot ∈ ***get-slot***(FKB, ko-term, term):[360]
Has_Perm_Value(FKB, ko-term, slot, term)) &

¬ ∃ (e', p', s', t', ko-term*, ko-pos*) ∈ LOOK-BACK:

[***Eq***(e', ext) & p' = tpos & ***Eq***(s', sym) & ***Eq***(t', <u>block lex</u>) &
Active_f (***f-weight***, FKB, ko-term*) &
(***Has_Slot***(FKB, ko-term*, term) ∨

∃ slot' ∈ ***get-slot***(FKB, ko-term*, term):
Has_Perm_Value(FKB, ko-term*, slot', term)) &
(ko-pos* > ko-pos ∨
[[ko-pos* = ko-pos & ***N_Eq***(ko-term, ko-term*)]
===> [***E_Is_A***(FKB, ko-term*, ko-term) ∨
∨ ¬ ***E_Is_A***(FKB, ko-term, ko-term*)[361]]])]]

*, sonst

Nicht immer stimmt jedoch das bislang betrachtete Grundmuster mit der Realisierung lexikalischer Korrespondenz im Text überein. Eine strukturelle Variante zur *direkten* lexikalischen Korrespondenz wird im nächsten Haupttest ***LC-test-2*** in Form einer *indirekten* Korrespondenz der Framestrukturen formuliert. Die Prüfungen beziehen sich dabei auf folgende Beziehungsmuster zwischen Frames:

(***Fall 1***) **frame**

...

< $slot_i$: { ……… } >

[***frame***$_i$]

< *slot*$_{ij}$: { act-value$_{ij}$ } >

[perm-value$_{ij}$]

...

(***Fall 2***) **frame**

...

< $slot_i$: { ……… } >

[***frame***$_i$]

< slot$_{ij}$: { *act-value*$_{ij}$ } >

[perm-value$_{ij}$]

...

(***Fall 3***) **frame**

...

< $slot_i$: { ……… } >

[***frame***$_i$]

< slot$_{ij}$: { act-value$_{ij}$ } >

[*perm-value*$_{ij}$]

...

Grafik-25 Grundlegende Framestrukturen für die indirekte lexikalische Korrespondenz

---

360 Von den für den folgenden Verträglichkeitstest notwendigen Konzepten sind an dieser Stelle nur der potentielle Framename (*ko-term*) und Slotwert (*term*) festgelegt. Die Funktion ***get-slot*** (FR 9-1) dient dazu, das noch fehlende begriffliche Zwischenglied - den Slot des Frames *ko-term*, der *term* als Eintrag zuläßt, zu bestimmen. Falls mehrere Slots dieses Kriterium erfüllen, wird ein beliebiger für die folgenden Operationen ausgewählt. Integritätskriterien des Weltwissenssystems müssen dann für die Exhaustivität der Zuordnungen sorgen, d.h. für alle ebenfalls zutreffenden Slots die für den ausgewählten Slot initiierte(n) Operation(en) nachziehen.

361 Diese Formulierung sichert den Bezug auf das hierarchisch spezifischste Konzept und garantiert, daß kein zweites Konzept außerhalb der ***E_Is_A***-Hierachie existiert, das die o.g. Bedingungen der lexikalischen Korrespondenz ebenfalls erfüllt.

Dabei wird getestet, ob das aktuelle Texttoken entweder (***Fall 1***) ein Slot ($slot_{ij}$), (***Fall 2***) ein tatsächlicher ($act\text{-}value_{ij}$) oder (***Fall 3***) ein erlaubter ($perm\text{-}value_{ij}$) Sloteintrag eines Frames ***frame$_i$*** ist, der seinerseits ein erlaubter Sloteintrag eines Frames (**frame**) ist, der als lexikalischer Korrespondenzkandidat im textuellen Vorfeld des aktuellen Textworts auftritt.

Sei für diese Form der indirekten lexikalischen Korrespondenz[362] wiederum der bereits oben eingeführte Frame *Zenon-X* herangezogen. Dann illustrieren die Satzfragmente

<17> "... der *Zenon-X* bietet Möglichkeiten für die *Animation* von Grafiken ..."
<18> "... der *Zenon-X* aus den *U.S.A.* ..."

indirekte lexikalische Korrespondenzbezüge unter Annahme folgender Rekonstruktionen der lexikalischen Korrespondenz:

<17*> **Zenon-X**
...
< Anwendersoftware: { ... ... } >
[... ***Grafiksoftware*** ...]
< Funktionalität >
[*Animation*, Zeichen, Farbe]

< 18* > **Zenon-X**
...
< Hersteller: { ***ZetaMachines*** } >
[... ***ZetaMachines*** ...]
< Firmensitz: { *U.S.A.* } >
[eine-Ortsangabe]

Grafik-26 Illustration indirekter lexikalischer Korrespondenzen

In Fall <17*> ist *Animation* erlauber Eintrag im Slot *Funktionalität* des Frames *Grafiksoftware*, der seinerseits erlaubter Eintrag im Slot *Anwendersoftware* des Frames *Zenon-X* ist, Fall <18*> illustriert denselben Zusammenhang für aktuelle Sloteinträge. Eine präzise Formulierung dieser strukturellen Bezüge gibt der Haupttest ***LC-test-2***, der wie folgt charakterisiert ist:

HT 3 Standardtest einfacher Nominalformen (Simplizia) auf indirekte lexikalische Korrespondenz

LC-test-2 : EXTENSION x ℕ x SYMBOL x NORM-TOKEN
---> NORM-TOKEN ∪ S_NAMES ∪ S_VALUES ∪ { * }

---

362 Sie ist deswegen nicht direkt, weil sie von den im Weltwissen spezifizierten unmittelbaren Frame/Slot-Strukturen von Konzepten abweicht und der konzeptuelle Bezug erst inferentiell rekonstruiert werden muß.

LC-test-2(ext, tpos, sym, term)

:=

ko-frame <==>

∃ (e, p, s, t, ko-term, ko-pos) ∈ LOOK-BACK:

[***Eq***(e, ext) & p = tpos & ***Eq***(s, sym) & ***Eq***(t, block lex) &
Active_f (***f-weight***, FKB, ko-term) &
(***Has_Slot***(FKB, ko-frame, term) ∨
∃ slot ∈ ***get-slot***(FKB, ko-frame, term):
Has_Perm_Value(FKB, ko-frame, slot, term)) &

∃ slot* ∈ ***get-slot***(FKB, ko-term, ko-frame):
[***Has_Perm_Value***(FKB, ko-term, slot*, ko-frame) &
[***Is_Instance***(FKB, ko-frame) ===>
[***Has_Act_Value***(FKB, ko-term, slot*, ko-frame) &
Is_Singleton(FKB, ko-term, slot*)]] &
[***Is_Prototype***(FKB, ko-frame) ===>
[(¬ ***Exist_val***(FKB, ko-term, slot*) ∨
Has_Act_Value(FKB, ko-term, slot*, ko-frame)) &
¬ ∃ f+ ∈ ***frames***(FKB):
[(***Has_Slot***(FKB, f+, term) ∨
∃ s+ ∈ ***get-slot***(FKB, f+, term):
Has_Perm_Value(FKB, f+, s+, term)) &
[***N_Eq***(f+, ko-frame) ===>
(***Is_A***(FKB, f+, ko-frame) ∨
∨ ¬ ***Is_A***(FKB, ko-frame, f+))]]]]]] &

¬ ∃ (e', p', s', t', ko-term*, ko-pos*) ∈ LOOK-BACK:

[***Eq***(e', ext) & p' = tpos & ***Eq***(s', sym) & ***Eq***(t', block lex) &
Active_f (***f-weight***, FKB, ko-term*) &
∃ ko-frame' ∈ ***frames***(FKB):
[(***Has_Slot***(FKB, ko-frame', term) ∨
∃ slot' ∈ ***get-slot***(FKB, ko-frame', term):
Has_Perm_Value(FKB, ko-frame', slot', term)) &
∃ slot* ∈ ***get-slot***(FKB, ko-term*, ko-frame'):
[***Has_Perm_Value***(FKB, ko-term*, slot*, ko-frame') &
[***Is_Instance***(FKB, ko-frame') ===>
[***Has_Act_Value***(FKB, ko-term*, slot*, ko-frame') &
Is_Singleton(FKB, ko-term*, slot*)]] &

[***Is_Prototype***(FKB, ko-frame') ===>
[(¬ ***Exist_val***(FKB, ko-term*, slot*) v
Has_Act_Value(FKB, ko-term*, slot*, ko-frame')) &
¬ ∃ f⁺ ∈ ***frames***(FKB):
[(***Has_Slot***(FKB, f⁺, term) v
∃ s⁺ ∈ ***get-slot***(FKB, f⁺, term):
Has_Perm_Value(FKB, f⁺, s⁺, term)) &
[***N_Eq***(f⁺, ko-frame') ===>
(***Is_A***(FKB, f⁺, ko-frame') v
v ¬ ***Is_A***(FKB, ko-frame', f⁺))]]]]] &
(ko-pos* > ko-pos v
[[ko-pos* = ko-pos & ***N_Eq***(ko-term, ko-term*)]
===> ***E_Is_A***(FKB, ko-term*, ko-term)])]]

*, sonst

Beiden LC-Haupttests ***LC-test-1*** und ***LC-test-2*** in der Formulierung von EV 17 ist gemein, daß die Extension der Suche nach einem geeigneten Korrespondenz-Frame strikt auf den aktuellen *Satz* begrenzt wird. Erst wenn dieses scharfe Kriterium nicht erfüllt ist, wird ein Aktor aktiviert, der textorientierte Prüfungen auf lexikalische Korrespondenz mit einer stark elliptischen Charakteristik ausführt (EV 17-Default).

Nun zu den Details der grammatischen Beschreibung: Genau wie bei der Anaphora-Prüfung beginnt die Untersuchung lexikalischer Korrespondenzphänomene mit der Aktivierung des entsprechenden Experten aufgrund der in EV 15 abgesetzten Botschaft:

EV 16 Aktivierung des Wortexperten für die satzorientierte lexikalische Korrespondenz

< event: [[**LC_EXPERT** <= (**run_LC** (wex-pos: i) (value: v))]]

< pre-cond: (LC_EXPERT is [<u>a</u> WORD_EXPERT (wex-type: <u>frame</u>) (lex-class: F_NAMES)
(wex-pos: @) (value: @) (state: @) (act-type: @) (act-plist: [])]) >

< next-cond: (LC is [<u>a</u> LC_EXPERT (wex-pos: i) (value: v) (state: <u>running</u>)]) >

< caused-ev: [[***LC** <= **check_LC**]]$_{EV\text{-}17}$ > >

Abhängig von der Auswertung der Hauptfunktionen ***LC-test-1*** bzw. ***LC-test-2*** und der Bestimmung der jeweiligen Korrespondenz-Frames sind in EV 17 drei Fälle zu betrachten:

- **Fall-1**: Das Grundmuster der lexikalischen Korrespondenz (direkter Bezug auf die Frame/Slot-Struktur im Weltwissen) ist erfüllt; die weiteren Prüfungen werden auf der Grundlage des dabei ermittelten Korrespondenz-Frames geführt (der Parameter p_1 in (act-plist: [p_1]) ist dann identisch mit *ko-term* aus HT 2).

- **Fall-2**: Die indirekte Variante der lexikalischen Korrespondenz ist erfüllt; hier werden die weiteren Prüfungen zunächst mit dem Konzept (es ist in HT 3 als *ko-frame* bezeichnet) weitergeführt, das als begriffliches Bindeglied zwischen dem aktuellen Textwort und dem im (Ko-) Text auftretenden Korrespondenz-Frame fungiert (also etwa *Grafiksoftware* oder *ZetaMachines* in den Beispielen <17*> und <18*> oben)[363].
- **Default**: Wird der Situation gerecht, daß keine der beiden LC-Hauptfunktionen einen signifikanten Wert liefert. In diesem Fall wird umgehend der satzübergreifende Experte für textuelle Ellipsen aktiviert.

EV 17 Prüfung der Anfangsbedingungen für phrasen- und satzorientierte lexikalische Korrespondenz

< event: [[**LC <= check_LC**]]

[case-1:

< pre-cond: (LC is [a LC_EXPERT (wex-type: frame) (lex-class: F_NAMES) (wex-pos: i) (value: v) (state: running) (act-type: @) (act-plist: [])])

(***N_Eq***(***LC-test-1***(clause, i, frame, v), *)) >

< next-cond: (LC is [a LC_EXPERT (state: terminate) (act-type: transmitter)[364]]) >

< caused-ev: [[**LC_Core_EXPERT** <= (**run_LCC** (wex-pos: i) (value: v) (act-plist: [***LC-test-1***(clause, i, frame, v)]))]]$_{EV\text{-}18}$ >]

[case-2:

< pre-cond: (LC is [a LC_EXPERT (wex-type: frame) (lex-class: F_NAMES) (wex-pos: i) (value: v) (state: running) (act-type: @) (act-plist: [])])

(***Eq***(***LC-test-1***(clause, i, frame, v), *))

(***N_Eq***(***LC-test-2***(clause, i, frame, v), *)) >

< next-cond: (LC is [a LC_EXPERT (state: terminate) (act-type: transmitter)]) >

< caused-ev: [[**LC_Core_EXPERT** <= (**run_LCC** (wex-pos: i) (value: v) (act-plist: [***LC-test-2***(clause, i, frame, v)]))]]$_{EV\text{-}18}$ >]

[default:

< next-cond: (LC is [a LC_EXPERT (wex-type: frame) (lex-class: F_NAMES) (wex-pos: i) (value: v) (state: terminate) (act-type: transmitter) (act-plist: [])]) >

< caused-ev: [[**TLC_EXPERT** <= (**run_TLC** (wex-pos: i) (value: v))]]$_{EV\text{-}22}$ >] >

---

363 Nachfolgende Aktoren (insbesondere PC in EV 21) berücksichtigen diesen Zwischenschritt in der Analyse und initialisieren entsprechende Folgeprüfungen, die - nachdem die aufgedeckte "konzeptuelle Lücke" der indirekten lexikalischen Korrespondenz geschlossen ist - auch den dann noch zu behandelnden Fall der direkten lexikalischen Korrespondenz abdecken.

364 Der Aktionstyp transmitter unterscheidet sich von no-reading dadurch, daß transmitter Daten an einen Subexperten (hier: LC_Core_EXPERT) weitergibt, selbst jedoch terminiert, während im Fall von no-reading eine ganze Funktionsklasse von Wortexperten (z.B. die für die Prüfung des lexikalischen Korrespondenz) terminiert.

Nach der Aktivierung des Kernexperten LC_Core (in EV 18) läuft die detaillierte Prüfung der unterscheidbaren Bedingungen für die lexikalische Korrespondenz - Bezug auf einen Slot, erlaubten oder faktischen Sloteintrag - in EV 19 an. Dabei sollte man sich noch einmal vor Augen halten, daß EV 17 und EV 19 eine klar trennbare Aufgabenteilung bewältigen:

- In EV 17 wird die generelle Option auf lexikalische Korrespondenz getestet und (falls diese gegeben ist) möglichst spezifische Parameter erarbeitet;
- in EV 19 wird die Prüfung der grundlegenden Bezugsvarianten der lexikalischen Korrespondenz entsprechend den gegebenen Parametern mit klar unterscheidbaren Konsequenzen für jede einzelne dieser Varianten betrieben; darüberhinaus erlaubt die Ausgrenzung dieser Kerntests (*Modularisierung*) eine Rückverzweigung vieler analoger Tests (die beispielsweise zunächst die Oberflächenvarianz lexikalisierter oder textueller Nominal-Attributionen neutralisieren müssen) zu diesem Ereignis, um die diesen Varianten zugrunde liegenden gemeinsamen konzeptuellen Bezüge zu bestimmen.

Vier Fälle werden schließlich in EV 19 betrachtet:

* **Fall-1**: der identifizierte Konzept-Kandidat p_l ist Bezeichner eines Frames, der einen von v bezeichneten *Slot* enthält,
* **Fall-2**: der identifizierte Konzept-Kandidat p_l ist Bezeichner eines Frames, der einen von v bezeichneten *aktuellen Slotwert* enthält,
* **Fall-3**: der identifizierte Konzept-Kandidat p_l ist Bezeichner eines Frames, der einen von v bezeichneten *erlaubten Slotwert* enthält,
* **Default**: keines der oben beschriebenen drei Kriterien ist erfüllt.

Im *Default*-Fall wird umgehend der textorientierte lexikalische Korrespondenzexperte aktiviert. In den Fällen, in denen ein Slot oder aktueller Slotwert eines lexikalisch korrespondierenden Frames identifiziert wird, ist die spezifische Ausprägung der lexikalischen Korrespondenz bereits bestimmt - das Aktivierungsgewicht des ermittelten Slots (EV 19-1) bzw. Slotwerts (EV 19-2) wird erhöht. Anderenfalls (d.h. bei der Bestimmung eines erlaubten und noch nicht aktualisierten Slotwerts; EV 19-3) muß ein Subaktor aktiviert werden, der vor allem auf eine weitergehende Verschärfung des Parse-Ergebnisses durch Zuweisung von Eigenschaften zu Konzepten und/oder die Kreierung neuer Konzepte zielt (dies geschieht durch die Aktivierung des Funktionsexperten für die Untersuchung von Konzept-Prototypen in EV 21). Diese Tests sind jedoch nicht mehr allein spezifisch für nominale Formen der lexikalischen Korrespondenz und treten daher auch in anderen Wortexperten-Formulierungen auf, in denen Zuweisungen von Slotwerten zu Frames eine Rolle spielen. Die hier verwirklichte Aufspaltung in mehrere Subaktoren trägt der "Wiederverwendbarkeit" möglichst allgemeiner Spezifikationen Rechnung. EV 19-3 enthält darüberhinaus einen zusätzlichen Test, der typisch ist für alle die Konstellationen, in denen Lesarten resultieren können, die auf Eigenschaftszuordnungen hinauslaufen. Geprüft wird im Rahmen eines eigenen Hauptprädikats (HT 4), ob der ermittelte erlaubte Slotwert in den jeweiligen Slot des Frames überhaupt eingeschrieben werden darf. Mehrere Restriktionen können hier wirksam werden. In der vorliegenden Version des Constraint-Tests HT 4 werden einwertige Slots (vgl. FR 1-1, Kap. 3.1) betrachtet, also Slots, die nur einen einzigen Wert annehmen dürfen und konsequenterweise immer dann für Schreiboperationen gesperrt sind, wenn sie bereits einen (vom möglichen Sloteintrag verschiedenen) aktuellen Slotwert besitzen:

HT 4 Test auf Zuweisungsbeschränkungen für Slotwerte

Für eine feste, aber beliebige Frame-Wissensbasis FKB gilt:

Slot_Assignment_Constraint_Test (FKB, frame, slot) <==>
[¬ ***Is_Singleton***(FKB, frame, slot) v ¬ ***Exist_val***(FKB, frame, slot)]

EV 18 Aktivierung des Kernexperten für phrasen- und satzorientierte lexikalische Korrespondenz

< event: [[**LC_Core_EXPERT** <= (**run_LCC** (wex-pos: i) (value: v) (act-plist: [p_1]))]]

< pre-cond: (LC_Core_EXPERT is [a WORD_EXPERT (wex-type: frame) (lex-class: F_NAMES)
(wex-pos: @) (value: @) (state: @) (act-type: @) (act-plist: [])]) >

< next-cond: (LC_Core is [a LC_Core_EXPERT (wex-pos: i) (value: v) (state: running) (act-plist: [p_1])]) >

< caused-ev: [[***LC_Core** <= **check_LC_Core**]]$_{EV\text{-}19}$ > >

EV 19 Prüfung des Kernexperten für phrasen- und satzorientierte lexikalische Korrespondenz

< event: [[**LC_Core** <= **check_LC_Core**]]

[case-1:

< pre-cond: (LC_Core is [a LC_Core_EXPERT (wex-type: frame) (lex-class: F_NAMES)
(wex-pos: i) (value: v) (state: running) (act-type: @) (act-plist: [p_1])])

(***Has_Slot***(FKB, p_1, v)) >

< next-cond: (LC_Core is [a LC_Core_EXPERT (state: terminate) (act-type: s-increment)
(act-plist: [p_1,v])]) >

< caused-ev: [[**KB** <= **s_increment** [p_1,v]]]$_{EV\text{-}41}$ >]

[case-2:

< pre-cond: (LC_Core is [a LC_Core_EXPERT (wex-type: frame) (lex-class: F_NAMES)
(wex-pos: i) (value: v) (state: running) (act-type: @) (act-plist: [p_1])])

($\exists$ slot $\in$ ***get-slot***(FKB, p_1, v): ***Has_Act_Value***(FKB, p_1, slot, v)) >

< next-cond: (LC_Core is [a LC_Core_EXPERT (state: terminate) (act-type: v-increment)
(act-plist: [p_1, slot, v])]) >

< caused-ev: [[**KB** <= **v_increment** [p_1, slot, v]]]$_{EV\text{-}42}$ >]

[case-3:

< pre-cond: (LC_Core is [a LC_Core_EXPERT (wex-type: frame) (lex-class: F_NAMES) (wex-pos: i) (value: v) (state: running) (act-type: @) (act-plist: [p_1])])

($\exists$ slot $\in$ ***get-slot***(FKB, p_1, v):

[$\neg$ ***Has_Act_Value***(FKB, p_1, slot, v) &

Has_Perm_Value(FKB, p_1, slot, v) &

Slot_Assignment_Constraint_Test(FKB, p_1, slot)]) >

< next-cond: (LC_Core is [a LC_Core_EXPERT (state: terminate) (act-type: transmitter)]) >

< caused-ev: [[**PC_EXPERT** <= (**run_PC** (wex-pos: i) (value: v) (act-plist: [p_1, slot, v]))]$_{EV\text{-}20}$ >]

[default:

< next-cond: (LC_Core is [a LC_Core_EXPERT (wex-type: frame) (lex-class: F_NAMES) (wex-pos: i) (value: v) (state: terminate) (act-type: transmitter) (act-plist: [])]) >

< caused-ev: [[**TLC_EXPERT** <= (**run_TLC** (wex-pos: i) (value: v))]$_{EV\text{-}22}$ >] >

Beispiel-19

Eine einfache Anwendung der bislang zur lexikalischen Korrespondenz eingeführten Aktoren demonstriert das folgende Beispiel zur phrasenorientierten Nominal-Attribution. Es stützt sich auf einen kleinen Ausschnitt des für Anaphoraphänomene bereits betrachteten Texts <13> und ist nahezu identisch mit dem zu Beginn dieses Abschnitts eingeführten Beispiel <15>:

<19> "... mit dem *Zenon-X* von *ZetaMachines* ..."

In Erinnerung gerufen sei dazu auch noch einmal (unter Weglassung der nicht-relevanten Textwörter) der Zustand des Bulletins, so wie es sich nach Abschluß der (bereits diskutierten) morphologischen Prozesse und der entsprechenden Erweiterung der aktuellen Bulletinposition darstellt (s.a. Appendix-3):

(pos: 051) (token: .)	(index: 0) (parsed: [.])	(desc: clause)
(pos: 062) (token: Zenon-X)	(index: 0) (parsed: [Zenon-X])	(desc: frame)
(pos: 063) (token: von)	(index: 0) (parsed: [])	(desc: nil)
(pos: 064) (token: ZetaMachines)	(index: 0) (parsed: [ZetaMachines])	(desc: frame)

Der Einstieg für die Diskussion soll die Aktivierung des Selektors für die Startprozesse der einzelnen lexikalischen Klassen (EV 13) durch die von BT in EV 10-1 abgesetzte Botschaft

(request: (**id_expert** (text-pos: 064) (value: *ZetaMachines*) (type: frame))
reply-to: **watcher-of-the-skies**)

sein. Wie schon im vorangegangenen Beispiel wird auch hier der Frame-Experte NA_EXPERT ausgewählt und aktiviert (EV 14), so daß sich die anschließenden Betrachtungen auf folgende Wortexpertenstruktur beziehen:

(NA is [a NA_EXPERT (wex-type: frame) (lex-class: F_NAMES) (wex-pos: 064) (value: *ZetaMachines*)
(state: running) (act-type: @) (act-plist: [])])

Die Prüfung des Anaphoraexperten (EV 15) bringt keine Indikatoren für eine anaphorische Referenz des aktuellen Textworts *ZetaMachines* zu einem anderen Element im textuellen Vorfeld, da (auch in der vollständigen Version des Parser-Bulletins, s. Appendix-3) dort kein lexikalisches Element existiert, das in einer begrifflichen Spezialisierungsbeziehung zu *ZetaMachines*, einer Instanz von *Hersteller*, steht. Daraus (EV 15-Default) ergeben sich zwei unmittelbare Folgen. Zum einen terminiert der Funktionsexperte NA für nominale Anaphora ohne qualifizierte Leseart, d.h. die Anaphorakriterien sind auf den betrachteten Fall nicht anwendbar:

(NA is [a NA_EXPERT (wex-type: frame) (lex-class: F_NAMES) (wex-pos: 064) (value: *ZetaMachines*)
(state: terminate) (act-type: no-reading) (act-plist: [])])

zum anderen wird eine Aufforderung an den Funktionsexperten LC_EXPERT für die Prüfung der lexikalischen Korrespondenz abgesetzt, eine geeignete Instanz LC zu aktivieren (im Unterschied zum zuvor diskutierten Fall der nominalen Anaphora in Beispiel-18 bleibt der lexikalische Übergabeparameter (*ZetaMachines*) also unverändert). Die in EV 16 kreierte Instanz zu LC_EXPERT hat folgende Form:

(LC is [a LC_EXPERT (wex-type: frame) (lex-class: F_NAMES) (wex-pos: 064) (value: *ZetaMachines*)
(state: running) (act-type: @) (act-plist: [])]).

Ausgehend von dem so initialisierten LC-Experten werden die Prüfungen der Haupttests der lexikalischen Korrespondenz vorgenommen. Für ***LC-test-1*** liegt somit in EV 17-1 folgende Parametrisierung vor:

LC-test-1(clause, 064, frame, *ZetaMachines*).

Eine Überprüfung der Kriterien von HT 2 ergibt *Zenon-X* als Funktionswert von ***LC-test-1***, denn mit den gegebenen Parametern ist für die Relation LOOK-BACK allein *Zenon-X* ein zulässiger Wert. *Zenon-X* ist zudem ein aktiver Frame und erfüllt auch die Bedingung

Has_Perm_Value (FKB, *Zenon-X*, slot, *ZetaMachines*)

für die Interpretation der Variable 'slot' mit *Hersteller*. Damit schließt der Experte LC seine Untersuchungen mit dem Zwischenergebnis ab, daß ein Kandidat für die lexikalische Korrespondenz im Kotext existiert und übergibt diesen zur genaueren Bestimmung der daraus folgenden Aktionen an den Subexperten LC_Core (act-type: transmitter) mit der Aktivierung des Folgeereignisses

[[**LC_Core_EXPERT** <= (**run_LCC** (wex-pos: 064) (value: *ZetaMachines*) (act-plist: [*Zenon-X*]))]].

Der Aktor LC_Core wird entsprechend aktiviert (EV 18) und ermittelt nach dem Empfang einer expliziten Prüfungsaufforderung **check_LC_Core** die hier zutreffenden konzeptuellen Bezüge (EV 19-2): *ZetaMachines* ist bereits aktueller Eintrag im Slot *Hersteller* des Frames *Zenon-X* (s.a. Appendix-2), so daß der Kernexperte für lexikalische Korrespondenz mit folgender Zustandsbeschreibung terminiert:

(LC_Core is [a LC_Core_EXPERT (wex-type: frame) (lex-class: F_NAMES) (wex-pos: 064)
(value: *ZetaMachines*) (state: terminate) (act-type: v-increment)
(act-plist: [*Zenon-X, Hersteller, ZetaMachines*])])

Das im Anschluß daran unmittelbar bewirkte Ereignis

[[**KB** <= **v_increment**[*Zenon-X, Hersteller, ZetaMachines*]]]

sieht (vgl. EV 42) eine Erhöhung des Aktivierungsgewichts des beteiligten Frames (*Zenon-X*), Slots (*Hersteller*) und Slotwerts (*ZetaMachines*) vor. Mittelbare Folge dieser das Weltwissen betreffenden Operation ist nach deren korrekter Ausführung die Erweiterung des Parse-Teils der Bulletinbeschreibung aufgrund des von KB initiierten Ereignisses

[[**BT** <= (**upd_parse** (parsed: [*Zenon-X, Hersteller, ZetaMachines*]) (desc: v-increment))]]

wodurch es (EV 11-3) zu folgender Erweiterung des Bulletins kommt:

(pos: 051) (token: .)	(index: 0)	(parsed: [.])	(desc: clause)
(pos: 062) (token: Zenon-X)	(index: 0)	(parsed: [Zenon-X])	(desc: frame)
(pos: 063) (token: von)	(index: 0)	(parsed: [])	(desc: nil)
(pos: 064) (token: ZetaMachines)	(index: 0)	(parsed: [ZetaMachines])	(desc: frame)
☛	(index: 1)	(parsed: [Zenon-X.Hersteller.ZetaMachines])	(desc: v-increment)

Die Prüfung des Kernexperten LC_Core für die lexikalische Korrespondenz zweier Konzepte führt also in zwei Fällen - das aktuell betrachtete lexikalische Element bezeichnet entweder einen Slot oder faktischen Slotwert des untersuchten Korrespondenz-Frames - zum Abschluß der Untersuchungen derart, daß entsprechende Aktivierungsoperationen im Weltwissen, wie in dem gerade betrachteten Beispiel, initiiert werden (EV 19-1 bzw. EV 19-2). Es bleiben mithin noch zwei weitere Ausgänge zu erörtern:

- die Aktivierung des PC-Experten, falls das aktuelle lexikalische Element einen erlaubten und schreibbaren Slotwert des Korrespondenz-Frames bezeichnet (EV 19-3),
- die Aktivierung des satzübergreifenden LC-Experten, falls keiner der satzbezogenen lexikalischen Korrespondenztests ein signifikantes Resultat liefert (EV 19-Default).

Die folgenden Betrachtungen zur lexikalischen Korrespondenz werden genau diesen beiden Situationen gerecht, wobei zunächst die funktionale Rolle des PC-Experten im Mittelpunkt der Darstellung stehen wird. Die wesentliche Unterscheidung, die bei den lokalen Tests des PC-Experten getroffen werden soll, ist die, ob der für eine Slotwertzuweisung in Betracht gezogene Korrespondenz-Frame ein *Prototyp* ist oder eine *Instanz*. Gemäß den im Weltwissenskapitel getroffenen Vereinbarungen kann ein Sloteintrag direkt in einen Instanz-Frame geschrieben werden, nicht jedoch in einen Prototypen (vgl. FR 2-3, Kap. 3.1). Ist der Korrespondenz-Frame ein solcher Prototyp, muß eine passende Instanz kreiert werden. "Passend" meint hier insbesondere die Wahl eines gut motivierten Bezeichners für das im Weltwissen neu anzulegende Konzept, einem besonders bei der adäquaten Behandlung der Nominalkomposita (Kap. 4.2.2.3) offensichtlichen Problem. Die Fülle der im PC-Aktor auflaufenden Fallunterscheidungen erklärt sich aus der Menge der an dieser Stelle geballt auftretenden Entscheidungsparameter: Instanz vs. Prototyp, einwertiger vs. mehrwertiger Slot, direkte vs. indirekte lexikalische Korrespondenz.

Ein weiteres wesentliches Kriterium für die Bestimmung notwendiger Folgeoperationen ist die Unterscheidung zwischen einfachen Nominalformen (*Simplizia*) und komplexen (*Komposita*) an der aktuell betrachteten Bulletinposition. Zur Fall-Diskriminierung ist die Betrachtung des 0-ten und 1-ten Parse-Deskriptors ausreichend, wie sie in den folgenden beiden Haupttests formuliert ist:

HT 5 **Auftreten von Simplizia im Bulletin**

Occurrence_of_a_Simplex(textpos) <==>
[***Check_Desc*** (textpos, 0, frame) & ¬ ***Check_Desc*** (textpos, 1, cand-frame)]

HT 6 **Auftreten von Komposita im Bulletin**

Occurrence_of_a_Compound(textpos) <==>
[***Check_Desc*** (textpos, 0, frame) & ***Check_Desc*** (textpos, 1, cand-frame)]

Nach der Aktivierung des Experten für die Prototyp-Prüfung (EV 20) wird in EV 21 zunächst festgestellt, ob der aktuell betrachtete Frame ein Prototyp ist oder nicht. Im positiven Fall müssen entsprechende Instanzen kreiert werden (**Fall-1** bis **Fall-4**), ansonsten kann der Slotwert dann in den betrachteten Frame geschrieben werden, wenn die Zuweisungsbedingungen erfüllt sind (**Fall-5**, **Fall-7**, **Fall-9**). Sind diese nicht erfüllt, muß der Prototyp der betrachteten Instanz ermittelt werden (**Fall-6** und **Fall-8**) und eine entsprechende (neue) Instanz kreiert werden.

Statt jede einzelne der folgenden Fallunterscheidungen detailliert zu kommentieren, soll hier die Verwendung solcher Konstrukte kurz motiviert werden, deren Gebrauch nicht unmittelbar selbsterklärend ist. Sie betreffen besondere Konstellationen bei der *Nominaldekomposition* (vgl. Kap. 4.2.2.3 zur grammatischen Spezifikation), bei der vier Phänomene die Beschreibung komplizieren:

a) Das Auftreten indirekter lexikalischer Korrespondenz im Kompositum (Bsp.: *8-bit-Rechner*) - solche Fälle werden im PC-Experten (s. EV 21-3, EV 21-4) stets durch die Prüfung

N_Eq(p_1, ***norm***(***select***(last, ***decomp***(w_i))))

abgefangen, denn der semantische Kern des Kompositums (im Beispiel: *Rechner*) ist in diesen Fällen sicher nicht identisch mit dem ersten Parameter (er entspricht dem Bezugsframe) der Eigenschaftszuweisung (im Beispiel: *Cpu* mit dem Slot *Wortbreite* für den Sloteintrag *8-bit*).

b) Da i.a. bei der Feststellung lexikalischer Korrespondenz innerhalb der Binnengrenzen des Nominalkompositums zunächst Prototypen als Bezugselemente für Eigenschaftszuweisungen identifiziert werden (im Beispiel: *Cpu*), sind mit der Slotfüllung zugleich entsprechende Instanzen zu bilden (im Beispiel: *Cpu*<ext>, also: *Cpu-1*, *Cpu-2* usf.) und mit diesen Instanzen weitere lexikalische Korrespondenzen - dann meist relativ zum textuellen Vorfeld - zu suchen. In diesen Fällen besitzt der gestartete LC-Wortexperte genau den lexikalischen Wert der gerade kreierten Instanz (s. EV 21-3 in caused-ev: (value: $p_1\circ$<ext>), wobei dann in EV 21-4 $\upsilon = p_1\circ$<ext> und die so konstruierte Instanz dann folglich in einer ***E_Is_A***-Beziehung zum Kopf des Kompositums steht), was als Abbruchkriterium des rekursiven Aufrufs weiterer Wortexperten genutzt wird durch die Prüfung

E_Is_A (FKB, v, ***norm***(***select***(<u>last</u>, ***decomp***(w_i)))).

Immer wenn dieses Prädikat gültig ist, wird nur noch eine Slotwertzuweisung ausgeführt (Fälle 4, 7, 8), wenn es dagegen nicht gilt, zusätzlich noch ein rekursiver Aufruf eines neuen LC-Experten durchgeführt (Fälle 3, 5, 6).

c) Einen Sonderfall für die Namensbildung beim Vorliegen direkter lexikalischer Korrespondenz (Bsp.: *64-kByte-RAM*) bildet in EV 21-2 die Prüfung

¬ ***Exist_f*** (FKB, v)

mit der das Auftreten von potentiellen Einträgen in terminalen Slots (meist Maßeinheiten, wie oben *64-kByte* (= v)) konstruktiv in die Namensbildung mit einfließen soll.

d) Wenn ein Schreiben in den ermittelten Slot einer bereits definitiv bestimmten Instanz nicht zulässig ist (m.a.W. der ***Slot_Assignment_Constraint_Test*** nicht erfüllt ist), muß eine andere Instanz (durch Rückschluß auf den Prototypen der zunächst bestimmten Instanz mit ***get-prototype***) kreiert werden, um den Eintrag doch noch zu setzen (Fall 6, 8).

Die Vielzahl der in EV 21 auftretenden Fälle ergibt sich somit aus der empirisch sinnvollen Kombination dieser 4 Grundmuster:

EV 20 Aktivierung des Experten für die Prototyp-Prüfung

< event: [[**PC_EXPERT <= (run_PC** (wex-pos: i) (value: v) (act-plist: [p_1, p_2, p_3]))]]

< pre-cond: (PC_EXPERT is [<u>a</u> WORD_EXPERT (wex-type: <u>frame</u>) (lex-class: F_NAMES) (wex-pos: @) (value: @) (state: @) (act-type: @) (act-plist: [])]) >

< next-cond: (PC is [<u>a</u> PC_EXPERT (wex-pos: i) (value: v) (state: <u>running</u>) (act-plist: [p_1, p_2, p_3])]) >

< caused-ev: [[***PC <= check_PC**]]$_{EV\text{-}21}$ > >

EV 21 Prototyp-Prüfung

< event: [[**PC <= check_PC**]]

[case-1:

< pre-cond: (PC is [<u>a</u> PC_EXPERT (wex-typ: <u>frame</u>) (lex-class: F_NAMES) (wex-pos: i) (value: v) (state: <u>running</u>) (act-type: @) (act-plist: [p_1, p_2, p_3])])

(***Occurrence_of_a_Simplex*** (i))

(***Is_Prototype*** (FKB, p_1)) >

< next-cond: (PC is [<u>a</u> PC_EXPERT (state: <u>terminate</u>) (act-type: <u>create-inst</u>) (act-plist: [p_1, p_1∘<ext>[365], p_2, p_3])]) >

< caused-ev: { [[**KB <= create_inst** [p_1, p_1∘<ext>, p_2, p_3]]]$_{EV\text{-}46}$,

[[**LC_EXPERT <= (run_LC** (wex-pos: i) (value: p_1∘<ext>))]]$_{EV\text{-}16}$} >]

[case-2:

< pre-cond: (PC is [a PC_EXPERT (wex-type: frame) (lex-class: F_NAMES) (wex-pos: i)
(value: v) (state: running) (act-type: @) (act-plist: [p_1, p_2, p_3])])
(BT is [a BULLETIN (pos: i) (token: w_i) (index: j) (parsed: []) (desc: @)])
(***Occurrence_of_a_Compound***(i))
(***Is_Prototype***(FKB, p_1))
(¬ ***Exist_f***(FKB, v))
(***Eq***(p_1, ***norm***(***select***(last, ***decomp***(w_i))))) >

< next-cond: (PC is [a PC_EXPERT (state: terminate) (act-type: create-inst)
(act-plist: [p_1, ***full-concat***(***decomp***(w_i)), p_2, p_3])]) >

< caused-ev: { [[**KB** <= **create_inst** [p_1, ***full-concat***(***decomp***(w_i)), p_2, p_3]]]$_{EV\text{-}46}$,
[[**LC_EXPERT** <= (**run_LC** (wex-pos: i)
(value: ***full-concat***(***decomp***(w_i))))]]$_{EV\text{-}16}$} >]

[case-3:

< pre-cond: (PC is [a PC_EXPERT (wex-type: frame) (lex-class: F_NAMES) (wex-pos: i)
(value: v) (state: running) (act-type: @) (act-plist: [p_1, p_2, p_3])])
(BT is [a BULLETIN (pos: i) (token: w_i) (index: j) (parsed: []) (desc: @)])
(***Occurrence_of_a_Compound*** (i))
(***Is_Prototype***(FKB, p_1))
(***N_Eq***(p_1, ***norm***(***select***(last, ***decomp***(w_i))))))
(¬ ***E_Is_A***(FKB, v, ***norm***(***select***(last, ***decomp***(w_i)))))) >

< next-cond: (PC is [a PC_EXPERT (state: terminate) (act-type: create-inst)
(act-plist: [p_1, $p_1 \circ$<ext>, p_2, p_3])]) >

< caused-ev: { [[**KB** <= **create_inst** [p_1, $p_1 \circ$<ext>, p_2, p_3]]] $_{EV\text{-}46}$,
[[**LC_EXPERT** <= (**run_LC** (wex-pos: i) (value: $p_1 \circ$<ext>))]]$_{EV\text{-}16}$} >]

---

365 Das Kürzel <ext> steht für *extension* und meint die Erweiterung eines Konzeptnamens (etwa: *Rechner*) durch eine numerische Form der *Ad-hoc*-Bezeichnung (z.B.: *Rechner-01*, *Rechner-02*) zur Sicherung der Unterscheidbarkeit von Namen. Zur Vereinfachung der Darstellung sei hier angenommen, daß der Wert dieser Variable dem operierenden Aktor bekannt ist. Angemessener wäre eine kommunikationsintensivere Lösung, bei der die Kreierung einer Instanz im Weltwissen bestätigt und der im Weltwissen generierte Name explizit übergeben würde.

[case-4:

< pre-cond: (PC is [*a* PC_EXPERT (wex-type: frame) (lex-class: F_NAMES) (wex-pos: i)
(value: v) (state: running) (act-type: @) (act-plist: [p_1, p_2, p_3])])
(BT is [*a* BULLETIN (pos: i) (token: w_i) (index: j) (parsed: []) (desc: @)])
(***Occurrence_of_a_Compound***(i))
(***Is_Prototype***(FKB, p_1))
(***N_Eq***(p_1, ***norm***(***select***(last, ***decomp***(w_i)))))
(***E_Is_A***(FKB, v, ***norm***(***select***(last, ***decomp***(w_i))))) >

< next-cond: (PC is [*a* PC_EXPERT (state: terminate) (act-type: create-inst)
(act-plist: [p_1, p_1∘<ext>, p_2, p_3])]) >

< caused-ev: [[**KB <= create_inst** [p_1, p_1∘<ext>, p_2, p_3]]]$_{EV\text{-}46}$ >]

[case-5:

< pre-cond: (PC is [*a* PC_EXPERT (wex-type: frame) (lex-class: F_NAMES) (wex-pos: i)
(value: v) (state: running) (act-type: @) (act-plist: [p_1, p_2, p_3])])
(BT is [*a* BULLETIN (pos: i) (token: w_i) (index: j) (parsed: []) (desc: @)])
(***Occurrence_of_a_Compound***(i))
(***Is_Instance***(FKB, p_1))
(¬ ***E_Is_A***(FKB, v, ***norm***(***select***(last, ***decomp***(w_i)))))
(***Slot_Assignment_Constraint_Test***(FKB, p_1, p_2)) >

< next-cond: (PC is [*a* PC_EXPERT (state: terminate) (act-type: val-assign)
(act-plist: [p_1, p_2, p_3])]) >

< caused-ev: { [[**KB <= sv_assign** [p_1, p_2, p_3]]]$_{EV\text{-}45}$,
[[**LC_EXPERT** <= (**run_LC** (wex-pos: i) (value: p_1))]]$_{EV\text{-}16}$ } >]

[case-6:

< pre-cond: (PC is [*a* PC_EXPERT (wex-type: frame) (lex-class: F_NAMES) (wex-pos: i)
(value: v) (state: running) (act-type: @) (act-plist: [p_1, p_2, p_3])])
(BT is [*a* BULLETIN (pos: i) (token: w_i) (index: j) (parsed: []) (desc: @)])
(***Occurrence_of_a_Compound***(i))
(***Is_Instance***(FKB, p_1))
(¬ ***E_Is_A***(FKB, v, ***norm***(***select***(last, ***decomp***(w_i)))))
(¬ ***Slot_Assignment_Constraint_Test***(FKB, p_1, p_2)) >

< next-cond: (PC is [_a_ PC_EXPERT (state: terminate) (act-type: create-inst)

(act-plist: [***get-prototype***(FKB, p_1),

get-prototype(FKB, p_1)∘<ext>, p_2, p_3])]) >

< caused-ev: { [[**KB** <= **create_inst** [***get-prototype***(FKB, p_1),

get-prototype(FKB, p_1)∘<ext>, p_2, p_3] $]]_{EV\text{-}46}$,

[[**LC_EXPERT** <= (**run_LC** (wex-pos: i)

(value: ***get-prototype***(FKB, p_1)∘<ext>)) $]]_{EV\text{-}16}$} >]

[case-7:

< pre-cond: (PC is [_a_ PC_EXPERT (wex-type: frame) (lex-class: F_NAMES) (wex-pos: i)

(value: v) (state: running) (act-type: @) (act-plist: [p_1, p_2, p_3])])

(BT is [_a_ BULLETIN (pos: i) (token: w_i) (index: j) (parsed: []) (desc: @)])

(***Occurrence_of_a_Compound***(i))

(***Is_Instance***(FKB, p_1))

(***E_Is_A***(FKB, v, ***norm***(***select***(last, ***decomp***(w_i))))))

(***Slot_Assignment_Constraint_Test***(FKB, p_1, p_2)) >

< next-cond: (PC is [_a_ PC_EXPERT (state: terminate) (act-type: val-assign)

(act-plist: [p_1, p_2, p_3])]) >

< caused-ev: [[**KB** <= **sv_assign** [p_1, p_2, p_3] $]]_{EV\text{-}45}$ >]

[case-8:

< pre-cond: (PC is [_a_ PC_EXPERT (wex-type: frame) (lex-class: F_NAMES) (wex-pos: i)

(value: v) (state: running) (act-type: @) (act-plist: [p_1, p_2, p_3])])

(BT is [_a_ BULLETIN (pos: i) (token: w_i) (index: j) (parsed: []) (desc: @)])

(***Occurrence_of_a_Compound***(i))

(***Is_Instance***(FKB, p_1))

(***E_Is_A***(FKB, v, ***norm***(***select***(last, ***decomp***(w_i))))))

(¬ ***Slot_Assignment_Constraint_Test***(FKB, p_1, p_2)) >

< next-cond: (PC is [_a_ PC_EXPERT (state: terminate) (act-type: create-inst)

(act-plist: [***get-prototype***(FKB, p_1),

get-prototype(FKB, p_1)∘<ext>, p_2, p_3])]) >

< caused-ev: [[**KB** <= **create_inst** [***get-prototype***(FKB, p_1),

get-prototype(FKB, p_1)∘<ext>, p_2, p_3] $]]_{EV\text{-}46}$ >]

[case-9:

< pre-cond: (PC is [a PC_EXPERT (wex-type: frame) (lex-class: F_NAMES) (wex-pos: i)

(value: v) (state: running) (act-type: @) (act-plist: [p_1, p_2, p_3])])

(***Occurrence_of_a_Simplex***(i))

(***Is_Instance***(FKB, p_1))

(***Slot_Assignment_Constraint_Test***(FKB, p_1, p_2)) >

< next-cond: (PC is [a PC_EXPERT (state: terminate) (act-type: val-assign)

(act-plist: [p_1, p_2, p_3])]) >

< caused-ev: [[**KB <= sv_assign** [p_1, p_2, p_3]]]$_{EV\text{-}45}$ >] >

Beispiel-20

Durch die noch folgenden Beispiele (u.a. zur lexikalisierten und adjektivischen Nominal-Attribution) werden eine Reihe der oben nur formal spezifizierten Fälle im Verlaufe der Arbeit noch ausführlich illustriert. An dieser Stelle wird lediglich ein vergleichsweise einfaches, aber doch häufig auftretendes Muster, das der satzorientierten Nominal-Attribution (nominalen Prädikation; vgl. Kap. 4.1.2, Punkt 5), unter Bezug auf folgendes Beispiel vorgestellt:

<20> "... . Der *IBM-AT*, ausgestattet mit dem *80286* von Intel ..."

Im für die Diskussion relevanten Teil des Parser-Bulletins wird angenommen, daß die Textanalyse bis zur morphologischen Annotation und entsprechenden Erweiterung des Bulletins durch das Textwort *80286* fortgeschritten ist:

(pos: 344) (token: .)	(index: 0) (parsed: [.])	(desc: clause)
(pos: 346) (token: IBM-AT)	(index: 0) (parsed: [*IBM-AT*])	(desc: frame)
	(index: 1) (parsed: [*Mikrocomputermarkt-1*.[366]*Produkt*. *IBM-AT*])	(desc: val-assign)
(pos: 351) (token: 80286)	(index: 0) (parsed: [*80286*])	(desc: frame)

Die unmittelbar auf diesen Analysezustand folgenden Operationen sind (ausgenommen die Variablenbelegungen) identisch zum Vorgehen im zuvor betrachteten Fall der lexikalischen Korrespondenz (dem der phrasen-orientierten Nominal-Attribution in Beispiel-19) bis zur Kreierung einer Instanz zu LC_EXPERT (in EV 16):

(LC is [a LC_EXPERT (wex-typ: frame) (lex-class: F_NAMES) (wex-pos: 351) (value: *80286*)

(state: running) (act-type: @) (act-plist: [])])

In der anschließenden Prüfung der Hauptfunktion ***LC-test-1*** in EV 17-1 ist *IBM-AT* das einzige Element im satzbezogenen Kotext der Relation LOOK-BACK, es bezeichnet einen im Weltwissen aktiven Frame und erfüllt gleichzeitig die Bedingung

366 Das Auftreten einer Instanz von *Mikrocomputermarkt* an dieser Stelle erklärt sich aus dem textuellen Vorfeld des zugrunde liegenden, oben nur fragmentarisch eingeführten Textes (vgl. dazu Appendix-3).

Has_Perm_Value(FKB, *IBM-AT*, slot, *80286*)

mit *Cpu* als geeigneter Interpretation von 'slot'. Damit ist eine (direkte) lexikalische Korrespondenzbeziehung zwischen *IBM-AT* und *80286* im gleichen Satz gegeben (EV 17-1) und der LC-Experte gibt an den Subexperten LC_Core mit folgender Parametrisierung der Aktivierungsbotschaft ab:

[[**LC_Core_EXPERT** <= (**run_LCC** (wex-pos: 351) (value: *80286*) (act-plist: [*IBM-AT*]))]].

Nach der Aktivierung des Kernexperten für lexikalische Korrespondenz (in EV 18) wird die Prüfung der entsprechenden Korrespondenzbeziehung zwischen *IBM-AT* und *80286* vertieft. Der Kernexperte ist in folgendem Zustand

(LC_Core is [a LC_Core_EXPERT (wex-type: frame) (lex-class: F_NAMES) (wex-pos: 351) (value: *80286*)
(state: running) (act-type: @) (act-plist: [*IBM-AT*])])

Cpu ist (s.o.) ein Slot des Frame *IBM-AT*, für den *80286* als erlaubter Slotwert charakterisiert ist, *Cpu* besitzt diesen Sloteintrag noch nicht und erfüllt auch den Zuweisungs-*Constraint* ***Slot_Assignment_Constraint_Test***(FKB, *IBM-AT*, *Cpu*). Denn *Cpu* ist zwar ein einwertiger Slot des Frames *IBM-AT*, da aber in *Cpu* bislang kein Eintrag geschrieben wurde, ist der *Constraint* insgesamt erfüllt. Im Unterschied zu dem zuvor diskutierten Beispiel der lexikalischen Korrespondenz ist der Prüfungsvorgang damit noch nicht beendet (EV 19-3). Es wird ein weiterer Funktionsexperte aktiviert, da vor dem Schreiben des Slotwerts *80286* erst die Rahmenbedingungen dieser Operation in bezug auf die übrigen beteiligten Parameter genauer geprüft werden müssen. Entsprechend setzt der LC_Core-Experte folgende Botschaft an PC_EXPERT ab, deren wichtigster Bestandteil die vollständige Parameterliste ist, anhand der die oben angesprochenen Rahmenbedingungen geprüft werden:

[[**PC_EXPERT** <= (**run_PC** (wex-pos: 351) (value: *80286*) (act-plist: [*IBM-AT, Cpu, 80286*]))]].

Nach der Aktivierung (in EV 20) läuft der eigentliche Prüfvorgang mit einem wie folgt instanziierten Wortexperten PC (in EV 21) an:

(PC is [a PC_EXPERT (wex-type: frame) (lex-class: F_NAMES) (wex-pos: 351) (value: *80286*)
(state: running) (act-type: @) (act-plist: [*IBM-AT, Cpu, 80286*])])

Da *IBM-AT* kein Prototyp, sondern eine Instanz ist (üblicherweise sind bei Rechner-Produkten charakteristische Slots, wie *Hersteller*, *Preis* u.ä. schon vorbelegt), können die Fälle 1-4 in EV 21 auf die vorgegebene Parameterkonstellation nicht zutreffen. Da des weiteren *IBM-AT* kein Nominalkompositum ist (vgl. zum entsprechenden Test HT 6), treffen die Fälle 5-8 ebenfalls nicht zu. Schließlich bescheibt Fall-9 in EV 21 die hier geltenden Bedingungen, wie ein Vergleich mit der Zustandsbeschreibung des Wortexperten PC, den oben bereits getesteten Beziehungen (etwa in bezug auf den ***Slot_Assignment_Constraint_Test***) sowie die Auswertung des Simplex-Prädikats (Okkurrenz einer Simplex-Form) ergibt. Der PC-Experte terminiert mit folgender Belegung:

(PC is [a PC_EXPERT (wex-type: frame) (lex-class: F_NAMES) (wex-pos: 351) (value: *80286*)
(state: terminate) (act-type: val-assign) (act-plist: [*IBM-AT, Cpu, 80286*])]).

Die entsprechende Schreibbotschaft an den Weltwissensaktor KB

[[**KB <= sv_assign** [*IBM-AT, Cpu, 80286*]]]

bewirkt, daß nach der korrekten Durchführung der Eigenschaftszuordnung auf den bezeichneten Konzeptstrukturen des Weltwissens (EV 45-1) das Bulletin aktiviert wird mit

[[**BT<=** (**upd_parse** (parsed: [*IBM-AT, Cpu, 80286*]) (desc: val-assign))]]

und damit (EV 11-3) folgende Erweiterung von BT verbunden ist:

(pos: 344) (token: .)	(index: 0) (parsed: [.])	(desc: clause)
(pos: 346) (token: IBM-AT)	(index: 0) (parsed: [*IBM-AT*])	(desc: frame)
	(index: 1) (parsed: [*Mikrocomputermarkt-1.Produkt. IBM-AT*])	(desc: val-assign)
(pos: 351) (token: 80286)	(index: 0) (parsed: [*80286*])	(desc: frame)
	☞ (index: 1) (parsed: [*IBM-AT.Cpu.80286*])	(desc: val-assign)

Mit der Anforderung eines neuen Texttokens (EV 12) wird dann der Text-Parse fortgesetzt.

Die Prüfung der *textorientierten lexikalischen Korrespondenz*, der nächste zu behandelnde Fall lexikalischer Korrespondenz zwischen Nomen, zeigt in semantischen Grammatiken naturgemäß große strukturelle Parallelen zu der phrasen- und satzorientierten lexikalischen Korrespondenz. Die enge Anbindung der grammatischen Spezifikationen drückt sich am augenfälligsten darin aus, daß beide (in EV 23) zu prüfenden Hauptfunktionen ***LC-test-1*** und ***LC-test-2*** lediglich mit entsprechenden *text*orientierten Parametern ausgestattet werden müssen. Dies hat zur Folge, daß bei der Prüfung der textorientierten lexikalischen Korrespondenz die Binnengrenze des Satzes, in dem das gesuchte lexikalisch korrespondierende Element auftritt, überwunden und zunächst unter Einbeziehung des Vorgängersatzes (Parameter 2clauses in EV 23-1 bzw. EV 23-2) überprüft wird. Die mit dieser Erweiterung verbundene Absenkung satzstruktureller Beschränkungen verlangt, daß die in Frage kommenden Kandidaten für lexikalische Korrespondenzphänomene wesentlich mehr restringiert werden müssen wie die innerhalb von Phrasen- und Satzgrenzen. Die funktionale Betrachtung liefert dann auch entscheidende Modellierungshinweise für die Formulierung entsprechender Restriktionen. Wenn diese beschränkte Form der lexikalischen Korrespondenz unter dem Gesichtspunkt der textuellen *Ellipse* gesehen wird, kann sie nur das zuletzt *thematisierte* Konzept[367] in einem Satz betreffen. Erst wenn diese Betrachtung des unmittelbaren Nachbarsatzes keine Ergebnisse bringt, wird die Perspektive des textorientierten lexikalischen Korrespondenzexperten auf den aktuellen *Fokus*-Frame ausgerichtet (EV 23-3). Dieser mit Blick auf den letzten Absatz maximal aktivierte Frame bzw. jeder andere vom textorientierten TLC-Experten ermittelte Framename wird mit dem aktuell betrachteten Texttoken unter genau der gleichen Konstellation geprüft, wie in den Kernexperten für phrasen- und satzorientierte lexikalische Korrespondenz (EV 19). Da-

---

367 Damit ist nicht etwa gemeint, daß im Vorgängersatz lediglich die dem Satzendezeichen nächste Okkurrenz eines Framenamen überprüft wird. Vielmehr überwindet auch dieser Test die Oberflächenrealisierung sprachlicher Äußerungen (ähnlich wie bei den Tests zu nominalen Anaphern) dadurch, daß die Grundlage der (Ko-)Okkurrenztests nicht die Datenstruktur "Text", sondern die des "Parser-Bulletins" (Kotexts) mit ihrer wesentlich differenzierteren Binnenstruktur ist. Die Suche nach Korrespondenz-Frames gilt dabei allen Parametern der Bulletineinträge an der jeweils aktuellen Textposition, an der im Vorgängersatz zuletzt ein Framename auftrat. Damit wird in der Tat nach "thematisierten Konzepten" und nicht nach formalen Ko-Okkurrenzen auf der Ebene von Texttoken gesucht (vgl. a. die nachfolgende Diskussion in Beispiel-21.)

her verzweigen die dann vorzunehmenden Prüfungen - nachdem ein passender Korrespondenz-Frame im erweiterten textuellen Vorfeld der aktuellen Textposition bestimmt worden ist - wieder zurück zu den Kerntests der lexikalischen Korrespondenz in EV 18 bzw. EV 19. Existiert selbst nach diesen Kriterien kein geeigneter Korrespondenz-Frame, wird die Prüfung der lexikalischen Korrespondenz für das aktuelle lexikalische Element endgültig abgeschlossen (EV 23-Default).

EV 22 Aktivierung des Wortexperten für die textorientierte lexikalische Korrespondenz

< event: [[**TLC_EXPERT <= (run_TLC** (wex-pos: i) (value: v))]]

< pre-cond: (TLC_EXPERT is [a WORD_EXPERT (wex-type: frame) (lex-class: F_NAMES)
(wex-pos: @) (value: @) (state: @) (act-type: @) (act-plist: [])]) >
< next-cond: (TLC is [a TLC_EXPERT (wex-pos: i) (value: v) (state: running)]) >
< caused-ev: [[***TLC <= check_TLC**]]$_{EV-23}$ > >

EV 23 Prüfung der textorientierten lexikalischen Korrespondenz

< event: [[**TLC <= check_TLC**]]

[case-1:
< pre-cond: (TLC is [a TLC_EXPERT (wex-type: frame) (lex-class: F_NAMES) (wex-pos: i)
(value: v) (state: running) (act-type: @) (act-plist: [])])
(***N_Eq(LC-test-1***(2clauses, i, frame, v), *)) >
< next-cond: (TLC is [a TLC_EXPERT (state: terminate) (act-type: transmitter)]) >
< caused-ev: [[**LC_Core_EXPERT <= (run_LCC** (wex-pos: i) (value: v)
(act-plist: [***LC-test-1***(2clauses, i, frame, v)]))]]$_{EV-18}$ >]

[case-2:
< pre-cond: (TLC is [a TLC_EXPERT (wex-type: frame) (lex-class: F_NAMES) (wex-pos: i)
(value: v) (state: running) (act-type: @) (act-plist: [])])
(***Eq(LC-test-1***(2clauses, i, frame, v), *))
(***N_Eq(LC-test-2***(2clauses, i, frame, v), *)) >
< next-cond: (TLC is [a TLC_EXPERT (state: terminate) (act-type: transmitter)]) >
< caused-ev: [[**LC_Core_EXPERT <= (run_LCC** (wex-pos: i) (value: v)
(act-plist: [***LC-test-2***(2clauses, i, frame, v)]))]]$_{EV-18}$ >]

[case-3:

< pre-cond: (TLC is [<u>a</u> TLC_EXPERT (wex-type: <u>frame</u>) (lex-class: F_NAMES) (wex-pos: i)
(value: v) (state: <u>running</u>) (act-type: @) (act-plist: [])])
(***Eq***(***LC-test-1***(<u>2clauses</u>, i, <u>frame</u>, v), *))
(***Eq***(***LC-test-2***(<u>2clauses</u>, i, <u>frame</u>, v), *))
(***N_Eq***(***LC-test-1***(<u>unconstraint</u>, i, <u>focus</u>, v), *)) >

< next-cond: (TLC is [<u>a</u> TLC_EXPERT (state: <u>terminate</u>) (act-type: <u>transmitter</u>)]) >

< caused-ev: [[**LC_Core_EXPERT** <= (**run_LCC** (wex-pos: i) (value: v)
(act-plist: [***LC-test-1***(<u>unconstraint</u>, i, <u>focus</u>, v)]))]]$_{EV\text{-}18}$ >]

[default:

< next-cond: (TLC is [<u>a</u> TLC_EXPERT (wex-type: <u>frame</u>) (lex-class: F_NAMES) (wex-pos: i)
(value: v) (state: <u>terminate</u>) (act-type: <u>no-reading</u>) (act-plist: [])]) >

< caused-ev: [[**watcher-of-the-skies <= done**]]$_{EV\text{-}12}$ >] >

Beispiel-21

Auch die textorientierte Form der lexikalischen Korrespondenz kann an einem Fragment des bereits eingeführten Beispieltexts demonstriert werden.

<21> "... Grund für diesen Optimismus sind unsere ersten Erfahrungen mit dem *Zenon-X* von ZetaMachines, dessen Leistungsmerkmale sich bald als Standards einer neuen PC-Generation herausstellen könnten. Die Grundversion setzt sich zusammen aus grafikfähigem *Bildschirm* und Drucker,..."

Die nachfolgenden Tests werden auf der Grundlage des folgenden Bulletinfragments ausgeführt[368]:

(pos: 051)	(token: .)	(index: 0) (parsed: [.])		(desc: <u>clause</u>)
(pos: 062)	(token: Zenon-X)	(index: 0) (parsed: [Zenon-X])		(desc: <u>frame</u>)
(pos: 064)	(token: ZetaMachines)	(index: 0) (parsed: [ZetaMachines])		(desc: <u>frame</u>)
		(index: 1) (parsed: [Zenon-X.Hersteller.ZetaMachines])		(desc: <u>v-increment</u>)
(pos: 077)	(token: .)	(index: 0) (parsed: [.])		(desc: <u>clause</u>)
(pos: 086)	(token: grafikfähigem)	(index: 0) (parsed: [grafikfähig])		(desc: <u>attribute</u>)
(pos: 087)	(token: Bildschirm)	(index: 0) (parsed: [Bildschirm])		(desc: <u>frame</u>)

Ausgangspunkt der Diskussion dieses Beispiels ist wieder die Kreierung einer Instanz zu LC_EXPERT in EV 16, da die dazwischenliegenden Schritte (morphologische Annotation, Schreiben des entsprechenden Eintrags im Parser-Bulletin (Ergebnis s.o.), negatives Passieren der Prüfungen zur

368 Gegenüber dem ursprünglichen Text aus Appendix-3 ist mit der Eliminierung des Textworts *16-bit-CPU* (dessen Behandlung ist erst mit den in Kap. 4.2.2.3 einzuführenden Aktoren für die Nominaldekomposition möglich und wird dann anschließend ausführlich kommentiert) eine leichte Korrektur vorgenommen worden, ohne die Zählung der Textpositionen im Bulletinfragment daran anzupassen. Darüberhinaus wird das Adjektiv-Attribut *grafikfähigem* beim Parse nicht berücksichtigt, weil auch hierfür noch kein passendes Instrumentarium eingeführt ist (s. Kap. 4.2.2.4 und dort die ausführliche Illustration). Dabei zeigt sich auf sehr einfache Weise die Reaktionsweise des Text-Parsers auf solche Formen der Unterspezifikation - durch Nichtbeachtung dieser lexikalischen Elemente, ohne daß zusätzliche Vorkehrungen (wie etwa bei produktionsregelorientierten Spezifikationen) nötig wären.

nominalen Anaphora und Übergabe der Kontrolle an den Experten zur Untersuchung der Bedingungen zur lexikalischen Korrespondenz) bereits an anderen Beispielen ausführlich dargestellt worden sind und für den hier betrachteten Fall als linguistische Phänomene auch nicht zutreffen. Damit kann die Diskussion auf folgender Zustandsbeschreibung des LC-Experten (nach EV 16) auf setzen:

(LC is [a LC_EXPERT (wex-type: frame) (lex-class: F_NAMES) (wex-pos: 087) (value: *Bildschirm*)
(state: running) (act-type: @) (act-plist: [])]).

Die daraufhin (in EV 17) initiierten Prüfungen der Hauptfunktionen ***LC-test-1*** und ***LC-test-2*** scheitern an der prinzipiellen Einschränkung der Prüfung der Ko-Okkurrenzbeziehung des aktuellen lexikalischen Elements *Bildschirm* mit einem Korrespondenz-Frame auf denselben Satz (Parameter clause). Keines der zwischen dem letzten Satzendesymbol (an Textposition 077) und dem aktuellen Texttoken *Bildschirm* auftretenden Texttoken ist ein Framename. Daher können die Fälle 1 und 2 in EV 17 nicht zutreffen und es bleibt als einziger Ausgang der *Default*-Fall mit der umgehenden Aktivierung des textorientierten lexikalischen Korrespondenzexperten (in EV 22) durch

[[**TLC_EXPERT** <= (**run_TLC** (wex-pos: 087) (value: *Bildschirm*))]].

Dieses Ereignis leitet über zur Prüfung der Kriterien für textorientierte lexikalische Korrespondenz (in EV 23) auf der Grundlage folgenden Zustands des TLC-Experten:

(TLC is [a TLC_EXPERT (wex-type: frame) (lex-class: F_NAMES) (wex-pos: 087) (value: *Bildschirm*)
(state: running) (act-type: @) (act-plist: [])]).

Die Parametrisierung von ***LC-test-1*** mit dem textorientierten Parameter 2clauses führt in EV 23-1 zu einem signifikanten Ergebnis, denn als mögliche Bezugselemente für die lexikalische Korrespondenz treten in LOOK-BACK nur *ZetaMachines*, *Hersteller* und ***Zenon-X***[369] auf. *Hersteller* scheidet für weitere Prüfungen aus, da dies kein aktiver Frame ist (lediglich der Slot *Hersteller* des Frames *Zenon-X* ist aktiv) und nach Auswertung der möglichen lexikalischen Korrespondenzbeziehung verbleibt nur noch ***Zenon-X*** als einziger zulässiger Wert des obigen Ausdrucks, da *ZetaMachines* lediglich ein Hersteller von Rechnern oder Software, nicht aber von Peripherieelementen (wie *Bildschirm*) ist (vgl. zu dieser Beschränkung der Produktpalette von *ZetaMachines* die im Weltwissensfragment in Appendix-2 gesetzten Restriktionen). Mit diesem Ergebnis verzweigt die Untersuchung - nachdem ein geeignetes lexikalisches Bezugselement im textuellen Vorfeld des Texttokens identifiziert worden ist - zurück zum Kern der Spezifikation der lexikalischen Korrespondenz (in EV 18/19) mit folgender Parametrisierung

[[**LC_Core_EXPERT** <= (**run_LCC** (wexpos: 087) (value: *Bildschirm*) (act-plist: [*Zenon-X*]))]].

---

369 Man beachte (im Sinne der Unabhängigkeit der ausgeführten Ko-Okkurrenztests von Oberflächenrealisierungen der sprachlichen Äußerungen), daß sich entsprechend der Definition der Kriterien, die bei dem Parameter 2clauses in LOOK-BACK zur Anwendung kommen, die Auswertung der Funktion auf die Parameter an Kotextposition 064 bezieht. Dieser Hinweis ist für die korrekte Behandlung analoger Fälle deswegen von Wichtigkeit, weil sich leicht Konstellationen konstruieren lassen, in denen die Beziehung der lexikalischen Korrespondenz nur durch Daten aus dem Parser-Bulletin und nicht aus dem Auftreten lexikalischer Elemente auf der Textoberfläche rekonstruiert werden kann.

Die darauffolgenden Ereignisse und Prüfungen sind strukturell bereits an anderen Stellen illustriert worden: Aktivierung des Kernexperten für lexikalische Korrespondenz nach dem Empfang der oben beschriebenen Botschaft durch LC_Core_EXPERT (EV 18), Verifikation der Bedingungen eines erlaubten Sloteintrages durch LC_Core (EV 19-3), was zu folgender Übergabe an den PC-Experten führt:

[[**PC_EXPERT** <= (**run_PC** (wex-pos: 087) (value: *Bildschrim*) (act-plist: [*Zenon-X, Peripherie, Bildschirm*]))]]

Die entsprechende Aktivierung des PC-Experten (in EV 20), Prüfung der Bedingungen (in EV 21) und der erneute Ausgang (vgl. das zuvor diskutierte Beispiel) in Fall-9 führt schließlich zu den Effekten, die sich im abschließenden Bulletin-Protokoll niederschlagen:

(pos: 051) (token: .)	(index: 0)	(parsed: [.])	(desc: clause)
(pos: 062) (token: Zenon-X)	(index: 0)	(parsed: [Zenon-X])	(desc: frame)
(pos: 064) (token: ZetaMachines)	(index: 0)	(parsed: [ZetaMachines])	(desc: frame)
	(index: 1)	(parsed: [Zenon-X.Hersteller.ZetaMachines])	(desc: v-increment)
(pos: 077) (token: .)	(index: 0)	(parsed: [.])	(desc: clause)
(pos: 086) (token: grafikfähigem)	(index: 0)	(parsed: [grafikfähig])	(desc: attribute)
(pos: 087) (token: Bildschirm)	(index: 0)	(parsed: [Bildschirm])	(desc: frame)
☛	(index: 1)	(parsed: [Zenon-X.Peripherie.Bildschirm])	(desc: val-assign)

4.2.2.3 Nominalkomposita

Bei der Dekomposition komplexer Nominalkomposita treten die bereits auf Phrasen-, Satz- und Textebene betrachteten Phänomene lexikalisiert auf. Der entsprechende Wortexperte muß also lediglich an die spezifischen Bedingungen der Lexikalisierung angepaßt werden, führt aber strukturell analoge Tests auf nominale Anaphora und lexikalische Korrespondenz aus.

Entsprechend ist dann auch die Abfolge der einzelnen Ereignisse, die bei der Prüfung von Nominalkomposita aktiviert werden, organisiert:

1) Aktivierung des Prozesses (EV 24) für die Prüfung (EV 25) *anaphorischer* Bezüge,
2) Aktivierung des Prozesses (EV 26) für die Prüfung (EV 27) *lexikalischer* Korrespondenz.

Der Anaphoraexperte für Nominalkomposita (EV 25) unterscheidet sich von dem für einfache Nominalformen (EV 15) nicht im Kern der Spezifikation seines Haupttests ***NA-test*** - Prüfung auf ein Antezedens unter Einschluß des gesamten Vorgängersatzes (EV 25-1) bzw. Prüfung des Text-Fokus als potentielles Antezedens (EV 25-2) -, sondern letztlich nur darin, daß bei einer aufgedeckten anaphorischen Beziehung kein Austausch des *Default*-Inkrements stattfindet[370]. Es ist alleinige Funktion des dekompositionsorientierten Anaphoraexperten LNA, die sich anschließenden lexikalischen Korrespondenztests des LLC-Aktors mit korrekten Parametern zu versorgen. Dies ge-

---

370 Der Grund dafür ist, daß der Repräsentant eines Nominalkompositums (das rechtsstehende Kopfelement) im Kontext einer solchen Konstruktion nicht aktiviert ist (das Kompositum wird in seiner Gesamtheit als tentativer Frame behandelt) und somit potentielle Fehlaktivierungen (wie sie bei Simplizia aufgrund der Defaultaktivierung (EV 9-1) auftreten können) auch nicht zurückgesetzt werden müssen.

schieht in EV 25 **Fall-1** und EV 25 **Fall-2** durch Umsetzung der Eingangsparameter für den entsprechenden LLC-Experten übereinstimmend mit der herrschenden anaphorischen Konstellation und im **Default**-Fall (es liegt keine anaphorische Beziehung vor) durch Beibehaltung des ursprünglichen Werts der lexikalischen Variable (value: v). Der Anaphoraexperte der lexikalischen Dekomposition wird jedoch zunächst aktiviert durch eine entsprechende Botschaft **(run_LNA)** des Selektor-Aktors in EV 13, die ihrerseits auf die vollzogene Dekomposition eines Nominalkompositums (vgl. EV 9-2 und EV 10-5 bzw. EV 11-1 sowie EV 11-2 in Kap. 4.2.1) zurückgeht:

EV 24 Aktivierung des Dekompositionsexperten für die Prüfung lexikalisierter nominaler Anaphora

< event: [[**LNA_EXPERT** <= (**run_LNA** (wex-pos: i) (value: v))]]

< pre-cond: (LNA_EXPERT is [*a* WORD_EXPERT (wex-type: frame)
(lex-class: F_NAMES ∪ S_VALUES)
(wex-pos: @) (value: @) (state: @) (act-type: @) (act-plist: [])]) >

< next-cond: (LNA is [*a* LNA_EXPERT (wex-pos: i) (value: v) (state: running)]) >

< caused-ev: [[***LNA** <= **check_LNA**]]$_{EV-25}$ > >

EV 25 Prüfung der lexikalisierten Form nominaler Anaphora

< event: [[**LNA** <= **check_LNA**]]

[case-1:

< pre-cond: (LNA is [*a* LNA_EXPERT (wex-type: frame)
(lex-class: F_NAMES ∪ S_VALUES) (wex-pos: i)
(value: v) (state: running) (act-type: @) (act-plist: [])])
(***N_Eq***(***NA-test***(max_clauses, i, frame, v), *)) >

< next-cond: (LNA is [*a* LNA_EXPERT (state: terminate) (act-type: no-action)[371]
(act-plist: [***NA-test***(max_clauses, i, frame, v)])]) >

< caused-ev: [[**LLC_EXPERT** <= (**run_LLC** (wex-pos: i)
(value: ***NA-test***(max_clauses, i, frame, v)))]]$_{EV-26}$ >]

---

371 Die Lesart no-action bewirkt, daß keine Operationen von diesem Wortexperten angestoßen werden. Sie unterscheidet sich von no-reading formal dadurch, daß die qualifizierten Bedingungen des Tests erfüllt sind (bei no-reading gilt dies nicht), und von dem ebenfalls vergleichbaren transmitter dadurch, daß keinen Subexperten Daten übergeben werden, sondern eine ganze Wortexpertenkategorie (hier für die Funktion der Anaphoraresolution) mit der "leeren Aktion" terminiert. Operationell haben jedoch alle drei Lesarten die gleiche Wirkung: sie initiieren keine Aktion im Weltwissenssystem und Parser-Bulletin.

```
[ case-2:
    < pre-cond:    ( LNA is [ a LNA_EXPERT (wex-type: frame)
                         (lex-class: F_NAMES ∪ S_VALUES) (wex-pos: i)
                         (value: v) (state: running) (act-type: @) (act-plist: []) ] )
                   ( Eq( NA-test( max_clauses, i, frame, v ), * ) )
                   ( N_Eq( NA-test( unconstraint, i, focus, v ), * ) ) >
    < next-cond:   ( LNA is [ a LNA_EXPERT (state: terminate) (act-type: no-action)
                         (act-plist: [NA-test( unconstraint, i, focus, v )]) ] ) >
    < caused-ev:   [[ LLC_EXPERT <= ( run_LLC (wex-pos: i)
                         (value: NA-test( unconstraint, i, focus, v )) ) ]]EV-26 > ]

[ default:
    < next-cond:   ( LNA is [ a LNA_EXPERT (wex-type: frame)
                         (lex-class: F_NAMES ∪ S_VALUES) (wex-pos: i)
                         (value: v) (state: terminate) (act-type: no-reading) (act-plist: []) ] ) >
    < caused-ev:   [[ LLC_EXPERT <= ( run_LLC (wex-pos: i) (value: v) ) ]]EV-26 > ] >
```

Im Unterschied zu den in Kap. 4.2.2.2 definierten Haupttests für die lexikalische Korrespondenz einfacher Nominalformen sind die entsprechenden Spezifikationen für komplexe Nominalkomposita darauf abgestimmt, lexikalische Korrespondenzbezüge *innerhalb* der aktuellen Kotextposition zu bestimmen (Relation LOOK-UP).[372] Über diese Einschränkung hinaus sind die Haupttests ***LLC-test-1*** und ***LLC-test-2*** strukturell weitgehend Paraphrasen von ***LC-test-1*** und ***LC-test-2***, d.h. auch in der Dekomposition wird zwischen direkter (***LC-test-1***) und indirekter (***LC-test-2***) lexikalischer Korrespondenz unterschieden. Jedoch mit einer Veränderung - in LLC-Tests wird (verdeutlicht etwa am Beispiel *64-kByte-RAM*) das spezifizierende Element (*64-kByte*) an der gleichen Kotextposition gesucht, wohingegen das spezifizierte Element (*RAM*) bereits festliegt. Bei LC-Tests ist dies genau umgekehrt: Dort ist z.B. in der Phrase "*... der Zenon-X von ZetaMachines ...*" das spezifizierende Element (*ZetaMachines*) fest, während das spezifizierte Element (*Zenon-X*) im linken Kotext gesucht wird (vgl. HT 2 in Kap. 4.2.2.2).

HT 7 Test komplexer Nominalformen (Komposita) auf direkte lexikalische Korrespondenz

LLC-test-1: $\mathbb{N}$ x SYMBOL x NORM-TOKEN ---> NORM-TOKEN ∪ S_NAMES ∪ S_VALUES ∪ { * }

---

372 Damit ist folgendes gemeint: Bei der Suche innerhalb der aktuellen Kotextposition in HT 7 und HT 8 (s.u.) werden nur die Parse-Parameter betrachtet, die in den verschiedenen Bulletineinträgen an der *aktuellen* Textposition (und nur dort) auftreten. Bei der Suche außerhalb (dies trifft z.B. für die zuvor betrachteten Haupttests HT 2 und HT 3 in Kap. 4.2.2.2 zu) werden andererseits nur die Parse-Parameter betrachtet, die entweder an einer beliebigen Textposition davor (LOOK-BACK) (oder danach (LOOK-AHEAD)) stehen.

LLC-test-1(textpos, sym, term)

:=

ko-term <==>

∃ (p, t, s, typ, ko-term) ∈ LOOK-UP:

[p = textpos & ***Eq***(t, term) & ***Eq***(s, sym) & ***Eq***(typ, block lex) &

(***Has_Slot***(FKB, term, ko-term) ∨

∃ slot ∈ ***get-slot***(FKB, term, ko-term):

Has_Perm_Value(FKB, term, slot, ko-term)) &

¬ ∃ (p', t', s', typ', ko-term*) ∈ LOOK-UP:

[p' = textpos & ***Eq***(t', term) & ***Eq***(s', sym) & ***Eq***(typ', block lex) &

(***Has_Slot***(FKB, term, ko-term*) ∨

∃ slot' ∈ ***get-slot***(FKB, term, ko-term*):

Has_Perm_Value(FKB, term, slot', ko-term*)) &

[***N_Eq***(ko-term, ko-term*) ===>

(***E_Is_A***(FKB, ko-term*, ko-term) ∨ ¬ ***E_Is_A***(FKB, ko-term, ko-term*))]]]

* , sonst

HT 8 Test komplexer Nominalformen (Komposita) auf indirekte lexikalische Korrespondenz

LLC-test-2 : ℕ x SYMBOL x NORM-TOKEN ---> NORM-TOKEN ∪ S_NAMES ∪ S_VALUES ∪ { * }

LLC-test-2(textpos, sym, term)

ko-frame <==>

∃ (p, t, s, typ, ko-term) ∈ LOOK-UP:

[p = textpos & ***Eq***(t, term) & ***Eq***(s, sym) & ***Eq***(typ, block lex) &

(***Has_Slot***(FKB, ko-frame, ko-term) ∨

∃ slot ∈ ***get-slot***(FKB, ko-frame, ko-term):

Has_Perm_Value(FKB, ko-frame, slot, ko-term)) &

∃ slot* ∈ ***get-slot*** (FKB, term, ko-frame):

[***Has_Perm_Value***(FKB, term, slot*, ko-frame) &

[***Is_Instance***(FKB, ko-frame) ===>

[***Has_Act_Value***(FKB, term, slot*, ko-frame) &

Is_Singleton(FKB, term, slot*)]] &

[***Is_Prototype***(FKB, ko-frame) ===>

[(¬ ***Exist_val***(FKB, term, slot*) ∨

Has_Act_Value(FKB, term, slot*, ko-frame)) &

```
      ¬ ∃ f+ ∈ frames( FKB ):
            [ ( Has_Slot( FKB, f+, ko-term ) v
               ∃ s+ ∈ get-slot( FKB, f+, ko-term ):
                  Has_Perm_Value( FKB, f+, s+, ko-term ) ) &
               [ N_Eq( f+, ko-frame ) ===>
                  ( Is_A( FKB, f+, ko-frame ) v ¬ Is_A( FKB, ko-frame, f+ ) ) ] ] ] ] ] &
:=    ¬ ∃ ( p', t', s', typ', ko-term* ) ∈ LOOK-UP:
         [ p' = textpos & Eq( t', term ) & Eq( s', sym ) & Eq( typ', block lex ) &
         ∃ ko-frame' ∈ frames( FKB ):
            [ ( Has_Slot( FKB, ko-frame', ko-term* ) v
               ∃ slot' ∈ get-slot( FKB, ko-frame', ko-term* ):
                  Has_Perm_Value( FKB, ko-frame', slot', ko-term* ) ) &
               ∃ slot* ∈ get-slot( FKB, term, ko-frame' ):
                  [ Has_Perm_Value( FKB, term, slot*, ko-frame' ) &
                  [ Is_Instance( FKB, ko-frame' ) ===>
                     [ Has_Act_Value( FKB, term, slot*, ko-frame' ) &
                     Is_Singleton( FKB, term, slot* ) ] ] &
                  [ Is_Prototype( FKB, ko-frame' ) ===>
                     [ ( ¬ Exist_val( FKB, term, slot* ) v
                     Has_Act_Value( FKB, term, slot*, ko-frame' ) ) &
                     ¬ ∃ f+ ∈ frames( FKB ):
                        [ ( Has_Slot( FKB, f+, ko-term* ) v
                           ∃ s+ ∈ get-slot( FKB, f+, ko-term* ):
                              Has_Perm_Value( FKB, f+, s+, ko-term* ) ) &
                        [ N_Eq( f+, ko-frame' ) ===>
                        ( Is_A( FKB, f+, ko-frame' ) v
                        v ¬ Is_A( FKB, ko-frame', f+ ) ) ] ] ] ] ] ] &
         [ N_Eq( ko-term, ko-term* ) ==> E_Is_A( FKB, ko-term*, ko-term ) ] ] ]
      *, sonst
```

Prüfungen dieser Form unternimmt nach dem Passieren der Anaphoraprüfungen für Nominalkomposita (in EV 25) und seiner Aktivierung (in EV 26) der Dekompositionsexperte LLC in EV 27. Auch hier ist die Ähnlichkeit zur Spezifikation der Prozesse für einfache Nominalformen in EV 17 sehr hoch. Es wird in EV 27 **Fall-1** die *direkte* und in EV 27 **Fall-2** die *indirekte* Form der lexikalischen Korrespondenz zwischen Einträgen an der gleichen Kotextposition geprüft. Beide Fälle - und dies zeigt die Analogie dieser Prozesse zu denen für einfache Nominalformen - verzweigen schließlich zurück in die detaillierte Prüfung des Spezifikationskerns der lexikalischen Korrespondenz

(EV 19), sind die benötigten Parameter erst einmal bestimmt. Während diese beiden Fälle also den Beschreibungen in EV 17 weitgehend ähneln, ist **Fall-3** die eigentliche Spezialität in EV 27: Falls das Links-Adjunkt des Kopfelements des Kompositums im Weltwissen nicht näher bestimmt werden kann (in den ersten beiden Fällen ist es ein Slot oder ein erlaubter Eintrag des Kopfelements), wird ein entsprechender *Unterbegriff* zu diesem Kopfelement im Weltwissen angelegt.

Beispiel-22

Drei Beispiele mögen diese Konstellationen verdeutlichen:

- **Fall-1**: Sei *64-kByte-RAM* das betrachtete Kompositum, dann ist *RAM* der lexikalische Startwert (value: *RAM*) des Dekompositionsexperten bei seiner Aktivierung und der Wert von ***LLC-test-1*** ist *ko-term* = *64-kByte*;
- **Fall-2**: Sei *16-bit-Rechner* das betrachtete Kompositum, dann ist *Rechner* der lexikalische Startwert (value: *Rechner*) des Dekompositionsexperten bei seiner Aktivierung und der Wert von ***LLC-test-2*** *ko-frame* = *Cpu* (also indirekte lexikalische Korrespondenz); der von diesem Parameter abhängige Wert von ***LLC-test-1*** ist dann *ko-term* = *16-bit*;
- **Fall-3**: Sei *Festplattenlaufwerk* das betrachtete Kompositum, dann ist *Plattenlaufwerk* der lexikalische Startwert (value: *Plattenlaufwerk*) des Dekompositionsexperten bei seiner Aktivierung und es existieren keine qualifizierten Werte für ***LLC-test-1*** und ***LLC-test-2***, so daß schließlich der Wert von ***get-param*** das Kompositionsfragment *Fest* ist.

EV 26 Aktivierung des Dekompositionsexperten für lexikalisierte Formen lexikalischer Korrespondenz

< event: [[**LLC_EXPERT** <= (**run_LLC** (wex-pos: i) (value: v))]]

< pre-cond: (LLC_EXPERT is [a WORD_EXPERT (wex-type: frame)
(lex-class: F_NAMES ∪ S_VALUES)
(wex-pos: @) (value: @) (state: @) (act-type: @) (act-plist: [])]) >

< next-cond: (LLC is [a LLC_EXPERT (wex-pos: i) (value: v) (state: running)]) >

< caused-ev: [[***LLC** <= **check_LLC**]]$_{EV\text{-}27}$ > >

EV 27 Prüfung der Anfangsbedingungen für lexikalisierte Formen lexikalischer Korrespondenz

< event: [[**LLC** <= **check_LLC**]]

[case-1:

< pre-cond: (LLC is [a LLC_EXPERT (wex-type: frame)
(lex-class: F_NAMES ∪ S_VALUES) (wex-pos: i)
(value: v) (state: running) (act-type: @) (act-plist: [])])
(***N_Eq***(***LLC-test-1***(i, item, v), *)) >

< next-cond: (LLC is [a LLC_EXPERT (state: terminate) (act-type: transmitter)]) >

< caused-ev: [[**LC_Core_EXPERT** <= (**run_LCC** (wex-pos: i)
(value: ***LLC-test-1***(i, item, v)) (act-plist: [v]))]]$_{EV\text{-}18}$ >]

```
[ case-2:
     < pre-cond:   ( LLC is [ a LLC_EXPERT (wex-type: frame)
                               (lex-class: F_NAMES ∪ S_VALUES) (wex-pos: i)
                               (value: v) (state: running) (act-type: @) (act-plist: []) ] )
                   ( Eq( LLC-test-1( i, item, v ), * ) )
                   ( N_Eq( LLC-test-2( i, item, v ), * ) ) >
     < next-cond:  ( LLC is [ a LLC_EXPERT (state: terminate) (act-type: transmitter) ] ) >
     < caused-ev:  [[ LC_Core_EXPERT <= ( run_LCC (wex-pos: i)
                               (value: LLC-test-1( i, item, LLC-test-2( i, item, v ) ))
                               (act-plist: [LLC-test-2( i, item, v )]) ) ]]_{EV-18} > ]

[ case-3:
     < pre-cond:   ( LLC is [ a LLC_EXPERT (wex-type: frame)
                               (lex-class: F_NAMES ∪ S_VALUES) (wex-pos: i)
                               (value: v) (state: running) (act-type: @) (act-plist: []) ] )
                   ( Eq( LLC-test-1( i, item, v ), * ) )
                   ( Eq( LLC-test-2( i, item, v ), * ) )
                   ( BT is [ a BULLETIN (pos: i) (token: w_i) (index: j) (parsed: []) (desc: @) ] )
                   ( ¬ E_Is_A( FKB, get-param( i, 1, 1), v ) ) >
     < next-cond:  ( LLC is [ a LLC_EXPERT (state: terminate) (act-type: create-sub)
                               (act-plist: [v, full-concat( decomp( w_i ) )]) ] ) >
     < caused-ev:  { [[ KB <= create_sub [v, full-concat( decomp( w_i ) )] ]]_{EV-47} ,
                    [[ LC_EXPERT <= ( run_LC (wex-pos: i)
                                             (value: full-concat( decomp( w_i ) )) ) ]]_{EV-16} } > ]

[ default:
     < next-cond:  ( LLC is [ a LLC_EXPERT (wex-type: frame)
                               (lex-class: F_NAMES ∪ S_VALUES) (wex-pos: i)
                               (value: v) (state: terminate) (act-type: no-reading) (act-plist: []) ] ) >
     < caused-ev:  [[ watcher-of-the-skies <= done ]]_{EV-12} > ] >
```

Beispiel-23

Im folgenden Beispiel wird einer der Standardfälle der Nominalkomposition betrachtet, wie er im Deutschen häufig auftritt. Komplexere Fälle werden im Anschluß an dieses ausführlich kommentierte Beispiel in ihren prinzipiellen Lösungsschritten beschrieben. Der Standardfall liegt etwa im schon bekannten Textfragment

<22> "... Grund für diesen Optimismus sind unsere ersten Erfahrungen mit dem *Zenon-X* von ZetaMachines, dessen Leistungsmerkmale sich bald als Standards einer neuen PC-Generation herausstellen könnten. Die Grundversion setzt sich zusammen aus *16-bit-CPU*, grafikfähigem Bildschirm und Drucker, ..."

beim Texttoken *16-bit-CPU* vor. Da sich schon der lexikalische Annotationsprozeß vom bisher Beschriebenen unterscheidet, setzt die Illustration bei der Anforderung eines neuen Tokens ein, ausgehend von der Textposition 083 (EV 10-2). Diese Aufforderung aktiviert das Ereignis EV 7, wodurch folgende Zustandsveränderung im Aktor TX stattfindet:

(TX is [a TEXT (text-pos: 083) (text-token: *aus*)])

geht über nach

(TX is [a TEXT (text-pos: 084) (text-token: *16-bit-CPU*)]).

Nach der Angleichung der Positionsvariablen in BT (EV 8) wird der Annotationsprozeß (EV 9) aktiviert. *16-bit-CPU* ist kein Framename im Weltwissen, jedoch bringt die morphologische Zerlegung in bekannte (*CPU* ist Frame im Weltwissen) und unbekannte Fragmente (*16-bit*) eine Lösung des Annotationsproblems (gemäß Fall-2 in EV 9). Dies bewirkt das Absetzen einer Schreibanweisung an das Parser-Bulletin zur Protokollierung des gefundenen Zusammenhangs in der Form

[[**BT** <= (**upd_bulletin** (text-pos: 084) (text-token: *16-bit-CPU*) (parsed: [*CPU*]) (desc: cand-frame))]].

Die Protokollierung des Kopfelements eines Nominalkompositums im Aktor BT ist als ein Sonderfall (EV 10-5) spezifiziert: Zunächst geht - bei korrekter Durchführung der Schreiboperation - BT vom Zustand

(BT is [a BULLETIN (pos: 084) (token: @) (index: 0) (parsed: []) (desc: @)])

über nach

(BT is [a BULLETIN (pos: 084) (token: *16-bit-CPU*) (index: 0) (parsed: [*CPU*]) (desc: frame)])

womit der Kopf des Kompositums erfaßt ist, bzw. dann weiter nach

(BT is [a BULLETIN (pos: 084) (token: *16-bit-CPU*) (index: 1) (parsed: []) (desc: @)]).

Die Modifikation des Bulletins muß jedoch fortgesetzt werden, da auch die übrigen Fragmente des Kompositums noch im Bulletin protokolliert werden müssen. Deswegen auch das unmittelbare Folgeereignis in EV 10-5

[[**BT** <= (**upd_parse** (parsed: [*16-bit*]) (desc: cand-frame))]]

mit dem der Schreibprozeß an der aktualisierten Bulletinposition zur Protokollierung der verbleibenden Fragmente des Kompositums ohne Unterbrechung fortgesetzt wird. Im so aktivierten Ereignis (in EV 11 erfaßt Fall-2 die im Beispiel geltenden Bedingungen, denn ***decomp***(*16-bit*) = *) geht BT also vom zuletzt angegebenen Zustand

(BT is [a BULLETIN (pos: 084) (token: *16-bit-CPU*) (index: 1) (parsed: []) (desc: @)])

über nach

(BT is [a BULLETIN (pos: 084) (token: *16-bit-CPU*) (index: 1) (parsed: [*16-bit*]) (desc: cand-frame)])

bzw. weiter über nach

(BT is [a BULLETIN (pos: 084) (token: *16-bit-CPU*) (index: 2) (parsed: []) (desc: @)]).

Somit ist folgendes Fragment des Bulletins nach Abschluß der morphologischen Annotation gegeben:

(pos: 062) (token: Zenon-X)		(index: 0) (parsed: [Zenon-X])	(desc: frame)
(pos: 064) (token: ZetaMachines)		(index: 0) (parsed: [ZetaMachines])	(desc: frame)
		(index: 1) (parsed: [Zenon-X.Hersteller.ZetaMachines])	(desc: v-increment)
(pos: 077) (token: .)		(index: 0) (parsed: [.])	(desc: clause)
(pos: 083) (token: aus)		(index: 0) (parsed: [])	(desc: nil)
(pos: 084) (token: 16-bit-CPU)	☛	(index: 0) (parsed: [Cpu])	(desc: frame)
	☛	(index: 1) (parsed: [16-bit])	(desc: cand-frame)

Das von BT daraufhin bewirkte Ereignis

[[**selector** <== (request: (**ld_expert** (text-pos: 084) (value: *CPU*) (type: cand-frame))
reply-to: **watcher-of-the-skies**)]]

dient nun der Auswahl des Start-Wortexperten der durch type: cand-frame charakterisierten lexikalischen Klasse. Und das ist (nach EV 13-2) LNA_EXPERT, der mit der Positions- und lexikalischen Startvariable durch das Folgeereignis

[[**LNA_EXPERT** <= (**run_LNA** (wex-pos: 084) (value: *CPU*))]]

versorgt wird. Es wird somit (in EV 24) eine Wortexperten-Instanz gebildet, die folgende Form hat

(LNA is [a LNA_EXPERT (wex-type: frame) (lex-class: F_NAMES) (wex-pos: 084) (value: *CPU*) (state: running)
(act-type: @) (act-plist: [])]).

Die Überprüfung auf anaphorische Bezüge (in EV 25) bringt keine Evidenzen für das Vorliegen einer lexikalisierten Form von Nominal-Anaphora, so daß an den anschließend zu kreierenden LLC-Experten nicht-modifizierte Parameter übergeben werden (EV 25-*Default*). Somit werden die lexikalischen Korrespondenztests (in EV 27) mit folgender Instanz durchgeführt:

(LLC is [a LLC_EXPERT (wex-type: frame) (lex-class: F_NAMES) (wex-pos: 084) (value: *CPU*) (state: running)
(act-type: @) (act-plist: [])]).

Der erste Haupttest für komplexe Nominalformen (EV 27-1) wird dann mit folgenden Parametern ausgeführt:

LLC-test-1(084, item, *CPU*).

Der einzig mögliche Wert für *ko-term* aus (084, *CPU*, item, block lex, ko-term) in LOOK-UP ist *16-bit*. Schließlich gilt

Has_Perm_Value(FKB, *CPU*, slot, *16-bit*)

wobei die Variable 'slot' durch *Wortbreite* interpretiert wird. Damit sind die Bedingungen des ersten

Haupttests der Dekomposition erfüllt (und insgesamt auch die von Fall-1 in EV 27). Die gefundenen Parameter der lexikalischen Korrespondenz werden dann durch

[[**LC_Core_EXPERT** <= (**run_LCC** (wex-pos: 084) (value: *16-bit*) (act-plist: [*CPU*]))]]

an den Kernexperten LC_Core für die detaillierte Prüfung der Bedingungen der lexikalischen Korrespondenz übergeben. Im daraufhin aktivierten Ereignis EV 19 wird Fall-3 verifiziert und der PC-Experte zum abschließenden Test mit folgender Parametrisierung gerufen:

[[**PC_EXPERT** <= (**run_PC** (wex-pos: 084) (value: *16-bit*) (act-plist: [*CPU,Wortbreite,16-bit*]))]].

Mit *CPU* werden erstmals in einem der diskutierten Beispiele die Unterscheidungen für Prototypen (EV 21-1 bis EV 21-4) relevant. Da eine Dekomposition vorliegt, können die Prüfungen auf die Fälle 2-4 konzentriert werden. Schließlich trifft Fall-2 zu, denn der PC-Aktor ist im geforderten Zustand

(PC is [a PC_EXPERT (wex-type: frame) (lex-class: F_NAMES) (wex-pos: 084) (value: *16-bit*) (state: running)
(act-type: @) (act-plist: [*CPU,Wortbreite,16-bit*])])

das Auftreten eines fragmentierten Kompositums kann im Bulletin verifiziert werden (Prädikat ***Occurrence_of_a_Compound***), *CPU* ist ein Prototyp-Frame im Weltwissen, *16-bit* dagegen kein Frame und *CPU* ist schließlich auch identisch mit dem Kopf des Kompositums. Zwei nebenläufige Prozesse resultieren aus der Erfüllung der Vorbedingungen (caused-ev): Zum einen wird im Weltwissen eine entsprechende Instanz zu *CPU* kreiert, die mit den erarbeiteten Parametern instanziiert wird

[[**KB** <= **create_inst**[*CPU, 16-bit-CPU*[373], *Wortbreite, 16-bit*]]]

zum anderen wird erneut der LC-Experte aktiviert und mit der neu kreierten Instanz als Parameter versorgt:

[[**LC_EXPERT** <= (**run_LC** (wex-pos: 084) (value: *16-bit-CPU*))]]

die im weiteren Gefolge als *Cpu* des im *textuellen* Vorfeld auftretenden Frames *Zenon-X* identifiziert wird (dieser Fall unterliegt wiederum den Regularitäten der in EV 23 spezifizierten textorientierten lexikalischen Korrespondenz aus Kap. 4.2.2.2). Als Gesamtresultat resultiert schließlich folgende Erweiterung des Bulletins:

(pos: 062) (token: Zenon-X)		(index: 0)	(parsed: [Zenon-X])	(desc: frame)
(pos: 064) (token: ZetaMachines)		(index: 0)	(parsed: [ZetaMachines])	(desc: frame)
		(index: 1)	(parsed: [Zenon-X.Hersteller.ZetaMachines])	(desc: v-increment)
(pos: 077) (token: .)		(index: 0)	(parsed: [.])	(desc: clause)
(pos: 083) (token: aus)		(index: 0)	(parsed: [])	(desc: nil)
(pos: 084) (token: 16-bit-CPU)		(index: 0)	(parsed: [Cpu])	(desc: frame)
		(index: 1)	(parsed: [16-bit])	(desc: cand-frame)
	☞	(index: 2)	(parsed: [16-bit-CPU.Wortbreite.16-bit])	(desc: create-inst)
		(index: 3)	(parsed: [Zenon-X.Cpu.16-bit-CPU])	(desc: val-assign)

---

373 Dieses Beispiel mag die oben angesprochene Terminologietreue bei der Namenswahl von Komposita (gegenüber formalen Lösungen etwa in Form von *extensions*) illustrieren.

Beispiel-24

Die folgenden beiden Beispiele sind leichte Varianten des eben ausführlich beschriebenen Parsing-Prozesses.

❑ ***Beispiel-24-1***: Das Antezedens des *anaphorischen* Referenten an der aktuellen Textposition besitzt einen Slot, dem eine Komponente des Kompositums als Slotwert direkt zugewiesen werden kann (d.h. eine lexikalisierte Form nominaler Anaphora liegt vor; s. EV 25). Sei im Text folgende Konstellation gegeben:

<23> ... *Mikrocomputer* ... *10.000DM-Rechner* ...

und im Weltwissen entsprechend die ***Is_A***-Relation

```
Rechner
^      ...
|      < Preis: >
|             [ DM 100 - DM 1.000.000 ]
|      ...
|
|          Is_A            Mikrorechner (Mikrocomputer)
|________________________          ...
                                  < Preis: >
                                         [ DM 500 - DM 30.000 ]
                                  ...
```

Grafik-27 Illustration der Relation ***Is_A***(FKB, *Mikrorechner*, *Rechner*)

Dann wird die anaphorische Beziehung aufgelöst und als Parameter das Antezedens der anaphorischen Relation (hier also: ***NA-test***(...) = *Mikrocomputer*) an EV 26 übergeben und dessen *Preis*-Slot mit *10.000DM* gefüllt.

❑ ***Beispiel-24-2***: Das Antezedens des anaphorischen Referenten an der aktuellen Textposition besitzt keinen Slot, dem eine Komponente des Kompositums als Slotwert *direkt* zugewiesen werden kann; dafür läßt sich ein Slot des Antezedens bestimmen, der als erlaubten Eintrag eine Instanz als Wert zuläßt, die ihrerseits einen Slotwert in Gestalt der bereits bestimmten Komponente des Kompositums zuläßt (neben einem der NA-Tests trifft hier statt ***LLC-test-1*** nun ***LLC-test-2*** zu). Sei im Text folgende Konstellation (Position: 028) gegeben:

<24> ... *Personalcomputer* ... *8-bit-Maschinen* ...

und im Weltwissen entsprechend die ***Is_A***-Relation

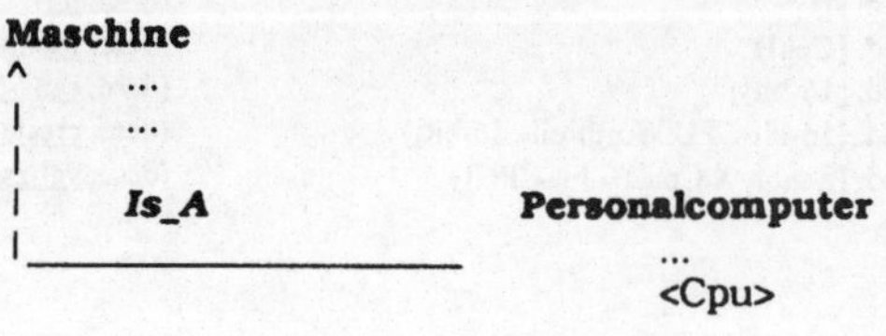

sowie die Frame-Slot-Beziehung

Cpu

...
<Wortbreite: >
[8-bit, 16-bit, 32-bit, 64-bit, ...]
...

Grafik-28 Illustration hierarchischer und Aggregationsrelationen für das Parsing komplexer Nominalkomposita

Auch in diesem Fall wird die anaphorische Beziehung aufgelöst (EV 25-2; (value: *Personalcomputer*)). In der sich anschließenden Behandlung der (indirekten) lexikalischen Korrespondenz wird in EV 27-2 zunächst die "konzeptuelle Lücke" geschlossen ((value: *8-bit*), (act-plist: [*Cpu*])) und im Rahmen von Folgeprüfungen zur nicht-lexikalisierten Nominal-Attribution die entsprechende Zuordnung der speziellen *8-bit-Cpu* zu *Personalcomputer* vorgenommen (vgl. Appendix-3, Position: 028).

4.2.2.4 Adjektivische lexikalische Korrespondenz

In diesem Abschnitt wird die Rolle von Adjektiven (inkl. Zahlwörtern) zur Kennzeichnung von Eigenschaften von nominalen Konzepten betrachtet. Adjektive sind im Wissensrepräsentationsmodell eher marginal modelliert. Sie bilden ein typisches Beispiel für den Charakter von terminalen Slots (s. Kap. 3.1, FR 2-1) im hier zugrunde gelegten Wissensrepräsentationsmodell, deren Einträge (hier: die Adjektive) sich nicht weiter auf andere Konzepte beziehen und daher bei der Spezifikation von erlaubten Sloteinträgen explizit aufgezählt werden müssen (wie im untenstehenden Beispiel: *flimmerfrei* und *flimmernd* sind die zulässigen Sloteinträge des Slots *Darstellungsqualität* im Frame *Bildschirm*):

Bildschirm
< Funktion: >
[Datenausgabe]
< Hersteller: >
< Preis: >
[DM 1 - DM 20.000]
< Darstellungsqualität:
☛ [flimmerfrei, flimmernd]
< Kontrast: >
☛ [kontrastarm, kontrastreich]
< Modus: >
☛ [grafikfähig]
< Zeichendarstellung: >

Grafik-29 Illustration terminaler Slots und ihrer Slotwerte für adjektivische Attributionsformen

Da die wesentliche Funktion des Adjektiv-Wortexperten darin besteht, denjenigen Frame in der unmittelbaren Umgebung zu identifizieren, der einen terminalen Slot besitzt, in dessen Wertebereich das aktuelle Textwort (Adjektiv) fällt, ist die Prüfung der strukturellen Bezüge letztlich ein Spezialfall der (direkten) lexikalischen Korrespondenz, wie sie zwischen Nomen etwa die Hauptfunktion ***LC-test-1*** (HT 2) beschreibt. Dabei können zwei Stellungsvarianten für Adjektive[374] im

374 Die u.s. Fallunterscheidung trifft prinzipiell auch für Nomen zu, obwohl in den entsprechenden Kapiteln (4.2.2.1 und 4.2.2.2) stets nur die Variante betrachtet worden ist, die unten Fall (b)

Text unterschieden werden:

(a) direkte ***Adjektiv-Nomen***-Abfolgen
(Bsp.: "... ein *mehrfarbiger Bildschirm* ..."; vgl. a. <03a-b>, Kap. 4.1)

(b) ***Kopula***- und ***Verb-Adjektiv***-Konstruktionen
(Bsp.: "... die Zeichendarstellung am *Bildschirm* ist *mehrfarbig* ..." und
"... die Zeichendarstellung am *Bildschirm* erlaubt *mehrfarbige* Wiedergabe ...";
vgl. a. <03c-d>, Kap. 4.1).

Die Prüfung der *Kopula*- und *Verb-Adjektiv*-Variante ist mit den bislang eingeführten Konstrukten unproblematisch zu handhaben (vgl. EV 29). Wenn das entsprechende (Adjektiv-)Attribut identifiziert ist, wird der Test auf direkte lexikalische Korrespondenz innerhalb der Satzebene ausgeführt (EV 29 **Fall-1**). Kann in dieser Konstellation keine lexikalische Korrespondenz identifiziert werden, d.h. die Betrachtung der Kopula- und Verb-Adjektiv-Variante zwischen einem Attribut und einem Framenamen scheidet aus der Betrachtung aus, wird zur Prüfung der *Adjektiv-Nomen*-Variante übergegangen (EV 29-**Default**). Dazu muß der in EV 28 aktivierte ATT-Wortexperte in EV 32 eine Form der Prüfung durchführen, die bislang nicht diskutiert wurde - die Betrachtung des *rechten* Kotexts innerhalb der Grenzen der jeweiligen (Nominal-)Phrase. Dies erfordert die umgehende *Deaktivierung* des entsprechenden Wortexperten, nachdem die Stellungsvarianten von Fall (b) für die Adjektiv-Attribution ausgeschlossen werden können (EV 30). Zugleich setzt der Experte dabei eine lexikalische *Erwartung* (in act-plist) ab - das Auftreten eines Framenamens im rechten Teil derselben Phrase, in der auch das Adjektiv auftritt. Dieser Test verlangt eine zweistufige Modellierung: Zunächst muß sichergestellt sein, daß ein Frame-Kandidat im rechten Kotext überhaupt existiert (Prüfung des deaktivierten Attributionsexperten auf Ausführbarkeit in EV 31). Dann erst kann der eigentliche Test auf das Vorliegen eines potentiellen Referenten für das Adjektiv durchgeführt werden (Prüfung der Anfangsbedingungen für die Adjektiv-Attribution in EV 32). Dieser Test schließt die Prüfung einer weiteren Hauptfunktion ein, die so verbalisiert werden kann:

Ein Frame *ko-term* korrespondiert lexikalisch mit dem Adjektiv *term* g.d.w.

- nach dem Auftreten des Adjektivs *term* im Text ein Element *ko-term* nach der von *testpos* markierten Stelle (hier tritt das Adjektiv auf) an der von *textpos* charakterisierten Stelle (hier tritt der Bezeichner eines Frames auf) innerhalb derselben Phrase folgt und
- *ko-term* einen aktiven Frame im Weltwissen bezeichnet und
- das Adjektiv *term* erlaubter Slotwert im Frame *ko-term* ist und
- kein anderes Weltwissenselement *ko-term**, das ein spezielleres Konzept als der bereits ermittelte *ko-term* ist, diese Bedingungen ebenfalls erfüllt.

Grafik-30 erfaßt diese grundlegenden Beziehungen der adjektivischen lexikalischen (Rechts-)Korrespondenz, die in HT 9 formal charakterisiert wird:

---

entspricht. Fall (a) tritt bei Nomen in Partizipialkonstruktionen der Form "... *der von Siemens entwickelte Rechner* ..." auf. Besonderheiten der Behandlung dieses Falls (z.B. die Betrachtung der Binnenstruktur von Verben) werden in Kap.4.1 anhand von Bsp. <5c> diskutiert.

TEXTEBENE

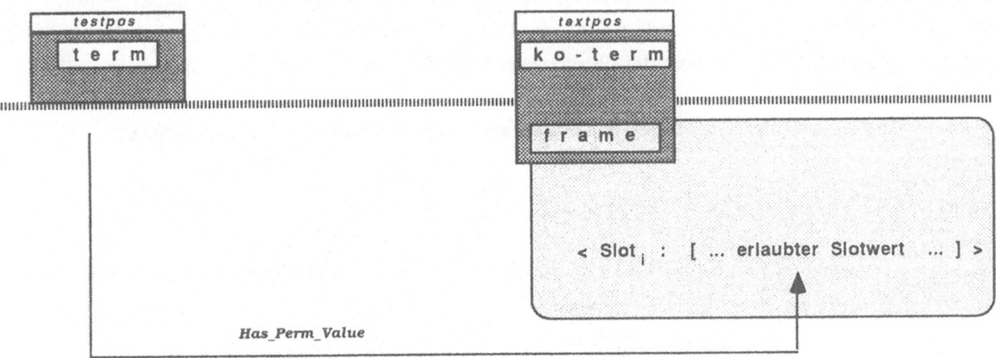

WISSENSEBENE

Grafik-30 Illustration grundlegender Bezüge der adjektivischen lexikalischen (Rechts-)Korrespondenz

HT 9 Test auf adjektivische lexikalische (Rechts-)Korrespondenz

ALC-test : EXTENSION x ℕ x ℕ x SYMBOL x NORM-TOKEN
---> NORM-TOKEN ∪ S_NAMES ∪ S_VALUES ∪ { * }

ALC-test(ext, testpos, textpos, sym, term)

:=

ko-term <==>

∃ (e, testp, textp, s, typ, ko-term, ko-pos) ∈ LOOK-AHEAD:

[***Eq***(e, ext) & testp = testpos & textp = textpos & ***Eq***(s, sym) & ***Eq***(typ, block_lex) &
Active_f (***f-weight***, FKB, ko-term) &

∃ slot ∈ ***get-slot***(FKB, ko-term, term): ***Has_Perm_Value***(FKB, ko-term, slot, term) &

¬ ∃ (e', testp', textp', s', typ', ko-term*, ko-pos*) ∈ LOOK-AHEAD:

[***Eq***(e', ext) & testp' = testpos & textp' = textpos &
Eq(s', sym) & ***Eq***(typ', block_lex) &
Active_f (***f-weight***, FKB, ko-term*) &

∃ slot' ∈ ***get-slot***(FKB, ko-term*, term):
Has_Perm_Value(FKB, ko-term*, slot', term) &
[***N_Eq***(ko-term, ko-term*[375]) ===>

(***E_Is_A***(FKB, ko-term*, ko-term) v ¬ ***E_Is_A***(FKB, ko-term, ko-term*))]]]

* , sonst

---

375 Da die Adjektiv-Attribution nur in bezug auf den im rechten Kotext am nächsten stehenden aktiven Frame getestet wird, kann kein anderer aktiver Frame näher zum Adjektiv stehen als der an der bereits ermittelten Position *ko-pos*. Lediglich innerhalb der gleichen Bulletinposition müssen noch Frame-Alternativen in Betracht gezogen werden.

Durch den Schutz, den der eigentliche Prüfprozeß auf Adjektiv-Attribution (EV 32) im rechten Kotext durch die Voruntersuchung der Anlaufbedingungen (Existenz eines Frames im rechten Kotext) in EV 31 genießt[376], wird die Prüfung ein einziges Mal durchgeführt und dabei definitiv entschieden. Liegt diese Form der Adjektiv-Attribution vor, verzweigt der Adjektivexperte mit den bestimmten Parametern zurück zur detaillierten Prüfung der lexikalischen Korrespondenz in EV 19.

EV 28 Aktivierung des Wortexperten für adjektivische lexikalische Korrespondenz

< event: [[**ATT_EXPERT <= (run_ATT** (wex-pos: i) (value: w))]]

< pre-cond: (ATT_EXPERT is [a WORD_EXPERT (wex-type: attribute) (lex-class: ATTRIBUTES) (wex-pos: @) (value: @) (state: @) (act-type: @) (act-plist: [])]) >

< next-cond: (ATT is [a ATT_EXPERT (wex-pos: i) (value: w) (state: running)]) >

< caused-ev: [[***ATT <= check_back_ATT**]]$_{EV\text{-}29}$ > >

EV 29 Prüfung der Links-Korrespondenz der adjektivischen lexikalischen Korrespondenz

< event: [[**ATT <= check_back_ATT**]]

[case-1:

< pre-cond: (ATT is [a ATT_EXPERT (wex-type: attribute) (lex-class: ATTRIBUTES) (wex-pos: i) (value: w) (state: running) (act-type: @) (act-plist: [])])

(***N_Eq*(*LC-test-1*(** clause, i, frame, w), *)) >

< next-cond: (ATT is [a ATT_EXPERT (state: terminate) (act-type: transmitter)]) >

< caused-ev: [[**LC_Core_EXPERT <= (run_LCC** (wex-pos: i) (value: w) (act-plist: [***LC-test-1***(clause, i, frame, w)]))]]$_{EV\text{-}18}$ >]

[default:

< caused-ev: [[**ATT <= hold_ATT**]]$_{EV\text{-}30}$ >] >

EV 30 Deaktivierung des Wortexperten für adjektivische lexikalische Korrespondenz

< event: [[**ATT <= hold_ATT**]]

< pre-cond: (ATT is [a ATT_EXPERT (wex-type: attribute) (lex-class: ATTRIBUTES) (wex-pos: i) (value: w) (state: running) (act-type: @) (act-plist: [])]) >

< next-cond: (ATT is [a ATT_EXPERT (state: deactivate) (act-type: expect) (act-plist: [frame])]) >

< caused-ev: [[**watcher-of-the-skies <= done**]]$_{EV\text{-}12}$ > >

---

376 Die gewählte Form der Spezifikation sichert, daß lexikalische Korrespondenzen bei der Aktivierung des entsprechenden Aktors auch definitiv bestimmt werden können. Alternativ müßte sonst der Adjektiv-Attributionsexperte bei jedem neu eingelesenen Texttoken anlaufen.

Durch die Deaktivierung des Experten entsteht das Problem, wann und durch welche Aktionen im Aktorensystem die Wiedererweckungsbedingungen jeweils ausgewertet werden sollen. Die hier vorgeschlagene Lösung zielt auf die Überwachung des Botschaftsflusses im System. Das folgende Ereignis tritt genau dann ein, wenn irgendein Wortexperte seine Aktivitäten beendet hat. EV 31 **Fall-1** gibt die Wiedererweckungsbedingungen an, die für den deaktivierten Wortexperten für Adjektiv-Attribution gelten müssen, nämlich das Auftreten eines Framenamens in seinem rechten Kotext. Bei erfüllten Anlaufbedingungen wird das Startkommando für den jetzt überprüfbaren Wortexperten ausgesandt (Botschaft: **check_ahead_ATT**). Ansonsten bleibt der deaktivierte Experte in seiner Warteposition (EV 31-**Default**).

EV 31 **Prüfung der Anlaufbedingungen des deaktivierten Wortexperten für adjektivische lexikalische Korrespondenz**

< event: [[**ATT <= done**]][377]

[case-1:

< pre-cond: (ATT is [a ATT_EXPERT (wex-type: attribute) (lex-class: ATTRIBUTES) (wex-pos: i) (value: w) (state: deactivate) (act-type: expect) (act-plist: [frame])])

(BT is [a BULLETIN (pos: j) (token: w_j) (index: k) (parsed: []) (desc: @)])

(j > i)

(***Exist_f***(FKB, ***norm***(w_j)) v

Exist_f(FKB, ***norm***(***select***(last, ***decomp***(w_j))))) >

< next-cond: (ATT is [a ATT_EXPERT (state: running) (act-type: @) (act-plist: [j])]) >

< caused-ev: [[**ATT <= check_ahead_ATT**]]$_{EV\text{-}32}$ >]

[default:

< return: **no_action_taken** >] >

---

377 Dieser Wortexperte läuft nicht bei jedem **done**-Statement terminierter Wortexperten an. Er zählt nur dann zu den Bekanntschaften eines Aktors **done**, wenn ein ATT-Experte im Wartezustand kreiert worden ist. Existiert ein solcher wartender Experte, d.h. ist das Auftreten eines Adjektivs im Text analytisch noch nicht vollständig behandelt, empfängt dieser Experte von allen terminierenden Wortexperten (sie zählen zu den Bekanntschaften von **done**) über deren Terminierungsbotschaft **done** den Startimpuls. Das Anlaufen dieses Experten ist dann ein Beispiel für die Priorität von Wortexpertenprozessen gegenüber dem Empfang der Terminierungsbotschaft durch **watcher-of-the-skies** in EV 12-1.
Zugleich demonstriert die Spezifikation von EV 31 die durch die Aktorenmodellierung im Vergleich zum Standardmodell der Wortexperten erreichte höhere Abstraktionsstufe. Dort (vgl. SMALL 1980, S.53-54) muß eine eigene Datenstruktur (*restart demon*), die strukturell gesehen von Wortexperten völlig verschieden ist, definiert und vom sich deaktivierenden Wortexperten initialisiert werden. Aufgabe eines solchen Dämons ist, die Kommunikationskanäle des Wortexpertensystems dahingehend zu überwachen, ob für den deaktivierten Wortexperten relevante Informationen im System zirkulieren. Die hier vorgeschlagene Modellierung ist direkter (spezifische Botschaftsmuster) und zudem im Rahmen eines einheitlichen Beschreibungsansatzes formuliert. Darüberhinaus ersetzt die gezielte Spezifikation linguistischer Kriterien (oben: das Kriterium der unmittelbar nachfolgenden Nominalphrase) die Verwendung formaler Indikatoren (etwa diverser Typen von Zählern für Zeitintervalle, Sequenzen von Operationen (vgl. SMALL 1980, S.54)).

Sind die Wiedererweckungsbedingungen erfüllt, beginnt die inhaltliche Prüfung der lexikalischen Korrespondenz zwischen dem Adjektiv und dem darauffolgenden Framenamen:

EV 32 Prüfung der Rechts-Korrespondenz der adjektivischen lexikalischen Korrespondenz

< event: [[**ATT <= check_ahead_ATT**]]

[case-1:

< pre-cond: (ATT is [a ATT_EXPERT (wex-type: attribute) (lex-class: ATTRIBUTES) (wex-pos: i)
(value: w) (state: running) (act-type: @) (act-plist: [textpos])])

(***N_Eq***(***ALC-test***(phrase, i, textpos, frame, w), *)) >

< next-cond: (ATT is [a ATT_EXPERT (state: terminate) (act-type: transmitter)]) >

< caused-ev: [[**LC_Core_EXPERT** <= (**run_LCC** (wex-pos: textpos) (value: w)
(act-plist: [***ALC-test***(phrase, i, textpos, frame, w)]))]]$_{EV-18}$ >]

[default:

< next-cond: (ATT is [a ATT_EXPERT (wex-type: attribute) (lex-class: ATTRIBUTES) (wex-pos: i)
(value: w) (state: terminate) (act-type: no-reading) (act-plist: [textpos])]) >

< caused-ev: [[**watcher-of-the-skies <= done**]]$_{EV-12}$ >] >

Beispiel-25

Mit dem erneuten Bezug auf den nun schon in mehreren Varianten eingeführten Text soll auch die Adjektiv-Attribution exemplarisch beschrieben werden.

<25> "... Grund für diesen Optimismus sind unsere ersten Erfahrungen mit dem *Zenon-X* von ZetaMachines, dessen Leistungsmerkmale sich bald als Standards einer neuen PC-Generation herausstellen könnten. Die Grundversion setzt sich zusammen aus 16-bit-CPU, *grafikfähigem Bildschirm* und Drucker, ..."

Ausgangspunkt der Betrachtungen ist dabei der Abschluß der Prüfungen auf den Status von *16-bit-CPU* (s. Beispiel-23) und die Konstellation, daß nach dem Einlesen des darauffolgenden Textworts ',' ein neues Token angefordert wird:

(pos: 062) (token: Zenon-X)	(index: 0)	(parsed: [Zenon-X])	(desc: frame)
(pos: 064) (token: ZetaMachines)	(index: 0)	(parsed: [ZetaMachines])	(desc: frame)
	(index: 1)	(parsed: [Zenon-X.Hersteller.ZetaMachines])	(desc: v-increment)
(pos: 077) (token: .)	(index: 0)	(parsed: [.])	(desc: clause)
(pos: 084) (token: 16-bit-CPU)	(index: 0)	(parsed: [Cpu])	(desc: frame)
	(index: 1)	(parsed: [16-bit])	(desc: cand-frame)
	(index: 2)	(parsed: [16-bit-CPU.Wortbreite.16-bit])	(desc: create-inst)
	(index: 3)	(parsed: [Zenon-X.Cpu.16-bit-CPU])	(desc: val-assign)
(pos: 085) (token: ,)	(index: 0)	(parsed: [])	(desc: nil)

Durch die Aufforderung zum Einlesen eines neuen Texttokens mit

[[**TX <= new_token**]]

ergibt sich (in EV 7) der strukturell schon häufig betrachtete Übergang im Text-Aktor von

(TX is [a TEXT (text-pos: 085) (text-token: ,)])

nach

(TX is [a TEXT (text-pos: 086) (text-token: *grafikfähigem*)]).

Nach der entsprechenden Positionsanpassung in BT wird beim Annotationsprozeß (EV 9-3) *grafikfähig* als ein Element der lexikalischen Klasse "Attribut" identifiziert, so daß folgende Schreibbotschaft an BT abgesetzt wird:

[[**BT** <= (**upd_bulletin** (pos: 086) (token: *grafikfähigem*) (parsed: [*grafikfähig*]) (desc: attribute))]]

wobei attribute Funktionswert von ***get-type***(***norm***(*grafikfähigem*)) ist. Die entsprechende Modifikation des Bulletins wird (in EV 10-1) ausgeführt

BT is [a BULLETIN (pos: 086) (token: *grafikfähigem*) (index: 0) (parsed: [*grafikfähig*]) (desc: attribute)]

und folgendes Ereignis aktiviert:

[[**selector** <== (request: (**id_expert** (text-pos: 086) (value: *grafikfähig*) (type: attribute))
reply-to: **watcher-of-the-skies**)]].

Daraufhin wird der Startexperte - hier für die lexikalische Klasse *Adjektiv-Attribute* - angestoßen (EV 13-3) und der ATT-Experte aktiviert. Die entsprechende Botschaft wird umgesetzt durch die Kreierung folgender Wortexperten-Instanz (EV 28):

(ATT is [a ATT_EXPERT (wex-type: attribute) (lex-class: ATTRIBUTES) (wex-pos: 086)
(value: *grafikfähig*) (state: running) (act-type: @) (act-plist: [])]).

Das daraufhin bewirkte Ereignis

[[**ATT** <= **check_back_ATT**]]

führt zur umgehenden Überprüfung der Links-Korrespondenz für Adjektiv-Attribute (in EV 29). ***LC-test-1*** berechnet keine direkte lexikalische Korrespondenz innerhalb der Satzgrenze, da die potentiellen lexikalischen Referenten - *16-bit-Cpu* und *Zenon-X* - über keinen geeigneten Slot verfügen, dem ein Attributwert *grafikfähig* zugeordnet werden könnte. So muß die alternative Attributionsvariante (Prüfung des rechten Kotexts) in Betracht gezogen werden. Dies führt über die Botschaft

[[**ATT** <= **hold_ATT**]]

zunächst zur Deaktivierung des entsprechenden Wortexperten (EV 30) in folgender Form

(ATT is [a ATT_EXPERT (wex-type: attribute) (lex-class: ATTRIBUTES) (wex-pos: 086)
(value: *grafikfähig*) (state: deactivate) (act-type: expect) (act-plist: [frame])])

und zur Rückmeldung an den Monitorprozeß für die Abarbeitung von Wortexperten (EV 12), daß der aktuelle aktive Wortexperte seine Operation abgeschlossen hat. Zum Zeitpunkt der Aktivierung von EV 12 ist trivialerweise die Präzedenzbedingung des Prädikats ***Precedes*** erfüllt (EV 12-1), weil

ATT der einzige aktive Wortexpertenprozeß im System und sogar eine explizite Rückmeldepflicht an **watcher-of-the-skies** bei seinem Start eingegangen war (EV 10-1). Da ATT der einzige Prozeß im System ist und nach obiger Beschreibung deaktiviert ist (state: deactivate), existiert entsprechend der zweiten Bedingung in EV 12-1 auch kein weiterer laufender Prozeß (dies müßte durch (state: running) angezeigt sein) im System, so daß ein neues Texttoken angefordert werden kann. Dieses neue Textwort ist das an Textposition *087* auftretende lexikalische Element *Bildschirm*. Die mit seinem Auftreten in Zusammenhang stehenden Wortexpertenprozesse sind bereits im Abschnitt zu textuellen Formen der lexikalischen Korrespondenz detailliert beschrieben worden (vgl. die Illustration anhand von Textfragment <21> in Beispiel-21). Die Prüfung auf nominale Referenz- und Korrespondenzbezüge hat zunächst Priorität gegenüber wartenden Prozessen[378] (wie dem des potentiellen Attributs *grafikfähig*), so daß die weitere Diskussion auf dem bereits im vorangegangenen Abschnitt als Ergebnis nominaler lexikalischer Korrespondenzbeziehungen erarbeiteten Bulletinfragment aufsetzen kann:

(pos: 062) (token: Zenon-X)		(index: 0) (parsed: [Zenon-X])	(desc: frame)
(pos: 064) (token: ZetaMachines)		(index: 0) (parsed: [ZetaMachines])	(desc: frame)
		(index: 1) (parsed: [Zenon-X.Hersteller.ZetaMachines])	(desc: v-increment)
(pos: 077) (token: .)		(index: 0) (parsed: [.])	(desc: clause)
(pos: 084) (token: 16-bit-CPU)		(index: 0) (parsed: [Cpu])	(desc: frame)
		(index: 1) (parsed: [16-bit])	(desc: cand-frame)
		(index: 2) (parsed: [16-bit-CPU.Wortbreite.16-bit])	(desc: create-inst)
		(index: 3) (parsed: [Zenon-X.Cpu.16-bit-CPU])	(desc: val-assign)
(pos: 086) (token: grafikfähigem)		(index: 0) (parsed: [grafikfähig])	(desc: attribute)
(pos: 087) (token: Bildschirm)		(index: 0) (parsed: [Bildschirm])	(desc: frame)
	☞	(index: 1) (parsed: [Zenon-X.Peripherie.Bildschirm])	(desc: val-assign)

Die Modifikation des Bulletins durch die Zuordnung des Slotwerts *Bildschirm* zum Slot *Peripherie* des Frames *Zenon-X* wird durch die Abgabe der Botschaft **done** abgeschlossen (EV 11-3). In diesem Fall greift die Präzedenzforderung von EV 12-1 in folgender Weise: Wortexpertenspezifische Ereignisse, die durch **done** aktiviert werden (wie etwa [[**ATT** <= **done**]]), werden vor dem des allgemeinen Monitor-Ereignisses [[**watcher-of-the-skies** <= **done**]] behandelt. Unter diesem Regime al tiviert die Botschaft **done** (auch) EV 31, da ATT zu den Bekanntschaften von BT zählt. Die Prüfung der Bedingungen auf den rechten Kotext ist positiv (EV 31-1), denn es existiert ein ATT-Experte im geforderten Deaktivierungszustand, der Bulletin-Aktor hat mittlerweile den Zustand

(BT is [a BULLETIN (pos: 087) (token: *Bildschirm*) (index: 2) (parsed: []) (desc: @)])

angenommen, die zu vergleichenden Textpositionen haben die geforderte Ordnungseigenschaft (*087* > *086*) und das morphologisch normalisierte Texttoken ist ein Frame. Damit geht der ATT-Experte erneut in einen aktiven Zustand über, wobei insbesondere die aktuelle *Text*position in act-plist protokolliert ist (sie bildet die obere Grenze der Kotextprüfungen)

(ATT is [a ATT_EXPERT (wex-type: attribute) (lex-class: ATTRIBUTES) (wex-pos: 086)
(value: *grafikfähig*) (state: running) (act-type: @) (act-plist: [087])]).

---

378 Das aktuelle Textwort (Framename) könnte in einer anaphorischen Beziehung zu einem vorangehenden Textwort stehen. Daher werden die für dieses Textwort charakteristischen Experten prioritär abgearbeitet, um anschließend wartende Prozesse auf den möglicherweise spezifischeren Ergebnissen dieser Prozesse operieren zu lassen.

Danach beginnt der ATT-Aktor mit der Prüfung der Konstruktion ADJ-N (Rechts-Korrespondenz) durch die Aktivierung des entsprechenden Prüfprozesses (EV 32) mit

[[**ATT** <= **check_ahead_ATT**]].

Die Hauptfunktion für die Rekonstruktion der adjektivischen Nominal-Attribution wird mit folgender Parametrisierung geprüft:

ALC-test(phrase, 086, 087, frame, *grafikfähig*).

LOOK-AHEAD liefert für (phrase, 086, 087, frame, block lex, ko-term, ko-pos) als mögliche Werte für *ko-term* die Framenamen *Bildschirm*, *Zenon-X* und *Peripherie*, wobei letzterer durch das Aktivitätskriterium wieder ausscheidet. Schließlich ist der einzig zulässige Wert *Bildschirm*, denn dieser Frame erfüllt als einziger die geforderte lexikalische Korrespondenzbedingung:

(***Has_Perm_Value***(FKB, *Bildschirm*, slot, *grafikfähig*))

mit 'slot' in der Interpretation von *Modus*. Mit dem so berechneten lexikalischen Korrespondenten und der Anpassung des Parameters wexpos an die neue Bezugsposition für lexikalische Korrespondenz verzweigt ATT zurück zu LC_Core_EXPERT:

[[**LC_Core_EXPERT** <= (**run_LCC** (wex-pos: 087) (value: *grafikfähig*) (act-plist: [*Bildschirm*]))]].

Die detaillierte Prüfung der lexikalischen Korrespondenz (in EV 19-3) bestätigt den oben schon gefundenen Zusammenhang; die so ermittelte Parameterliste wird an PC_EXPERT weitergegeben:

[[**PC_EXPERT** <= (**run_PC** (wex-pos: 087) (value: *grafikfähig*) (act-plist: [*Bildschirm,Modus, grafikfähig*]))]].

Die Prüfung der Prototypeigenschaften (EV 21-1) aktiviert zwei nebenläufige Prozesse:

[[**KB** <= **create_inst**[*Bildschirm, Bildschirm-2, Modus, grafikfähig*]]]

[[**LC_EXPERT** <= (**run_LC** (wex-pos: 087) (value: *Bildschirm-2*))]].

Die Kreierung einer Instanz *Bildschirm-2* mit den geforderten Eigenschaften führt mittelbar zum Eintrag an der Bulletin-Position 2 im untenstehenden Fragment, die Instanziierung des lexikalischen Korrespondenz-Experten mit der zu bildenden Instanz durch schon kommentierte Abfolgen von Prüfprozessen zum Eintrag an Position 3. An diesem Beispiel ist ferner zu vermerken, daß beim Schreiben des Slotwerts *Bildschirm-2* im Frame *Zenon-X* nurmehr das Aktivierungsgewicht des neuen Slotwerts, nicht mehr hingegen das des Frames und Slots aus der Parameterliste erhöht wird (EV 45-2), da auf Indexposition 1 ein strukturell identischer Parse bereits protokolliert ist.

(pos: 062) (token: Zenon-X)		(index: 0)	(parsed: [Zenon-X])	(desc: frame)
(pos: 064) (token: ZetaMachines)		(index: 0)	(parsed: [ZetaMachines])	(desc: frame)
		(index: 1)	(parsed: [Zenon-X.Hersteller.ZetaMachines])	(desc: v-increment)
(pos: 077) (token: .)		(index: 0)	(parsed: [.])	(desc: clause)
(pos: 084) (token: 16-bit-CPU)		(index: 0)	(parsed: [Cpu])	(desc: frame)
		(index: 1)	(parsed: [16-bit])	(desc: cand-frame)
		(index: 2)	(parsed: [16-bit-CPU.Wortbreite.16-bit])	(desc: create-inst)
		(index: 3)	(parsed: [Zenon-X.Cpu.16-bit-CPU])	(desc: val-assign)
(pos: 086) (token: grafikfähigem)		(index: 0)	(parsed: [grafikfähig])	(desc: attribute)
(pos: 087) (token: Bildschirm)		(index: 0)	(parsed: [Bildschirm])	(desc: frame)
		(index: 1)	(parsed: [Zenon-X.Peripherie.Bildschirm])	(desc: val-assign)
	☛	(index: 2)	(parsed: [Bildschirm-2.Modus.grafikfähig])	(desc: create-inst)
	☛	(index: 3)	(parsed: [Zenon-X.Peripherie.Bildschirm-2])	(desc: val-assign)

4.2.2.5 Texttransformation (Fokus-Berechnung)

Die letzte Gruppe von Wortexperten für die Textkohäsion beschreibt die hier notwendigen Details für die Bestimmung des ***Fokus-Frames***, d.i. derjenige Frame, der im Weltwissen das höchste Aktivierungsgewicht besitzt[379]. Der Wert dieser Berechnung ist für die textuelle lexikalische Korrespondenz (wie die Beschreibung z.B. der textuellen Ellipse zeigt) ein wesentlicher Parameter. Die Fokus-Berechnung wird in EV 10-4 mit dem Auftreten eines Symbols für das Paragraphenende als Teil der (hier nicht betrachteten) Textkondensierungsoperationen des TOPIC-Systems initialisiert (EV 33), in EV 34 aktiviert und der entsprechende Test im Weltwissen ausgeführt (EV 35):

EV 33 Selektion des Texttransformationsexperten

< event: [[**text-transform** <= (**condensate** (text-pos: i) (value: v))]]

< caused-ev: [[**Focus_EXPERT** <= (**run_Focus** (text-pos: i) (value: v))]]$_{EV\text{-}34}$ > >

EV 34 Aktivierung des Fokusexperten

< event: [[**Focus_EXPERT** <= (**run_Focus** (text-pos: i) (value: v))]]

< pre-cond: (Focus_EXPERT is [*a* WORD_EXPERT (wex-type: paragraph) (lex-class: EOP)
(wex-pos: @) (value: @) (state: @) (act-type: @) (act-plist: [])]) >

< next-cond: (Focus is [*a* Focus_EXPERT (wex-pos: i) (value: v) (state: running)]) >

< caused-ev: [[***Focus** <= **check_Focus**]]$_{EV\text{-}35}$ > >

EV 35 Prüfung des Fokusexperten

< event: [[**Focus** <= **check_Focus**]]

[case-1:

< pre-cond: (Focus is [*a* Focus_EXPERT (wex-type: paragraph) (lex-class: EOP) (wex-pos: i)
(value: v) (state: running) (act-type: @) (act-plist: [])])
(***focus***(***f-weight***, FKB) ≠ { }) >

< next-cond: (Focus is [*a* Focus_EXPERT (state: terminate) (act-type: dom-frame)
(act-plist: [***focus***(***f-weight***, FKB)[380]])]) >

< caused-ev: { [[**BT** <= (**upd_parse** (parsed: [***focus***(***f-weight***, FKB)]) (desc: dom-frame))]]$_{EV\text{-}11}$
[[**KB** <= **reset_knowledge_base**[1]]]$_{EV\text{-}44}$ } >]

---

379 Das ist ein im Vergleich zu anderen, konstruktiv wesentlich aufwendigeren Modellierungen des Fokus-Konstrukts (vgl. etwa die hierarchische Segmentierung semantischer Netze in Subnetze (*focus spaces*) bei GROSZ 1981 oder die Auswertung mehrerer fokus-relevanter Datenstrukturen bei SIDNER 1983) einfaches Kriterium. Nichtsdestotrotz reicht es für Formen der Textanalyse, in denen kaum Referenz- oder Pronominalanapher-Probleme auftreten, aus.

[default:

< next-cond: (Focus is [a Focus_EXPERT (wex-type: paragraph) (lex-class: EOP) (wex-pos: i) (value: v) (state: terminate) (act-type: no-reading) (act-plist: [])]) >

< caused-ev: { [[**watcher-of-the-skies** <= **done** $]]_{EV-12}$,

[[**KB** <= **reset_knowledge_base**[0] $]]_{EV-44}$} >] >

Exemplarisch für die Berechnung des Fokus-Frames ist die Situation an Textposition 157 (s. Appendix-3), wo *Zenon-X* (mit einem Aktivierungsgewicht von insgesamt 12 Einheiten gegenüber *Personalcomputer-1* mit 5 Aktivierungen) der am höchsten gewichtete Frame und damit der ausgezeichnete Fokus-Frame für diesen Abschnitt ist.

4.2.3 Pragmatischer Kern der lexikalisch verteilten Textgrammatik: Kohärenzaktoren für globale Vertextungsmuster

Im vorangegangenen Kapitel sind lokale Ausprägungen von Textbildungsmustern (wie der Aufbau von Referenzketten oder die Zusammenhängigkeit lexikalisch korrespondierender Konzepte) betrachtet worden, die unmittelbar auf die lexikalische Semantik der daran beteiligten Textwörter zurückgeführt werden können. Beinahe durchgängig tritt dabei das Muster von Paarbildungen (Antezedens - anaphorischer Referent, Thema und spezifizierendes Rhema bei lexikalischen Korrespondenzen) auf, mit dem auf der *textuellen Mikroebene* im Sinne der ***Textkohäsion*** Aussagen und Konzepte miteinander verzahnt sind. Neben einfachen Ko-Okkurrenzkriterien spielen *semantische* Faktoren - die begrifflichen Relationen des Weltwissens, wie sie auch dem (Frame-)Repräsentationsmodell zugrunde liegen- eine Hauptrolle. Sie allein motivieren bereits einen semantischen Ansatz für die kohäsionsbezogene Textanalyse. Andererseits existieren Wohlgeformtheitskriterien für Texte, die zwar auch auf semantischen Grundlagen beruhen, aber von den lokalen Vertextungsmechanismen der Mikroebene abstrahieren. Mit ihnen wird die lexikalisch-semantisch begründete Verflechtung von Aussagen und Konzepten in Texten nach *pragmatischen* (also handlungs- und zweckorientierten) Motiven überformt und Konventionen für die globale Organisation von Textinhalten gesetzt. Von diesen ***Textkohärenz***mustern auf der *textuellen Makroebene* wird im folgenden ein kleiner Ausschnitt exemplarisch betrachtet - Formen der *thematischen Progression*, wie sie für die Organisation von Sach- und Fachtexten überaus charakteristisch sind.

Kern des Problems der Bestimmung von Kohärenzmustern ist die Modellierung und Operationalisierung des damit verbundenen Abstraktionsprozesses, wie - ausgehend von lokalen Kohäsionsdaten - fortlaufend "höhere" (abstraktere) Aggregationsformen für Textrepräsentationsstrukturen gewonnen werden können, die Textstrukturen unter den pragmatischen Gesichtspunkten der Textkohärenz beschreiben. Das im folgenden betrachtete Grammatikfragment erfaßt drei der in Kap. 4.1 bereits illustrierten thematischen Progressionsmuster[381] auf der Grundlage der durch die Wissensbasis bereitgestellten Frame-Repräsentationsstrukturen[382]. In den entsprechenden Grafiken wird unterschieden zwischen der Repräsentation der Parsing-Historie durch das *Parser-Bulletin* und der

---

380 Ähnlich wie bei den Parametern der Kohärenzlesarten (Kap. 4.2.3) liefert die Funktion ***focus*** Mengen als Werte zurück. Es wird hier jedoch auf eine Anpassung der Bulletinstrukturen an diese Erweiterung explizit verzichtet.

Repräsentation des Weltwissens in der *Frame-Wissensbasis*. Im Parser-Bulletin sind die Strukturen hervorgehoben, die das jeweilige Textmuster durch die *lineare* Abfolge bestimmter Operationen bestimmen, in der Wissensbasis sind die dafür charakteristischen *konzeptuellen* Strukturen besonders markiert.

I Konstantes Thema

Nominal-Attributionen (im Parser-Bulletin steht LC* für unterschiedliche Parse-Deskriptoren, die lexikalische Korrespondenz-Beziehungen bezeichnen) beziehen sich konstant auf *einen* bestimmten Frame (vgl. die sprachliche Illustration <09> in Kap. 4.1).

PARSER-BULLETIN		
[...]	◊	EOP
[...]	***Frame***	FRAME
...	...	...
[...]	***Frame*** $< Slot_1 : \{ Slotwert_1 \} >$	LC*
...	...	...
[...]	***Frame*** $< Slot_2 : \{ Slotwert_2 \} >$	LC*
...	...	...
...	...	...
[...]	***Frame*** $< Slot_i : \{ Slotwert_i \} >$	LC*
...	...	...
...	...	...
[...]	***Frame*** $< Slot_{n-1} : \{ Slotwert_{n-1} \} >$	LC*
...	...	...
[...]	***Frame*** $< Slot_n : \{ Slotwert_n \} >$	LC*
[...]	◊	EOP

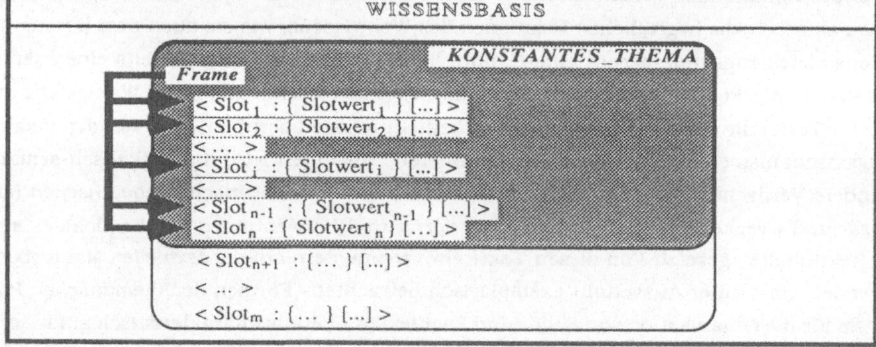

Grafik-31 Strukturmuster des konstanten Themas

381 Diese Kohärenzmuster von Texten sind informal in DANES 1974 beschrieben. GRIMES 1978 diskutiert ähnliche Textorganisationsstrukturen. Eine Erweiterung dieses Ansatzes in Richtung einer thematischen *Text*strukturanalyse entwickelt GIORA 1983b. Eine empirische Analyse thematischer Progressionsmuster in juristischen Texten enthält KURZON 1984. Frame-Repräsentationsformate bieten sich für diese Art der Kohärenzmodellierung wegen der expliziten Vorgabe einer komplexen Binnenstruktur von Konzepten auf der Ebene der Wissensrepräsentation besonders an (s.a. die Bemerkungen in der nachfolgenden Fußnote). So beschreibt CRITZ 1982 eine zwar syntaktisch orientierte, aber auf einer Framerepräsentation beruhende Thema-Rhema-Analyse. GRAU 1984 stellt eine ebenfalls frame-basierte Topic/ Comment-Analyse mit einem kasusgesteuerten Parser vor, während in HAHN 1984 und 1990 ein lexikalisch-semantischer Ansatz im Rahmen des Wortexperten-Parsing für die Topic/ Comment-Erkennung dargestellt wird. Eine Anwendung der Thema-Rhema-Gliederung auf die *Dialog*steuerung in Frage-Antwort-Systemen diskutiert FAUSER 1981.

II ***Thematisierung der Rhemata***

Nominal-Attributionen beziehen sich permanent auf das zuletzt eingeführte Rhema und machen es zum Thema der jeweils nächsten Rhematisierung (s.a. die Illustration <10>, Kap. 4.1).

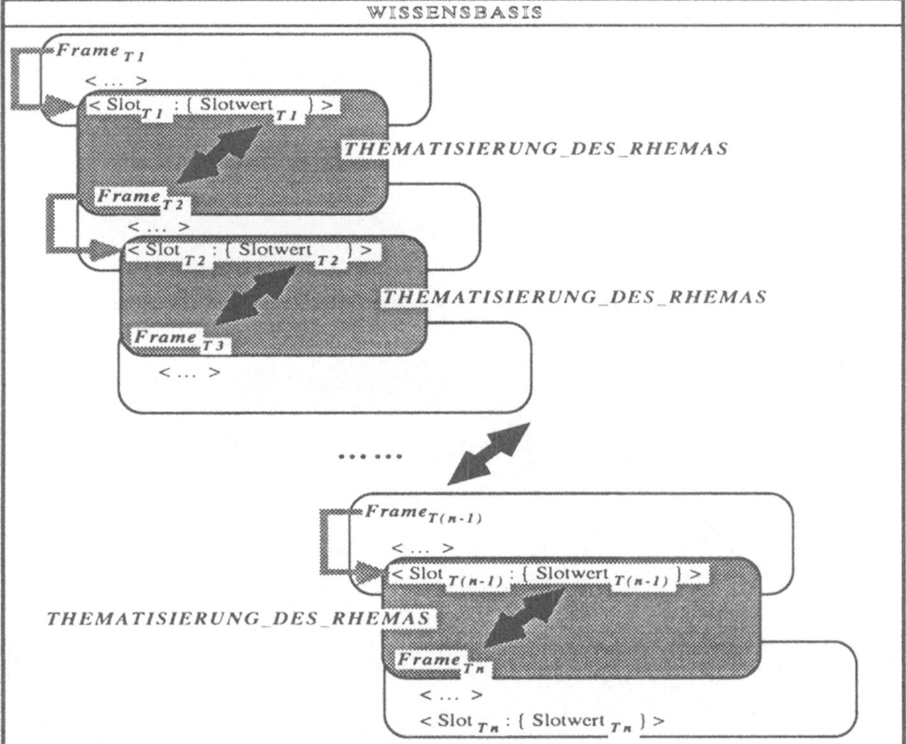

Grafik-32 Strukturmuster der Thematisierung des Rhemas

382 Diesen Ansatz attackiert WILKS 1985 vehement, bezieht sich aber in seiner Kritik ausschließlich auf frühe Arbeiten zu Framesprachen. Darin wird (neben Annahmen, wie der sequentiellen Instanziierung von Slots) u.a. von einer *direkten* Entsprechung zwischen den konzeptuellen Bestandteilen eines Frames und ihrer Aktualisierung in Texten ausgegangen. Natürlich ist diese Entsprechung i.a. *indirekt* und die extensiven Prüfroutinen des in Kap.4 beschriebenen Wortexpertensystems können als Normalisierungsinstanz betrachtet werden, die Textaussagen durchlaufen müssen, um zu einer korrekten Frame-Selektion zu gelangen.

III ***Abgeleitetes Thema***

Auf der Basis der beiden gerade skizzierten Muster können darauf aufbauende thematische Abstraktionen vorgenommen werden. Etwa in der Form, daß konstanten oder rhematisierten Themen ein gemeinsamer Oberbegriff zugeordnet wird, der die implizite hierarchische Beziehung zwischen den im Text aktualisierten Einzelthemen explizit macht.

PARSER-BULLETIN		
[...]	$Frame_{T1}$ < $Slot_{T11}$: { $Slotwert_{T11}$ } >	LC*
...	...	...
[...]	$Frame_{T1}$ < $Slot_{T1i}$: { $Slotwert_{T1i}$ } >	LC*
...	...	...
[...]	$Frame_{T1}$ < $Slot_{T1n}$: { $Slotwert_{T1n}$ } >	LC*
...	...	...
...	...	...
[...]	$Frame_{T2}$ < $Slot_{T21}$: { $Slotwert_{T21}$ } >	LC*
...	...	...
[...]	$Frame_{T2}$ < $Slot_{T2i}$: { $Slotwert_{T2i}$ } >	LC*
...	...	...
[...]	$Frame_{T2}$ < $Slot_{T2p}$: { $Slotwert_{T2p}$ } >	LC*
...	...	...
...	...	...
...	...	...
[...]	$Frame_{Tm}$ < $Slot_{Tm1}$: { $Slotwert_{Tm1}$ } >	LC*
...	...	...
[...]	$Frame_{Tm}$ < $Slot_{Tmi}$: { $Slotwert_{Tmi}$ } >	LC*
...	...	...
[...]	$Frame_{Tm}$ < $Slot_{Tmq}$: { $Slotwert_{Tmq}$ } >	LC*
...	...	...
[...]	◊	EOP

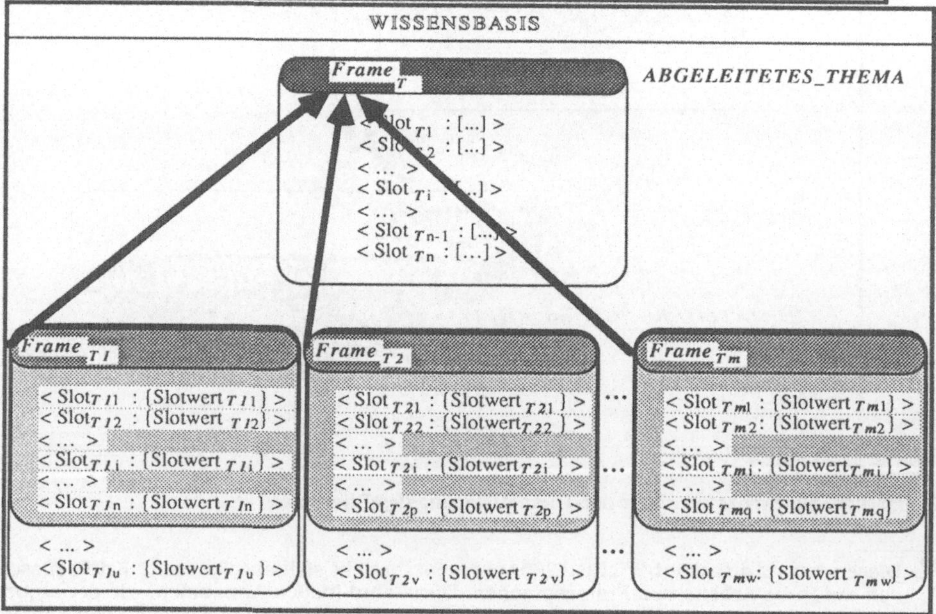

Grafik-33 Strukturmuster des abgeleiteten Themas

Die Abstraktion dieser Muster vollzieht sich offenbar auf einer anderen Ebene als der des unmittelbaren Text-Parsing. Sie tragen insgesamt auch weniger zum korrekten Verstehen singulärer Textinformationen bei (anders etwa als die unverzichtbare Auflösung nominaler Anaphern oder textueller Ellipsen im Rahmen der Kohäsionsanalyse). Sie haben eher den Status genereller *Organisationsschemata*, die Hinweise darauf enthalten, in welcher Weise Einzelinformationen nach plausiblen und konventionalisierten Mustern thematisch sinnvoll gruppiert werden können.

Die Kohärenzaktoren der lexikalisch verteilten Textgrammatik operieren bei der Erkennung dieser Schemata im Text zunächst auf den vom kohäsionsorientierten Text-Parsing gelieferten lokalen Daten im Parser-Bulletin. Um auf dieser ersten Abstraktionsstufe der Textkohärenz (hier werden die Muster "konstantes Thema" und "Rhematisierung des Themas" behandelt) zu aussagefähigen Interpretationen zu kommen, muß bereits eine ausreichende Menge von Einzeldaten verfügbar sein. Daher scheint es wenig plausibel, Kohärenzaktoren nebenläufig[383] zum eigentlichen Parsing-Prozeß operieren zu lassen, und sinnvoller, ihnen einen gewissen Vorlauf zu lassen. Welche Ausdehnung diesem Vorlauf eingeräumt werden soll, ist empirisch z.Zt. nicht abschließend entscheidbar. Prinzipiell möglich wäre eine maximale Verzögerung, bis die Kohäsionsaktoren den gesamten Text abgearbeitet hätten und Kohärenzaktoren in einem eigenen "zweiten Durchgang" über diesen Datenmengen operieren würden. Textstrukturell scheint dies wenig plausibel, da zwischenzeitlich erarbeitete Kohärenzdaten eine wesentliche Rolle auch schon bei der korrekten Interpretation von Kohäsionsphänomenen (etwa bei der Auflösung pronominaler Formen der Anaphora) spielen können. Im hier gewählten Ansatz werden die Kohärenzaktoren am Absatzende aktiviert, einem textsyntaktisch durchaus relevanten Strukturierungsmittel[384].

Zwei Argumente machen die Wahl des Absatzes gegenüber dem Textende als Initialisierungsmarke für Kohärenzberechnungen plausibel: Der "Interpretationsabstand" zwischen nur global fixierten Kohärenzschemata und lokalen Kohäsionsdaten wäre sonst zu groß - es fehlte an geeigneten Zwischenstufen der Abstraktion von Kohärenzmustern, für die sich textsyntaktisch definierte Absatz-Einheiten wegen ihrer einfachen formalen Verifizierbarkeit anbieten. Die Notwendigkeit dieser mittleren Ebene(n) wird auch dadurch sinnfällig, daß es natürlich relativ unproblematisch ist, auf dieser ersten Aggregationsstufe aufzusetzen und weitere Abstraktionsstufen der Textkohärenz bis zur vollständigen Erfassung des gesamten Textes *bottom-up* zu rekonstruieren.

---

383 Gegen ein konkurrentes (simultanes) Mitlaufen dieser Prozesse spricht, daß Muster erst dann abstrahiert werden können, wenn Ausgangsdaten in einem hinreichend interpretationsfähigen Maß vorliegen und nicht selbst noch in der Entwicklung sind. Diese Aussage sollte nicht dogmatisch gehalten werden. Zumindest ist es ein relativ ambitiöses Vorhaben, mitläufige Kohärenzaktoren zu spezifizieren, da unklar ist, ab wann ein bestimmtes Abfolgemuster von Lesarten bereits ein Kohärenzmuster bildet oder lediglich als eine lokale Störung eines global durchgängigen Musters interpretiert werden kann. Ein besonderes Problem konkurrenter Kohärenzberechnungen ist somit die Verfolgung und Verwaltung einer Vielzahl von Interpretationsalternativen an jeder Textposition, Reaktionen auf ggf. nur für wenige Textpositionen zutreffende, d.h. lokale Abweichungen vom durchgängigen Muster etc., das sich bei einem verzögerten Anlaufen doch eher reduziert.

384 Dazu ist zu bemerken, daß die Aktoren so formuliert sind, daß die durch dieses formale Kriterium initiierte Kohärenzanalyse keine inhaltlichen Verzerrungen der Analyseergebnisse - die Interpretation der Textstrukturmuster - bewirkt. Die Absatzgrenze kann für Interpretationsvorgänge nicht nur unterschritten (für Kohärenzbezüge zwischen und innerhalb einzelner Sätze), sondern durchaus auch überschritten werden, um über sie hinausreichende Bezüge feststellen zu können (vgl. etwa HAHN 1990). Linguistische Evidenzen für den textgrammatischen Status von Absätzen liefern LONGACRE 1979, HINDS 1979 und GIORA 1983a.

Technisch sind die Prüfungen für die Textkohärenz so organisiert: Bei der Erkennung des Absatzendesymbols werden - neben der Initialisierung des Textkondensierungsapparats (hier reduziert auf die Fokus-Berechnung in EV 33 bis EV 35) in EV 10-4 - die Kohärenzaktoren aktiviert. Ihre Prüfungen beziehen sich im wesentlichen auf zwei Indikatoren:

- strukturelle Informationen über Art und Parameter der *Operationen auf dem Weltwissen* im letzten Absatz;
- Informationen über die Abfolge dieser Operationen auf der Grundlage der *Linearität des Texts.*

Für entsprechende Prüfungen bietet sich als natürliche Wissensquelle das *Parser-Bulletin* an, das beide Typen von Informationen bereithält. Mit dieser Wahl ist eine erste Stufe der methodischen Abstraktion bereits erreicht, denn offensichtlich genügen für die anstehenden Entscheidungsprozesse im wesentlichen die im Bulletin in einer aggregierten Form beschriebenen Informationen zum Weltwissen. In diesem Sinne werden Abfolgen von Parameterlisten zusammen mit den Positionsinformationen auf ihre strukturelle Übereinstimmung mit Themenprogressionsmustern interpretiert.

Im folgenden werden für die in Kap. 4.1 informal betrachteten Progressionstypen (vgl. dort <09>, <10> und <12>) die entsprechenden Textaktoren formal spezifiziert. Als erstes Ereignis wird die Aktivierung des Experten für die Prüfung grundlegender thematischer Progressionsmuster (EV 36) beschrieben. Eine Aktivierung soll dabei lediglich für das Absatzendesymbol, das nach dem Ende des Titels des Texts[385] steht, ausgeschlossen werden.

EV 36 Aktivierung des Kohärenzexperten für grundlegende thematische Progressionsmuster

< event: [[**Base_CoM_EXPERT** <= (**run_Base_CoM** (wex-pos: i) (test-pos: j) (value: w))]]

[case-1:

< pre-cond: (Base_CoM_EXPERT is [*a* WORD_EXPERT (wex-type: paragraph) (lex-class: EOP) (wex-pos: @) (test-pos: @) (value: @) (state: @) (act-type: @) (act-plist: [])]) (***N_Eq***(w, 'end_of_title')) >

< next-cond: (Base_CoM is [*a* Base_CoM_EXPERT (wex-pos: i) (test-pos: j) (value: w) (state: running)]) >

< caused-ev: [[***Base_CoM** <= **check_Base_CoM**]]$_{EV\text{-}37}$ >]

[default:

< caused-ev: [[**watcher-of-the-skies** <= **done**]]$_{EV\text{-}12}$ >] >

---

385 Aus formalen Gründen werden Titeltexte wie ganze Absätze behandelt.

Die nachfolgende Spezifikation in EV 37 faßt die Beschreibung der beiden grundlegenden Kohärenztypen "konstantes Thema" und "Thematisierung der Rhemata" zusammen. Für beide Fälle muß unterschieden werden, ob bei vorangegangenen Aktivierungen des Ereignisses EV 37 bereits Kohärenzmuster identifiziert wurden, die das Absatzende einschließen (EV 37-1 und EV 37-3) oder nicht (EV 37-2 und EV 37-4). Ist das Absatzende jeweils erreicht, können abstraktere Kohärenzmuster (etwa vom Typ "abgeleitetes Thema") geprüft werden (s. EV 38/39), andernfalls müssen die Prüfungen der elementaren Textkohärenzmuster (EV 36/37) fortgesetzt werden[386]. Unabhängig von diesen prozeduralen Erwägungen konzentrieren sich die inhaltlichen Prüfungen auf folgende Phänomene:

* **Fall-1/2**: Behandlung des *konstantenThemas*, bei dem ausschließlich ein Konzept (das Thema) durch Aktualisierung seiner verschiedenen Eigenschaften im Mittelpunkt der Betrachtung steht (s.a. Kap. 3.3, BT 6 zur formalen Charakterisierung der verwendeten Funktionen).
* **Fall-3/4**: Behandlung der *fortlaufenden Thematisierung der Rhemata*, bei der sukzessive das Rhema eines Themas selbst zum Thema einer Rhematisierung wird, was zu einer permanenten Themenverlagerung führt (s.a. Kap. 3.3, BT 7 zur formalen Rekonstruktion).

EV 37 Prüfung der grundlegenden Kohärenztypen der thematischen Progression

< event: [[**Base_CoM** <= **check_Base_CoM**]]

[case-1:

< pre-cond: (Base_CoM is [<u>a</u> Base_CoM_EXPERT (wex-type: <u>paragraph</u>) (lex-class: EOP) (wex-pos: i) (test-pos: j) (value: w) (state: <u>running</u>) (act-type: @) (act-plist: [])])
(***N_Eq***(***const-theme***(i, j), *))
(***π-th-extension***(***const-theme***(i, j)) = i-1) >

< next-cond: (Base_CoM is [<u>a</u> Base_CoM_EXPERT (state: <u>terminate</u>) (act-type: <u>create-c-theme</u>) (act-plist: [***π-th-extension***(***const-theme***(i, j)), ***π-f-name***(***const-theme***(i, j)), ***π-s-names***(***const-theme***(i, j))[387]])]) >

< caused-ev: { [[**KB** <= **cr_const_theme** [***π-th-extension***(***const-theme***(i, j)), ***π-f-name***(***const-theme***(i, j)), ***π-s-names***(***const-theme***(i, j))]]]$_{EV-48}$,
[[**Comp_CR_EXPERT** <= (**run_Comp_CR** (wex-pos: i) (value: w))]]$_{EV-38}$} >]

---

386 Damit wird der besonderen Dynamik thematischer Progressionsmuster innerhalb des lediglich formal definierten Textsegments "Absatz" Rechnung getragen. Die formale Eingrenzung des für die Analyse von Textkohärenzmustern betrachteten Textabschnitts hat somit keinerlei Auswirkungen auf die inhaltliche Ausprägung der festgestellten Muster im Text.

387 Die Parameterliste enthält mit ***π-s-names*** als Menge der rhematisch angesprochenen Slotnamen des durch ***π-f-name*** bezeichneten Themas eine *Menge* statt eines einzelnen Elements als Komponente. Von einer entsprechenden Anpassung der Definition WX 1-1 (Wortexpertenzustandsbeschreibungen) wird hier jedoch wiederum abgesehen.

[case-2:

< pre-cond: (Base_CoM is [<u>a</u> Base_CoM_EXPERT (wex-type: <u>paragraph</u>) (lex-class: EOP)

(wex-pos: i) (test-pos: j) (value: w) (state: <u>running</u>) (act-type: @) (act-plist: [])])

(***N_Eq***(***const-theme***(i, j), *))

(***π-th-extension***(***const-theme***(i, j)) < i-1) >

< next-cond: (Base_CoM is [<u>a</u> Base_CoM_EXPERT (state: <u>terminate</u>) (act-type: <u>create-c-theme</u>)

(act-plist: [***π-th-extension***(***const-theme***(i, j)),

π-f-name(***const-theme***(i, j)), ***π-s-names***(***const-theme***(i, j))[387]])]) >

< caused-ev: { [[**KB** <= **cr_const_theme** [***π-th-extension***(***const-theme***(i, j)),

π-f-name(***const-theme***(i, j)), ***π-s-names***(***const-theme***(i, j))]]]$_{EV-48}$,

[[**Base_CoM_EXPERT** <= (**run_Base_CoM** (wex-pos: i)

(test-pos: ***π-th-extension***(***const-theme***(i, j))) (value: w))]]$_{EV-36}$} >]

[case-3:

< pre-cond: (Base_CoM is [<u>a</u> Base_CoM_EXPERT (wex-type: <u>paragraph</u>) (lex-class: EOP)

(wex-pos: i) (test-pos: j) (value: w) (state: <u>running</u>) (act-type: @) (act-plist: [])])

(***N_Eq***(***rhemata***(i, j), *))

(***π-rh-extension***(***rhemata***(i, j)) = i-1) >

< next-cond: (Base_CoM is [<u>a</u> Base_CoM_EXPERT (state: <u>terminate</u>) (act-type: <u>create-rhema</u>)

(act-plist: [***π-rh-extension***(***rhemata***(i, j)),

π-f-pairs(***rhemata***(i, j))[388]])]) >

< caused-ev: { [[**KB** <= **cr_rhematization** [***π-rh-extension***(***rhemata***(i, j)),

π-f-pairs(***rhemata***(i, j))]]]$_{EV-49}$,

[[**Comp_CR_EXPERT** <= (**run_Comp_CR** (wex-pos: i) (value: w))]]$_{EV-38}$} >]

[case-4:

< pre-cond: (Base_CoM is [<u>a</u> Base_CoM_EXPERT (wex-type: <u>paragraph</u>) (lex-class: EOP)

(wex-pos: i) (test-pos: j) (value: w) (state: <u>running</u>) (act-type: @) (act-plist: [])])

(***N_Eq***(***rhemata***(i, j), *))

(***π-rh-extension***(***rhemata***(i, j)) < i-1) >

< next-cond: (Base_CoM is [<u>a</u> Base_CoM_EXPERT (state: <u>terminate</u>) (act-type: <u>create-rhema</u>)

(act-plist: [***π-rh-extension***(***rhemata***(i, j)),

π-f-pairs(***rhemata***(i, j))[388]])]) >

< caused-ev: { [[**KB** <= **cr_rhematization** [***π-rh-extension***(***rhemata***(i, j)),

π-f-pairs(***rhemata***(i, j))]]]$_{EV-49}$,

[[**Base_CoM_EXPERT** <= (**run_Base_CoM** (wex-pos: i)

(test-pos: ***π-rh-extension***(***rhemata***(i, j))) (value: w))]]$_{EV-36}$} >]

[default:

< next-cond: (Base_CoM is [a Base_CoM_EXPERT (wex-type: paragraph) (lex-class: EOP)

(wex-pos: i) (test-pos: j) (value: w) (state: terminate) (act-type: no-reading)

(act-plist: [])]) >

< caused-ev: [[**watcher-of-the-skies <= done**]]$_{EV-12}$ >] >

Beispiel-26

Zur Illustration der Bestimmung grundlegender Textkohärenzmuster mit den eben eingeführten textgrammatischen Spezifikationen wird der Anfang des in Appendix-3 vollständig[389] beschriebenen Parser-Bulletins wiedergegeben, wobei folgender Text zugrunde liegt:

<26> "Was von Branchen-Insidern schon lange gemunkelt wurde, bestätigte sich auf der diesjährigen Hannover-Messe. Die Zeiten der **8-bit-Maschinen**, flimmernden und einfarbigen *Bildschirme*, kleinen *Hauptspeicher*, zeilenorientierten *Editoren* und ergonomisch ungünstig gestalteten *Tastaturen* könnten bald völlig der Vergangenheit angehören. Grund für diesen Optimismus sind unsere ersten Erfahrungen mit dem **Zenon-X** von *ZetaMachines*, ..."

(pos: 009)	(token: 'end_of_title')	(index: 0)	(parsed: [end_of_title])	(desc: paragraph)
		(index: 1)	(parsed: [Personalcomputer])	(desc: dom-frame)
(pos: 024)	(token: .)	(index: 0)	(parsed: [.])	(desc: clause)
(pos: 028)	(token: 8-bit-Maschinen)	(index: 0)	(parsed: [Maschine])	(desc: frame)
		(index: 1)	(parsed: [8-bit])	(desc: cand-frame)
		(index: 2)	(parsed: [Cpu-1.Wortbreite.8-bit])	(desc: create-inst)
		(index: 3)	(parsed: [Personalcomputer-1.Cpu.Cpu-1])	(desc: create-inst)
(pos: 030)	(token: flimmernden)	(index: 0)	(parsed: [flimmernd])	(desc: attribute)
(pos: 032)	(token: einfarbigen)	(index: 0)	(parsed: [einfarbig])	(desc: attribute)
(pos: 033)	(token: Bildschirme)	(index: 0)	(parsed: [Bildschirm])	(desc: frame)
		(index: 1)	(parsed: [Personalcomputer-1.Peripherie.Bildschirm])	(desc: val-assign)
		(index: 2)	(parsed: [Bildschirm-1.Darstellungsqualität.flimmernd])	(desc: create-inst)
		(index: 3)	(parsed: [Bildschirm-1.Zeichendarstellung.einfarbig])	(desc: create-inst)
		(index: 4)	(parsed: [Personalcomputer-1.Peripherie.Bildschirm-1])	(desc: val-assign)
(pos: 036)	(token: Hauptspeicher)	(index: 0)	(parsed: [Hauptspeicher])	(desc: frame)
		(index: 1)	(parsed: [Personalcomputer-1.Hauptspeicher])	(desc: s-increment)
(pos: 038)	(token: zeilenorientierten)	(index: 0)	(parsed: [zeilenorientiert])	(desc: attribute)
(pos: 039)	(token: Editoren)	(index: 0)	(parsed: [Editor])	(desc: frame)
		(index: 1)	(parsed: [Personalcomputer-1.Anwendersoftware.Editor])	(desc: val-assign)
		(index: 2)	(parsed: [Editor-1.Modus.zeilenorientiert])	(desc: create-inst)
		(index: 3)	(parsed: [Personalcomputer-1.Anwendersoftware.Editor-1])	(desc: val-assign)
(pos: 044)	(token: Tastaturen)	(index: 0)	(parsed: [Tastatur])	(desc: frame)
		(index: 1)	(parsed: [Personalcomputer-1.Peripherie.Tastatur])	(desc: val-assign)
(pos: 051)	(token: .)	(index: 0)	(parsed: [.])	(desc: clause)
(pos: 062)	(token: Zenon-X)	(index: 0)	(parsed: [Zenon-X])	(desc: frame)
(pos: 064)	(token: ZetaMachines)	(index: 0)	(parsed: [ZetaMachines])	(desc: frame)
		(index: 1)	(parsed: [Zenon-X.Hersteller.ZetaMachines])	(desc: v-increment)
...	...	...	...	...
(pos: 157)	(token: 'end_of_paragraph')	(index: 0)	(parsed: [end_of_paragraph])	(desc: paragraph)

Der gesamte Komplex der Kohärenzberechnungen wird aktiviert durch das Auftreten des Absatzendesymbols (Textposition *157*) Die entsprechende Botschaft sendet der Bulletin-Aktor BT (EV 10-4):

---

388 Hier tritt der gleiche Effekt auf, wie in EV 37-1 bzw. EV 37-2. ***π-f-pairs***(...) liefert eine *Menge* von Tupeln, wobei jedes ihrer Elemente (f_{i1}, f_{i2}) Framenamen $f_{i1}, f_{i2} \in$ ***frames***(FKB) bezeichnet, die durch eine lokale Thema-Rhema-Beziehung miteinander verknüpft sind.

389 Auch hier sind wieder alle für das Text-Parsing irrelevanten Textwörter eliminiert worden.

[[**selector** <== (request: (**Id_expert** (text-pos: 157) (value: 'end_of_paragraph') (type: paragraph))
reply-to: **watcher-of-the-skies**)]].

Diese Botschaft akzeptiert EV 13-4. Daraufhin wird der Aktor für die Behandlung der grundlegenden Kohärenzprozesse mit einer Defaultbelegung für die untere Grenze des zu betrachtenden Textabschnitts (testpos: 0) gestartet:

[[**Base_CoM_EXPERT** <= (**run_Base_CoM** (wex-pos: 157) (test-pos: 0) (value: 'end_of_paragraph'))]]

Die Aktivierung in EV 36 führt zur Bildung der Wortexperten-Instanz Base_CoM

(Base_CoM is [a Base_CoM_EXPERT (wex-type: paragraph) (lex-class: EOP) (wex-pos: 157) (test-pos: 0)
(value: 'end_of_paragraph') (state: running) (act-type: @) (act-plist: [])])

deren Prüfung in EV 37 beginnt. Die Auswertung der Funktion ***const-theme***(*157, 0*) (zur Definition s. BT 6-2, Kap. 3.3) erbringt für das Textkohärenzmuster "konstantes Thema" aufgrund der nachfolgend noch einmal konzentrierten Bulletin-Darstellung

(pos: 009)	(token: 'end_of_title')	(index: 0)	(parsed: [end_of_title])	(desc: paragraph)
(pos: 028)	(token: 8-bit-Maschinen)	(index: 0)	(parsed: [Maschine])	(desc: frame)
		(index: 3)	(parsed: [***Personalcomputer-1***.Cpu.Cpu-1])	(desc: create-inst)
(pos: 033)	(token: Bildschirme)	(index: 0)	(parsed: [Bildschirm])	(desc: frame)
		(index: 1)	(parsed: [*Personalcomputer-1*.Peripherie.Bildschirm])	(desc: val-assign)
		(index: 4)	(parsed: [*Personalcomputer-1*.Peripherie.Bildschirm-1])	(desc: val-assign)
(pos: 036)	(token: Hauptspeicher)	(index: 0)	(parsed: [Hauptspeicher])	(desc: frame)
		(index: 1)	(parsed: [*Personalcomputer-1*.Hauptspeicher])	(desc: s-increment)
(pos: 039)	(token: Editoren)	(index: 0)	(parsed: [Editor])	(desc: frame)
		(index: 1)	(parsed: [*Personalcomputer-1*.Anwendersoftware.Editor])	(desc: val-assign)
		(index: 3)	(parsed: [*Personalcomputer-1*.Anwendersoftware.Editor-1])	(desc: val-assign)
(pos: 044)	(token: Tastaturen)	(index: 0)	(parsed: [Tastatur])	(desc: frame)
		(index: 1)	(parsed: [*Personalcomputer-1*.Peripherie.Tastatur])	(desc: val-assign)
(pos: 062)	(token: Zenon-X)	(index: 0)	(parsed: [Zenon-X])	(desc: frame)
(pos: 064)	(token: ZetaMachines)	(index: 0)	(parsed: [ZetaMachines])	(desc: frame)
		(index: 1)	(parsed: [***Zenon-X***.Hersteller.ZetaMachines])	(desc: v-increment)
...	...	...	...	...
(pos: 157)	(token: 'end_of_paragraph')	(index: 0)	(parsed: [end_of_paragraph])	(desc: paragraph)

für THEMES = { (*Personalcomputer-1*, Cpu, 028),
(*Personalcomputer-1*, Peripherie, 033),
(*Personalcomputer-1*, Hauptspeicher, 036),
(*Personalcomputer-1*, Anwendersoftware, 039),
(*Personalcomputer-1*, Peripherie, 044),
(*Zenon-X*, Hersteller, 064), ... }

folgenden Funktionswert:

(*Personalcomputer-1*, { *Cpu, Peripherie, Hauptspeicher, Anwendersoftware* }, *063*).

Der dritte Parameter enthält die Positionsmarke, die die Extension des konstanten Themas *Personalcomputer-1* begrenzt (063 = ***π-th-extension***(***const-theme***(*157, 0*))). Da *063 < 156*, gilt EV 37-2 mit folgenden unmittelbar bewirkten Ereignissen:

1. Mit dem Ereignis

   [[**KB <= cr_const_theme**[063, *Personalcomputer-1*, { *Cpu, Peripherie, Hauptspeicher, Anwendersoftware* }]]]

   wird die Kohärenzrelation "konstantes Thema" in der Weltwissensbasis zwischen den ermittelten Konzepten geschrieben (EV 48).

2. Mit dem Ereignis

   [[**Base_CoM_EXPERT <=** (**run_Base_CoM** (wex-pos: 157) (test-pos: 063) (value: 'end_of_paragraph'))]]

   wird erneut der Wortexperte aktiviert, der grundlegende Textkohärenzmuster prüft (EV 36/37). Nun geht die Überprüfung aber nicht mehr vom jeweils vorletzten Paragraphenende aus, sondern sie beginnt an dem Punkt, an dem das zuletzt bestimmte Kohärenzmuster zusammengebrochen ist (hier also *063*).

Das Ergebnis des zweiten Anlaufens von Base_CoM zusammen mit dem gerade kommentierten Beispiel ergibt schließlich folgendes Bulletinfragment (s. insbes. (index: 3)):

(pos: 157) (token: 'end_of_paragraph') (index: 0) (parsed: [end_of_paragraph]) (desc: <u>paragraph</u>)
(index: 1) (parsed: [Zenon-X]) (desc: <u>dom-frame</u>)
☛ (index: 2) (parsed: [063, Personalcomputer-1 { Cpu, Peripherie, Hauptspeicher, Anwendersoftware }]) (desc: <u>create-c-theme</u>)
☛ (index: 3) (parsed: [156, Zenon-X, { Hersteller, Cpu, Peripherie, Hauptspeicher, Massenspeicher, Anwendersoftware }]) (desc: <u>create-c-theme</u>)

Die Thematisierung der Rhemata unterliegt vergleichbaren Analyseprinzipien. Im dritten Absatz des Beispieltexts in Appendix-3 ist dafür ein Beispiel gegeben, das folgende Grundstruktur aufweist, die sich schließlich mit einer weiteren Ausprägung eines konstanten Themas (*Star*) überlappt:

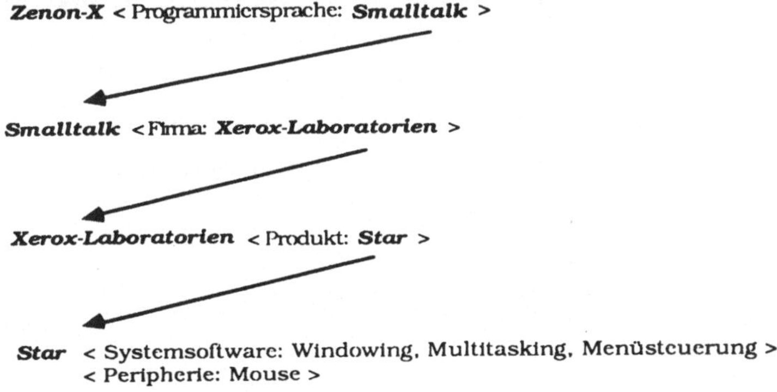

Grafik-34 Illustration des Strukturmusters der Thematisierung der Rhemata

Die letzte Gruppe von Ereignissen in diesem Kapitel beschreibt exemplarisch die Möglichkeiten, noch abstraktere Kohärenzbezüge aus bereits ermittelten Kohärenzstrukturen abzuleiten. Zur Illustration wird das Muster des ***abgeleiteten Themas*** herangezogen, bei dem mehrere Textthemen in einer vereinheitlichenden Sicht unter ein gemeinsames generelles Thema subsumiert werden können. Die dazu in die Prüfung einbezogenen Themen sind Ausprägungen der elementaren Kohärenzmuster "konstantes Thema" oder "Thematisierung der Rhemata", wodurch deutlich wird, daß in der Tat eine zusätzliche Abstraktionsstufe in der Kohärenzbetrachtung erreicht wird:

EV 38 Aktivierung des Kohärenzexperten für abgeleitete thematische Progressionsmuster

< event: [[**Comp_CR_EXPERT** <= (**run_Comp_CR** (wex-pos: i) (value: w))]]

[case-1:

< pre-cond: (Comp_CR_EXPERT is [*a* WORD_EXPERT (wex-type: paragraph) (lex-class: EOP) (wex-pos: @) (value: @) (state: @) (act-type: @) (act-plist: [])]) >

< next-cond: (Comp_CR is [*a* Comp_CR_EXPERT (wex-pos: i) (value: w) (state: running)]) >

< caused-ev: [[***Comp_CR** <= **check_Comp_CR**]]$_{EV\text{-}39}$ >]

[default:

< caused-ev: [[**watcher-of-the-skies** <= **done**]]$_{EV\text{-}12}$ >] >

EV 39 Prüfung eines abgeleiteten Kohärenztyps der thematischen Progression

< event: [[**Comp_CR** <= **check_Comp_CR**]]

[case-1:

< pre-cond: (Comp_CR is [*a* Comp_CR_EXPERT (wex-type: paragraph) (lex-class: EOP) (wex-pos: i) (value: w) (state: running) (act-type: @) (act-plist: [])]) (***N_Eq***(***derived-theme***(i), *)) >

< next-cond: (Comp_CR is [*a* Comp_CR_EXPERT (state: terminate) (act-type: create-d-theme) (act-plist: [i, ***π-sup-name***(***derived-theme***(i)), ***π-sub-names***(***derived-theme***(i)[390])])]) >

< caused-ev: [[**KB** <= **cr_derived_theme** [i, ***π-sup-name***(***derived-theme***(i)), ***π-sub-names***(***derived-theme***(i))]]]$_{EV\text{-}50}$ >]

[default:

< caused-ev: [[**watcher-of-the-skies** <= **done**]]$_{EV\text{-}12}$ >] >

Beispiel-27

Die letzte Kommentierung einer Ereignisfolge innerhalb des Wortexpertensystems dient der Illustration dieses Kohärenzmusters. Dabei wird auf dem Ausgang der zweiten Prüfung des elementaren Kohärenzmusters "konstantes Thema" (*Zenon-X*; s. das abschließende Bulletin in Beispiel-26) aufgesetzt. Der zweite Instanz von Base_CoM terminiert mit folgender Zustandsbeschreibung:

---

390 Analog den oben beschriebenen Fällen treten hier *Mengen* als Parameter auf.

(Base_CoM is [a Base_CoM_EXPERT (wex-type: paragraph) (lex-class: EOP) (wex-pos: 157) (test-pos: 063)
(value: 'end_of_paragraph') (state: terminate) (act-type: create-c-theme)
(act-plist: [156, *Zenon-X*, { *Hersteller, Cpu, Peripherie, Hauptspeicher, Massenspeicher, Anwendersoftware* }])]).

Da sich das geprüfte Kohärenzmuster (*Zenon-X* als konstantes Thema) bis zum Paragraphenende erstreckt, trifft nun EV 37-1 zu. Neben der Protokollierung der Kohärenzrelation im Weltwissen, wird jetzt auch eine Wortexperten-Instanz kreiert, mit der versucht wird, weitere Abstraktionen aus den bislang vorliegenden Kohärenzmustern zu generieren:

[[**Comp_CR_EXPERT** <= (**run_Comp_CR** (wex-pos: 157) (value: 'end_of_paragraph'))]].

Nach der entsprechenden Aktivierung (in EV 38) wird dazu in EV 39-1 die Funktion ***derived-theme***(*157*) ausgewertet. Die beiden ermittelten Repräsentanten von "konstanten Themen", *Personalcomputer-1* und *Zenon-X* lassen die Ableitung eines gemeinsamen Themas, *Personalcomputer*, zu, so daß der Wortexperte mit folgender Zustandsbeschreibung terminiert:

(Comp_CR is [a Comp_CR_EXPERT (wex-type: paragraph) (lex-class: EOP) (wex-pos: 157)
(value: 'end_of_paragraph') (state: terminate) (act-type: create-d-theme)
(act-plist: [157, *Personalcomputer*, { *Personalcomputer-1, Zenon-X* }])]).

Mit dem Absenden der entsprechenden Botschaft an den Weltwissensaktor KB, eine entsprechende Kohärenzrelation zwischen den betroffenen Konzepten zu kreieren, ergibt sich die Vervollständigung der Kohärenzbeschreibungen am Ende des ersten Absatzes in folgender Form:

(pos: 157) (token: 'end_of_paragraph')	(index: 0)	(parsed: [end_of_paragraph])	(desc: paragraph)
	(index: 1)	(parsed: [Zenon-X])	(desc: dom-frame)
	(index: 2)	(parsed: [063, Personalcomputer-1 { Cpu, Peripherie, Hauptspeicher, Anwendersoftware }])	(desc: create-c-theme)
	(index: 3)	(parsed: [156, Zenon-X, { Hersteller, Cpu, Peripherie, Hauptspeicher, Massenspeicher, Anwendersoftware }])	(desc: create-c-theme)
☛	(index: 4)	(parsed: [157, Personalcomputer, { Personalcomputer-1, Zenon-X }])	(desc: create-d-theme)

Diese Spezifikationen decken drei grundlegende Kohärenzmuster für einzelne Paragraphen eines Texts ab. Sie stellen naturgemäß nur eine Auswahl aus der gesamten Vielfalt möglicher Kohärenzmuster *innerhalb* von Paragraphen dar[391], die hier nicht behandelt sind.

Doch mit der Beschreibung der Kohärenzformen in Paragraphen eines Texts ist das Potential einer Textgrammatik noch nicht hinreichend abgesteckt. In einem nächsten Schritt müßten die *innerhalb* dieser einzelnen Paragraphen ermittelten Kohärenzstrukturen daraufhin geprüft werden, ob

---

391 Zu alternativen Formen von Kohärenzmustern, insbesondere solchen im Sinne funktionaler Kohärenzrelationen vgl. REICHMAN 1978, HOBBS 1982, SAMET/SCHANK 1984, McKEOWN 1985, ALTERMAN 1985, TUCKER/NIRENBURG/RASKIN 1986, MANN/THOMPSON 1987 oder NORVIG 1987. Ihre Behandlung würde auch die verstärkte Einbeziehung propositionalen Wissens verlangen, das das hier verwendete Frame-Repräsentationsmodell jedoch nicht ausreichend unterstützt.

zwischen ihnen (ähnlich wie dies etwa für das "abgeleitete Thema" innerhalb von Paragraphen gilt) ebenfalls noch weiter generalisierbare Kohärenzmuster bestehen. Einen sehr einfachen Ansatz veranschaulicht die untenstehende Grafik:

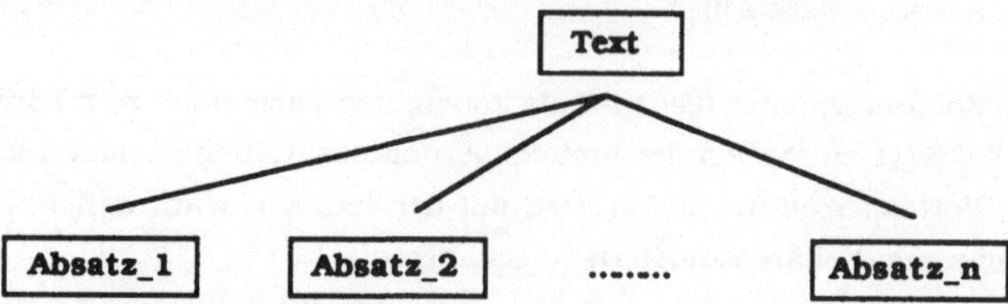

Grafik-35 Statisches Modell globaler Textkohärenz

Analog zum Fall der paragraphenorientierten Prüfung (vgl. BT 6- BT 8) würden die Kohärenzmuster konstantes Thema, Rhematisierung und abgeleitetes Thema auf der globalen Textebene geprüft[392]. Die sehr rigide Annahme, daß ein Text durchgängig ein solches (einfaches) Progressionsmuster besitzt, trifft nur für einen Teil der hier untersuchten Fachtexte zu. Deswegen wird diese naheliegende, aber zu statische Variante hier nicht weiter verfolgt.

Eine viel plausiblere Strategie, die hier entwickelten Kohärenzmuster auf einer oberhalb der Ebene einzelner Absätze angesiedelten globalen Textebene zu fixieren, beschreibt die folgende Grafik:

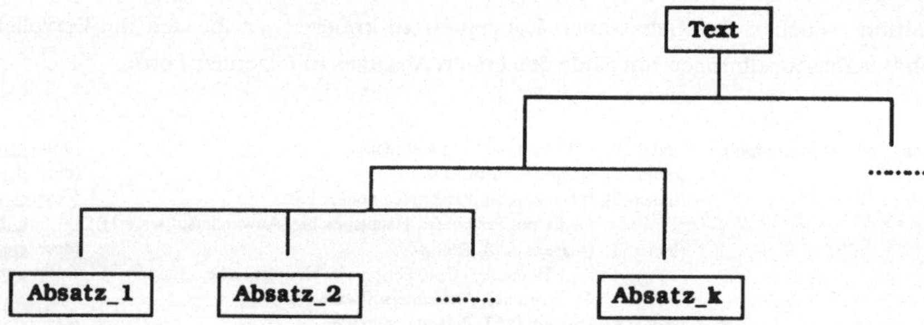

Grafik-36 Dynamisches Modell globaler Textkohärenz

Bei diesem Ansatz wird geprüft, ob jeweils *k* benachbarte Paragraphen ein bestimmtes Kohärenzmuster (etwa konstantes Thema, Rhematisierung oder abgeleitetes Thema, aber auch beliebige andere, hier noch nicht betrachtete Muster) erfüllen[393]. Vorteil dieser Variante wäre, dynamisch Textkohärenz"inseln" zu bilden, die die Kohärenzmuster der jeweils darunterliegenden Kohärenzebene aggregieren, bis eine ggf. homogene Kohärenzstruktur des Gesamttexts durch diese Prozedur rekonstruiert würde. Dieses Verfahren würde auf die schon eingeführten Wissensquellen in ähnli-

392 Ein solcher Versuch ist in HAHN 1990 für das "abgeleitete Thema" beschrieben.

393 Textlinguistische Untersuchungen (vgl. etwa HINDS 1979) an unterschiedlichen Textsorten (auch Fachtexten) belegen die Plausibilität der Annahme stark hierarchischer Organisationsstrukturen der Textkohärenz, wie sie Grafik-36 illustriert.

cher Weise rekurrieren, wie es in den absatzorientierten Kohärenzaktoren bereits ausgeführt ist: Zugriff auf die Positionen des Parser-Bulletins, an denen die Kohärenzdaten für die einzelnen Paragraphen abgelegt sind, und Interpretation der Konsistenz aufeinanderfolgender Kohärenzlesarten nach den bereits eingeführten Prinzipien. Entsprechend müßten keine neuen Konstrukte, sondern lediglich neue Aktoren formuliert werden. Auf deren Spezifikation wird hier verzichtet, da die dabei zu modellierenden Prüfmuster große Ähnlichkeit mit den schon beschriebenen haben.

Die in diesem Kapitel vorgeschlagene Stufenfolge zur sukzessiven Abstraktion von Textkohärenzformen durch ein entsprechend instrumentiertes Wortexpertensystem paßt sich mit großer Flexibilität an die Ausprägungen von inhaltlich determinierten Textkohärenzmustern in (Fach-)Texten an. Sie unterscheidet sich damit von Modellierungsversuchen, die eine eher statische Beschreibung dieser Phänomene in Form von *story grammars*[394] oder Makro- und Superstrukturen[395] versuchen. Die in diesen Formalismen vorliegenden Regelsysteme beschreiben günstigstenfalls idealtypische Strukturen bestimmter Textklassen, erscheinen aber wegen ihrer ausgeprägten Betonung makrostruktureller Faktoren der Textualität für die Variabilität von Textstrukturen im besonderen und inhaltsorientierte Textrepräsentation im allgemeinen - so die Erfahrungen mit der hier zugrunde gelegten Textkollektion - weitgehend inadäquat[396].

4.2.4 Operative Aktoren: Spezifikation einzelner Lesarten

Die in Kap. 4.2.2 und 4.2.3 beschriebenen Ereignisse und Parse-Aktoren dienen der Bestimmung der funktionalen Rolle(n) des jeweils betrachteten lexikalischen Elements bei der Textkonstitution. Jede dieser Rollen wird in Form einer "Lesart" in den jeweiligen Spezifikationen von caused-events beschrieben, deren Interpretation in Operationen auf den Wissensbasen des Parsers - der Weltwissensbasis, dem Parser-Bulletin und dem Wortexpertensystem - resultiert. Unter Wissensrepräsentationsaspekten zählt dabei die Bestimmung der durch Aktivierungs-, Schreib- und Konzeptkreierungsoperationen zu manipulierenden Frames (*frame selection*) zu den methodischen Kernproblemen semantischer Parser[397]. Im hier vorgeschlagenen Ansatz können die textgrammatischen Prüfungen der Wortexperten auch als umfassender Selektionstest für die Wahl geeigneter Frames betrachtet werden, deren Ergebnisse in den caused-ev-Strukturen der Wortexperten repräsentiert sind und in der jeweiligen Frame-Wissensbasis ausgeführt werden müssen. Im folgenden Abschnitt werden entsprechende Operationen auf den Wissensrepräsentationsstrukturen einer Frame-Wissensbasis spezifiziert. Diese Darstellung ergänzt die der infrastrukturellen Aktoren in Kap. 4.2.1. Dabei wird unterschieden zwischen lokalen Effekten sog. *Kohäsionslesarten* (Kap. 4.2.4.1) für einzelne davon betroffene Konzepte und *Kohärenzlesarten* (Kap. 4.2.4.2), in denen globale Restrukturierungsoperationen für größere Konzeptmengen beschrieben werden, deren Repräsentationsstrukturen die Makro-Organisation des Texts widerspiegeln sollen.

---

394 RUMELHART 1975.

395 DIJK 1977, DIJK 1980, Kap.3

396 Eine pointierte Kritik an *story grammars* formulieren BLACK/WILENSKY 1979.

397 Einen Überblick über diverse Strategien zur *frame selection* gibt LYTINEN 1984.

4.2.4.1 Kohäsionslesarten

Die Kohäsionslesarten setzen sich aus drei Grundtypen von Operationen auf Frame-Wissensbasen zusammen:

* ***Manipulationen der Aktivierungsgewichte*** von Konzepten der Wissensbasis (EV 40 - EV 44),
* ***Zuordnung von Eigenschaften*** zu Konzepten der Wissensbasis (EV 45 - EV 46),
* ***Kreierung neuer Konzepte*** in der Wissensbasis (EV 46 - EV 47).

Das Frame-Repräsentationsmodell ist u.a. deswegen um das Konstrukt der Aktivierungsgewichte erweitert worden, damit ein Instrument für die Bestimmung desjenigen Teilausschnitts des Weltwissens zur Verfügung steht, der vom jeweils zugrunde liegenden Text instanziiert wird, die sog. *Textwissensbasis*. Konzepte, die nicht aktiv sind, sind auch im Text nicht angesprochen worden, aktive Konzepte hingegen sind im Text thematisiert. Je höher das Aktivierungsgewicht eines Konzepts im Weltwissen ist, desto wichtiger ist dieses Konzept bei der Bestimmung etwa von Textthemen oder des Text-Fokus[398]. In den vorangegangenen Abschnitten ist dazu auf vielfältige Weise gezeigt worden, wie bestimmte linguistische Phänomene zur (De-)Aktivierung von Konzepten führen.

Da Aktivierungsgewichte sowohl für Frames, Slots als auch tatsächliche Slotwerte definiert sind (FR 1-2), müssen für die Umsetzung linguistisch motivierter Veränderungen ihres Aktivierungsgewichts entsprechende *(De-)Aktivierungsoperationen* im Sinne von Lesarten bereitgestellt werden:

EV 40 Erhöhung des Frame-Aktivierungsgewichts

< event: [[**KB** <= **f_increment** [p_1]]]

< pre-cond: (TX is [<u>a</u> TEXT (text-pos: i) (text-token: w_i)])

(BT is [<u>a</u> BULLETIN (pos: i) (token: @) (index: 0) (parsed: []) (desc: @)])

(KB is [<u>a</u> KNOWLEDGE_BASE (base: FKB)

(status-f: ***f-weight***) (status-s: ***s-weight***) (status-v: ***v-weight***)])

(***ch-weight-f*** (***f-weight***, FKB, p_1, 1) $\in \mathbb{N}_0$)[399] >

< next-cond: (KB is [<u>a</u> KNOWLEDGE_BASE (status-f: ***ch-weight-f*** (***f-weight***, FKB, p_1, 1))]) >

< caused-ev: [[**BT** <= (**upd_bulletin** (pos: i) (token: w_i) (parsed: [p_1]) (desc: <u>frame</u>))]]$_{EV\text{-}10}$[400] > >

---

398 Vgl. HAHN/REIMER 1986 oder REIMER/HAHN 1989 zur Verwendung dieser Konstrukte im Textkondensierungssystem TOPIC.

399 Das Auftreten der Operation in den Vorbedingungen (pre-cond) eines Aktorenskripts dient der Prüfung auf *Ausführbarkeit* der Operation in der gewählten Wissensbasis. Das Auftreten derselben Operation in den Nachbedingungen des Aktorenskripts (next-cond) dient der *tatsächlichen Ausführung* in bezug auf den Aktor (hier: KB), der die Wissensbasis im Aktorensystem repräsentiert und führt zur lokalen Neuberechnung eines bzw. mehrerer seiner Attribute.

400 Der Grund, den Update des Bulletin erst nach Konsultation des Weltwissens durchzuführen und nicht etwa gleichzeitig nach der Erarbeitung der jeweiligen Lesart bereits beim Parse, liegt darin, daß die Lesart ggf. gegen Integritätsbedingungen im Weltwissen verstößt und damit nicht unbedingt auch ausgeführt werden muß.

EV 41 Erhöhung des Slot-Aktivierungsgewichts

< event: [[**KB** <= **s_increment** [p_1, p_2]]]

< pre-cond: (KB is [<u>a</u> KNOWLEDGE_BASE (base: FKB)
(status-f: ***f-weight***) (status-s: ***s-weight***) (status-v: ***v-weight***)])

(***ch-weight-f*** (***f-weight***, FKB, p_1, 1) ∈ $\mathbb{N}_0$)

(***ch-weight-s*** (***s-weight***, FKB, p_1, p_2, 1) ∈ $\mathbb{N}_0$) >

< next-cond: (KB is [<u>a</u> KNOWLEDGE_BASE (status-f: ***ch-weight-f*** (***f-weight***, FKB, p_1, 1))
(status-s: ***ch-weight-s*** (***s-weight***, FKB, p_1, p_2, 1))]) >

< caused-ev: [[**BT** <= (**upd_parse** (parsed: [p_1, p_2]) (desc: <u>s-increment</u>))]]$_{EV\text{-}11}$ > >

EV 42 Erhöhung des Slotwert-Aktivierungsgewichts

< event: [[**KB** <= **v_increment** [p_1, p_2, p_3]]]

< pre-cond: (KB is [<u>a</u> KNOWLEDGE_BASE (base: FKB)
(status-f: ***f-weight***) (status-s: ***s-weight***) (status-v: ***v-weight***)])

(***ch-weight-f*** (***f-weight***, FKB, p_1, 1) ∈ $\mathbb{N}_0$)

(***ch-weight-s*** (***s-weight***, FKB, p_1, p_2, 1) ∈ $\mathbb{N}_0$)

(***ch-weight-v*** (***v-weight***, FKB, p_1, p_2, p_3, 1) ∈ $\mathbb{N}_0$) >

< next-cond: (KB is [<u>a</u> KNOWLEDGE_BASE (status-f: ***ch-weight-f*** (***f-weight***, FKB, p_1, 1))
(status-s: ***ch-weight-s*** (***s-weight***, FKB, p_1, p_2, 1))
(status-v: ***ch-weight-v*** (***v-weight***, FKB, p_1, p_2, p_3, 1))]) >

< caused-ev: [[**BT** <= (**upd_parse** (parsed: [p_1, p_2, p_3]) (desc: <u>v-increment</u>))]]$_{EV\text{-}11}$ > >

Während die Operationen für das Erhöhen des Aktivierungsgewichts in EV 40 bis EV 42 in bezug auf *ein* Weltwissenselement (den ausgewählten Frame und ggf. einen seiner Slots bzw. Slotwerte) ausgeführt werden, findet in EV 43 der Austausch des *Default*-Inkrements (vgl. EV 9-1, wo das Aktivierungsgewicht jedes erkannten Frames vermittels EV 40 defaultmäßig erhöht wird) zwischen *zwei* Frames statt: ein fehlaktivierter (anaphorischer Referent) gibt sein Inkrement an den eigentlich referenzierten Frame (Antezedens) weiter. In EV 44 wird schließlich die *gesamte* (Frame-)Wissensbasis bis auf diejenigen Frames, die den Fokus der Wissensbasis bilden, auf Null gesetzt; den Fokuselementen wird ein Defaultgewicht (das natürlich auch Null sein kann) zugewiesen:

EV 43 Austausch des Aktivierungsgewichts zweier Frames

< event: [[**KB <= shift** [p_1, p_2]]]

< pre-cond: (KB is [<u>a</u> KNOWLEDGE_BASE (base: FKB)
(status-f: ***f-weight***) (status-s: ***s-weight***) (status-v: ***v-weight***)])

(***ch-weight-f*** (***f-weight***, FKB, p_1, -1) $\in \mathbb{N}_0$)

(***ch-weight-f*** (***f-weight***, FKB, p_2, 1) $\in \mathbb{N}_0$) >

< next-cond: (KB is [<u>a</u> KNOWLEDGE_BASE (status-f: ***ch-weight-f*** (***f-weight***, FKB, p_1, -1))])

(KB is [<u>a</u> KNOWLEDGE_BASE (status-f: ***ch-weight-f*** (***f-weight***, FKB, p_2, 1))]) >

< caused-ev: [[**BT** <= (**upd_parse** (parsed: [p_2]) (desc: <u>shift</u>)) $]]_{EV\text{-}11}$ > >

EV 44 Initialisierung der gesamten Wissensbasis

< event: [[**KB <= reset_knowledge_base** [p_1]]]

< pre-cond: (KB is [<u>a</u> KNOWLEDGE_BASE (base: FKB)
(status-f: ***f-weight***) (status-s: ***s-weight***) (status-v: ***v-weight***)]) >

< next-cond: (KB is [<u>a</u> KNOWLEDGE_BASE (status-f: ***reset-f-weights*** (***f-weight***, FKB, p_1))
(status-s: ***reset-s-weights*** (***s-weight***, FKB))
(status-v: ***reset-v-weights*** (***v-weight***, FKB))]) > >

Neben der Ausgrenzung der inhaltlichen Extension eines Textes in der Weltwissensbasis ist ein konstituierendes Merkmal des Textverstehens die Repräsentation einzelner Aussagen des Textes durch (un)mittelbare *Zuordnung von Eigenschaften* zu den im Weltwissen modellierten Konzepten. Auch für diesen Anspruch müssen geeignete Operationen bereitgestellt werden. Die Zuordnung von Eigenschaften zu Konzepten kann - entsprechend der hier zugrunde liegenden Modellierung - *direkt* durch Einträge in Instanz-Frames (EV 45) oder *indirekt* über die Kreierung von Instanzen zu Prototypen und anschließende Slotwertzuweisung (EV 46) operationalisiert sein. Bei der direkten Zuweisung von Slotwerten in EV 45 werden zwei Fälle unterschieden: Wenn ein Slotwert eingetragen wird, der Instanz zu einem schon als Slotwert existierenden Prototypen ist, wird nicht mehr das Aktivierungsgewicht des entsprechenden Frames und Slots erhöht (EV 45 **Fall-2**)[401]. Wo ein solcher Prototypeintrag für eine Instanz nicht besteht oder der zu schreibende Eintrag selbst ein Prototyp ist, werden neben der Zuweisung des Slotwerts auch die Aktivierungsgewichte von Frame, Slot und Slotwert erhöht (EV 45 **Fall-1**).

---

401 Dieser Fall tritt häufig bei Prototypeinträgen auf, die im Verlauf des Parsing an der gleichen Textposition als Instanz spezialisiert werden (s. Appendix-3, Textposition 033, 039 usw.).

EV 45 Zuweisung eines Slotwerts zu einem Slot eines (Instanz-)Frames

< event: [[**KB <= sv_assign** [p_1, p_2, p_3]]])

[case-1:

< pre-cond: (KB is [a KNOWLEDGE_BASE (base: FKB)
(status-f: ***f-weight***) (status-s: ***s-weight***) (status-v: ***v-weight***)])
(***N_Eq***(***svalue_assign*** (FKB, p_1, p_2, p_3), fail))
(¬ ***Has_Act_Value***(FKB, p_1, p_2, ***get-prototype***(FKB, p_3))
v ***Is_Prototype***(FKB, p_3))
(***ch-weight-f*** (***f-weight***, FKB, p_1, 1) $\in \mathbb{N}_0$)
(***ch-weight-s*** (***s-weight***, FKB, p_1, p_2, 1) $\in \mathbb{N}_0$)
(***ch-weight-v*** (***v-weight***, FKB, p_1, p_2, p_3, 1) $\in \mathbb{N}_0$) >

< next-cond: (KB is [a KNOWLEDGE_BASE (base: ***svalue_assign*** (FKB, p_1, p_2, p_3))
(status-f: ***ch-weight-f*** (***f-weight***, FKB, p_1, 1))
(status-s: ***ch-weight-s*** (***s-weight***, FKB, p_1, p_2, 1))
(status-v: ***ch-weight-v*** (***v-weight***, FKB, p_1, p_2, p_3, 1))]) >

< caused-ev: [[**BT** <= (**upd_parse** (parsed: [p_1, p_2, p_3]) (desc: val-assign))]]$_{EV\text{-}11}$ >]

[case-2:

< pre-cond: (KB is [a KNOWLEDGE_BASE (base: FKB)
(status-f: ***f-weight***) (status-s: ***s-weight***) (status-v: ***v-weight***)])
(***N_Eq***(***svalue_assign*** (FKB, p_1, p_2, p_3), fail))
(***Has_Act_Value***(FKB, p_1, p_2, ***get-prototype***(FKB, p_3)))
(***ch-weight-v*** (***v-weight***, FKB, p_1, p_2, p_3, 1) $\in \mathbb{N}_0$) >

< next-cond: (KB is [a KNOWLEDGE_BASE (base: ***svalue_assign*** (FKB, p_1, p_2, p_3))
(status-v: ***ch-weight-v*** (***v-weight***, FKB, p_1, p_2, p_3, 1))]) >

< caused-ev: [[**BT** <= (**upd_parse** (parsed: [p_1, p_2, p_3]) (desc: val-assign))]]$_{EV\text{-}11}$ >] >

EV 46 Kreierung eines Instanz-Frames mit Slotwertzuweisung

< event: [[**KB <= create_inst** $[p_1, p_2, p_3, p_4]$]]

< pre-cond: (KB is [a KNOWLEDGE_BASE (base: FKB)

(status-f: ***f-weight***) (status-s: ***s-weight***) (status-v: ***v-weight***)])

(***N_Eq(create_inst*** (FKB, p_1, p_2, p_3, p_4), fail))

(***ch-weight-f*** (***f-weight***, FKB, p_2, 1) $\in \mathbb{N}_o$)

(***ch-weight-s*** (***s-weight***, FKB, p_2, p_3, 1) $\in \mathbb{N}_o$)

(***ch-weight-v*** (***v-weight***, FKB, p_2, p_3, p_4, 1) $\in \mathbb{N}_o$) >

< next-cond: (KB is [a KNOWLEDGE_BASE (base: ***create_inst*** (FKB, p_1, p_2, p_3, p_4))

(status-f: ***ch-weight-f*** (***f-weight***, FKB, p_2, 1))

(status-s: ***ch-weight-s*** (***s-weight***, FKB, p_2, p_3, 1))

(status-v: ***ch-weight-v*** (***v-weight***, FKB, p_2, p_3, p_4, 1))]) >

< caused-ev: [[**BT** <= (**upd_parse** (parsed: $[p_2, p_3, p_4]$) (desc: create-inst)) $]]_{EV\text{-}11}$ > >

Die Kreierung von Instanzen enthält neben der Komponente der Eigenschaftszuordnung auch die des *Konzeptlernens*, denn mit der Instanz wird die Vorgabe von Konzepten durch das Weltwissen substantiell um neue, bislang unbekannte Konzepte erweitert. Der folgende Aktor erfaßt nur noch die Konzeptlernfunktion für neue Unterbegriffe zu bekannten Konzepten, ohne allerdings charakteristische Eigenschaften des neuen Konzepts spezifizieren zu können:

EV 47 Kreierung eines Unterbegriff-Frames

< event: [[**KB <= create_sub** $[p_1, p_2]$]]

< pre-cond: (KB is [a KNOWLEDGE_BASE (base: FKB)

(status-f: ***f-weight***) (status-s: ***s-weight***) (status-v: ***v-weight***)])

(***N_Eq(create_sub*** (FKB, p_1, p_2), fail))

(***ch-weight-f*** (***f-weight***, FKB, p_2, 1) $\in \mathbb{N}_o$) >

< next-cond: (KB is [a KNOWLEDGE_BASE (base: ***create_sub*** (FKB, p_1, p_2))

(status-f: ***ch-weight-f*** (***f-weight***, FKB, p_2, 1))]) >

< caused-ev: [[**BT** <= (**upd_parse** (parsed: $[p_2]$) (desc: create-sub)) $]]_{EV\text{-}11}$ > >

4.2.4.2 Kohärenzlesarten

Im hier betrachteten Fragment der lexikalisch verteilten Textgrammatik werden drei Grundmuster thematischer Progression erfaßt: konstantes Thema, Thematisierung der Rhemata und abgeleitetes Thema. Die davon erfaßten Frames werden in der Wissensbasis jeweils identifiziert und zusammen mit den weiteren für das jeweilige Kohärenzmuster relevanten Wissenselementen mit der entsprechenden Kohärenzrelation markiert. Diese Operationen zur *Kreierung textbezogener Relationen* erweitern die vorgegebene Struktur des Weltwissens substantiell durch textspezifische Bezüge zwischen den von der Relationenverkettung betroffenen Konzepten:

EV 48 Kreierung der Kohärenzrelation "konstantes Thema"

< event: [[**KB** <= **cr_const_theme** [p_1, p_2, p_3]]]

< pre-cond: (KB is [<u>a</u> KNOWLEDGE_BASE (base: FKB)
(status-f: ***f-weight***) (status-s: ***s-weight***) (status-v: ***v-weight***)])
(***N_Eq***(***c-rel-const-theme*** (FKB, p_1, p_2, p_3), <u>fail</u>)) >

< next-cond: (KB is [<u>a</u> KNOWLEDGE_BASE (base: ***c-rel-const-theme*** (FKB, p_1, p_2, p_3))]) >

< caused-ev: [[**BT** <= (**upd_parse** (parsed: [p_1, p_2, p_3]) (desc: <u>create-c-theme</u>))]$]_{EV\text{-}11}$ > >

EV 49 Kreierung der Kohärenzrelation "Thematisierung der Rhemata"

< event: [[**KB** <= **cr_rhematization** [p_1, p_2]]]

< pre-cond: (KB is [<u>a</u> KNOWLEDGE_BASE (base: FKB)
(status-f: ***f-weight***) (status-s: ***s-weight***) (status-v: ***v-weight***)])
(***N_Eq***(***c-rel-rhematization*** (FKB, p_1, p_2), <u>fail</u>)) >

< next-cond: (KB is [<u>a</u> KNOWLEDGE_BASE (base: ***c-rel-rhematization*** (FKB, p_1, p_2))]) >

< caused-ev: [[**BT** <= (**upd_parse** (parsed: [p_1, p_2]) (desc: <u>create-rhema</u>))]$]_{EV\text{-}11}$ > >

EV 50 Kreierung der Kohärenzrelation "abgeleitetes Thema"

< event: [[**KB** <= **cr_derived_theme** [p_1, p_2, p_3]]]

< pre-cond: (KB is [<u>a</u> KNOWLEDGE_BASE (base: FKB)
(status-f: ***f-weight***) (status-s: ***s-weight***) (status-v: ***v-weight***)])
(***N_Eq***(***c-rel-derived-theme*** (FKB, p_1, p_2, p_3), <u>fail</u>)) >

< next-cond: (KB is [<u>a</u> KNOWLEDGE_BASE (base: ***c-rel-derived-theme*** (FKB, p_1, p_2, p_3))]) >

< caused-ev: [[**BT** <= (**upd_parse** (parsed: [p_1, p_2, p_3]) (desc: <u>create-d-theme</u>))]$]_{EV\text{-}11}$ > >

5 Fazit

5.1 Die Grundzüge des Modells des lexikalisch verteilten Text-Parsing

Ausgangspunkt dieser Arbeit war das Problem, ein authentischen Fachtexten angemessenes linguistisches Beschreibungssystem für sprachliche Phänomene und ein Verfahren für ihre automatische Analyse zu entwickeln. Daraus ergaben sich unmittelbar zwei wesentliche Folgerungen:

1. Das Beschreibungssystem sollte auf die besonderen Charakteristiken von Texten abgestimmt, d.h. eine ***Textgrammatik*** sein.
2. Da sich wesentliche Phänomene der Textualität überwiegend semantisch bestimmen lassen, bildet das Beschreibungskonzept ***semantischer Grammatiken*** eine für Textphänomene besonders geeignete Spezifikationsplattform.

Eine Betrachtung der grundlegenden Merkmale semantischer Grammatiken führte zu folgenden Bestimmungen[402]:

3. Semantische Grammatiken sind im wesentlichen *Lexikon-Grammatiken*, d.h. das gesamte für das Parsing relevante Wissen ist den lexikalischen Einheiten der Sprache zugeordnet.
4. Semantische Grammatiken müssen Konstrukte bereitstellen, mit denen die Kommunikation zwischen lexikalisch *verteilten* grammatischen Objekten modellseitig unterstützt wird - dies meint zum einen den parallelen Zugriff grammatischer Objekte auf unterschiedliche Wissensquellen, zum anderen die aus der (lexikalischen) Verteilung erwachsende Notwendigkeit zu intensiven Interaktionen zwischen einzelnen grammatischen Prozessen.

Im Bereich semantischer Grammatiken/Parser bildet das ***Wortexperten-Modell*** die entwickeltste Konzeption, die oben zusammengefaßten Merkmale in einem Sprachmodell zu integrieren. Aus Gründen gravierender methodischer Mängel und nicht haltbarer linguistischer Hypothesen wurde das Standardmodell in dieser Arbeit in folgender Weise reformuliert:

5. Das Modell des lexikalisch verteilten Text-Parsers ist durch eine formal fundierte *objektorientierte Spezifikationssprache* auf der Grundlage des Aktorenmodells beschrieben. Folgende erwünschte Effekte treten dabei auf:

   a) Die deklarative Struktur der Textgrammatik und das prozedurale Verhalten des Text-Parsers werden einheitlich[403] und auf gleichem Abstraktionsniveau behandelt.
   b) Die Sprachprimitive der Aktoren-Spezifikationssprache sind im Sinne abstrakter Datentypen formalisiert.
   c) Insbesondere ist die linguistische Spezifikation der semantischen Grammatik von der Modellierung und Spezifikation des Domänen- bzw. Weltwissens logisch strikt getrennt.

---

402 Interessanterweise spiegeln sich die unten beschriebenen Tendenzen auch in aktuellen theoretischen Strömungen der syntaxorientierten formalen Linguistik wider (s. Kap. 1.2.1).

403 Aktoren machen die Unterscheidung zwischen Daten (hier: Grammatik) und Prozedur (hier: Parser) hinfällig.

6. Im Mittelpunkt der linguistischen Spezifikationen stehen Beschreibungen *generalisierbaren Verhaltens* lexikalischer Einheiten:

   a) Lexikalische Einheiten, die sich unter *funktionalen* Gesichtspunkten der linguistischen Analyse gleichartig verhalten, werden zu lexikalischen (Äquivalenz-)Klassen[404] zusammengefaßt.
   b) Für das Verhalten dieser lexikalischen Klassen repräsentative grammatische Beschreibungen werden in Form von ***Wortexperten-Prototypen*** spezifiziert und lösen das vom Standardmodell her bekannte Paradigma der Beschreibung des idiosynkratischen Verhaltens individueller Wörter ab. Funktionale Wortexperten-Prototypen kann man sich etwa als hochgradig reguläre Anaphora-, Ellipsen- oder Koordinationsgrammatiken vorstellen[405].
   c) Prototypen setzen sich ihrerseits aus ***Subexperten***[406] zusammen; mit diesem Konstrukt wird ein Beitrag zur *Faktorisierung* gemeinsamen Wissens in lexikalisch verteilten Grammatiken geleistet, der hilft, die Redundanz der Spezifikationen zu reduzieren und das Wachstum von Wortexperten-Kollektionen erheblich zu begrenzen.
   d) Wortexperten-Prototypen bzw. Subexperten sind ihrerseits aus einem beschränkten formalen Vokabular allgemeiner *syntaktischer* und *semantischer Prädikate* bzw. *Funktionen* aufgebaut (Kap.3), die auf unterschiedlichen Abstraktionsebenen der textgrammatischen Spezifikation frei konfiguriert werden können[407].

Auf der Grundlage dieser methodisch motivierten Fortschritte läßt sich die hier gegebene Beschreibung als ein Beitrag zu einer ***formalisierten Theorie des semantischen Text-Parsing***[408] charakterisieren. Art und Organisationsprinzipien der Beschreibungssprache garantieren zudem einen hohen Grad an *Transportabilität* in andere Domänen, was für semantische Grammatiken (wegen fehlender Abstraktionsmechanismen) bislang eher ungewöhnlich ist. Insgesamt stehen mit diesem Spezifikationskonzept konzeptuell hohe Mechanismen zur Verfügung, mit denen der Entwurf und die Wartung semantischer Grammatiken/Parser unter strenger planerischer Kontrolle bleibt.

---

404 In der in Kap.4 spezifizierten Grammatik sind dies z.B. die nominalen Konzepte in F_NAMES oder adjektivischen Konzepte in ATTRIBUTES.

405 Funktional unterscheidbare Wortexperten-Prototypen sind im Sinne dieser Beschreibung etwa NA_EXPERT zur Erfassung anaphorischer Bezüge, LC_EXPERT für nominale oder ATT_EXPERT für adjektivische lexikalische Korrespondenzen.

406 Hierzu zählen etwa LC_Core_EXPERT für die drei Basiskonstellationen der lexikalischen Korrespondenz oder PC_EXPERT für die Sondierung der struktursensitiven Feinbezüge zwischen lexikalisch korrespondierenden Konzepten.

407 Beispiele für aus diesen Primitiven aufgebaute kompakte Beschreibungen linguistisch signifikanter Beziehungen sind die Haupttests in Kap.4 (z.B. ***NA-test***, ***LC-test-1***, ***LC-test-2***, ***ALC-test***).

408 Neben dieser methodologisch ausgerichteten Schiene haben natürlich auch programmiermethodische Vorschläge ihre Berechtigung. Gemeint ist damit etwa die Entwicklung geeigneter *Software-Engineering*-Werkzeuge für die Entwicklung und Wartung (großer) semantischer Parser, wie sie etwa JOHNSON/LEHNERT 1986 am Beispiel des PLUMber's Apprentice - einer an das "explorative Programmieren" angepaßten Sprach- und Entwicklungsumgebung für Software-Systeme - und seiner Adaption an den PLUM-Parser zeigen.

Der empirische Beitrag dieser Arbeit liegt neben dem Schwerpunkt der Behandlung von ***Textphänomenen*** in der Beschreibung eines *partiellen* semantischen Text-Parsers für das Deutsche, der die inhaltlichen Bezüge von durch Nomen und Adjektive denotierten Konzepten auf einem "flachen" (*shallow*) Verstehensniveau erfaßt. Diese Einschränkung ist abgestimmt mit der Funktion des Textverstehenssystems TOPIC - der Bereitstellung *indikativer* Textzusammenfassungen -, in das der Parser integriert ist (vgl. Kap. 1.5). Die Gültigkeit der textlinguistischen Beschreibungen beruht auf den Erfahrungen, die mit der implementierten Version dieser Textgrammatik[409] im Rahmen einer insgesamt mehr als fünfjährigen Phase von Textkondensierungsexperimenten mit dem Textverstehenssystem TOPIC gesammelt wurden. Neben der Formalisierung der Textbezüge ist die hier beschriebene Textgrammatik also - wenn auch nicht unter Zugrundelegung strenger experimenteller Maßstäbe - in ihren Grundzügen validiert.

5.2 Ausblick auf mögliche Erweiterungen des lexikalisch verteilten Text-Parsers

1. Die vom grammatischen Standpunkt aus sicherlich gravierendste Beschränkung ist die der Spezifikationen auf Nomen bzw. Nominalgruppen. Anstehende Erweiterungen verlangen:

   a) Die Integration vollständiger *propositionaler*[410] Wissensrepräsentationsstrukturen, um Verben, Quantoren und Konnektoren adäquat analysieren zu können.
   b) Die Vertiefung des Textverstehensniveaus durch Anhebung der Qualität der verfügbaren Repräsentationskonstrukte und Elaborierung der *textgrammatischen* Spezifikationen.
   c) Die Erweiterung der betrachteten Textkohäsionsmuster, vor allem in bezug auf Konnektoren[411] (als Elemente, die den grundlegenden Kohäsionsfluß in Texten stützen bzw. modifizieren) und Quantoren bzw. Negationspartikel (die diesen Kohäsionsfluß unterbrechen[412]).

2. Weithin noch unterbestimmt ist nach wie vor der Bereich der Textkohärenzstrukturen, so daß sich folgende Forderungen ergeben:

   a) Die Formalisierung des Kohärenzprozesses *oberhalb* von Absätzen (bislang - s. Kap. 3.3 sowie Kap. 4.2.3 - ist er nur innerhalb eines Absatzes spezifiziert).[413]

---

409 Der Parser ist in C unter UNIX™ implementiert. Derzeit steht eine Re-Implementierung des Parser-Kerns an, bei der die objektorientierte Beschreibung auch programmiersprachlich adäquater unterstützt werden wird.

410 Es wäre überzeichnet, zu behaupten, daß die bislang verfügbaren, von Nomen bzw. Adjektiven denotierten Wissenrepräsentationskonzepte keine Propositionen darstellten (insbesondere, wenn man die Gültigkeit der *Frame/Slot*-Hypothese (CHARNIAK 1981) zugrunde legt). Dennoch unterstützt diese Form der Wissensrepräsentation mehr die Darstellung sog. "terminologischen" Wissens.

411 Hier gibt es bereits umfangreiche Vorarbeiten, vgl. etwa ROLLINGER 1984 oder RÖSNER 1985.

412 S. beispielsweise Appendix-3, Positionen 129 - 130.

413 Eine textbezogene Erweiterung der in Kap. 4.2.3 beschriebenen Zusammenhänge, die Absatzgrenzen überwindet, ist in HAHN 1990 beschrieben.

b) Die Einbeziehung *neuer* Typen von Textkohärenzmustern (etwa funktionale Kohärenzrelationen[414]).

3. Die Bereitstellung von Heuristiken für das *Lernen* unbekannter Konzepte (in der betrachteten Anwendungsklasse z.B. die Einführung neuer Produktnamen), ohne die ein adäquates automatisches Textverstehen *neuer* Informationen unrealistisch bleibt[415].

4. Die *Implementation* des lexikalisch verteilten Text-Parsers in einer *objektorientierten* Programmiersprache, besser noch in einer *Aktorensprache.*

Inwieweit solche oder andere Erweiterungen ausgeführt werden, hängt sicher auch davon ab, welche Akzeptanz solide formalisierte Versionen von semantischen Grammatiken (auch in der theoretischen Linguistik) in Zukunft finden. Mit dem zunehmenden Einfluß kognitionswissenschaftlicher Beiträge auf die sprachorientierte KI und formale Linguistik, der steigenden Verbreitung objektorientierter Repräsentationsformalismen und der raschen Entwicklung sie direkt unterstützender neuer (paralleler) Rechnerarchitekturen steht jedoch zu erwarten, daß die hier vertretene dominierende Rolle des Lexikons im Sinne lexikon-basierter Grammatiken (bzw. lexikalisch verteilter Parser) für die Beschreibung und Erklärung von Sprachverstehensprozessen weiter an methodischer Plausibilität und Attraktivität gewinnen wird.

---

414 Vgl. dazu die Vorschläge von REICHMAN 1978, HOBBS 1982 und 1983, SAMET/SCHANK 1984 McKEOWN 1985, ALTERMAN 1985, TUCKER/NIRENBURG/RASKIN 1986, MANN/THOMPSON 1987 oder NORVIG 1987.

415 Einen mit einem aktorenähnlichen Konstrukt (*beings*) formulierten Versuch der Modellierung des Konzeptlernens beschreibt LENAT 1975. Im Kontext semantischer Parser für Textverstehenssysteme steht eine von GRANGER 1977 entwickelte Lernkomponente zur Erweiterung des (in Kap.1.2.1 ausführlicher beschriebenen) ELI-Parsers. Sie basiert auf konzeptuellen Erwartungen, die als *scripts* kodiert sind, während die in RIESBECK 1981 beschriebene Form des Lernens stark auf Gedächtnisstrukturen (*mops*) abgestellt ist, die nicht nur konzeptuelles, sondern auch Lernen von regelhaften Zusammenhängen ermöglichen. Inkrementelles Lernen wird im Rahmen dieses Konzepts zunächst als Widerspruch mit bekanntem Wissen, anschließender Klassifikation der Widersprüche und bei weiterer Bestätigung durch mögliche Adaption an und Integration in das "reguläre" Wissen modelliert. Ein konnektionistisches Lernkonzept für Nominalphrasen beschreibt WERMTER 1989.

APPENDIX-1

Kontrakt für die Datenstruktur BULLETIN

Im folgenden wird der Kontrakt für die Datenstruktur BULLETIN spezifiziert. In diesem Kontrakt sind alle Ereignisse noch einmal detailliert aufgeführt, die diese Datenstruktur in Form von lokalen Neuberechnungen einzelner ihrer Attribute manipulieren. Kein hier nicht spezifiziertes Ereignis darf BULLETIN sonst manipulieren (s. die abschließende Bedingung unter *for-assertion*). Folgende grundlegenden Operationen sind damit auf BULLETIN definiert:

1. die Initialisierung des Parser-Bulletins (EV 4);
2. die inkrementelle Erhöhung des Zählers für die globale Bulletinposition; diese globale Bulletinposition wird synchron zur Textposition inkrementiert (EV 8), wohingegen die lokalen Bulletinpositionen von EV 11 (s.u.) verändert werden;
3. das Schreiben des Haupteintrags an der globalen Bulletinposition (EV 10);
4. das Schreiben weiterer Einträge auf lokale Bulletinpositionen an der gleichen globalen Bulletinposition (EV 11).

[*contract-for* (BULLETIN (pos: 1) (token: @) (index: 0) (parsed: [ ]) (desc: @)) ■

/* EV 4 Initialisierung des Parser-Bulletins */

< event: [[**init_bulletin <= parse**]]

< next-cond: (BT is [*a* BULLETIN (pos: 1) (token: @) (index: 0) (parsed: []) (desc: @)]) >
< return: ***BT** > >

/* EV 8 Aktualisierung des Parser-Bulletins */

< event: [[**BT <= inc_bull**]]

< pre-cond: (BT is [*a* BULLETIN (pos: i) (token: w) (index: j) (parsed: [lst]) (desc: d)]) >
< next-cond: (BT is [*a* BULLETIN (pos: i+1) (token: @) (index: 0) (parsed: []) (desc: @)]) >
< caused-ev: [[**TX <= annot**]]$_{EV\text{-}9}$ > >

/* EV 10 Modifikation des Parser-Bulletins: Schreiben des Haupteintrags */

< event: [[**BT** <= (**upd_bulletin** (pos: i) (token: w_i) (parsed: [p_1]) (desc: d))]]

[case-1:

< pre-cond: (***N_Eq***(d, nil))
(***N_Eq***(d, clause))
(***N_Eq***(d, paragraph))
(***N_Eq***(d, cand-frame))
(BT is [a BULLETIN (pos: i) (token: @) (index: 0) (parsed: []) (desc: @)])
(***N_Eq***(***t-put-bull***(i, w_i, { (0, [p_1], d) }, BT), fail)) >

< next-cond: (BT is [a BULLETIN (pos: i) (token: w_i) (index: 0) (parsed: [p_1]) (desc: d)])
(BT is [a BULLETIN (pos: i) (token: w_i) (index: 1)]) >

< caused-ev: [[**selector** <== (request: (**ld_expert** (text-pos: i) (value: p_1) (type: d))
reply-to: **watcher-of-the-skies**)]]$_{EV\text{-}13}$ >]

[case-2:

< pre-cond: (***Eq***(d, nil))
(BT is [a BULLETIN (pos: i) (token: @) (index: 0) (parsed: []) (desc: @)])
(***N_Eq***(***t-put-bull***(i, w_i, { (0, [], nil) }, BT), fail)) >

< next-cond: (BT is [a BULLETIN (pos: i) (token: w_i) (index: 0) (parsed: []) (desc: nil)]) >

< caused-ev: [[**TX** <= **new_token**]]$_{EV\text{-}7}$ >]

[case-3:

< pre-cond: (***Eq***(d, clause))
(BT is [a BULLETIN (pos: i) (token: @) (index: 0) (parsed: []) (desc: @)])
(***N_Eq***(***t-put-bull***(i, w_i, { (0, [w_i], clause) }, BT), fail)) >

< next-cond: (BT is [a BULLETIN (pos: i) (token: w_i) (index: 0) (parsed: [w_i]) (desc: clause)]) >

< caused-ev: [[**TX** <= **new_token**]]$_{EV\text{-}7}$ >]

[case-4:

< pre-cond: (***Eq***(d, paragraph))
(BT is [a BULLETIN (pos: i) (token: @) (index: 0) (parsed: []) (desc: @)])
(***N_Eq***(***t-put-bull***(i, w_i, { (0, [w_i], paragraph) }, BT), fail)) >

< next-cond: (BT is [a BULLETIN (pos: i) (token: w_i) (index: 0) (parsed: [w_i]) (desc: paragraph)])
(BT is [a BULLETIN (pos: i) (token: w_i) (index: 1)]) >

```
        < caused-ev:  { [[ selector <== ( request: ( ld_expert (text-pos: i) (value: w_i) (type: paragraph) )
                                         reply-to: watcher-of-the-skies ) ]]_EV-13 ,
                        [[ text-transform <== ( request: ( condensate (text-pos: i) (value: w_i) )
                                         reply-to: watcher-of-the-skies ) ]]_EV-33 } > ]

    [ case-5:
        < pre-cond:   ( Eq( d, cand-frame ) )
                      ( BT is [ a BULLETIN (pos: i) (token: @) (index: 0) (parsed: []) (desc: @) ] )
                      ( N_Eq( t-put-bull( i, w_i, { (0, [p_1], frame) }, BT ), fail ) ) >
        < next-cond:  ( BT is [ a BULLETIN (pos: i) (token: w_i) (index: 0) (parsed: [p_1]) (desc: frame) ] )
                      ( BT is [ a BULLETIN (pos: i) (token: w_i) (index: 1) ] ) >
        < caused-ev:  [[ BT <= ( upd_parse (parsed: [norm( partial-concat( decomp( w_i ) ) )]) )
                                         (desc: cand-frame) ) ]]_EV-11 > ]

    [ default:
        < return:     done > ] >
```

/* EV 11 Modifikation des Parser-Bulletins: Schreiben von Parseeinträgen */

```
< event:  [[ BT <= ( upd_parse (parsed: [p_1,..., p_n]) (desc: d) ) ]]

    [ case-1:
        < pre-cond:   ( Eq( d, cand-frame ) )
                      ( BT is [ a BULLETIN (pos: i) (token: w_i) (index: j) (parsed: []) (desc: @) ] )
                      ( j > 0 )
                      ( N_Eq( decomp( p_1 ), * ) )
                      ( N_Eq( a-put-bull( i, { (j, [norm( select( last, decomp( p_1 ) ) )], d ) }, BT ), fail ) ) >
        < next-cond:  ( BT is [ a BULLETIN (index: j) (parsed: [norm( select( last, decomp( p_1 ) ) )])
                                         (desc: d) ] )
                      ( BT is [ a BULLETIN (index: j+1) ] ) >
        < caused-ev: [[ BT <= ( upd_parse (parsed: [norm( partial-concat( decomp( p_1 ) ) )])
                                         (desc: cand-frame) ) ]]_EV-11 > ]
```

[case-2:

< pre-cond: (***Eq***(d, <u>cand-frame</u>))

(BT is [<u>a</u> BULLETIN (pos: i) (token: w_i) (index: j) (parsed: []) (desc: @)])

(j > 0)

(***Eq***(***decomp***(p_1), *))

(***N_Eq***(***a-put-bull***(i, { (j, [***norm***(p_1)], d) }, BT), <u>fail</u>)) >

< next-cond: (BT is [<u>a</u> BULLETIN (index: j) (parsed: [***norm***(p_1)]) (desc: d)])

(BT is [<u>a</u> BULLETIN (index: j+1)]) >

< caused-ev: [[**selector** <== (request: (**Id_expert** (text-pos: i)

(value: ***norm***(***select***(<u>last</u>, ***decomp***(w_i))))

(type: <u>cand-frame</u>))

reply-to: **watcher-of-the-skies**)]]$_{EV\text{-}13}$ >]

[case-3:

< pre-cond: (***N_Eq***(d, <u>cand-frame</u>))

(BT is [<u>a</u> BULLETIN (pos: i) (token: w_i) (index: j) (parsed: []) (desc: @)])

(j > 0)

(***N_Eq***(***a-put-bull***(i, { (j, [p_1,...,p_n], d) }, BT), <u>fail</u>)) >

< next-cond: (BT is [<u>a</u> BULLETIN (index: j) (parsed: [p_1,...,p_n]) (desc: d)])

(BT is [<u>a</u> BULLETIN (index: j+1)]) >

< return: **done** >] >

(***for-assertion***: (BT is [<u>a</u> (BULLETIN (pos: 1) (token: @) (index: 0) (parsed: []) (desc: @))])

only-effecting-events-are:

{ [[**init_bulletin** <= **parse**]]

[[**BT** <= **inc_bull**]]

[[**BT** <= (**upd_bulletin** (pos: i) (token: w_i) (parsed: [p_1]) (desc: d))]]

[[**BT** <= (**upd_parse** (parsed: [p_1,..., p_n]) (desc: d))]] })]

APPENDIX-2

Fragment einer Frame-Wissensbasis

```
Produkt (Fertigungsprodukt)
^  < Hersteller: >
|
|
|  Is_A    Hardware
|________
^       ^  < Hersteller: >
|       |  < Preis : >
|       |     [ DM 1 - DM 1.000.000 ]
|       |
|       |
|       |  Is_A    Computer ( Rechner, Maschine )
|       |_________
|       ^          ^  < CPU: > ( Prozessor )
|       |          |  < Peripherie: >
|       |          |  < Hauptspeicher: >
|       |          |  < Massenspeicher: >
|       |          |  < Programmiersprache: >
|       |          |  < Systemsoftware: >
|       |          |  < Anwendersoftware: > ( Programm )
|       |          |  < Hersteller: >
|       |          |  < Gehäuse: >
|       |          |  < Preis: >
|       |          |     [ DM 100 - DM 1.000.000 ]
|       |          |
|       |          |
|       |          |  Is_A    Personalcomputer (PC, Heimcomputer)
|       |          |_________
|       |                   ^  < CPU: > ( Prozessor )
|       |                   |  < Peripherie: >
|       |                   |  < Hauptspeicher: >
|       |                   |  < Massenspeicher: >
|       |                   |  < Programmiersprache: >
|       |                   |  < Systemsoftware: >
|       |                   |  < Anwendersoftware: > ( Programm )
|       |                   |  < Hersteller: >
|       |                   |  < Gehäuse: >
|       |                   |  < Preis: >
|       |                   |     [ DM 500 - DM 30.000 ]
|       |                   |
|       |                   |  Inst_of    Zenon-X
|       |                   |___________
|       |                                 < CPU: > ( Prozessor )
|       |                                 < Peripherie: >
|       |                                 < Hauptspeicher: >
|       |                                 < Massenspeicher: >
|       |                                 < Programmiersprache: >
|       |                                 < Systemsoftware: >
|       |                                 < Anwendersoftware: >
|       |                                 < Gehäuse: >
|       |                                 < Hersteller: { ZetaMachines } >
|       |                                 < Preis: >
|       |                                    [ DM 500 - DM 30.000 ]
|       |
```

```
|          |
|          |  Is_A      Speicher
|          |___________
|          ^            ^  < Hersteller: >
|          |            |  < Preis >
|          |            |     [ DM 1 - DM 1.000.000 ]
|          |            |  < Speichergröße:
|          |            |     [ 4 KByte - 1.000 MB ]
|          |            |
|          |            |
|          |            |  Is_A      Hauptspeicher  (Arbeitsspeicher)
|          |            |___________
|          |            ^            ^  < Hersteller: >
|          |            |            |  < Preis: >
|          |            |            |     [ DM 1 - DM 400.000 ]
|          |            |            |  < Speichergröße: >
|          |            |            |     [ 4 KByte - 100 MB ]
|          |            |            |
|          |            |            |
|          |            |            |  Is_A      RAM
|          |            |            |___________
|          |            |            ^               < Hersteller: >
|          |            |            |               < Preis: >
|          |            |            |                  [ DM 1 - DM 400.000 ]
|          |            |            |               < Speichergröße: >
|          |            |            |                  [ 4 KByte - 100 MB ]
|          |            |            |               < Speichertyp: >
|          |            |            |                  [random access]
|          |            |            |
|          |            |            |
|          |            |            |  Is_A      ROM
|          |            |            |___________
|          |            |                            < Hersteller: >
|          |            |                            < Preis: >
|          |            |                               [ DM 1 - DM 400.000 ]
|          |            |                            < Speichergröße: >
|          |            |                               [ 4 KByte - 100 MB ]
|          |            |                            < Speichertyp: >
|          |            |                               [read-only]
|          |            |
|          |            |
|          |            |  Is_A      Massenspeicher
|          |            |___________
|          |                         ^  < Funktion: >
|          |                         |     [ Datenspeicherung ]
|          |                         |  < Speichergröße: >
|          |                         |     [ 32 KByte - 1.000 MB ]
|          |                         |  < Hersteller: >
|          |                         |  < Preis: >
|          |                         |     [ DM 1 - DM 400.000 ]
|          |                         |  < Speichermedium: >
|          |                         |
|          |                         |
|          |                         |  Is_A      Plattenlaufwerk
|          |                         |___________
|          |                         ^               < Funktion: >
|          |                         |                  [ Datenspeicherung ]
|          |                         |               < Speichergröße: >
|          |                         |                  [ 10 MB - 1.000 MB ]
|          |                         |               < Hersteller: >
|          |                         |               < Preis: >
|          |                         |                  [ DM 1 - DM 400.000 ]
|          |                         |               < Speichermedium: >
|          |                         |                  [ Platte ]
|          |                         |               < Gehäuse: >
|          |                         |
|          |                         |
```

Is_A **Diskettenlaufwerk**

< Funktion: >
[Datenspeicherung]
< Speichergröße: >
[32 KByte - 1.000 MB]
< Hersteller: >
< Preis: >
[DM 1 - DM 400.000]
< Speichermedium: >
[Diskette]
< Gehäuse: >

Is_A **Peripherie**

< Funktion: >
[Dateneingabe, Datenausgabe, Datenspeicherung]
< Hersteller: >
< Preis >
[DM 1 - DM 1.000.000]

Is_A **Massenspeicher**

< Funktion: >
[Datenspeicherung]
< Speichergröße: >
[32 KByte - 1.000 MB]
< Hersteller: >
< Preis: >
[DM 1 - DM 400.000]
< Speichermedium: >

Is_A **Plattenlaufwerk**

< Funktion: >
[Datenspeicherung]
< Speichergröße: >
[10 MB - 1.000 MB]
< Hersteller: >
< Preis: >
[DM 1 - DM 400.000]
< Speichermedium: >
[Platte]
< Gehäuse: >

Is_A **Diskettenlaufwerk**

< Funktion: >
[Datenspeicherung]
< Speichergröße: >
[32 KByte - 1.000 MB]
< Hersteller: >
< Preis: >
[DM 1 - DM 400.000]
< Speichermedium: >
[Diskette]
< Gehäuse: >

Is_A **Eingabegerät**

< Funktion: >
[Dateneingabe]
< Hersteller: >
< Preis: >
[DM 1 - DM 5.000]

Is_A **Tastatur**

< Funktion: >
[Dateneingabe]
< Hersteller: >
< Preis: >
[DM 1 - DM 5.000]
< Taste: >

Is_A **Mouse (Maus)**

< Funktion: >
[Dateneingabe]
< Hersteller: >
< Preis: >
[DM 1 - DM 500]
< Knopf: > (Mouseknopf)
< Farbe: >

Is_A **Ausgabegerät**

< Funktion: >
[Datenausgabe]
< Hersteller: >
< Preis: >
[DM 1 - DM 50.000]

Is_A **Bildschirm**

< Funktion: >
[Datenausgabe]
< Hersteller: >
< Preis: >
[DM 1 - DM 20.000]
< Darstellungsqualität:
[flimmerfrei, flimmernd]
< Kontrast: >
[kontrastarm, kontrastreich]
< Modus: >
[grafikfähig]
< Zeichendarstellung: >

Is_A **Matrixdrucker**

< Funktion: >
[Datenausgabe]
< Hersteller: >
< Preis: >
[DM 1 - DM 15.000]
< Zeichensatz: >

```
    Is_A      Cpu ( CPU, Prozessor )
              ^  < Wortbreite: >
                      [ 8-bit - 128-bit ]
                 < Hersteller: >
                 < Preis: >
                      [ DM 100 - DM 20.000 ]
                 < Komponente: >        (Bauteil)
                      [Hardware]
                 < Taktfrequenz: >

                 Inst_of   68000
                 ^    < Wortbreite: { 16-bit } >
                           [ 8-bit - 128-bit ]
                      < Hersteller: { Motorola } >
                      < Preis: >
                           [ DM 100 - DM 20.000 ]
                      < Komponente: >        (Bauteil)
                           [Hardware]
                      < Taktfrequenz: >

                 Inst_of   80286
                      < Wortbreite: { 16-bit } >
                           [ 8-bit - 128-bit ]
                      < Hersteller: { Intel } >
                      < Preis: >
                           [ DM 100 - DM 20.000 ]
                      < Komponente: >        (Bauteil)
                           [Hardware]
                      < Taktfrequenz: >

    Is_A      Speichermedium
              ^  < Speicherungsprinzip: >
                      [ optisch, magnetisch ]
                 < Hersteller: >
                 < Anbieter: >
                 < Preis: >
                      [ DM 10 - DM 50.000 ]

                 Is_A      Platte
              ^       < Speicherungsprinzip: >
                           [ optisch, magnetisch ]
                      < Hersteller: >
                      < Anbieter: >
                      < Preis: >
                           [ DM 10 - DM 50.000 ]
                      < Durchmesser: >
                           [ 8", 5.25",  ]

                 Is_A      Diskette
                      < Speicherungsprinzip: >
                           [ optisch, magnetisch ]
                      < Hersteller: >
                      < Anbieter: >
                      < Preis: >
                           [ DM 10 - DM 5.000 ]
                      < Durchmesser: >
                           [ 5.25", 3.5" ]
```

```
|
|  Is_A    Software ( Programm, Programmsystem )
|________
          ^  < Computer: >
          |  < Hersteller: >
          |  < Programmiersprache: >
          |
          |
          |  Is_A     Systemsoftware
          |________
          ^           ^  < Computer: >
          |           |  < Hersteller: >
          |           |  < Programmiersprache: >
          |           |  < Preis: >
          |           |     [ DM 100 - DM 150.000 ]
          |           |
          |           |
          |           |  Is_A     Betriebssystem
          |           |________
          |                          < Computer: >
          |                          < Hersteller: >
          |                          < Programmiersprache: >
          |                          < Preis: >
          |                             [ DM 500 - DM 150.000 ]
          |                          < Modus: >
          |
          |
          |  Is_A     Anwendersoftware
          |________
                      ^  < Computer: >
                      |  < Hersteller: >
                      |  < Programmiersprache: >
                      |  < Preis: >
                      |     [ DM 100 - DM 100.000 ]
                      |  < Funktionalität: >
                      |
                      |  Is_A     Editor ( Texteditor )
                      |________
                      ^              < Computer: >
                      |              < Hersteller: >
                      |              < Programmiersprache: >
                      |              < Preis: >
                      |                 [ DM 100 - DM 15.000 ]
                      |              < Funktionalität: >
                      |                 [ Textverarbeitung, Textbearbeitung ]
                      |              < Modus: >
                      |                 [ zeilenorientiert, bildschirmorientiert ]
                      |
                      |  Is_A     Datenbanksystem
                      |________
                      ^              < Computer: >
                      |              < Hersteller: >
                      |              < Programmiersprache: >
                      |              < Preis: >
                      |                 [ DM 100 - DM 15.000 ]
                      |              < Funktionalität: >
                      |                 [ Datenverwaltung, Fakten-Retrieval ]
                      |
                      |  Is_A     Grafiksoftware
                      |________
                      ^              < Computer: >
                      |              < Hersteller: >
                      |              < Programmiersprache: >
                      |              < Preis: >
                      |                 [ DM 100 - DM 15.000 ]
                      |              < Funktionalität: >
                      |                 [ Grafik, Zeichnen, Animation ]
```

```
                              |
                              |  Is_A        Kommunikationssoftware  (Kommunikationspaket)
                              |_________
                                           < Computer: >
                                           < Hersteller: >
                                           < Programmiersprache: >
                                           < Preis: >
                                               [ DM 100 - DM 15.000 ]
                                           < Funktionalität: >
                                               [ Kommunikation ]
                                           < Protokoll: >

Protokoll  (Kommunikationsprotokoll)
^   < Steuercode: >
|   < Synchronisation: >
|       [ synchron, asynchron ]
|
|
|  Inst_of   VT-100
|________
^                < Steuercode: >
|                < Synchronisation: { asynchron } >
|                    [ synchron, asynchron ]
|
|
|  Inst_of   IBM-3270
|_________
                 < Steuercode: >
                 < Synchronisation: { asynchron } >
                     [ synchron, asynchron ]

Funktionalität
^   < Produkt: >
|
|
|
|  Is_A      Textbearbeitung
|_________
^                < Produkt: >
|                < tb: >
|
|
|  Is_A      Textverarbeitung
|_________
^                < Produkt: >
|                < tv: >
|
|
|  Is_A      Datenverwaltung
|_________
^                < Produkt: >
|                < db: >
|
|
|  Is_A      Grafik
|_________
^                < Produkt: >
|                < gf: >
|
|
|  Is_A      Kommunikation
|_________
                 < Produkt: >
                 < ko: >
```

```
Hersteller
^  < Produkt: >
|  < Firmensitz: >
|      [eine-lokale-Angabe]
|
|
|  Inst_of   Motorola
|_________
^                < Produkt: >
|                    [ Computer, Cpu ]
|                < Firmensitz: { USA } >
|
|
|  Inst_of   IBM   (International Business Machines, Big Blue)
|_________
^                < Produkt: >
|                    [ Hardware, Software ]
|                < Firmensitz: { USA } >
|
|
|  Inst_of   ZetaMachines
|_________
                 < Produkt: >
                     [ Computer, Software ]
                 < Firmensitz: { USA } >


Programmiersprache
^  < Typ: >
|      [imperativ, funktional, applikativ, logisch, objektorientiert]
|  < Sprachanschluß: >
|      [Programmiersprache]
|
|
|  Inst_of   BASIC
|_________
^                < Typ:  { imperativ } >
|                < Sprachanschluß: >
|                    [Programmiersprache]
|
|
|  Inst_of   Smalltalk
|_________
^                < Typ:  { objektorientiert } >
|                < Sprachanschluß: >
|                    [Programmiersprache]
|
|
|  Inst_of   PROLOG
|_________
               ^  < Typ:  { logisch } >
               |  < Sprachanschluß: >
               |      [Programmiersprache]
               |
               |
               |  Inst_of    IF-PROLOG
               |_________
                                < Typ:  { logisch } >
                                < Sprachanschluß: { C } >
                                    [Programmiersprache]
```

APPENDIX-3

Beispiel-Text[α]

Im Blickpunkt: Die nächste Generation von Personalcomputern

Was von Branchen-Insidern schon lange gemunkelt wurde, bestätigte sich auf der diesjährigen Hannover-Messe. Die Zeiten der 8-bit-Maschinen, flimmernden und einfarbigen Bildschirme, kleinen Hauptspeicher, zeilenorientierten Editoren und ergonomisch ungünstig gestalteten Tastaturen könnten bald völlig der Vergangenheit angehören. Grund für diesen Optimismus sind unsere ersten Erfahrungen mit dem Zenon-X von ZetaMachines, dessen Leistungsmerkmale sich bald als Standards einer neuen PC-Generation herausstellen könnten. Die Grundversion setzt sich zusammen aus 16-bit-CPU, grafikfähigem Bildschirm und Drucker, Mouse zur Dialogsteuerung, großem Hauptspeicher sowie einem eingebauten Festplattenlaufwerk. Doch mehr noch als durch Hardware-Charakteristika beeindruckt dieser Rechner durch seine Software-Ausstattung: Textbearbeitung, Datenverwaltung, Grafik und ein Kommunikationspaket, das für die Kommunikation mit anderen Rechnern die Protokolle VT-100 und IBM-3270 emuliert, werden im Rahmen einer wirklich benutzerfreundlichen Systemoberfläche angeboten, die gerade auf die Bedienung durch Computerlaien ausgelegt ist.

Die Hardwareseite ist schnell charakterisiert. Sie basiert auf dem 68000 von Motorola, der im Gehäuse bis 1-MByte-Hauptspeicher verwaltet, ein hochauflösender Grafikbildschirm, eine abnehmbare Tastatur, die Mouse zum Dialog und zwei Diskettenlaufwerke mit 3,5"-Disketten, die beidseitig bei doppelter Schreibdichte je 1,6 MByte speichern können. Dazu kommt eine Winchester-Festplatte als leistungsfähiger Massenspeicher und ein grafikfähiger Drucker, der das, was auf dem Bildschirm generiert wird, auch tatsächlich ausgeben kann.

Die Software-Philosophie des Zenon-X ist aber die eigentliche Neuerung, denn sie beruht auf einem völlig neuen Programmierstil, dem sog. "objektorientierten Programmieren" in Smalltalk. Diese Sprache wurde 1972 von Alan Kay in den Xerox-Laboratorien entwickelt. Und dort wurde mit dem Star auch ein erstes Experimentalsystem gebaut, das die Prinzipien dieses revolutionären Programmier-Paradigmas hard- wie softwareseitig zum erstenmal realisierte. Besonders die Window-Technik, Multitasking und die Verwendung von einfachen Dialogtechniken (Mouse, Menü u.ä.) machen diesen Prototypen zum eindeutigen Vorläufer der jetzt am Markt auftretenden neuen PC-Generation.

Aber gerade auf dem heiß umkämpften Mikrocomputermarkt stößt der Zenon-X auf massive Konkurrenz. Der IBM-AT, ausgestattet mit dem 80286 von Intel und Systemsoftware von Microsoft, besitzt jedoch eine zu spartanische Grundversion, die selbst bei Höherrüstung nicht an das Leistungsspektrum des Zenon-X heranreicht. Der Amiga von Commodore könnte da schon gefährlicher werden. Denn ähnlich wie der Zenon-X ist der Amiga als bedienungsfreundliches Anwendersystem konzipiert: auch hier Dialogführung mit der Mouse, ein vollgrafikfähiger Bildschirm und qualitativ exzellenter Farbdrucker (sogar ein Sprachgenerator ist vorhanden) sowie eine breite Palette von Anwendersoftware, die durch einen MS-DOS-Emulator sogar IBM-Kompatibilität gewährleistet. Damit kann dann bekannte Software, wie dBaseIII, Multiplan und Lotus genutzt werden. Besonders hinweisen möchten wir auf das komfortable Multitasking-Betriebssystem, mit dem mehrere Programme parallel und zeitgleich auf verschiedenen Bildschirmfenstern ablaufen können. Nur beim Preis scheiden sich die Geister. Mit ca. 10.000DM ist der Amiga um glatte 5.000DM billiger als der Zenon-X. Dafür enthält der aber schon in der Grundversion wesentlich mehr an Software als der Amiga, der schließlich auch ohne Festplatte geliefert wird.

Selten genug hatten wir den Eindruck, daß sich außer dem Abrutschen der Hardware-Preise in den letzten zwei Jahren Bemerkenswertes am Markt abspielt. Mit dem Zenon-X scheint sich das grundlegend zu ändern. Hier drängt eine neue PC-Generation auf den Markt, der man rasche Verbreitung wünschen darf.

α Der Text stammt aus dem Jahr 1986. Der prognostizierte Generationenwechsel ist auf dem PC-Markt mittlerweile eingetreten.

Beispiel-Parse

(pos: 001)	(token: Im)	(index: 0)	(parsed: [])	(desc: nil)
(pos: 002)	(token: Blickpunkt)	(index: 0)	(parsed: [])	(desc: nil)
(pos: 003)	(token: :)	(index: 0)	(parsed: [:])	(desc: clause)
(pos: 004)	(token: Die)	(index: 0)	(parsed: [])	(desc: nil)
(pos: 005)	(token: nächste)	(index: 0)	(parsed: [])	(desc: nil)
(pos: 006)	(token: Generation)	(index: 0)	(parsed: [])	(desc: nil)
(pos: 007)	(token: von)	(index: 0)	(parsed: [])	(desc: nil)
(pos: 008)	(token: Personalcomputern)	(index: 0)	(parsed: [Personalcomputer])	(desc: frame)
(pos: 009)	(token: 'end_of_title')	(index: 0)	(parsed: [end_of_title])	(desc: paragraph)
		(index: 1)	(parsed: [Personalcomputer])	(desc: dom-frame)
(pos: 010)	(token: Was)	(index: 0)	(parsed: [])	(desc: nil)
(pos: 011)	(token: von)	(index: 0)	(parsed: [])	(desc: nil)
(pos: 012)	(token: Branchen-Insidern)	(index: 0)	(parsed: [])	(desc: nil)
(pos: 013)	(token: schon)	(index: 0)	(parsed: [])	(desc: nil)
(pos: 014)	(token: lange)	(index: 0)	(parsed: [])	(desc: nil)
(pos: 015)	(token: gemunkelt)	(index: 0)	(parsed: [])	(desc: nil)
(pos: 016)	(token: wurde)	(index: 0)	(parsed: [])	(desc: nil)
(pos: 017)	(token: ,)	(index: 0)	(parsed: [])	(desc: nil)
(pos: 018)	(token: bestätigte)	(index: 0)	(parsed: [])	(desc: nil)
(pos: 019)	(token: sich)	(index: 0)	(parsed: [])	(desc: nil)
(pos: 020)	(token: auf)	(index: 0)	(parsed: [])	(desc: nil)
(pos: 021)	(token: der)	(index: 0)	(parsed: [])	(desc: nil)
(pos: 022)	(token: diesjährigen)	(index: 0)	(parsed: [])	(desc: nil)
(pos: 023)	(token: Hannover-Messe)	(index: 0)	(parsed: [])	(desc: nil)
(pos: 024)	(token: .)	(index: 0)	(parsed: [.])	(desc: clause)
(pos: 025)	(token: Die)	(index: 0)	(parsed: [])	(desc: nil)
(pos: 026)	(token: Zeiten)	(index: 0)	(parsed: [])	(desc: nil)
(pos: 027)	(token: der)	(index: 0)	(parsed: [])	(desc: nil)
(pos: 028)	(token: 8-bit-Maschinen)	(index: 0)	(parsed: [Maschine])	(desc: frame)
		(index: 1)	(parsed: [8-bit])	(desc: cand-frame)
		(index: 2)	(parsed: [Cpu-1.Wortbreite.8-bit])	(desc: create-inst)
		(index: 3)	(parsed: [Personalcomputer-1.Cpu.Cpu-1])	(desc: create-inst)
(pos: 029)	(token: ,)	(index: 0)	(parsed: [])	(desc: nil)
(pos: 030)	(token: flimmernden)	(index: 0)	(parsed: [flimmernd])	(desc: attribute)
(pos: 031)	(token: und)	(index: 0)	(parsed: [])	(desc: nil)
(pos: 032)	(token: einfarbigen)	(index: 0)	(parsed: [einfarbig])	(desc: attribute)
(pos: 033)	(token: Bildschirme)	(index: 0)	(parsed: [Bildschirm])	(desc: frame)
		(index: 1)	(parsed: [Personalcomputer-1.Peripherie.Bildschirm])	(desc: val-assign)
		(index: 2)	(parsed: [Bildschirm-1.Darstellungsqualität.flimmernd])	(desc: create-inst)
		(index: 3)	(parsed: [Bildschirm-1.Zeichendarstellung.einfarbig])$^{\beta}$	(desc: create-inst)
		(index: 4)	(parsed: [Personalcomputer-1.Peripherie.Bildschirm-1])$^{\chi}$	(desc: val-assign)
(pos: 034)	(token: ,)	(index: 0)	(parsed: [])	(desc: nil)
(pos: 035)	(token: kleinen)	(index: 0)	(parsed: [])	(desc: nil)
(pos: 036)	(token: Hauptspeicher)	(index: 0)	(parsed: [Hauptspeicher])	(desc: frame)
		(index: 1)	(parsed: [Personalcomputer-1.Hauptspeicher])	(desc: s-increment)
(pos: 037)	(token: ,)	(index: 0)	(parsed: [])	(desc: nil)
(pos: 038)	(token: zeilenorientierten)	(index: 0)	(parsed: [zeilenorientiert])	(desc: attribute)
(pos: 039)	(token: Editoren)	(index: 0)	(parsed: [Editor])	(desc: frame)
		(index: 1)	(parsed: [Personalcomputer-1.Anwendersoftware.Editor])	(desc: val-assign)
		(index: 2)	(parsed: [Editor-1.Modus.zeilenorientiert])	(desc: create-inst)
		(index: 3)	(parsed: [Personalcomputer-1.Anwendersoftware.Editor-1])	(desc: val-assign)

β Daß beide Wortexperten eine referenzidentische Instanz kreieren, wird hier aus Gründen der Vereinfachung unterstellt. Eine präzisere Behandlung zweier koordinierter Adjektive müßte einen Test enthalten, der das Auftreten eines weiteren koordinierten Adjektivs im rechten Kotext überprüfte und dann ggf. den zweiten Eintrag (*einfarbig*) in die bereits kreierte Instanz (*Bildschirm-1*) schreiben.

χ Das gemeinsame Auftreten eines Prototyps (*Bildschirm*) und einer ihm zugeordneten Instanz (*Bildschirm-1*) als Sloteinträge bewirkt im Weltwissen ein Überschreiben des weniger speziellen Konzepts (hier also des Prototypen *Bildschirm*); vgl. a. EV 45-2.

(pos: 040)	(token: und)	(index: 0)	(parsed: [])	(desc: nil)
(pos: 041)	(token: ergonomisch)	(index: 0)	(parsed: [])	(desc: nil)
(pos: 042)	(token: ungünstig)	(index: 0)	(parsed: [])	(desc: nil)
(pos: 043)	(token: gestalteten)	(index: 0)	(parsed: [])	(desc: nil)
(pos: 044)	(token: Tastaturen)	(index: 0)	(parsed: [Tastatur])	(desc: frame)
		(index: 1)	(parsed: [Personalcomputer-1.Peripherie.Tastatur])	(desc: val-assign)
(pos: 045)	(token: könnten)	(index: 0)	(parsed: [])	(desc: nil)
(pos: 046)	(token: bald)	(index: 0)	(parsed: [])	(desc: nil)
(pos: 047)	(token: völlig	(index: 0)	(parsed: [])	(desc: nil)
(pos: 048)	(token: der)	(index: 0)	(parsed: [])	(desc: nil)
(pos: 049)	(token: Vergangenheit)	(index: 0)	(parsed: [])	(desc: nil)
(pos: 050)	(token: angehören)	(index: 0)	(parsed: [])	(desc: nil)
(pos: 051)	(token: .)	(index: 0)	(parsed: [.])	(desc: clause)
(pos: 052)	(token: Grund)	(index: 0)	(parsed: [])	(desc: nil)
(pos: 053)	(token: für)	(index: 0)	(parsed: [])	(desc: nil)
(pos: 054)	(token: diesen)	(index: 0)	(parsed: [])	(desc: nil)
(pos: 055)	(token: Optimismus)	(index: 0)	(parsed: [])	(desc: nil)
(pos: 056)	(token: sind)	(index: 0)	(parsed: [])	(desc: nil)
(pos: 057)	(token: unsere)	(index: 0)	(parsed: [])	(desc: nil)
(pos: 058)	(token: ersten)	(index: 0)	(parsed: [])	(desc: nil)
(pos: 059)	(token: Erfahrungen)	(index: 0)	(parsed: [])	(desc: nil)
(pos: 060)	(token: mit)	(index: 0)	(parsed: [])	(desc: nil)
(pos: 061)	(token: dem)	(index: 0)	(parsed: [])	(desc: nil)
(pos: 062)	(token: Zenon-X)	(index: 0)	(parsed: [Zenon-X])	(desc: frame)[δ]
(pos: 063)	(token: von)	(index: 0)	(parsed: [])	(desc: nil)
(pos: 064)	(token: ZetaMachines)	(index: 0)	(parsed: [ZetaMachines])	(desc: frame)
		(index: 1)	(parsed: [Zenon-X.Hersteller.ZetaMachines])	(desc: v-increment)
(pos: 065)	(token: ,)	(index: 0)	(parsed: [])	(desc: nil)
(pos: 066)	(token: dessen)	(index: 0)	(parsed: [])	(desc: nil)
(pos: 067)	(token: Leistungsmerkmale)	(index: 0)	(parsed: [])	(desc: nil)
(pos: 068)	(token: sich)	(index: 0)	(parsed: [])	(desc: nil)
(pos: 069)	(token: bald)	(index: 0)	(parsed: [])	(desc: nil)
(pos: 070)	(token: als)	(index: 0)	(parsed: [])	(desc: nil)
(pos: 071)	(token: Standards)	(index: 0)	(parsed: [])	(desc: nil)
(pos: 072)	(token: einer)	(index: 0)	(parsed: [])	(desc: nil)
(pos: 073)	(token: neuen)	(index: 0)	(parsed: [])	(desc: nil)
(pos: 074)	(token: PC-Generation)	(index: 0)	(parsed: [])	(desc: nil)
(pos: 075)	(token: herausstellen)	(index: 0)	(parsed: [])	(desc: nil)
(pos: 076)	(token: könnten)	(index: 0)	(parsed: [])	(desc: nil)
(pos: 077)	(token: .)	(index: 0)	(parsed: [.])	(desc: clause)
(pos: 078)	(token: Die)	(index: 0)	(parsed: [])	(desc: nil)
(pos: 079)	(token: Grundversion)	(index: 0)	(parsed: [])	(desc: nil)
(pos: 080)	(token: setzt)	(index: 0)	(parsed: [])	(desc: nil)
(pos: 081)	(token: sich)	(index: 0)	(parsed: [])	(desc: nil)
(pos: 082)	(token: zusammen)	(index: 0)	(parsed: [])	(desc: nil)
(pos: 083)	(token: aus)	(index: 0)	(parsed: [])	(desc: nil)
(pos: 084)	(token: 16-bit-CPU)	(index: 0)	(parsed: [Cpu])	(desc: frame)
		(index: 1)	(parsed: [16-bit])	(desc: cand-frame)
		(index: 2)	(parsed: [16-bit-CPU.Wortbreite.16-bit])	(desc: create-inst)
		(index: 3)	(parsed: [Zenon-X.Cpu.16-bit-CPU])	(desc: val-assign)
(pos: 085)	(token: ,)	(index: 0)	(parsed: [])	(desc: nil)
(pos: 086)	(token: grafikfähigem)	(index: 0)	(parsed: [grafikfähig])	(desc: attribute)
(pos: 087)	(token: Bildschirm)	(index: 0)	(parsed: [Bildschirm])	(desc: frame)
		(index: 1)	(parsed: [Zenon-X.Peripherie.Bildschirm])	(desc: val-assign)
		(index: 2)	(parsed: [Bildschirm-2.Modus.grafikfähig])	(desc: create-inst)
		(index: 3)	(parsed: [Zenon-X.Peripherie.Bildschirm-2])	(desc: val-assign)

δ Die Vorabmodellierung von *Zenon-X* als Frame ist eine künstlich vorgenommene Vereinfachung des Text-Parsing-Prozesses. Grund dafür ist, daß sich die Entwicklung eines eigenen Konzeptlern-Wortexperten, der über die Dekomposition hinausgeht, noch in einem experimentellen Stadium befindet und Konstrukte verlangt (etwa die Bildung von Hypothesen, zu welchem Prototyp das neue Konzept gehört), die hier nicht eingeführt sind. Ein Effekt dieser Vorabmodellierung besteht etwa darin, daß auf Position *64* der Hersteller *ZetaMachines* nicht als Slotwert geschrieben, sondern lediglich dessen Gewicht erhöht wird, da der Wert bereits bei der Instanzenkreierung *a priori* geschrieben wurde.

(pos: 088)	(token: und)	(index: 0)	(parsed: [])	(desc: nil)[ε]
(pos: 089)	(token: Drucker)	(index: 0)	(parsed: [Drucker])	(desc: frame)
		(index: 1)	(parsed: [Zenon-X.Peripherie.Drucker])	(desc: val-assign)
(pos: 090)	(token: ,)	(index: 0)	(parsed: [])	(desc: nil)
(pos: 091)	(token: Mouse)	(index: 0)	(parsed: [Mouse])	(desc: frame)
		(index: 1)	(parsed: [Zenon-X.Peripherie.Mouse])	(desc: val-assign)
(pos: 092)	(token: zur)	(index: 0)	(parsed: [])	(desc: nil)
(pos: 093)	(token: Dialogsteuerung)	(index: 0)	(parsed: [])	(desc: nil)
(pos: 094)	(token: ,)	(index: 0)	(parsed: [])	(desc: nil)
(pos: 095)	(token: großem)	(index: 0)	(parsed: [])	(desc: nil)
(pos: 096)	(token: Hauptspeicher)	(index: 0)	(parsed: [Hauptspeicher])	(desc: frame)
		(index: 1)	(parsed: [Zenon-X.Hauptspeicher])	(desc: s-increment)
(pos: 097)	(token: sowie)	(index: 0)	(parsed: [])	(desc: nil)
(pos: 098)	(token: einem)	(index: 0)	(parsed: [])	(desc: nil)
(pos: 099)	(token: eingebauten)	(index: 0)	(parsed: [])	(desc: nil)
(pos: 100)	(token: Festplattenlaufwerk)	(index: 0)	(parsed: [Plattenlaufwerk])	(desc: frame)
		(index: 1)	(parsed: [Fest])	(desc: cand-frame)
		(index: 2)	(parsed: [Festplattenlaufwerk])	(desc: create-sub)
		(index: 3)	(parsed: [Zenon-X.Massenspeicher.Festplattenlaufwerk])	(desc: val-assign)
(pos: 101)	(token: .)	(index: 0)	(parsed: [.])	(desc: clause)
(pos: 102)	(token: Doch)	(index: 0)	(parsed: [])	(desc: nil)
(pos: 103)	(token: mehr)	(index: 0)	(parsed: [])	(desc: nil)
(pos: 104)	(token: noch)	(index: 0)	(parsed: [])	(desc: nil)
(pos: 105)	(token: als)	(index: 0)	(parsed: [])	(desc: nil)
(pos: 106)	(token: durch)	(index: 0)	(parsed: [])	(desc: nil)
(pos: 107)	(token: Hardware-Charakter.)	(index: 0)	(parsed: [])	(desc: nil)
(pos: 108)	(token: beeindruckt)	(index: 0)	(parsed: [])	(desc: nil)
(pos: 109)	(token: dieser)	(index: 0)	(parsed: [])	(desc: nil)
(pos: 110)	(token: Rechner)	(index: 0)	(parsed: [Rechner])	(desc: frame)
		(index: 1)	(parsed: [Zenon-X]	(desc: shift)
(pos: 111)	(token: durch)	(index: 0)	(parsed: [])	(desc: nil)
(pos: 112)	(token: seine)	(index: 0)	(parsed: [])	(desc: nil)
(pos: 113)	(token: Software-Ausstattung)	(index: 0)	(parsed: [])	(desc: nil)
(pos: 114)	(token: :)	(index: 0)	(parsed: [:])	(desc: clause)
(pos: 115)	(token: Textbearbeitung)	(index: 0)	(parsed: [Textbearbeitung])	(desc: frame)
		(index: 1)	(parsed: [Editor-2.Funktion.Textbearbeitung])	(desc: create-inst)
		(index: 2)	(parsed: [Zenon-X.Anwendersoftware.Editor-2])	(desc: val-assign)
(pos: 116)	(token: ,)	(index: 0)	(parsed: [])	(desc: nil)
(pos: 117)	(token: Datenverwaltung)	(index: 0)	(parsed: [Datenverwaltung])	(desc: frame)
		(index: 1)	(parsed: [Datenbanksystem-1.Funktion.Datenverwaltung])	(desc: create-inst)
		(index: 2)	(parsed: [Zenon-X.Anwendersoftware.Datenbanksystem-1])	(desc: val-assign)
(pos: 118)	(token: ,)	(index: 0)	(parsed: [])	(desc: nil)
(pos: 119)	(token: Grafik)	(index: 0)	(parsed: [Grafik])	(desc: frame)
		(index: 1)	(parsed: [Grafik-Software-1.Funktion.Grafik])	(desc: create-inst)
		(index: 2)	(parsed: [Zenon-X.Anwendersoftware.Grafik-Software-1])	(desc: val-assign)
(pos: 120)	(token: und)	(index: 0)	(parsed: [])	(desc: nil)
(pos: 121)	(token: ein)	(index: 0)	(parsed: [])	(desc: nil)
(pos: 122)	(token: Kommunikationsp.)	(index: 0)	(parsed: [Kommunikationspaket])	(desc: frame)
		(index: 1)	(parsed: [Zenon-X.Anwendersoftware.Kommunikat.paket])	(desc: val-assign)
(pos: 123)	(token: ,)	(index: 0)	(parsed: [])	(desc: nil)
(pos: 124)	(token: das)	(index: 0)	(parsed: [])	(desc: nil)
(pos: 125)	(token: für)	(index: 0)	(parsed: [])	(desc: nil)
(pos: 126)	(token: die)	(index: 0)	(parsed: [])	(desc: nil)
(pos: 127)	(token: Kommunikation)	(index: 0)	(parsed: [Kommunikation])	(desc: frame)
		(index: 1)	(parsed: [Kommun.software-1.Funktion.Kommunikation])	(desc: val-assign)
		(index: 2)	(parsed: [Zenon-X.Anwendersoftware.Kommun.software-1])	(desc: val-assign)
(pos: 128)	(token: mit)	(index: 0)	(parsed: [])	(desc: nil)

ε Die Koordinationsellipse *grafikfähiger Drucker* wird hier nicht erfaßt.

(pos: 129)	(token: anderen)	(index: 0)	(parsed: [ander])	(desc: quant)[ϕ]
		(index: 1)	(parsed: [])	(desc: block-ana)
		(index: 2)	(parsed: [])	(desc: block-lex)
(pos: 130)	(token: Rechnern)	(index: 0)	(parsed: [Rechner])	(desc: frame)
		(index: 1)	(parsed: [])	(desc: block-ana)
		(index: 2)	(parsed: [])	(desc: block-lex)
(pos: 131)	(token: die)	(index: 0)	(parsed: [])	(desc: nil)
(pos: 132)	(token: Protokolle)	(index: 0)	(parsed: [Protokoll])	(desc: frame)
		(index: 1)	(parsed: [Kommunikationssoftware-1.Protokoll])	(desc: s-increment)
(pos: 133)	(token: VT-100)	(index: 0)	(parsed: [VT-100])	(desc: frame)
		(index: 1)	(parsed: [Kommunikationssoftware-1.Protokoll.VT-100])	(desc: val-assign)
(pos: 134)	(token: und)	(index: 0)	(parsed: [])	(desc: nil)
(pos: 135)	(token: IBM-3270)	(index: 0)	(parsed: [IBM-3270])	(desc: frame)
		(index: 1)	(parsed: [Kommunikationssoftware-1.Protokoll.IBM-3270])	(desc: val-assign)
(pos: 136)	(token: emuliert)	(index: 0)	(parsed: [])	(desc: nil)
(pos: 137)	(token: ,)	(index: 0)	(parsed: [])	(desc: nil)
(pos: 138)	(token: werden)	(index: 0)	(parsed: [])	(desc: nil)
(pos: 139)	(token: im)	(index: 0)	(parsed: [])	(desc: nil)
(pos: 140)	(token: Rahmen)	(index: 0)	(parsed: [])	(desc: nil)
(pos: 141)	(token: einer)	(index: 0)	(parsed: [])	(desc: nil)
(pos: 142)	(token: wirklich)	(index: 0)	(parsed: [])	(desc: nil)
(pos: 143)	(token: benutzerfreundlichen)	(index: 0)	(parsed: [])	(desc: nil)
(pos: 144)	(token: Systemoberfläche)	(index: 0)	(parsed: [])	(desc: nil)
(pos: 145)	(token: angeboten)	(index: 0)	(parsed: [])	(desc: nil)
(pos: 146)	(token: ,)	(index: 0)	(parsed: [])	(desc: nil)
(pos: 147)	(token: die)	(index: 0)	(parsed: [])	(desc: nil)
(pos: 148)	(token: gerade)	(index: 0)	(parsed: [])	(desc: nil)
(pos: 149)	(token: auf)	(index: 0)	(parsed: [])	(desc: nil)
(pos: 150)	(token: die)	(index: 0)	(parsed: [])	(desc: nil)
(pos: 151)	(token: Bedienung)	(index: 0)	(parsed: [])	(desc: nil)
(pos: 152)	(token: durch)	(index: 0)	(parsed: [])	(desc: nil)
(pos: 153)	(token: Computerlaien)	(index: 0)	(parsed: [])	(desc: nil)
(pos: 154)	(token: ausgelegt)	(index: 0)	(parsed: [])	(desc: nil)
(pos: 155)	(token: ist)	(index: 0)	(parsed: [])	(desc: nil)
(pos: 156)	(token: .)	(index: 0)	(parsed: [.])	(desc: clause)
(pos: 157)	(token: 'end_of_paragraph')	(index: 0)	(parsed: [end_of_paragraph])	(desc: paragraph)
		(index: 1)	(parsed: [Zenon-X])	(desc: dom-frame)
		(index: 2)	(parsed: [063, Personalcomputer-1, { Cpu, Peripherie, Hauptspeicher, Anwendersoftware }])	(desc: create-c-theme)
		(index: 3)	(parsed: [156, Zenon-X, { Hersteller, Cpu, Peripherie, Hauptspeicher, Massenspeicher, Anwendersoftware }])	(desc: create-c-theme)
		(index: 4)	(parsed: [157, Personalcomputer, { Personalcomputer-1, Zenon-X }])	(desc: create-d-theme)

ϕ Die textgrammatische Spezifikation in Kap.4 enthält keine Wortexperten für Quantoren u.ä. Daher wird hier lediglich ihr rudimentärer Effekt angedeutet. Er besteht in diesen Fällen darin, daß anaphorische Referenzen und/oder lexikalische Korrespondenzen in deren Skopus durch Blockierungssignale (block-ana, block-lex) für die unmittelbar nachfolgende (Nominal-)Phrase unterbunden werden, d.h. das Anlaufen der einschlägigen Wortexperten wird verhindert. Ist die unmittelbar nach dem Quantor folgende (Nominal-)Phrase erreicht, terminiert der Blockierungsprozeß. Diese Blockierungsbotschaften werden im Bulletin auch protokolliert, um dieses Textsegment für nachfolgende Kohäsionsprozesse auszusperren.

APPENDIX-4

Index zum formalen Apparat

Der Index gibt in alphabetischer Reihenfolge der Bezeichner die jeweilige Seitennummer an, an der ein formales Konstrukt in dieser Arbeit definiert wird. Es wird lediglich unterschieden zwischen Ereignissen (EV) und anderen Konstrukten (Mengen, Funktionen, Prädikaten, Datenstrukturen).

Mengen, Funktionen, Prädikate, Datenstrukturen

Ereignisse

Literaturverzeichnis

Adriaens, G. **[1986a]**
Word Expert Parsing: A Natural Language Analysis Program Revised and Applied to Dutch. In: Leuvense Bijdragen 75. 1986, No.1, pp.73-154.
[in einer gekürzten Version veröffentlicht als: WEP (Word Expert Parsing) Revised and Applied to Dutch. In: B. du Boulay / D. Hogg / L. Steels (eds): Advances in Artificial Intelligence - II. 7th European Conference on Artificial Intelligence (ECAI '86). Brighton, U.K., July 21-25, 1986. Amsterdam etc.: North-Holland, 1987, pp.403-416]

Adriaens, G. **[1986b]**
Process Linguistics. Theory and Practice of a Cognitive-Scientific Approach to Natural Language Understanding. Leuven: Katholieke Universiteit Leuven, Departement Linguistiek, Sept. 1986, 308pp. (Diss.)

Agha, G.A. **[1984]**
Semantic Considerations in the Actor Paradigm of Concurrent Computation. In: S.D. Brookes / A. Roscoe / G. Vowinkel (eds): Seminar on Concurrency. Proceedings of the NSF/SERC Seminar on Concurrency. Pittsburgh, PA, July 9-11, 1984. New York: Springer, 1984, pp. 151-179.

Agha, G.A. **[1985]**
Actors: A Model of Concurrent Computation in Distributed Systems. Cambridge/MA: Massachusetts Institute of Technology, Artificial Intelligence Lab., June 1985, 190pp. (Technical Report 844).
[veröffentlicht als: ACTORS - A Model of Concurrent Computation in Distributed Systems. Cambridge/MA, London: M.I.T. Pr., 1986]

Agha, G. **[1986]**
An Overview of Actor Languages. In: *ACM* SIGPLAN Notices 21. 1986, No.10 (Oct.), pp.58-67.

Agha, G. / C. **Hewitt** **[1985]**
Concurrent Programming Using Actors: Exploiting Large-Scale Parallelism. Cambridge/MA: Massachusetts Institute of Technology, Artificial Intelligence Lab., Oct. 1985, 20pp. (A.I. Memo 865).
[veröffentlicht als: Concurrent Programming Using Actors. In: A. Yonezawa / M. Tokoro (eds): Object-Oriented Concurrent Programming. Cambridge/MA, London: M.I.T. Pr., 1987, pp.37-53]

Aho, A.V. / J.D. **Ullman** **[1972]**
The Theory of Parsing, Translation, and Compiling. Vol. 1: Parsing. Englewood Cliffs/NJ: Prentice-Hall, 1972.

Alterman, R. **[1985]**
A Dictionary Based on Concept Coherence. In: Artificial Intelligence 25. 1985, No.2 (Feb), pp. 153-186.

Attardi, G. **[1987]**
Concurrent Strategy Execution in Omega. In: A. Yonezawa / M. Tokoro (eds): Object-Oriented Concurrent Programming. Cambridge/MA, London: M.I.T. Pr., 1987, pp.259-276.

Aulich, M. / G. **Drexel** / G. **Rickheit** / H. **Strohner** **[1988]**
Input Wort: Ansätze der Simulation wortweiser Textverarbeitung. In: I.S. Bátori / U. Hahn / M. Pinkal / W. Wahlster (eds): Computerlinguistik und ihre theoretischen Grundlagen. Proceedings des Symposiums, Saarbrücken, 9.-11. März 1988. Berlin etc.: Springer, 1988, pp.1-14 (Informatik-Fachberichte 195 - Subreihe Künstliche Intelligenz)

Baker, H.G. **[1978]**
Actor Systems for Real-Time Computation. [Cambridge/MA]: Massachusetts Institute of Technology, Dept. of Electrical Engineering and Computer Science, Feb. 1978, 145pp. (Ph. D.Thesis; MIT LCS Technical Report 197).

Bartsch, R. **[1987]**
Frame Representations and Discourse Representations. In: Theoretical Linguistics 14. 1987, pp.65-117.

Bayer, J. **[1980]**
Diskursthemen. In: E. Weigand / G. Tschauder (eds): Perspektive: textintern. Akten des 14. Linguistischen Kolloquiums. Bochum 1979. Vol.1. Tübingen: M. Niemeyer, 1980, pp.213-224 (Linguistische Arbeiten 88).

Becker, J.D. **[1975]**
The Phrasal Lexicon. In: R. Schank / B.L. Nash-Webber (eds): Theoretical Issues in Natural Language Processing. An Interdisciplinary Workshop in Computational Linguistics, Psychology, Linguistics, Artificial Intelligence. 10-13 June 1975, Cambridge, Mass., pp.70-73.

Berg, G. **[1987]**
A Parallel Natural Language Processing Architecture with Distributed Control. In: Proceedings of the 9th Annual Conference of the Cognitive Science Society. Seattle, WA, July 1987, pp.487-495.

Berwick, R.C. **[1983]**
Transformational Grammar and Artificial Intelligence: A Contemporary View. In: Cognition and Brain Theory 6. 1983, No.4, pp.383-416.

Birnbaum, L. / M. **Selfridge [1981]**
Conceptual Analysis of Natural Language. In: R.C. Schank / C.K. Riesbeck (eds): Inside Computer Understanding: Five Programs Plus Miniatures. Hillsdale/NJ: L. Erlbaum, 1981, pp. 318-353.

Black, J. / R. **Wilensky [1979]**
An Evaluation of Story Grammars. In: Cognitive Science 3. 1979, No.3, pp.213-229.

Borko, H. / C.L. **Bernier [1975]**
Abstracting Concepts and Methods. New York etc.: Academic Pr., 1975, 250pp.

Bruce, B. **[1975]**
Case Systems for Natural Language. In: Artificial Intelligence 6. 1975, pp.327-360.

Buchmann, B. / S. **Warwick** / P. **Shann [1984]**
Design of a Machine Translation System for a Sublanguage. In: COLING 84: Proceedings of the 10th International Conference on Computational Linguistics & 22nd Annual Meeting of the Association for Computational Linguistics. 2-6 July 1984, Stanford University, California. Association for Computational Linguistics, 1984, pp.334-337.

Burton, R.R. **[1976]**
Semantic Grammar: An Engineering Technique for Constructing Natural Language Understanding Systems. Cambridge/MA: Bolt, Beranek & Newman, Dec. 1976 (BBN Technical Report 3453).

Carbonell, J.G. **[1982]**
Metaphor: An Inescapable Phenomenon in Natural-Language Comprehension. In: W.G. Lehnert / M.H. Ringle (eds): Strategies for Natural Language Processing. Hillsdale/NJ: L. Erlbaum, 1982, pp.415-434.

Charniak, E. **[1981]**
The Case-Slot Identity Theory. In: Cognitive Science 5. 1981, No.3, pp.285-292.

Charniak, E. **[1983]**
Passing Markers: A Theory of Contextual Influence in Language Comprehension. In: Cognitive Science 7. 1983, No.3, pp.171-190.

Charniak, E. **[1986]**
A Neat Theory of Marker Passing. In: AAAI-86: Proceedings of the 5th National Conference on Artificial Intelligence. Vol.1: Science. August 11-15, 1986, Philadelphia, PA. Los Altos/ CA: Morgan Kaufmann, 1986, pp.584-588.

Charniak, E. / E. **Santos [1987]**
A Connectionist Context-Free Parser which is not Context-Free, but then it is not Really Connectionist Either. In: Proceedings of the 9th Annual Conference of the Cognitive Science Society. Seattle, WA, July 1987, pp.70-77.

Chomsky, N. [**1965a (1956)**]
Three Models for the Description of Language. In: R.D. Luce / R.R. Bush / E. Galanter (eds): Readings in Mathematical Psychology. Vol.II. New York etc.: J. Wiley, 1965, pp.105-124.

Chomsky, N. [**1965b**]
Aspects of the Theory of Syntax. Cambridge/MA: M.I.T. Pr., 1965, 251pp.

Chomsky, N. [**1981**]
Lectures on Government and Binding. Dordrecht: Foris, 1981, 371pp. (Studies in Generative Grammar 9).

Chomsky, N. [**1982**]
Some Concepts and Consequences of the Theory of Government and Binding. Cambridge/MA, London: M.I.T. Pr., 1982 (Linguistic Inquiry Monographs 6).

Christaller, T. [**1985**]
Parser als integraler Bestandteil von Sprachverarbeitungssystemen: eine Materialiensammlung. In: C. Habel (ed): Künstliche Intelligenz. Repräsentation von Wissen und natürlichsprachliche Systeme. Frühjahrsschule, Dassel, 5.-16. März 1984. Berlin etc.: Springer, 1985, pp.159-183 (Informatik-Fachberichte 93 - Subreihe Künstliche Intelligenz).

Clinger, W.D. [**1981**]
Foundations of Actor Semantics. [Cambridge/MA]: Massachusetts Institute of Technology, Dept. of Mathematics, May 1981, 177pp. (Ph.D.Thesis).

Cohen, R. [**1984**]
A Computational Theory of the Function of Clue Words in Argument Understanding. In: COLING 84: Proceedings of the 10th International Conference on Computational Linguistics & 22nd Annual Meeting of the Association for Computational Linguistics. 2-6 July 1984, Stanford University, California. Association for Computational Linguistics, 1984, pp.251-258.

Costantini, C. / D. **Fum** / G. **Guida** / A. **Montanari** / C. **Tasso** [**1987**]
Text Understanding with Multiple Knowledge Sources: An Experiment in Distributed Parsing. In: Proceedings of the 3rd Conference of the European Chapter of the Association for Computational Linguistics. Copenhagen, Denmark, 1987, pp.75-79.

Cottrell, G.W. / S.L. **Small** [**1984**]
Viewing Parsing as Word Sense Discrimination: A Connectionist Approach. In: B.G. Bara / G. Guida (eds): Computational Models of Natural Language Processing. Amsterdam etc.: North-Holland, 1984, pp.91-119. (Fundamental Studies in Computer Science 9).
[in einer gekürzten Version veröffentlicht als: A Connectionist Scheme for Modelling Word Sense Disambiguation. In: Cognition and Brain Theory 6. 1983, No.1, pp.89-120]

Critz, J.T. [**1982**]
Frame Based Recognition of Theme Continuity. In: COLING 82: Proceedings of the 9th International Conference on Computational Linguistics. Prague, July 5-10, 1982. Prague: Academia, 1982, pp.71-75.

Cullingford, R.E. [**1979**]
Pattern-Matching and Inference in Story Understanding. In: Discourse Processes 2. 1979, No.4 (Oct-Dec), pp.319-334.

Cullingford, R.E. [**1981**]
Integrating Knowledge Sources for Computer "Understanding" Tasks. In: *IEEE* Transactions on Systems, Man, and Cybernetics SMC-11. 1981, No.1 (Jan), pp.52-60.

Danes, F. [**1974**]
Functional Sentence Perspective and the Organization of the Text. In: F. Danes (ed): Papers on Functional Sentence Perspective. Prague: Academia, 1974, pp.106-128.

Davis, R. / B. **Buchanan** / E. **Shortliffe** [**1977**]
Production Rules as a Representation for a Knowledge-Based Consultation Program. In: Artificial Intelligence 8. 1977, No.1, pp.15-45.

Davis, R. / J. **King** [**1977**]
An Overview of Production Systems. In: E.W. Elcock / D. Michie (eds): Machine Intelligence, Vol.8. Chichester/Sussex: E. Horwood, 1977, pp.300-332.

De Smedt, K. [**1990**]
Parallelism in Incremental Sentence Generation. In: G. Adriaens / U. Hahn (eds): Parallel Natural Language Processing. Norwood/NJ: Ablex, 1990.

DeJong, G.F. [**1979**]
Skimming Stories in Real Time: An Experiment in Integrated Understanding. Yale University, 1979, 331pp. (Ph.D. Thesis).

DeJong, G.F. [**1982**]
An Overview of the FRUMP System. In: W.G. Lehnert / M.H. Ringle (eds): Strategies for Natural Language Processing. Hillsdale/NJ: L. Erlbaum,1982, pp.149-176.

Devos, M. / G. **Adriaens** [**1990**]
The Parallel Expert Parser. G. Adriaens / U. Hahn (eds): Parallel Natural Language Processing. Norwood/NJ: Ablex, 1990.

Diederich, J. [**1989**]
Spreading Activation and Connectionist Models for Natural Language Processing. Berkeley/CA: International Computer Science Institute (ICSI), Feb. 1989, 59pp. (TR-89-008).

Diehl, L.G. [**1981**]
Lexical-Generative Grammar: Toward a Lexical Conception of Linguistic Structure. Indiana University, 1981 (Ph.D.Thesis).

Dijk, T.A. van [**1973**]
Text Grammar and Text Logic. In: J.S. Petöfi / H. Rieser (eds): Studies in Text Grammar. Dordrecht: Reidel, 1973, pp.17-78.

Dijk, T.A. van [**1977**]
Semantic Macro-Structures and Knowledge Frames in Discourse Comprehension. In: M.A. Just / P.A. Carpenter (eds): Cognitive Processes in Comprehension. Hillsdale/NJ: L. Erlbaum, 1977, pp.3-32.

Dijk, T.A. van [**1980**]
Macrostructures: An Interdisciplinary Study of Global Structures in Discourse, Interaction, and Cognition. Hillsdale/NJ: L. Erlbaum, 1980, 317pp.

Dik, S.C. [**1978**]
Functional Grammar. Amsterdam etc.: North-Holland, 1978, 230pp. (North-Holland Linguistic Series 37).

Dyer, M.G. [**1983**]
In-Depth Understanding: A Computer Model of Integrated Processing for Narrative Comprehension. Cambridge/MA: M.I.T. Pr., 1983, 458pp.

Ehrig, H. [**1979**]
Introduction to the Algebraic Theory of Graph Grammars (A Survey). In: V. Claus / H. Ehrig / G. Rozenberg (eds): Graph-Grammars and their Application to Computer Science and Biology. International Workshop. Bad Honnef, Oct.30 - Nov.3, 1978. Berlin etc.: Springer, 1979, pp.1-69 (Lecture Notes in Computer Science 73).

Eimermacher, M. [**1983a**]
Parsing in PROLOG: eine semantische Komponente. Berlin: TU Berlin, Institut für Angewandte Informatik, Projekt KIT, Dez. 1983, 56pp. (KIT-Report 15).
[in einer gekürzten Version veröffentlicht in: B. Neumann (ed): GWAI-83: 7th German Workshop on Artificial Intelligence. Dassel/Solling, Sept. 19-23, 1983. Berlin etc: Springer, 1983, pp.80-89 (Informatik-Fachberichte 76)]

Eimermacher, M. [**1983b**]
Ein Word Expert Parser in PROLOG: Integration von Syntax und Semantik. Berlin: TU Berlin, Institut für Angewandte Informatik, Projekt KIT, Dez. 1983, 58pp. (KIT - Interner Arbeitsbericht 8).
[in einer stark gekürzten Fassung veröffentlicht als: Word Expert Parsing in PROLOG. In: C.-R. Rollinger (ed): Probleme des (Text-)Verstehens: Ansätze der Künstlichen Intelligenz. Tübingen: M. Niemeyer, 1984, pp.89-103 (Sprache und Information 10)]

Eimermacher, M. [**1986**]
Wortorientiertes Parsing mit erweiterter Chart-Repräsentation. In: C.-R. Rollinger / W. Horn (eds): GWAI-86 und 2. Österreichische Artificial-Intelligence-Tagung. Ottenstein/NÖ, Sept. 22-26, 1986. Berlin etc.: Springer, 1986, pp.131-142 (Informatik-Fachberichte 124 - Subreihe Künstliche Intelligenz).

Eimermacher, M. [**1988**]
Wortorientiertes Parsen. Berlin: TU Berlin, Fachbereich Informatik, Projektgruppe KIT - Künstliche Intelligenz und Textverstehen, Nov. 1988, 311pp. (KIT-Report 68/Dissertation).

Eiselt, K.P. / R.H. **Granger**, Jr. [**1990**]
Process Independence and Concurrency in a Model of Sentence Understanding. In: G. Adriaens / U. Hahn (eds): Parallel Natural Language Processing. Norwood/NJ: Ablex, 1990.

Erman, L.D. / F. **Hayes-Roth** / V.R. **Lesser** / D.R. **Reddy** [**1980**]
The Hearsay-II Speech-Understanding System: Integrating Knowledge to Resolve Uncertainty. In: Computing Surveys 12. 1980, No.2, pp.213-253.

Fanty, M. [**1990**]
Context-Free Parsing in Connectionist Networks. In: G. Adriaens / U. Hahn (eds): Parallel Natural Language Processing. Norwood/NJ: Ablex, 1990.

Fass, D. / Y. **Wilks** [**1983**]
Preference Semantics, Ill-Formedness, and Metaphor. In: American Journal of Computational Linguistics 9. 1983, Nos.3-4, pp.178-187.

Fauser, A. [**1981**]
Thema-Rhema-Gliederung und Dialogsteuerung in einem Dialogsystem. In: D. Metzing (ed): Dialogmuster und Dialogprozesse. Hamburg: H. Buske, 1981, pp.97-123 (Papiere zur Textlinguistik / Papers in Textlinguistics 32).

Feldman, J.A. / D.H. **Ballard** [**1982**]
Connectionist Models and their Properties. In: Cognitive Science 6. 1982, pp.205-254.

Fennell, R.D. / V.R. **Lesser** [**1977**]
Parallelism in Artificial Intelligence Problem Solving: A Case Study of Hearsay-II. In: *IEEE* Transactions on Computers C-26. 1977, No.2, pp.98-111.

Fillmore, C.J. [**1968**]
The Case for Case. In: E. Bach / R.T. Harms (eds): Universals in Linguistic Theory. New York etc.: Holt, Rinehart & Winston, 1968, pp.1-88.

Finin, T.W. [**1986**]
Constraining the Interpretation of Nominal Compounds in a Limited Context. In: R. Grishman / R. Kittredge (eds): Analyzing Language in Restricted Domains: Sublanguage Description and Processing. Hillsdale/NJ, London: L. Erlbaum, 1986, pp.163-173.

Finkler, W. / G. **Neumann** [**1989**]
POPEL-HOW: A Distributed Parallel Model for Incremental Natural Language Production with Feedback. Saarbrücken: Sonderforschungsbereich 314: Künstliche Intelligenz - Wissensbasierte Systeme, KI-Labor am Lehrstuhl für Informatik IV, Universität des Saarlandes, Mai 1989, 13pp. (Bericht 53).

Fodor, J.A. / Z.W. **Pylyshyn** [**1988**]
Connectionism and Cognitive Architecture: A Critical Analysis. In: Cognition 28. 1988, Nos. 1-2, pp.3-71.

Fujita, T. / M. **Inoue** / H. **Imura** [**1981**]
A Natural Language Understanding System by Case Grammar and ACTOR Theory. In: Science and Engineering Review of Doshisha University 22. 1981, No.2, pp.69-77.

Gasser, M. / M.G. **Dyer** [**1988**]
Sequencing in a Connectionist Model of Language Processing. In: COLING Budapest. Proceedings of the 12th International Conference on Computational Linguistics (COLING '88). Budapest, 22-27 August 1988. Budapest: John von Neumann Society for Computing Sciences, 1988, Vol.1, pp.185-190.

Gazdar, G. / E. **Klein** / G. **Pullum** / I. **Sag** **[1985]**
Generalized Phrase Structure Grammar. Oxford: B. Blackwell, 1985.

Gershman, A.V. **[1982]**
A Framework for Conceptual Analyzers. In: W.G. Lehnert / M.H. Ringle (eds): Strategies for Natural Language Processing. Hillsdale/NJ, London: L. Erlbaum, 1982, pp.177-197.

Gigley, H.M. **[1982]**
Artificial Intelligence Meets Brain Theory: An Integrated Approach to Simulation Modelling of Natural Language Processing. In: R. Trappl (ed): Cybernetics and Systems Research. Proceedings of the 6th European Meeting on Cybernetics and Systems Research. University of Vienna, Austria, 13-16 April 1982. Amsterdam etc.: North-Holland, 1982, pp.937-942.

Giora, R. **[1983a]**
Functional Paragraph Perspective. In: J.S. Petöfi / E. Sözer (eds): Micro and Macro Connexity of Texts. Hamburg: H. Buske, 1983, pp.153-182 (Papiere zur Textlinguistik / Papers in Textlinguistics 45).

Giora, R. **[1983b]**
Segmentation and Segment Cohesion: On the Thematic Organization of the Text. In: Text 3. 1983, No.2, pp.155-181.

Granger, R.H. **[1977]**
FOUL-UP: A Program that Figures out Meanings of Words from Context. In: IJCAI-77: Proceedings of the 5th International Joint Conference on Artificial Intelligence. M.I.T., Cambridge, Mass., U.S.A., August 22-25, 1977. Vol.1, pp.172-178.

Granger, R.H. / K.P. **Eiselt** / J.K. **Holbrook** **[1986]**
Parsing with Parallelism: A Spreading-Activation Model of Inference Processing during Text Understanding. In: J.L. Kolodner / C.K. Riesbeck (eds): Experience, Memory, and Reasoning. Hillsdale/NJ: L. Erlbaum, 1986, pp.227-246.

Granger, R.H. / J.K. **Holbrook** / K.P. **Eiselt** **[1984]**
Interaction Effects between Word-Level and Text-Level Inferences: On-Line Processing of Ambiguous Words in Context. In: Proceedings of the 6th Annual Conference of the Cognitive Science Society. Boulder, Colorado, 1984, pp.172-178.

Grau, B. **[1984]**
Stalking 'Coherence' in the Topical Jungle. In: Institute for New Generation Computer Technology [*ICOT*] (ed): FGCS '84: Fifth Generation Computer Systems 1984. Proceedings of the International Conference on Fifth Generation Computer Systems 1984. Tokyo, Japan, November 6-9, 1984, Amsterdam: North-Holland, 1984, pp.652-659.

Greif, I. **[1975]**
Semantics of Communicating Parallel Processes. [Cambridge/MA]: Massachusetts Institute of Technology, Dept. of Electrical Engineering and Computer Sciences, Sept. 1975, 189pp. (Ph.D.Thesis).

Greif, I. / C. **Hewitt** **[1975]**
Actor Semantics of PLANNER-73. In: Conference Record of the 2nd *ACM* Symposium on Principles of Programming Languages. Palo Alto, California, January 20-22, 1975. New York/NY: ACM, 1975, pp.67-77.

Grimes, J.E. **[1978]**
Topic Levels. In: TINLAP-2: Theoretical Issues in Natural Language Processing-2. University of Illinois at Urbana-Champaign, July 25-27, 1978. New York: Association for Computing Machinery, 1978, pp.104-108.

Grishman, R. / M. **Chitrao** **[1988]**
Evaluation of a Parallel Chart Parser. In: Proceedings of the 2nd Conference on Applied Natural Language Processing. Austin, Texas, Feb. 9-12, 1988. Association for Computational Linguistics (ACL), 1988, pp.71-76.

Grishman, R. / R. **Kittredge**, R. **(*eds*)** **[1986]**
Analyzing Language in Restricted Domains: Sublanguage Description and Processing. Hillsdale/NJ, London: L. Erlbaum, 1986.

Gross, M. **[1984]**
Lexicon-Grammar and the Syntactic Analysis of French. In: COLING 84: Proceedings of the 10th International Conference on Computational Linguistics & 22nd Annual Meeting of the Association for Computational Linguistics. 2-6 July 1984, Stanford University, California. Association for Computational Linguistics, 1984, pp.275-282.

Grosz, B.J. **[1981]**
Focusing and Description in Natural Language Dialogues. In: A.K. Joshi / B.L. Webber / I.A. Sag (eds): Elements of Discourse Understanding. Cambridge: Cambridge U.P., 1981, pp.84-105

Gupta, A. **[1987]**
Parallelism in Production Systems. Los Altos/CA: Morgan Kaufmann, 1987, 224pp.

Gust, H. **[1983]**
Ein PROLOG-System für Microcomputer. In: Sprache und Datenverarbeitung 7. 1983, Nos.1/2, pp.16-20.

Haas, A. **[1987]**
Parallel Parsing for Unification Grammars. In: IJCAI 87: Proceedings of the 10th International Joint Conference on Artificial Intelligence. Vol. 2. Milan, August 23-28, 1987. Los Altos/CA: Morgan Kaufmann, 1987, pp.615-618.

Habel, C. / C. **Reddig** / C.-R. **Rollinger** **[1981]**
Termsortierung in MSRL. Berlin: TU Berlin, FB Informatik, Institut für Angewandte Informatik, Oct. 1981, 98pp. (Semantic Network Project, Report No. 1/80).

Haberlandt, K. / G. **Bingham** **[1982]**
The Role of Scripts in the Comprehension and Retention of Texts. In: Text 2. 1982, Nos.1-3, pp.29-46.

Hahn, U. **[1984]**
Textual Expertise in Word Experts: An Approach to Text Parsing Based on Topic/Comment Monitoring. In: COLING 84: Proceedings of the 10th International Conference on Computational Linguistics & 22nd Annual Meeting of the Association for Computational Linguistics. 2-6 July 1984, Stanford University, California. Ass. for Comp. Linguistics, 1984, pp.402-408.

Hahn, U. **[1986]**
Methoden der Volltextverarbeitung in Informationssystemen: ein State-of-the-Art-Bericht. In: R. Kuhlen: Informationslinguistik. Theoretische, experimentelle, curriculare und prognostische Aspekte einer informationswissenschaftlichen Teildisziplin. Tübingen: M. Niemeyer, 1986, 195-216 (Sprache und Information 15).

Hahn, U. **[1987]**
A Generalized Word Expert Model of Lexically Distributed Text Parsing. In: B. du Boulay / D. Hogg / L. Steels (eds): Advances in Artificial Intelligence - II. 7th European Conference on Artificial Intelligence (ECAI-86). Brighton, U.K., July 20-25, 1986. Amsterdam etc.: North-Holland, 1987, pp.417-425.

Hahn, U. **[1989]**
Making Understanders out of Parsers: Semantically Driven Parsing as a Key Concept for Realistic Text Understanding Applications. In: International Journal of Intelligent Systems 4. 1989, No.3, pp.345-393 (Special Issue on *Knowledge-Based Techniques for Information Retrieval*).

Hahn, U. **[1990]**
Topic Parsing: Accounting for Text Macro Structures in Full-Text Analysis. In: Information Processing & Management 26. 1990, No.1, pp.135-170 (Special Issue on *Natural Language Processing and Information Retrieval*).

Hahn, U. / G. **Adriaens** / B. **Selman** **[1990]**
An Overview of Parallel Natural Language Processing. In: G. Adriaens / U. Hahn (eds): Parallel Natural Language Processing. Norwood/NJ: Ablex, 1990.

Hahn, U. / U. **Reimer** **[1983]**
Wortexperten-Parsing: Text-Parsing mit einer verteilten lexikalischen Grammatik im Rahmen des automatischen Textkondensierungssystems TOPIC. In: Linguistische Berichte 1983, No.88, pp.56-78.

Hahn, U. / U. **Reimer** [1985]
Entwurfsprinzipien und Architektur des Textkondensierungssystems TOPIC. In: B. Endres-Niggemeyer / J. Krause (eds): Sprachverarbeitung in Information und Dokumentation. Proceedings der Jahrestagung der Gesellschaft für Linguistische Datenverarbeitung (*GLDV*) in Kooperation mit der Fachgruppe 3 "Natürlichsprachliche Systeme" im FA 1.2 der Gesellschaft für Informatik (*GI*). Hannover, 5.-7. März 1985. Berlin etc.: Springer, 1985, pp.165-179 (Informatik-Fachberichte 114 - Subreihe Künstliche Intelligenz).

Hahn, U. / U. **Reimer** [1986]
Semantic Parsing and Summarizing of Technical Texts in the TOPIC System. In: R. Kuhlen: Informationslinguistik. Theoretische, experimentelle, curriculare und prognostische Aspekte einer informationswissenschaftlichen Teildisziplin. Tübingen: M. Niemeyer, 1986, 153-193 (Sprache und Information 15).

Halliday, M.A.K. [1985]
An Introduction to Functional Grammar. London: E. Arnold, 1985, 387pp.

Halliday, M.A.K. / R. **Hasan** [1976]
Cohesion in English. London: Longman, 1976, 374pp.

Harris, Z.S. [1970]
Papers in Structural and Transformational Linguistics. Dordrecht: D. Reidel, 1970, 850pp. (Formal Linguistics Series 1).

Hawkinson, L. [1975]
The Representation of Concepts in OWL. In: Advance Papers of the 4th International Joint Conference on Artificial Intelligence. Tbilisi, Georgia, U.S.S.R., 3-8 September 1975. Cambridge/MA: Artificial Intelligence Laboratory, 1975, Vol.1, pp.107-114.

Hayes, P.J. [1979]
The Logic of Frames. In: D. Metzing (ed): Frame Conceptions and Text Understanding. Berlin, New York: W. de Gruyter, 1979 (1980), pp.46-61 (Research in Text Theory / Untersuchungen zur Texttheorie 5).

Hendrix, G.G. [1977]
The LIFER Manual: A Guide to Building Practical Natural Language Interfaces. Menlo Park/CA: SRI International, 1977, 68pp. (Technical Note 138).

Hewitt, C. [1977]
Viewing Control Structures as Patterns of Passing Messages. In: Artificial Intelligence 8, 1977, No.3, pp.323-364.

Hewitt, C. / G. **Attardi** / H. **Lieberman** [1979]
Specifying and Proving Properties of Guardians for Distributed Systems. In: G. Kahn (ed): Semantics of Concurrent Computation. Proceedings of the International Symposium, Evian, France, July 2-4, 1979. Berlin etc.: Springer, 1979, pp.316-336 (Lecture Notes in Computer Science 70).

Hewitt, C. / H. **Baker** [1977]
Laws for Communicating Parallel Processes. In: Information Processing 77. Proceedings of the *IFIP* 1977 Congress. Toronto, Canada, 1977. Amsterdam: North-Holland, 1977, pp.987-992.

Hewitt, C. / H. **Baker** [1978]
Actors and Continuous Functionals. In: E.J. Neuhold (ed): Formal Description of Programming Concepts. Proceedings of the *IFIP* Working Conference on Formal Description of Programming Concepts. St. Andrews, N.B., Canada, August 1-5, 1977. Amsterdam etc.: North-Holland, 1978, pp.367-390.

Hewitt, C. / P. de **Jong** [1983]
Analyzing the Roles of Descriptions and Actions in Open Systems. In: AAAI-83: Proceedings of the National Conference on Artificial Intelligence. Washington, D.C., August 22-26, 1983. Los Altos/CA: W. Kaufmann, 1983, pp.162-167.

Hewitt, C.E. / B. **Smith** [1975]
Towards a Programming Apprentice. In: *IEEE* Transactions on Software Engineering SE-1, 1975, No.1 (March), pp.26-45.

Hillman, D.J. / A.J. **Kasarda** **[1969]**
The LEADER Retrieval System. In: *AFIPS* Conference Proceedings. Vol.34. Proceedings of the 1969 Spring Joint Computer Conference, 1969, pp.447-455.

Hinds, J. **[1979]**
Organizational Patterns in Discourse. In: T. Givón (ed): Syntax and Semantics. Vol.12: Discourse and Syntax. New York etc.: Academic Pr., 1979, pp.135-157.

Hirakawa, H. **[1983]**
Chart Parsing in Concurrent Prolog. Tokyo: ICOT Research Center, Institute for New Generation Computer Technology, May 1983, 17pp. (Technical Report of ICOT Research Center TR-008).

Hirschman, L. / W.C. **Hopkins** / R.C. **Smith** **[1988]**
Or-Parallel Speed-Up in Natural Language Processing: A Case Study. In: Logic Programming. Proceedings of the 5th International Conference and Symposium. Vol. 1. Seattle, WA, U.S.A., 15-19 Aug. 1988. Cambridge/MA: 1988, pp.263-279.

Hirst, G. **[1981]**
Discourse-Oriented Anaphora Resolution in Natural Language Understanding: A Review. In: American Journal of Computational Linguistics 7. 1981, No.2, pp.85-98.

Hobbs, J.R. **[1982]**
Towards an Understanding of Coherence in Discourse. In: W.G. Lehnert / M.H. Ringle (eds): Strategies for Natural Language Processing. Hillsdale/NJ: L. Erlbaum, 1982, pp.223-243.

Hobbs, J.R. **[1983]**
Why is Discourse Coherent? In: F. Neubauer (ed): Coherence in Natural-Language Texts. Hamburg: H. Buske, 1983, pp.29-70 (Papiere zur Textlinguistik / Papers in Textlinguistics 38).

Hoekstra, T. / H. van der **Hulst** / M. **Moortgat** **[1980]**
Introduction. In: T. Hoekstra / H. van der Hulst / M. Moortgat (eds): Lexical Grammar. Dordrecht: Foris, 1980, pp.1-48.

Howells, T. **[1988]**
VITAL: A Connectionist Parser. In: Proceedings of the 10th Annual Conference of the Cognitive Science Society. Hillsdale/NJ: L. Erlbaum, 1988, pp.18-25.

Huang, X. / L. **Guthrie** **[1986]**
Parsing in Parallel. In: COLING 86: Proceedings of the 11th International Conference on Computational Linguistics. Bonn, August 25-29, 1986, University of Bonn. Bonn: Institut für angewandte Kommunikations- und Sprachforschung (IKS), 1986, pp.140-145.

Hudson, R. **[1984]**
Word Grammar. Oxford: B. Blackwell, 1984, 267pp.

Johnson, P. / W. **Lehnert** **[1986]**
Beyond Exploratory Programming: A Methodology and Environment for Conceptual Natural Language Processing. In: AAAI-86: Proceedings of the 5th National Conference on Artificial Intelligence. Vol. 1: Science. August 11-15, 1986, Philadelphia, PA: Los Altos/CA: Morgan Kaufmann, 1986, pp.594-600.

Jones, M.A. **[1987]**
Feedback as a Coindexing Mechanism in Connectionist Architectures. In: IJCAI 87: Proceedings of the 10th International Joint Conference on Artificial Intelligence. Vol. 2. Milan, August 23-28, 1987. Los Altos/CA: Morgan Kaufmann, 1987, pp.602-610.

Jones, M.A. / D.S. **Warren** **[1982]**
Conceptual Dependency and Montague Grammar: A Step toward Conciliation. In: AAAI-82: Proceedings of the National Conference on Artificial Intelligence. August 18-20, 1982, Pittsburgh, Pennsylvania. American Association for Artificial Intelligence, 1982, pp.79-83.

Kalita, J. / L. **Shastri** **[1990]**
A Connectionist Approach to Generation of Simple Sentences and Word Choice. In: G. Adriaens / U. Hahn (eds): Parallel Natural Language Processing. Norwood/NJ: Ablex, 1990.

Kamp, H. **[1981]**
A Theory of Truth and Semantic Representation. In: J.A.G. Groenendijk / T.M.V. Janssen / M.B.J. Stokhof (eds): Formal Methods in the Study of Language. Part 1. Amsterdam: Mathematisch Centrum, 1981, pp.277-321 (Mathematical Centre Tracts 135).

Kaplan, R.M. **[1973]**
A Multi-Processing Approach to Natural Language. In: *AFIPS* Conference Proceedings, Vol. 42. Proceedings of the 1973 National Computer Conference. Montvale/NJ: AFIPS Pr., 1973, pp.435-440.

Kaplan, R. M. / J. **Bresnan** **[1982]**
Lexical-Functional Grammar: A Formal System for Grammatical Representation. In: J. Bresnan (ed): The Mental Representation of Grammatical Relations. Cambridge/MA: M.I.T. Pr., 1982, pp.173-281.

Katz, J.J. / J.A. **Fodor** **[1963]**
The Structure of a Semantic Theory. In: Language 39. 1963, pp.170-210.

Kayser, D. / D. **Coulon** **[1981]**
Variable-Depth Natural Language Understanding. In: IJCAI-81: Proceedings of the 7th International Joint Conference on Artificial Intelligence. Vol. 1. 24-28 August 1981, University of British Columbia, Vancouver, B.C., Canada. Menlo Park/CA: American Association for Artificial Intelligence, 1981, pp.64-66.

Kemke, C. **[1988]**
Der Neuere Konnektionismus. Ein Überblick. In: Informatik-Spektrum 11. 1988, pp.143-162.

Kempen, G. / E. **Hoenkamp** **[1987]**
An Incremental Procedural Grammar for Sentence Formulation. In: Cognitive Science 11. 1987, No.2, pp.201-258.

Kindermann, J. **[1987]**
Experten-Parsing. Parsing und Wissensrepräsentation im texttheoretischen Rahmen. Hamburg: H. Buske, 1987, 256pp. (Papiere zur Textlinguistik / Papers in Textlinguistics 59).

Kitano, H. **[1988]**
Multilingual Information Retrieval Mechanism Using VLSI. Requirements and Approaches for Information Retrieval System in the Computer-Aided Software Engineering and Document Processing Environment. In: RIAO 88: Proceedings of the RIAO 88 Conference - User-Oriented Content-Based Text and Image Handling. Vol. 2. Massachusetts Institute of Technology, Cambridge, MA, March 21-24, 1988. [Paris]: Centre de Hautes Etudes Internationales d'Informatique Documentaire (C.I.D.), 1988, pp.1044-1059.

Kittredge, R. / J. **Lehrberger (*eds*)** **[1982]**
Sublanguage: Studies of Language in Restricted Semantic Domains. Berlin etc.: W. de Gruyter, 1982, 240pp.

Kukich, K. **[1987]**
Where Do Phrases Come From: Some Preliminary Experiments in Connectionist Phrase Generation. In: G. Kempen (ed): Natural Language Generation. New Results in Artificial Intelligence, Psychology and Linguistics. Dordrecht etc.: M. Nijhoff, 1987, pp.405-421 (NATO ASI Series E: Applied Sciences 135).

Kurzon, D. **[1984]**
Themes, Hyperthemes and the Discourse Structure of British Legal Texts. In: Text 4. 1984, No.1/3, pp.31-55.

Langacker, R.W. **[1986]**
An Introduction to Cognitive Grammar. In: Cognitive Science 10. 1986, No.1, pp.1-40.

Lebowitz, M. **[1983]**
Memory-Based Parsing. In: Artificial Intelligence 21. 1983, No.4, pp.363-404.

Lenat, D.B. **[1975]**
Beings: Knowledge as Interacting Experts. In: Proceedings of the 4th International Joint Conference on Artificial Intelligence. Vol. 1. Tbilisi, Georgia, U.S.S.R., 3-8 September, 1975, Cambridge/MA: Artificial Intelligence Laboratory, 1975, pp.126-133.

Lesser, V.R. **[1975]**
Parallel Processing in Speech Understanding Systems: A Survey of Design Problems. In: D.R. Reddy (ed): Speech Recognition. Invited Papers Presented at the 1974 *IEEE* Symposium. New York etc.: Academic Pr., 1975, pp.481-499.

Lesser, V.R. / D.D. **Corkill [1981]**
Functionally Accurate, Cooperative Distributed Systems. In: *IEEE* Transactions on Systems, Man, and Cybernetics SMC-11. 1981, No.1, pp.81-96.

Lieberman, H. **[1981a]**
Thinking about Lots of Things at once without Getting Confused. Parallelism in Act 1. [Cambridge/MA]: Massachusetts Institute of Technology, Artificial Intelligence Laboratory, May 1981, 23pp. (AI Memo 626).

Lieberman, H. **[1981b]**
A Preview of Act 1. [Cambridge/MA]: Massachusetts Institute of Technology, Artificial Intelligence Laboratory, June 1981, 30pp. (AI Memo 625).

Lieberman, H. **[1987]**
Concurrent Object-Oriented Programming in Act 1. In: A. Yonezawa / M. Tokoro (eds): Object-Oriented Concurrent Programming. Cambridge/MA, London: M.I.T. Pr., 1987, pp.9-36.

Liskov, B. / S. **Zilles [1974]**
Programming with Abstract Data Types. In: *ACM* SIGPLAN Notices 9. 1974, No.4, pp.50-59.

Longacre, R.E. **[1979]**
The Paragraph as a Grammatical Unit. In: T. Givón (ed): Syntax and Semantics. Vol. 12: Discourse and Syntax. New York etc.: Academic Pr., 1979, pp.115-134.

Lozinskii, E.L. / S. **Nirenburg [1986]**
Parsing in Parallel. In: Computer Languages 11. 1986, No.1, pp.39-51.

Lytinen, S.L. **[1984]**
Frame Selection in Parsing. In: AAAI-84: Proceedings of the National Conference on Artificial Intelligence. August 6-10, 1984, University of Texas at Austin. Los Altos/CA: Kaufmann, 1984, pp.222-225.

Lytinen, S.L. **[1987]**
Integrating Syntax and Semantics. In: S. Nirenburg (ed): Machine Translation. Theoretical and Methodological Issues. Cambridge etc.: Cambridge U.P., 1987, pp.302-316.

Mann, W.C. **[1982]**
The Anatomy of a Systemic Choice. Marina del Rey/CA: Information Sciences Institute (ISI), University of Southern California, Oct. 1982, 21pp. (ISI/RR-82-104).

Mann, W.C. / S.A. **Thompson [1987]**
Rhetorical Structure Theory: Description and Construction of Text Structures. In: G. Kempen (ed): Natural Language Generation. New Results in Artificial Intelligence, Psychology and Linguistics. Dordrecht etc.: M. Nijhoff, 1987, pp.85-95 (NATO ASI Series E: Applied Sciences 135).

Marcus, M.P. **[1980]**
A Theory of Syntactic Recognition for Natural Language. Cambridge/MA: M.I.T. Pr. 1980, 335pp.

Marino, M. **[1988]**
A Process-Activation Based Parsing Algorithm for the Development of Natural Language Grammars. In: COLING Budapest. Proceedings of the 12th International Conference on Computational Linguistics (COLING '88). Budapest, 22-27 August 1988. Budapest: John von Neumann Society for Computing Sciences, 1988, Vol.1, pp.390-395.

Marslen-Wilson, W.D. **[1975]**
Sentence Perception as an Interactive Parallel Process. In: Science 189. 1975, No.4198 (July 18), pp.226-228.

Matsumoto, Y. **[1986]**
A Parallel Parsing System for Natural Language Analysis. In: E. Shapiro (ed): Proceedings of the 3rd International Conference on Logic Programming. Imperial College of Science and Technology, London, U.K., July 14-18, 1986. Berlin etc.: Springer, 1986, pp.396-409 (Lecture Notes in Computer Science 225).
[auch erschienen in: New Generation Computing 5. 1987, pp.63-78]

McCalla, G.I. **[1983]**
An Approach to the Organization of Knowledge and Its Use in Natural Language Recall Tasks. In: Computers & Mathematics with Applications 9. 1983, No.1, pp.201-214 (Special Issue *Computational Linguistics*).

McClelland, J.L. / A.H. **Kawamoto [1986]**
Mechanisms of Sentence Processing: Assigning Roles to Constituents of Sentences. In: J.L. McClelland / D.E. Rumelhart & the PDP Research Group: Parallel Distributed Processing. Explorations in the Microstructure of Cognition. Vol. 2: Psychological and Biological Models. Cambridge/MA, London: M.I.T. Pr., 1986^2, pp.272-325.

McKeown, K.R. **[1985]**
Discourse Strategies for Generating Natural-Language Text. In: Artificial Intelligence 27. 1985, No.1, pp.1-41.

Miyoshi, H. / K. **Furukawa [1985]**
Object-Oriented Parser in the Logic Programming Language ESP. In: V. Dahl / P. Saint-Dizier (eds): Natural Language Understanding and Logic Programming. Proceedings of the 1st International Workshop on Natural Language Understanding and Logic Programming. Rennes, France, 18-20 September, 1984. Amsterdam etc.: North-Holland, 1985, pp.107-119.

Montague, R. **[1974a]**
English as a Formal Language. In: R.H. Thomason (ed): Formal Philosophy. Selected Papers of Richard Montague. New Haven, London: Yale U.P., 1974 (1976^2), pp.188-221.

Montague, R. **[1974b]**
The Proper Treatment of Quantification in Ordinary English. In: R.H. Thomason (ed): Formal Philosophy. Selected Papers of Richard Montague. New Haven, London: Yale U.P., 1974 (1976^2), pp.247-270.

Nakagawa, H. / T. **Mori [1988]**
A Parser Based on Connectionist Model. In: COLING Budapest. Proceedings of the 12th International Conference on Computational Linguistics (COLING '88). Budapest, 22-27 August 1988. Budapest: John von Neumann Society for Computing Sciences, 1988, Vol.2, pp.454-458.

Nijholt, A. **[1990]**
Parallel Approaches to Context-Free Language Parsing. In: G. Adriaens / U. Hahn (eds): Parallel Natural Language Processing. Norwood/NJ: Ablex, 1990.

Norvig, P. **[1987]**
Inference in Text Understanding. In: AAAI 87: Proceedings of the 6th National Conference on Artificial Intelligence. July 13-17, 1987, Seattle, Washington. Los Altos/CA: Morgan Kaufmann, 1987, pp.561-565.

Ogawa, H. / H. **Nanba** / K. **Tanaka [1979]**
An Active Frame for the Knowledge Representaion [*sic*!]. In: IJCAI-79: Proceedings of the 6th International Joint Conference on Artificial Intelligence. Tokyo, August 20-23, 1979. Los Altos/CA: W.Kaufmann, 1979, Vol. 2, pp.668-675.

Ogawa, H. / J. **Nishi** / K. **Tanaka [1980]**
The Knowledge Representation for a Story Understanding and Simulation System. In: COLING 80. Proceedings of the 8th International Conference on Computational Linguistics. Sept. 30 - Oct.4, 1980, Tokyo, pp.151-158.

Pereira, F.C.N. / S.M. **Shieber [1984]**
The Semantics of Grammar Formalisms Seen as Computer Languages. In: COLING 84: Proceedings of the 10th International Conference on Computational Linguistics & 22nd Annual Meeting of the Association for Computational Linguistics. 2-6 July 1984, Stanford University, California. Association for Computational Linguistics, 1984, pp.123-129.

Pereira, F. / D. **Warren** **[1980]**
Definite Clause Grammars for Language Analysis: a Survey of the Formalism and a Comparison with Augmented Transition Networks. In: Artificial Intelligence 13. 1980, pp.231-278.

Petöfi, J.S. **[1971]**
Transformationsgrammatiken und eine ko-textuelle Texttheorie. Grundfragen und Konzeptionen. Frankfurt/M.: Athenäum, 1971, 301pp. (Linguistische Forschungen 3).

Petöfi, J.S. **[1977]**
Einige Bemerkungen über die grammatische Komponente einer integrierten semiotischen Texttheorie. In: J.S. Petöfi / J. Bredemeier (eds): Das Lexikon in der Grammatik - die Grammatik im Lexikon. 2. Halbband. Hamburg: H. Buske, 1977, pp.263-285 (Papiere zur Textlinguistik 13.2).

Phillips, B. **[1984]**
An Object-Oriented Parser. In: B.G. Bara / G. Guida (eds): Computational Models of Natural Language Processing. Amsterdam etc.: North-Holland, 1984, pp.297-321 (Fundamental Studies in Computer Science 9).

Phillips, B. / J.A. **Hendler** **[1982]**
A Message-Passing Control Structure for Text Understanding. In: COLING 82: Proceedings of the 9th International Conference on Computational Linguistics, Prague, July 5-10, 1982. Prague: Academia, 1982, pp.307-312.

Polanyi, L. / R. **Scha** **[1984]**
A Syntactic Approach to Discourse Semantics. In: COLING 84: Proceedings of the 10th International Conference on Computational Linguistics & 22nd Annual Meeting of the Association for Computational Linguistics. 2-6 July 1984, Stanford University, California. Association for Computational Linguistics, 1984, pp.413-419.

Proudian, D. / C. **Pollard** **[1985]**
Parsing Head-Driven Phrase Structure Grammar. In: Proceedings of the 23rd Annual Meeting of the Association for Computational Linguistics. 8-12 July 1985, University of Chicago, Chicago, Illinois. Association for Computational Linguistics, 1985, pp.167-171.

Pustejovsky, J. **[1987]**
An Integrated Theory of Discourse Analysis. In: S. Nirenburg (ed): Machine Translation. Theoretical and Methodological Issues. Cambridge etc.: Cambridge U.P., 1987, pp.168-191.

Rau, L.F. / P.S. **Jacobs** **[1988]**
Integrating Top-Down and Bottom-Up Strategies in a Text Processing System. In: Proceedings of the 2nd Conference on Applied Natural Language Processing. Austin, Texas, Feb. 9-12, 1988. Association for Computational Linguistics (ACL), 1988, pp.129-135.

Raulefs, P. **[1980]**
Actors and Agenten. In: Rundbrief der Fachgruppe Künstliche Intelligenz in der Gesellschaft für Informatik 1980, No.20 (April), pp.16-18.

Reddig, C. **[1984]**
Word Expert Parsing: ein Überblick. In: C.-R. Rollinger (ed): Probleme des (Text-)Verstehens: Ansätze der Künstlichen Intelligenz. Tübingen: M. Niemeyer, 1984, pp.77-88 (Sprache und Information 10).

Reichman, R. **[1978]**
Conversational Coherency. In: Cognitive Science 2. 1978, No.4, pp.283-327.

Reimer, U. **[1989]**
FRM: Ein Frame-Repräsentationsmodell und seine formale Semantik. Zur Integration von Datenbank- und Wissensrepräsentationsansätzen. Berlin etc.: Springer, 1989, 161pp. (Informatik-Fachberichte 198).

Reimer, U. / U. **Hahn** **[1985]**
On Formal Semantic Properties of a Frame Data Model. In: Computers and Artificial Intelligence 4. 1985, No.4, pp.335-351.

Reimer, U. / U. **Hahn** **[1989]**
Das Modell der Textkondensierung im TOPIC-System: Textgraphen als methodische Grundlage für die variable Verdichtung und inhaltliche Ansteuerung von Textwissen in Volltextdatenbanken. In: W. Lenders (ed): Linguistische Datenverarbeitung und Neue Medien. Tübingen: G. Narr, 1989, pp.45-68 (forum Angewandte Linguistik 17).

Rieger, C.J. **[1976]**
An Organization of Knowledge for Problem Solving and Language Comprehension. In: Artificial Intelligence 7. 1976, No.2, pp.89-127.

Rieger, C.J. **[1978a]**
Computational Linguistics. In: W.O. Dingwall (ed): A Survey of Linguistic Science. Stamford/Conn.: Greylock, 1978^2, pp.97-134.

Rieger, C. **[1978b]**
GRIND-1: First Report on the Magic Grinder Story Comprehension Project. In: Discourse Processes 1. 1978, No.3, pp.267-303.

Rieger, C. / S. **Small** **[1979]**
Word Expert Parsing. In: IJCAI-79: Proceedings of the 6th International Joint Conference on Artificial Intelligence. Tokyo, August 20-23, 1979. Vol. 2, pp.723-728.
[auch veröffentlicht als: Toward a Theory of Distributed Word Expert Natural Language Parsing. In: *IEEE* Transactions on Systems, Man, and Cybernetics SMC-11. 1981, pp.43-51]

Riesbeck, C.K. **[1975]**
Conceptual Analysis. In: R.C.Schank: Conceptual Information Processing. Amsterdam etc.: North-Holland, 1975 (1984), pp.83-156 (Fundamental Studies in Computer Science 3).

Riesbeck, C.K. **[1979]**
Representations to Aid Distributed Understanding in a Multiprogram System. In: N.V. Findler (ed): Associative Networks. Representation and Use of Knowledge by Computers. New York etc.: Academic Pr., 1979, pp.409-424.

Riesbeck, C.K. **[1981]**
Failure-Driven Reminding for Incremental Learning. In: IJCAI-81: Proceedings of the 7th International Joint Conference on Artificial Intelligence. Vol. 1. 24-28 August 1981, University of British Columbia, Vancouver/BC, Canada. Menlo Park/CA: AAAI, 1981, pp.115-120.

Riesbeck, C.K. **[1982]**
Realistic Language Comprehension. In: W.G. Lehnert / M.H. Ringle (eds): Strategies for Natural Language Processing. Hillsdale/NJ: L. Erlbaum, 1982, pp.37-54.

Riesbeck, C.K. **[1986]**
From Conceptual Analyzer to Direct Memory Access Parsing: An Overview. In: N.E. Sharkey (ed): Advances in Cognitive Science 1. Chichester: Ellis Horwood, 1986, pp.236-258.

Riesbeck, C.K. / C.E. **Martin** **[1986]**
Direct Memory Access Parsing. In: J.L. Kolodner / C.K. Riesbeck (eds): Experience, Memory, and Reasoning. Hillsdale/NJ, London: L. Erlbaum, 1986, pp.209-226.

Riesbeck, C.K. / R.C. **Schank** **[1978]**
Comprehension by Computer: Expectation-Based Analysis of Sentences in Context. In: W.J.M. Levelt / G.B. Flores D'Arcais (eds): Studies in the Perception of Language. Chichester etc.: J. Wiley, 1978, pp.247-293.

Rollinger, C.-R. **[1984]**
Textverstehen und Textrepräsentation in SRL. In: A. Rothkegel / B. Sandig (eds): Text - Textsorten - Semantik. Linguistische Modelle und maschinelle Verfahren. Hamburg: H. Buske, 1984, pp.99-128 (Papiere zur Textlinguistik / Papers in Textlinguistics 52).

Rosenberg, S.T. **[1980]**
Frame-Based Text Processing. In: D. Metzing (ed): Frame Conceptions and Text Understanding. Berlin, etc.: W. de Gruyter, (1979) 1980, pp.96-119 (Research in Text Theory 5).

Rösner, D. **[1985]**
Schemata for Understanding of Argumentation in Newspaper Texts. In: L. Steels / J.A. Campbell (eds): Progress in Artificial Intelligence. Chichester: E. Horwood, 1985, pp.303-311.

Rostek, L. **[1979]**
Methoden des partiellen Parsing für das automatische Indexing: Syntaxgraphen zur Analyse von Sprachmustern. In: R. Kuhlen (ed): Datenbasen - Datenbanken - Netzwerke. Praxis des Information Retrieval. Vol.1: Aufbau von Datenbasen. München, etc.: Saur 1979, pp.251-282.

Rumelhart, D.E. **[1975]**
Notes on a Schema for Stories. In. D.G. Bobrow / A. Collins (eds): Representation and Understanding. Studies in Cognitive Science. New York etc.: Academic Pr., 1975, pp.211-236.

Rush, J.E. / R. **Salvador** / A. **Zamora** **[1971]**
Automatic Abstracting and Indexing. Part II: Production of Indicative Abstracts by Application of Contextual Inference and Syntactic Coherence Criteria. In: Journal of the American Society for Information Science 22. 1971, No.4, pp.260-274.

Sacerdoti, E.D. **[1978]**
What Language Understanding Research Suggests about Distributed Artificial Intelligence. In: Proceedings of the Distributed Sensor Nets Workshop. Carnegie-Mellon University, Philadelphia, Pennsylvania, 1978, pp.8-11.

Salton, G. **[1975]**
Dynamic Information and Library Processing. Englewood Cliffs/NJ: Prentice-Hall, 1975, 523pp.

Samet, J. / R. **Schank** **[1984]**
Coherence and Connectivity. In: Linguistics and Philosophy 7. 1984, pp.57-82.

Scha, R. / L. **Polanyi** **[1988]**
An Augmented Context Free Grammar for Discourse. In: COLING Budapest. Proceedings of the 12th International Conference on Computational Linguistics (COLING '88). Budapest, 22-27 August 1988. Budapest: John von Neumann Society for Computing Sciences, 1988, Vol.2, pp. 573-577.

Schabes, Y. / A. **Abeille** / A.K. **Joshi** **[1988]**
Parsing Strategies with 'Lexicalized' Grammars: Application to Tree Adjoining Grammars. In: COLING Budapest. Proceedings of the 12th International Conference on Computational Linguistics (COLING '88). Budapest, 22-27 August 1988. Budapest: John von Neumann Society for Computing Sciences, 1988, Vol.2, pp.578-583.

Schank, R.C. **[1973]**
Identification of Conceptualizations Underlying Natural Language. In: R.C. Schank / K.M. Colby (eds): Computer Models of Thought and Language. San Francisco: W.H. Freeman, 1973, pp.187-247.

Schank, R.C. / M. **Lebowitz** / L. **Birnbaum** **[1980]**
An Integrated Understander. In: American Journal of Computational Linguistics 6. 1980, No.1, pp.13-30.

Schnelle, H. / R. **Doust** **[1988]**
A Net-Linguistic "Earley" Chart-Parser. Bochum: Sprachwissenschaftliches Institut, Ruhr-Universität Bochum, Oct. 1988, 40+7pp. (GENET-25).

Seifert, C.M. / M.G. **Dyer** / J.B. **Black** **[1986]**
Thematic Knowledge in Story Understanding. In: Text 6. 1986, No.4, pp.393-426.

Selman, B. **[1989]**
Connectionist Systems for Natural Language Understanding. In: Artificial Intelligence Review 3. 1989, pp.23-31.

Selman, B. / G. **Hirst** **[1987]**
Parsing as an Energy Minimization Problem. In: L. Davis (ed): Genetic Algorithms and Simulated Annealing. London: Pitman; Los Altos/CA: Morgan Kaufmann, 1987, pp.141-154.

Shieber, S.M. **[1984]**
The Design of a Computer Language for Linguistic Information. In: COLING 84: Proceedings of the 10th International Conference on Computational Linguistics & 22nd Annual Meeting of the Association for Computational Linguistics. 2-6 July 1984, Stanford University, California. Association for Computational Linguistics, 1984, pp.362-366.

Sidner, C.L. [**1983**]
Focusing in the Comprehension of Definite Anaphora. In: M. Brady / R.C. Berwick (eds): Computational Models of Discourse. Cambridge/MA, London: M.I.T. Pr., 1983, pp.267-330.

Slack, J.M. [**1984**]
A Parsing Architecture Based on Distributed Memory Machines. In: COLING 84: Proceedings of the 10th International Conference on Computational Linguistics & 22nd Annual Meeting of the Association for Computational Linguistics. 2-6 July 1984, Stanford University, California. Association for Computational Linguistics, 1984, pp.92-95.

Slack, J.M. [**1990**]
Getting Structure from Subsymbolic Interactions. In: G. Adriaens / U. Hahn (eds): Parallel Natural Language Processing. Norwood/NJ: Ablex, 1990.

Small, S. [**1978**]
Conceptual Language Analysis for Story Comprehension. College Park/Maryland: Department of Computer Science, University of Maryland, June 1978, 35pp. (TR-663).

Small, S. [**1980**]
Word Expert Parsing: a Theory of Distributed Word-Based Natural Language Understanding. College Park/Maryland: Department of Computer Science, University of Maryland, Sept. 1980, 268pp. (TR-954).

Small, S. [**1983**]
Parsing as Cooperative Distributed Inference: Understanding through Memory Interactions. In: M. King (ed): Parsing Natural Language. Proceedings of the 2nd Lugano Tutorial. July 6-11, 1981, Lugano, Switzerland. London etc.: Academic Pr., 1983, pp.247-276.
[in einer frühen, kürzeren Version veröffentlicht als: Viewing Word Expert Parsing as Linguistic Theory. In: IJCAI-81: Proceedings of the 7th International Joint Conference on Artificial Intelligence. Vol. 1. 24-28 August 1981, University of British Columbia, Vancouver/BC, Canada. Menlo Park/CA: AAAI, 1981, pp.70-76]

Small, S. [**1987**]
A Distributed Word-Based Approach to Parsing. In: L. Bolc (ed): Natural Language Parsing Systems. Berlin etc.: Springer, 1987, pp.161-201.

Small, S. / G. **Cottrell** / L. **Shastri** [**1982**]
Toward Connectionist Parsing. In: AAAI-82: Proceedings of the National Conference on Artificial Intelligence. Aug. 18-20, 1982, Pittsburgh, Pennsylvania. AAAI, 1982, pp.247-250.

Small, S. / M.M. **Lucas** [**1983**]
Word Expert Parsing: A Computer Model of Sentence Comprehension. Rochester/NY: University of Rochester, May 1983, 64pp. (Cognitive Science Technical Report URCS 1).

Small, S. / C. **Rieger** [**1982**]
Parsing and Comprehending with Word Experts (a Theory and its Realization). In: W.G. Lehnert / M.H. Ringle (eds): Strategies for Natural Language Processing. Hillsdale/NJ: L. Erlbaum, 1982, pp.89-147.

Smetácek, V. / M. **Königová** [**1977**]
Vnímání odborného textu (experiment). In: Ceskoslovenska Informatika 19. 1977, No.2, pp. 40-46.

Starosta, S. / H. **Nomura** [**1986**]
Lexicase Parsing: A Lexicon-Driven Approach to Syntactic Analysis. In: COLING 86: Proceedings of the 11th International Conference on Computational Linguistics. Bonn, August 25-29, 1986, University of Bonn. Bonn: Institut für angewandte Kommunikations- und Sprachforschung (IKS),1986, pp.127-132.

Steels, L. [**1978**]
Introducing Conceptual Grammar. Cambridge/MA: Massachusetts Institute of Technology, Artificial Intelligence Laboratory, Nov. 1978, 27pp. (Working Paper 176).

Stock, O. / C. **Castelfranchi** / D. **Parisi** [**1983**]
WEDNESDAY: Parsing Flexible Word Order Languages. In: Proceedings of the 1st Conference of the European Chapter of the Association for Computational Linguistics. 1-2 Sept. 1983, Pisa, Italy. Association for Computational Linguistics, 1983, pp.106-110.

Stoyan, H. / G. **Görz** **[1983]**
Was ist objektorientierte Programmierung? In: H. Stoyan / H. Wedekind (eds): Objektorientierte Software- und Hardwarearchitekturen. Tagung II/1983 des *German Chapter of the ACM*, 5.-6.5.1983, Berlin. Stuttgart: B.G. Teubner, 1983, pp.9-31 (Berichte des *German Chapter of the ACM* 15).

Thibadeau, R. / M.A. **Just** / P.A. **Carpenter** **[1982]**
A Model of the Time Course and Content of Reading. In: Cognitive Science 6. 1982, pp.157-203.

Tomabechi, H. / M. **Tomita** **[1988]**
Application of the Direct Memory Access Paradigm to Natural Language Interfaces to Knowledge-Based Systems. In: COLING Budapest. Proceedings of the 12th International Conference on Computational Linguistics (COLING '88). Budapest, 22-27 August 1988. Budapest: John von Neumann Society for Computing Sciences, 1988, Vol.2, pp.661-666.

Tucker, A.B. / S. **Nirenburg** / V. **Raskin** **[1986]**
Discourse and Cohesion in Expository Text. In: COLING 86: Proceedings of the 11th International Conference on Computational Linguistics. Bonn, August 25-29, 1986, University of Bonn. Bonn: Institut für angewandte Kommunikations- und Sprachforschung (IKS),1986, pp. 181-183.

Uehara, K. / R. **Ochitani** / O. **Mikami** / J. **Toyoda** **[1984]**
Steps toward an Actor-Oriented Integrated Parser. In: Institute for New Generation Computer Technology *[ICOT]* (ed): FGCS '84: Fifth Generation Computer Systems 1984. Proceedings of the International Conference on Fifth Generation Computer Systems 1984. Tokyo, Japan, November 6-9, 1984, Amsterdam: North-Holland, 1984, pp.660-668.
[auch veröffentlicht als: An Integrated Parser for Text Understanding: Viewing Parsing as Passing Messages among Actors. In: V. Dahl / P. Saint-Dizier (eds): Natural Language Understanding and Logic Programming. Proceedings of the 1st International Workshop on Natural Language Understanding and Logic Programming. Rennes, France, 18-20 September,1984. Amsterdam etc.: North-Holland, 1985, pp.79-95.

Uszkoreit, H. **[1986]**
Syntaktische und semantische Generalisierungen im strukturierten Lexikon. In: C.-R. Rollinger / W. Horn (eds): GWAI-86 und 2. Österreichische Artificial-Intelligence-Tagung. Ottenstein/NÖ, Sept. 22-26, 1986. Berlin etc.: Springer, 1986, pp.87-100 (Informatik-Fachberichte 124 - Subreihe Künstliche Intelligenz).

Uyl, M. den / H. van **Oostendorp** **[1980]**
The Use of Scripts in Text Comprehension. In: Poetics 9. 1980, pp.275-294.

Wahlster, W. **[1982]**
Natürlichsprachliche Systeme: eine Einführung in die sprachorientierte KI-Forschung. In: W. Bibel / J.H. Siekmann (eds): Künstliche Intelligenz. Frühjahrsschule. Teisendorf, 15.-24. März, 1982. Berlin etc: Springer, 1982, pp.203-283 (Informatik-Fachberichte 59).

Waltz, D.L. / J.B. **Pollack** **[1985]**
Massively Parallel Parsing: A Strongly Interactive Model of Natural Language Interpretation. In: Cognitive Science 9. 1985, No.1, pp.51-74.

Wanner, E. **[1987]**
The Parser´s Architecture. In: F. Kessel (ed): The Development of Language and Language Researchers. Essays in Honour of Roger Brown. Hillsdale/NJ: L. Erlbaum, 1987, pp.79-96.

Wermter, S. **[1989]**
Learning Semantic Relationships in Compound Nouns with Connectionist Networks. In: S. Wermter: The Analysis of Natural Language Concepts with Connectionist/Symbolic Techniques. Amherst/MA: Dept. of Computer and Information Science, Univ. of Massachusetts at Amherst, 1989 (COINS Technical Report 89-117).

Wilensky, R. / Y. **Arens** **[1980]**
PHRAN: A Knowledge-Based Natural Language Understander. In: Proceedings of the 18th Annual Meeting of the Association for Computational Linguistics and Parasession on Topics in Interactive Discourse. June 19-22, 1980, University of Pennsylvania, Philadelphia, Pennsylvania, 1980, pp.117-121.

Wilks, Y.A. **[1975]**
An Intelligent Analyzer and Understander of English. In: Communications of the *ACM* 18. 1975, No.5, pp.264-274.

Wilks, Y. **[1978]**
Making Preferences more Active. In: Artificial Intelligence 11. 1978, No.3, pp.197-223.

Wilks, Y. **[1983]**
Deep and Superficial Parsing. In: M. King (ed): Parsing Natural Language. Proceedings of the 2nd Lugano Tutorial, July 6-11, 1981, Lugano, Switzerland. London etc.: Academic Pr., 1983, pp.219-246.

Wilks, Y. **[1985]**
Text Structures and Knowledge Structures. In: Quaderni di Semantica 6. 1985, No.2, pp.335-344.

Winter, E. **[1978]**
A Look at the Role of Certain Words in Information Structure. In: Informatics 3. Proceedings of a Conference held by the Aslib Co-ordinate Indexing Group. 2-4 April 1975, Emmanuel College, Cambridge. London: Aslib, 1978, pp.85-97.

Woods, W.A. **[1970]**
Transition Network Grammars for Natural Language Analysis. In: Communications of the *ACM* 13. 1970, No.10, pp.591-606.

Woods, W.A. **[1980]**
Cascaded ATN Grammars. In: American Journal of Computational Linguistics 6. 1980, No.1, pp.1-12.

Yonezawa, A. **[1977]**
Specification and Verification Techniques for Parallel Programs Based on Message Passing Semantics. [Cambridge/MA]: Massachusetts Institute of Technology, Dept. of Electrical Engineering and Computer Science, Dec. 1977, 221pp. (Ph.D.Thesis).

Yonezawa, A. / C. **Hewitt [1976]**
Symbolic Evaluation Using Conceptual Representations for Programs with Side-Effects. [Cambridge/MA]: Massachusetts Institute of Technology, Artificial Intelligence Laboratory, Dec. 1976, 43pp. (AI Memo 399).

Yonezawa, A. / C. **Hewitt [1977]**
Modelling Distributed Systems. In: IJCAI-77: Proceedings of the 5th International Joint Conference on Artificial Intelligence. Vol. 1. Massachusetts Institute of Technology, Cambridge, Mass., U.S.A., August 22-25, 1977, pp.370-376.
[in einer gekürzten Fassung erschienen in: J.E. Hayes / D. Michie / L.I. Mikulich (eds): Machine Intelligence, Vol.9. Chichester: E. Horwood, 1979, pp.41-50]

Yonezawa, A. / I. **Ohsawa [1988]**
Object-Oriented Parallel Parsing for Context-Free Grammars. In: COLING Budapest. Proceedings of the 12th International Conference on Computational Linguistics (COLING '88). Budapest, 22-27 August 1988. Budapest: John von Neumann Society for Computing Sciences, 1988, Vol.2, pp.773-778.

Yonezawa, A. / E. **Shibayama** / T. **Takada** / Y. **Honda [1987]**
Modelling and Programming in an Object-Oriented Concurrent Language ABCL/1. In: A. Yonezawa / M. Tokoro (eds): Object-Oriented Concurrent Programming. Cambridge/MA, London: M.I.T. Pr., 1987, pp.55-89.

Zisman, M.D. **[1978]**
Use of Production Systems for Modeling Asynchronous, Concurrent Processes. In: D.A. Waterman / F. Hayes-Roth (eds): Pattern-Directed Inference Systems. Orlando etc.: Academic Pr., 1978, pp.53-68.